普通高等教育"十三五"规划教材
北京联合大学"十三五"规划教材

经济学原理

（修订版）

主　编　李锡玲　　杨艳芳　　王晓芳
副主编　孙德红　　胡艳君　　王　娜

北京邮电大学出版社
www.buptpress.com

内 容 简 介

本书紧紧把握时代脉搏,立足于现实的商业世界和经济政策,引入"专栏"介绍有突出贡献的经济学家,培养学生的经济学直觉和理解力,强调经济学原理在当前经济事件中的应用,同时以适宜的难度详细介绍经济学的核心概念。全书以清晰的主题结构按微观和宏观分两大篇共19章。微观篇从导论、市场运行、消费者行为分析、企业行为分析、市场结构和博弈论、生产要素市场到市场失灵与政府微观规制等共10章内容;宏观篇用9章篇幅从宏观经济学的起源与发展、长期经济增长、短期经济波动、货币政策和财政政策以及国际经济等方面阐述了经济学原理。书中的"开篇知识结构图""关键概念""思考与练习"和"专栏"的阅读,可以使经济学这门课程的学习变得更轻松。

本书适合经济管理类专业的大学本科、MBA学生及教师使用,也可以作为研究人员以及企业经营管理者的参考用书。

图书在版编目(CIP)数据

经济学原理 / 李锡玲,杨艳芳,王晓芳主编. -- 修订本. -- 北京:北京邮电大学出版社,2017.10(2021.7重印)

ISBN 978-7-5635-5284-9

Ⅰ. ①经… Ⅱ. ①李… ②杨… ③王… Ⅲ. ①经济学 Ⅳ. ①F0

中国版本图书馆 CIP 数据核字(2017)第 228986 号

书　　　　名：	经济学原理(修订版)
著作责任者：	李锡玲　杨艳芳　王晓芳　主编
责任编辑：	徐振华　董晓丽
出版发行：	北京邮电大学出版社
社　　　址：	北京市海淀区西土城路10号(邮编:100876)
发行部：	电话:010-62282185　传真:010-62283578
E-mail：	publish@bupt.edu.cn
经　　　销：	各地新华书店
印　　　刷：	北京九州迅驰传媒文化有限公司
开　　　本：	787 mm×1 092 mm　1/16
印　　　张：	21
字　　　数：	550千字
版　　　次：	2012年7月第1版　2017年10月第2版　2021年7月第2次印刷

ISBN 978-7-5635-5284-9　　　　　　　　　　　　　　　　定　价:45.00元

・如有印装质量问题,请与北京邮电大学出版社发行部联系・

前　言

随着全球化和市场化发展的深入,我国"十二五"规划纲要明确提出"加快教育改革发展,全面实施素质教育,提高学生就业的技能和本领"的背景下,经济学课程的教学在高等院校经济管理类专业中的作用和地位日益重要,已经成为最重要的核心基础课程之一。早在1890年,英国著名的经济学家阿尔弗雷德·马歇尔在其《经济学原理》中说过,"经济学是一门研究人类一般生活事务的学问"。人类一般生活事务小到日常生活,大到国家管理和世界联系,经济与管理的所有活动当然也悉数囊括其中。

对于经济管理类专业的本科学生和广大的经济学爱好者来说,学习经济学的目的至少有三个。

第一,学习经济学有助于了解我们所生活的世界。为什么有些人选择租房,而有些人会买房?为什么那些影视明星的收入那么高?为什么我们需要几家电信公司?为什么价格水平会上涨产生通货膨胀?为什么有些国家那么贫穷?所有这些问题都是经济学课程需要回答的问题。学习经济学可以使你"更明白"地看世界。

第二,加深对经济政策的理解。经济学不仅要对经济的运行做出解释,还要说明影响经济运行的各种因素的变动如何影响经济运行的结果,其中包括各种政策。因此,从整个社会的角度出发,经济学有助于你选择社会增进资源配置效率的政策,发现各种不同政策的潜力与局限。

第三,学习经济学家思考问题的方式,将使你更精明地参与经济活动。经济学要讨论人们在面临各种选择时如何做出经济上合理的决策。经济学要教会你应用机会成本衡量得失,用"边际"进行决策等。如当面对是考研还是尽早就业的选择时,你的决策更加自如。

如此看来,经济学的重要性是毋庸置疑的。本书就是凝结多位一线教师集体智慧和经验的结果。它针对经济与管理类本科的教学对象、教学目标和要求,对西方经济学课程的教学内容、教学方式进行了取舍与重新设计,将教学研究成果融入本书。本书每一章前面都加有"本章知识结构图""学习目的与要求"和"重点与难点",选择有利于理解本章知识的"专栏"插入行文中,在每章后面还设有"本章小结""关键概念"和"思考与练习"。此外,本书的章、节要点布局合理,体系科学,使读者在学习中能够轻松把握全书的基本脉络,了解经济学的要点和灵魂。

本次修订的理由有二:一是继续凝聚一线教师教学实践和教学研究成果;二是与时俱进地增补删减相关内容,特别是每章习题后给出了参考答案。

全书划分为微观篇和宏观篇两大部分。微观篇有 10 章内容,由杨艳芳、孙德红、胡艳君编写,杨艳芳统稿;宏观篇有 9 章内容,由李锡玲、王晓芳、胡艳君、王娜编写,王晓芳统稿。全书的编写工作由李锡玲主持并最后审核和定稿。

在编写本书的过程中,参阅了已经公开出版的各种西方经济学的教材,借鉴了其中一些内容和习题,在此对这些教科书的作者表示真诚的感谢。

本书在策划构思和编写中虽力图完善,但受作者学识水平和时间的限制,书中难免有疏漏之处,敬请读者批评指正。

编写组

2017 年 5 月 20 日

目 录

微 观 篇

第一章 导论 1
  第一节 经济学的研究对象 2
  第二节 经济学的研究内容 6
  第三节 经济学的研究方法 8
  第四节 经济学的发展历程 9
  本章小结 12
  关键概念 12
  【思考与练习】 12

第二章 需求、供给与均衡价格 14
  第一节 需求规律 14
  第二节 供给规律 17
  第三节 均衡价格 20
  本章小结 23
  关键概念 24
  【思考与练习】 24

第三章 弹性理论及其应用 26
  第一节 需求弹性 26
  第二节 供给弹性 34
  第三节 弹性理论的应用 36
  本章小结 38
  关键概念 38
  【思考与练习】 39

第四章 消费者行为与需求 40
  第一节 基数效用论 41
  第二节 序数效用论 44
  第三节 需求曲线的推导 49

本章小结 ·· 52
关键概念 ·· 52
【思考与练习】 ·· 52

第五章　生产与成本理论 ·· 54
第一节　生产函数 ·· 55
第二节　短期生产函数 ·· 57
第三节　长期生产函数 ·· 59
第四节　短期成本 ·· 62
第五节　长期成本 ·· 66
本章小结 ·· 68
关键概念 ·· 68
【思考与练习】 ·· 69

第六章　完全竞争市场 ·· 71
第一节　市场及其类型 ·· 72
第二节　完全竞争厂商的需求和收益 ······························ 73
第三节　完全竞争厂商的短期均衡 ·································· 75
第四节　完全竞争市场的长期均衡 ·································· 80
本章小结 ·· 83
关键概念 ·· 83
【思考与练习】 ·· 83

第七章　非完全竞争市场 ··· 86
第一节　完全垄断市场 ·· 86
第二节　垄断竞争市场 ·· 91
第三节　寡头垄断市场 ·· 93
第四节　不同市场的经济效率比较 ·································· 97
本章小结 ·· 98
关键概念 ·· 98
【思考与练习】 ·· 98

第八章　博弈论初步 ··· 100
第一节　博弈论基本概念 ··· 100
第二节　同时行动博弈 ·· 102
第三节　序贯博弈 ·· 106
本章小结 ·· 110
关键概念 ·· 110
【思考与练习】 ·· 110

第九章 要素市场与要素价格的决定 … 113

- 第一节 生产要素的需求、供给与均衡价格 … 114
- 第二节 劳动市场的均衡 … 117
- 第三节 资本市场的均衡 … 121
- 第四节 土地市场的均衡 … 122
- 第五节 企业家才能市场的均衡 … 123
- 第六节 收入分配 … 124
- 本章小结 … 128
- 关键概念 … 128
- 【思考与练习】 … 128

第十章 市场失灵及微观经济政策 … 130

- 第一节 垄断与政府干预 … 131
- 第二节 非对称信息与信号传递 … 134
- 第三节 外部性与政府干预 … 137
- 第四节 公共产品 … 140
- 本章小结 … 142
- 关键概念 … 142
- 【思考与练习】 … 143

宏 观 篇

第十一章 宏观经济学的起源与发展 … 145

- 第一节 古典模型与萨伊定律 … 145
- 第二节 凯恩斯革命 … 149
- 第三节 宏观经济学的争论与发展 … 152
- 本章小结 … 154
- 关键概念 … 154
- 【思考与练习】 … 154

第十二章 宏观经济总量指标 … 155

- 第一节 国内生产总值 … 155
- 第二节 国民收入核算中的恒等式 … 160
- 第三节 名义GDP、实际GDP和GDP折算指数 … 162
- 本章小结 … 163
- 关键概念 … 163
- 【思考与练习】 … 163

第十三章　凯恩斯简单国民收入决定理论······165

第一节　均衡产出······165
第二节　凯恩斯的消费理论······167
第三节　关于消费的其他理论······170
第四节　两部门经济中国民收入的决定······172
第五节　乘数论······175
第六节　三部门经济中国民收入的决定与乘数······177
第七节　四部门经济中国民收入的决定······180
本章小结······180
关键概念······181
【思考与练习】······181

第十四章　产品市场与货币市场的一般均衡······183

第一节　投资的决定······183
第二节　IS 曲线······185
第三节　利率的决定······187
第四节　LM 曲线······192
第五节　IS-LM 分析······194
本章小结······196
关键概念······197
【思考与练习】······197

第十五章　总需求与总供给······199

第一节　总需求与 AD 曲线······199
第二节　总供给与 AS 曲线······203
第三节　AD-AS 模型······208
本章小结······211
关键概念······212
【思考与练习】······212

第十六章　失业与通货膨胀······214

第一节　失业理论······214
第二节　通货膨胀理论······221
第三节　失业与通货膨胀的关系——菲利普斯曲线······228
本章小结······231
关键概念······231
【思考与练习】······232

| 第十七章 | 宏观经济政策理论与实践 | 234 |

- 第一节 经济政策理论和经济政策目标 234
- 第二节 财政政策及其效应 236
- 第三节 货币政策及其效应 244
- 第四节 两种政策的混合使用 252
- 第五节 宏观经济政策及理论的演变 253
- 本章小结 256
- 关键概念 257
- 【思考与练习】 257

| 第十八章 | 经济增长 | 259 |

- 第一节 经济周期概述 259
- 第二节 乘数-加速数原理 265
- 第三节 经济增长 268
- 第四节 经济增长模型 274
- 本章小结 281
- 关键概念 281
- 【思考与练习】 281

| 第十九章 | 国际经济 | 283 |

- 第一节 国际贸易 283
- 第二节 国际金融 290
- 第三节 开放条件下的宏观经济政策 298
- 本章小结 304
- 关键概念 305
- 【思考与练习】 305

参考答案 306

参考文献 326

微观篇

第一章 导论

本章知识结构图

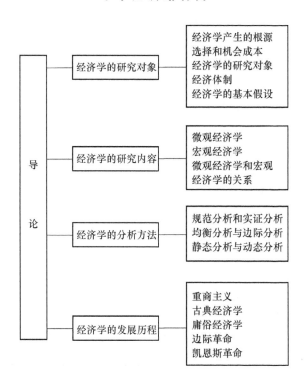

学习目的与要求

【目的与要求】通过本章的学习,应当掌握经济学研究的主要问题、经济学的基本假设;理解经济学的发展历程;了解宏观经济学和微观经济学的区别和联系,了解经济学的分析方法。

【重点与难点】重点是资源利用和资源配置、经济学的分类和经济学的分析方法。难点是机会成本和经济学的分析方法。

现代经济学可以分为微观经济学和宏观经济学两部分,微观经济学研究单个经济单位的经济行为,宏观经济学研究与国民经济总体运行有关的问题。本章将介绍相关的基本范畴和概念,使初学者对现代西方经济学的理论体系的框架结构有一个总体了解。

第一节 经济学的研究对象

当代西方经济学家认为,经济学是研究稀缺资源在各种可供选择的用途中,如何进行最有效的配置和利用,以使得人类的无限欲望得到最大满足的理论。

一、经济学产生的根源

1. 人类欲望的无限性

人类的欲望是无穷的。有打油诗:"终日奔波只为饥,方才一饱便思衣。衣食两般皆具足,又想拥有美貌妻。娶得美妻生下子,恨无田地少根基。买得田园多广阔,出入无船少马骑。槽头拴了骡和马,叹无官职被人欺。县丞主簿还嫌小,又要朝中挂紫衣。若要世人心里足,除是南柯一梦西。"人总想在自己的有生之年生活得越来越幸福,因此总会有无穷无尽的、年年攀升的欲望,总想不断地获得满足。在商品经济社会,欲望通过购买力表现为对各种物品和服务的需求。

1943年,美国心理学家马斯洛提出了著名的需求层次论,认为人类的需求可以分为五个层次。

第一层次是生理需求;第二层次是安全需求;第三层次是社交需求;第四层次是尊重需求;第五层次是自我实现需求。上述五个层次的需求又可以分为物质的需求与精神的需求。不管哪一个层次的需求,满足欲望的物质载体是各种物品与劳务。物品与劳务又可以分为两类:一类是自由物品,如空气、阳光等。自由物品虽然不用付代价就可以自由取用,但在人类的需要中所占的比重很小;另一类是经济物品,它需要人类付出一定代价才能得到,即要通过劳动创造。这类物品在人类的需要中所占比重很大。

2. 资源的稀缺性

人类无穷的欲望需要不断地用物质产品(或劳务)来满足,而经济物品要用各种资源来生产。用于生产物品和服务的资源也称生产要素,包括土地、劳动力、资本和企业家才能。其中,土地泛指一国的自然资源,包括耕地、森林及各种矿藏等。资本是指用于再生产的劳动产品,如高速公路、商用建筑等。劳动力是指具有脑力和体力的工作者。企业家才能是企业家特有的个人素质,通常讲,企业家是聪明的、有胆识的、善于发现商业机会的人们。从根本上来看,企业家是研究、发现、引导并设法满足社会经济生活中经济主体对经济物品和经济资源的需求的人们。

资源具有以下两个特性。

(1) 稀缺性。在一定的时期内,与人类的需要相比,资源的供给总是不足的。一方面人类面临的任何资源都是有限的,随着人类的使用,资源有日益枯竭的趋势。另一方面人的需求是无限的,如果不考虑支付能力的限制,人类对于物品的需要是永无止境的,任何一个需要的满足还将产生新的需要。相对人类无限的需要,有限的资源无论数量多么丰富,始终难以满足所有人的需要。

(2) 多用性。同一种资源可以有多种用途。例如,水可以用于饮用、灌溉、生产等,资源的多用性使得各行各业相互竞争资源。资源是稀缺的并有多种用途,而人类的需求又是无限的,在资源稀缺条件下,人们不可能随心所欲地生产,也不可能随心所欲地消费,社会在既定的资源条件下,不仅要在不同商品的生产中进行选择,还要在消费和投资间做出选择。

人们不可能拥有无穷无尽、不受任何限制的物质资源,也不可能拥有无限的时间来享受和利用这些资源,稀缺性始终要求人们做出各种各样的选择,而选择意味着"取舍",这正是经济学产生的根源。

二、选择和机会成本

【专栏一】选择

有人向世界歌坛的超级巨星卢卡诺·帕瓦罗蒂讨教成功的秘诀。他每次都提到自己问父亲的一句话。师范院校毕业之际,痴迷音乐并有相当音乐素养的帕瓦罗蒂问父亲:"我是当教师呢,还是做歌唱家?"其父回答说:"如果你想同时坐在两把椅子上,你可能会从椅子中间掉下去。生活要求你只能选一把椅子坐下去。"

帕瓦罗蒂选了一把椅子——做个歌唱家。经过7年的努力与失败,帕瓦罗蒂才首次登台亮相。又过了7年,他终于登上了大都会歌剧院的舞台。

选择,与其说是一个严肃的哲学命题,倒不如说是人们为了生存和发展得更好,一种本有的自我优化。只选一把椅子,意味着在选准全力以赴的事业时,也选择了自我尊严乃至全部的生活。就像贝多芬与音乐、毕加索与绘画、柏拉图与哲学、司马迁与史学、曹雪芹与文学……他们选定的唯一一把人生座椅,决定了他们各自的人生轨迹及在后世的声誉。

请思考你是如何做出选择的,选择的代价是什么?

稀缺性概念的核心含义表明:每个人都有许多欲望,但在资源有限的情况下,不是每个欲望都会被满足。因此,必须做出选择,而一旦做出选择,必然有一部分欲望被放弃。或者说,在一个存在稀缺性资源的世界上,每一个欲望得到满足的时候,就会有其他一些欲望不能得到满足。

经济学家用机会成本(opportunity cost)描述了这种进退维谷的情况。机会成本就是做出一项选择时所放弃的另一种可供选择的最好用途。设想你正在看电视,在其他你能做而没有做的事情中(如郊游、打球、休息、读书等),你最想做的是读书,那么,读书就是你看电视的机会成本。

选择和机会成本问题可以用生产可能性边界来描述。为了简化起见,假定某个社会用既定的资源和生产技术只生产两种产品 X 和 Y,多生产 X 就得减少 Y 的生产,反之亦然。假定全部资源用来生产 X,可生产5个数量单位,全部用来生产 Y,可生产15个数量单位。在这两个极端的可能性之间,还存在着各种可能性,即通过经济资源从一个用途不断地转移到另一个用途,会使两种产品的数量产生此消彼长的格局。假定共有 A,B,C,D,E,F 六种可能性,如表1-1所示。用横轴表示 X 产品的数量,纵轴表示 Y 产品的数量,根据表中的数据找出坐标点,连接各点得到一条曲线,这条曲线即生产可能性边界,如图1-1所示。它表明在既定的资源和技术条件下所能达到的两种产品最大产量的组合。

生产可能性边界直观地显示了选择的基本特征。

(1)选择问题的根源是稀缺性。任何一个社会只能提供生产可能性边界及其以内的产出组合。生产边界以外的点所代表的产出组合是既定资源和技术条件下达不到的。

(2)当社会生产处于生产可能性边界时,表示社会经济处于有效率的充分就业状态。但在这种状态下,社会在选择两种产品的组合时,必须确定最佳的比例,是选择 A 点还是 B 点。生产可能性边界提供社会选择的清单。

(3) 如果实际产出组合位于生产可能性边界以内,如 G 点,表示社会未能充分利用资源,当社会使用了这部分资源,就可以得到更多的 X 和 Y 产品。

(4) 在社会经济处于有效率的充分就业状态,为了多生产某种物品就得少生产其他物品。生产边界上产出组合的变化实际上是两种物品的相互替代。在图 1-1 中由 B 到 C,就是用物品 X 代替物品 Y,即多生产 X 就得少生产 Y。这种为生产某种物品而放弃的物品称为生产这种物品的机会成本。

表 1-1 两种商品生产的可能性

可能性	X 产品	Y 产品
A	0	15
B	1	14
C	2	12
D	3	9
E	4	5
F	5	0

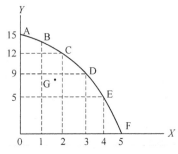

图 1-1 生产可能性边界

三、经济学的研究对象

1. 资源配置问题

由于稀缺性是任何社会和任何时期人们都会面临的一个基本事实,它反映了欲望的无限性和资源有限性的矛盾,正是这种矛盾引起了人类的各种各样的经济活动,并产生大量的经济问题。归纳起来,人们在经济活动中所面临的经济问题主要有以下三个方面。

(1) 生产什么。面对稀缺的经济资源,人们需要权衡各种需要的轻重缓急,确定生产什么物品,生产多少,何时生产,以满足比较强烈的需要。

(2) 如何生产。由于各种生产要素一般都有多种用途,各种生产要素之间也大多存在着一定的技术替代关系,所以同一种产品的生产往往可以采用多种方法,但它们的生产效率并不尽相同。经济社会必须在各种可供选择的资源组合中,选择一种成本最低、效率最高的生产方法。

(3) 为谁生产。因为存在稀缺性,没有人能获得他想要的一切。每个社会都必须建立某种机制来为其成员分配产品。

上面三个问题被称为资源配置问题。

2. 资源利用问题

资源的稀缺性和欲望的无限性,不仅引出了资源配置问题,还引出了资源利用问题。因为人类并不一定能充分利用稀缺的资源。例如,20 世纪 30 年代的大萧条,曾经造成英国有三百万工人失业,美国的国民生产总值下降到原来水平的一半。此时经济学要研究的问题不仅是资源配置,还包括资源利用。

资源利用问题就是要解决好如下三大基本经济问题。

(1) 产出是如何核算、如何决定的?

(2) 如何保证全社会的资源得到充分的利用,以增大国民收入,改善人类福利?例如,是不是实现了充分就业?是否存在一些闲置未用的、被浪费的资源?

(3) 如何实现生产能力长期增长?

经济学研究的对象即是资源配置和资源利用这两个问题。

四、经济体制

尽管各个社会都存在稀缺性,但解决稀缺性的方法各不相同。换句话说,在不同的经济体制下,资源配置和资源利用的方式是不同的。社会可以采用不同的经济体制,当前世界上市场经济体制大致可分为三种模式。

1. 计划经济(指令机制)

计划经济的特征是政府拥有大部分的生产资料(土地和资本)。政府通过它的资源所有权和实施经济政策的权力解决基本的经济问题。其方式是指令性计划,即由中央集权中心依据其理解的社会偏好,进行有关资源配置方面的决策。如所有的有关生产和分配的重大决策都由政府做出;政府拥有并指导大多数行业中的企业经营;政府决定社会产出在不同的物品与劳务之间以及这些物品和劳务在社会各阶层中如何分配等。

2. 市场经济(价格机制)

市场经济是一种主要由个人和私人企业决定生产和消费的经济制度。价格、市场、盈亏、刺激、奖励等一整套系统解决生产什么、如何生产和为谁生产的问题。在市场化体制下,分散化是经济决策的基本特征,个人和厂商根据他们对自身利益的理解和市场价格信号做出经济决策,政府作用主要限制在提供公共产品和调节收入分配的范围。消费者用货币选票决定厂商生产什么和生产多少;在不同生产者之间的竞争中,厂商选择最小成本的生产方式,并决定了不同消费者消费什么,市场机制解决分配问题。

3. 混合经济

当代社会中,没有任何一个社会属于上述两种极端中的一个,所有的社会都是既带有市场成分也带有指令成分的混合经济。政府与消费者和厂商一样,始终是重要的经济行为主体。市场在资源配置中起基础作用,政府对经济进行必要的干预。现代经济都是混合经济,只有政府干预多少和干预方式的区别。因此可以说,经济学是研究混合经济条件下资源配置与资源利用的科学。

五、经济学的基本假设

经济理论的建立是以一定假设条件为前提的,因此,假设是建立经济模型的基础。在经济学分析中,根据所研究的问题和所要建立的模型的不同需要,假设条件也存在着差异。但是在众多的假设条件中,至少存在以下两个基本假设条件。

1. 理性经济人假设条件

理性经济人假设条件是指假设作为经济理论或经济模型研究对象的人们的经济活动或行为,其实施者都是理性的自我利益的追求者。"经济人"被视为经济生活中一般人的抽象,其本性被假设为利己的;"经济人"在一切经济活动中的行为都是合乎所谓的理性的,即都是以利己为动机,力图以最小的经济成本去追逐自身的最大利益。

2. 完全信息假设条件

完全信息假设条件的含义指市场上从事经济活动的个体(包括买家和卖家)都对有关的经济情况(或经济变量)具有完全信息。如每个消费者都能够充分地了解每一种商品的性能和特点,准确地判断一定商品量给自己带来的消费满足程度,把握价格在不同时期的变化等,从而能确定最优的商品购买量。又如,每个生产者都能够准确地掌握产量和生产要素投入量之间的数量关系,了解商品价格和生产要素的变化以及在每一个商品价格水平上消费者对产品的需求量等,从而做出最优的生产决策。

第二节 经济学的研究内容

根据研究对象不同,现代西方经济学从大致上可分为微观经济学和宏观经济学。微观经济学侧重于微观经济主体行为的分析,宏观经济学侧重于政府行为的分析。

一、微观经济学

1. 微观经济学的定义

微观经济学是以单个微观主体为研究对象,研究价格机制如何激励经济主体行使经济决策最终完成社会资源的配置。这一定义包含以下几方面内容。

(1) 研究对象:单个的经济主体。单个经济主体是组成经济的最基本单位,如单个居民(消费者)和企业(厂商)。在微观经济学的研究中,假设消费者与生产者是理性的,经济行为的目标是实现自身利益的最大化,即消费者要实现满足程度的最大化,生产者要实现利润的最大化。微观经济学研究消费者和生产者的行为就是研究消费者如何把有限的收入分配在各种商品的消费中,以实现满足程度最大化;厂商如何把有限的资源用于各种物品的生产,以实现利润最大化。

(2) 解决的问题:资源的配置问题。资源配置就是生产什么、如何生产和为谁生产的问题。资源的有效配置就是要使资源配置达到最优化,给社会带来最大的经济福利。微观经济学从研究单个经济单位的最大化行为入手,来解决社会资源的最优配置问题。认为每个经济单位都实现了最大化,则整个社会的资源配置也就实现了最优。

(3) 中心理论:价格理论。在市场经济中,消费者和生产者的行为都受到价格的支配。生产者生产什么,如何生产和为谁生产都由价格决定。价格就像一只看不见的手,调节整个社会的经济活动,通过价格调节,社会资源的配置实现了最优化。微观经济学正是要说明价格如何使资源配置达到最优。因此价格理论是微观经济学的核心,其他内容都是围绕这一中心问题来展开的,微观经济学也被称为价格理论。

(4) 研究方法:个量分析。个量分析是研究经济变量的单项数值如何决定。例如,某种产品的价格、产量等。微观经济学分析这些变量的决定、变动及其相互之间的关系。

2. 微观经济学的基本内容

在图1-2中,微观经济的市场包括产品市场和要素市场,居民(消费者)和厂商分别以产品的需求者和产品的供给者的身份出现在产品市场上,又分别以生产要素的供给者和生产要素的需求者的身份出现在要素市场上。居民和厂商的经济活动通过产品市场和要素市场的供求关系以及相互作用联系起来。

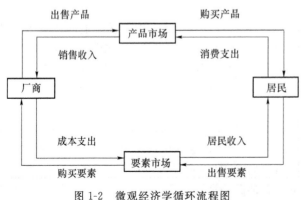

图1-2 微观经济学循环流程图

二、宏观经济学

1. 宏观经济学的定义

宏观经济学是以整个国民经济活动作为考察对象,研究社会总体经济问题以及相应的经济总量是如何决定及其变动的。

这一定义中包含以下几个内容。

(1) 研究的对象:整个国民经济的活动。宏观经济学研究的不是经济中的单个个体,而是由这些个体所组成的整体。宏观经济学就是要研究整个经济的运行方式与规律,从整体上分析经济问题。

(2) 解决的问题:资源的充分利用。宏观经济学把资源配置作为既定的,研究现有资源未能得到充分利用的原因,达到充分利用的途径,以及如何增长等问题。

(3) 中心理论:国民收入决定论。宏观经济学把国民收入作为最基本的总量,以国民收入的决定为中心来研究资源利用问题,分析整个国民经济的运行。

(4) 研究方法:总量分析。总量是指能反映整个经济运行状况的经济变量。如总投资是各个厂商的投资之和,总消费是各个居民户消费的总和。总量分析是研究这些总量的决定、变动及相互关系。

2. 宏观经济学的基本内容

(1) 国民收入决定理论。国民收入是衡量一个国家经济资源利用情况和整个国民经济状况的基本指标。国民收入决定理论就是要从总需求和总供给的角度出发,分析国民收入决定及其变动的规律。

(2) 失业和通货膨胀理论。失业和通货膨胀是各国经济中最主要的问题。宏观经济学把失业和通货膨胀同国民收入联系起来,分析其原因,以便找到解决这两个问题的途径。

(3) 经济增长。经济增长是国民收入的长期增加趋势。这一理论主要分析国民收入短期波动的原因,长期增长的源泉等问题,以期实现经济长期的稳定发展。

(4) 国际经济。现实的经济都是开放的经济。国际经济理论要分析己国国民收入的决定与变动如何影响其他国家。同时也要分析开放经济下一国经济的调节问题。

(5) 宏观经济政策。宏观经济学是为国家干预经济服务的。宏观经济理论要为这种干预提供理论依据。而宏观经济政策要为这种干预提供具体的措施。政策问题包括政策目标,即通过宏观经济政策的调节要达到什么目的;政策工具,即用什么具体方法来达到目的以及政策效应,即宏观经济政策对经济的作用。

三、微观经济学和宏观经济学的关系

微观经济学与宏观经济学,两者各有其研究的课题和相应的分析工具,存在着区别。但它们作为一门科学的一套理论体系或知识体系的两大组成部分,又是密切联系的。

首先,它们是整体与构成整体的个体之间的关系。如果说宏观经济学研究森林的特征,微观经济学则是考察构成森林的树木。

其次,微观经济学与宏观经济学两者是互为前提互相补充的。微观经济学以经济资源的最佳配置为目标,采取个量分析方法,而假定资源利用已经解决;宏观经济学以资源的有效利用为目标,采取总量分析的方法,而假定资源配置已经解决。所以都互相把对方所考虑的对象作为自己的理论前提,互相把对方的理论前提作为自己的研究对象。作为一个经济社会,不仅有资源配置问题,也有资源利用问题,只有把这两方面总的解决了,才能解决整个社会的经济问题。所以它们是各具功效、彼此补充,不可分离的整体。

再次,微观经济学与宏观经济学使用同样的分析方法。例如,两者都使用科学的抽象方法,都使用静态均衡分析和动态过程分析的分析方法,都可以用经济计量学的方法进行经验的、统计的数量分析;而在进行数量分析时两者都使用边际分析这样的分析工具,等等。

最后,微观经济学是宏观经济学的基础。宏观经济行为的分析总是要以一定的微观分析为其理论基础。例如,就业或失业理论以及通货膨胀理论等宏观经济理论,必然涉及劳动的供求与工资的决定的工资理论,以及商品价格如何决定的价格理论。

第三节 经济学的研究方法

一、实证分析与规范分析

我们以近年来学术界颇为关注的"轿车进入家庭"论题来说明什么是实证方法。

是否让轿车进入家庭是我们的社会所面临的一个选择问题。这个问题包括两个不同的内容。一是轿车能否进入家庭;二是轿车是否应该进入家庭。对这两个不同的内容,经济学用了两种不同的分析方法。

轿车能否进入家庭涉及汽车需求量和价格、消费者收入水平、汽车消费信贷政策等因素之间的关系,这些关系是客观存在的。通过分析可以得出在收入水平达到多少以及汽车价格为多少时,汽车可以进入家庭。分析这个问题时,经济学家用的是实证方法。实证方法排除价值判断,指客观地研究经济现象本身的内在规律,并根据这些规律分析和预测人们经济行为的后果,用实证方法分析经济问题称为实证表述,其结论也可称为实证经济学。

轿车是否应该进入家庭涉及人们的价值判断,即轿车进入家庭是一件好事还是一件坏事。不同的人看法不同,得出的结论也完全不同。经济学家以某种价值判断为基础分析这一问题,称为规范方法。规范方法以一定的价值判断为基础,提出分析处理经济问题的标准,并以此为依据评价或规范某种经济行为。用规范方法分析经济问题称为规范表述,其结论可成为规范经济学。

这两种方法都可以研究选择问题,但有三点不同。第一,对价值判断的态度不同。价值判断指对一种现象社会价值的评价,就经济问题而言,可以说是对社会或个人已经做出或即将做出的某种选择的评价。价值判断取决于人的立场和伦理观,有强烈的主观性。不同的人对同一选择可以有完全不同的价值判断。实证方法为了使经济学具有客观性而强调排除价值判断;规范方法要评价或规范经济行为则以一定的价值判断为基础。第二,要解决的问题不同。实证分析要解决是什么的问题,即确认事实本身,研究经济现象的客观规律与内在逻辑。规范分析要解决应该是什么的问题,即说明经济现象的社会意义。第三,实证分析得出的结论是客观的,可以用事实进行检验;规范分析得出的结论是主观的,无法进行检验。

二、均衡分析与边际分析

在经济分析中,均衡指的是这样一种状态:各个经济决策者(消费者、生产者)所做出的决策正好相容,并且在外界条件不变的情况下,每个人都不愿意再调整自己的决策,从而不再改变其经济行为。如一种产品市场达到均衡,在目前的价格下,买方和卖方的决策应该是相容的,即买方愿买的数量恰好等于卖方愿卖的数量,买方和卖方均认为若改变这个数量不会给自己带来更大的好处。因此,在外界条件(如相似产品的价格、原材料成本、技术条件等)改变之前,价格和数量便静止下来,达到均衡。

所谓均衡分析方法,就是假定外界诸因素(自变量)是已知的和固定不变的,研究因变量达到均衡时应具备的条件。在均衡状态下,当事人的决策对个人来说,已使私人利益极大化,或已达到最优。那么,这种最优是如何达到的呢?这是通过边际考虑来实现的。

【专栏二】最后一名乘客的票价

从杭州开往南京的长途车即将出发。无论哪个公司的车,票价均为50元。一个匆匆赶来的乘客见一家国营公司的车上尚有空位,要求以30元上车,被拒绝了。他又找到一家也有空位的私人公司的车,售票员二话没说,收了30元,允许他上车了。哪家公司的行为更理性呢?乍一看,私人公司允许这名乘客用30元享受到50元的运输服务,显然亏了。但如果使用经济学家常说的理性人要用边际量进行分析,结果截然不同。

"边际"是指自变量增加一单位引起因变量增加的数值,即"增量"的意思。

当我们考虑是否让这名乘客以30元的票价上车时,实际上我们应该考虑的是边际成本和边际收益这两个概念。边际成本是增加一名乘客(自变量)所增加的成本(因变量)。在我们这个例子中,增加这一名乘客,所需磨损的汽车、汽油费、工作人员工资和过路费等都无须增加,对汽车来说多拉一个人少拉一个人都一样,所增加的成本接近0,即边际成本为0。边际收益是增加一名乘客(自变量)所增加的收入(因变量)。在这个例子中,增加这一名乘客增加收入30元,边际收益就是30元。

三、静态分析与动态分析

在均衡分析中,一般假定外在因素是已知的和既定的,来考察内在因素达到均衡状态的条件和在均衡状态下的情况,这种分析又被称作静态分析。

如果自变量中的一部分或全部发生了变化,那么,重新考虑同一问题时会有两种不同的方法。第一种方法是,先对变化之后的自变量再做一次静态分析,分析自变量变化后因变量达到均衡状态的情况,然后对变化前后两套不同外界因素条件下的因变量值进行比较,但不考察从原均衡状态到新均衡状态的变化过程。这种分析方法被称作比较静态分析,依然属于静态分析的范畴。第二种方法,要考察两个均衡状态之间的变化过程,这种方法被称为动态分析。通过动态分析我们可以了解在外界条件发生变化后,经济活动达到新的均衡状态所需的时间、经过的路径,等等。某些经济活动在受到外界干扰、偏离原均衡点后,会迅速收敛重新达到均衡状态,有些则需要一段漫长的调整,还有一些可能永远也达不到理论中的新的均衡状态,而是呈周期性地上下波动,甚至向外发散,越来越背离均衡点。

第四节 经济学的发展历程

在西方社会,最早出现的经济学思想可追溯到古希腊时期,公元前450—公元前320年,古希腊著名思想家色诺芬、亚里士多德、柏拉图等人就对社会分工、货币、价格、供求等基本经济范畴进行了初步探讨。色诺芬的《经济论》一书在西方文化中第一个使用了"经济"一词,意指家庭管理。而亚里士多德则在《政治论》中对"经济学"进行了研究,他认为,经济学是研究奴隶主如何处理好家庭内部各种关系以及如何使财富增值的学问。

西方经济学的理论体系的发展,经历了以下几个重要的阶段。

一、重商主义:经济学的萌芽时期

重商主义产生于15世纪,终止于17世纪中期。这一时期正是资本主义生产方式的形成和确立时期,重商主义的主要代表人物主要有英国经济学家约翰·海尔斯、托马斯·孟,法国经济学家让·巴蒂斯特、柯尔培尔等。其代表作是托马斯·孟的《英国得自对外贸易的财富》。

重商主义经济学说的观点认为:货币财富是财富的唯一形态;对外贸易是一国财富的唯一来源,只有通过对外贸易吸收他国财富(金银)才能增加本国财富;私人财富的增加,会导致国家财富的减少。

重商主义者主张国家对国内外经济生活严格地实行全面干预,主张实行贸易保护主义以谋求贸易顺差,主张实行重视出口的产业政策和低工资的消费政策,限制国内非生产部门的发展和工人生活水平的提高,增加国家和商业资本的财富积累。重商主义是对"近代生产方式的最早的理论研究"。但重商主义仅限于对流通领域的研究,并没有形成完整的经济学体系,只能说是经济学的萌芽时期,真正的经济科学只有其研究从流通领域转到生产领域时才会出现。

二、古典经济学:经济学的形成时期

古典经济学产生于17世纪中期,完成于19世纪70年代,其创始人是英国经济学家威廉·配第,主要代表人物有英国的亚当·斯密和大卫·李嘉图。主要代表作有亚当·斯密的《国民财富的性质和原因研究》及李嘉图的《政治经济学及赋税原理》。

古典经济学把经济研究从流通领域转移到生产领域,它们研究的中心问题是国民财富如何增长的问题。他们认为,国民财富增长的主要途径是发展生产。而社会生产和整个社会的经济运动"受一只看不见的手的指导"。这只看不见的手,把无数个人盲目的、相互矛盾的经济行为纳入整个经济有秩序的运动中。因此,他们主张自由放任,自由竞争,反对国家对经济生活的干预。斯密这里所论述的"看不见的手"就是市场机制或价格机制思想的最早表述,从而奠定了微观经济学的理论基础。

古典经济学反映了自由竞争时期资本主义经济发展的要求,此时经济学已逐步成为一门具有独立体系的科学。真正意义的经济学便从此时产生。

【专栏三】亚当·斯密与《国富论》

亚当·斯密(1723—1790年)是英国古典政治经济学的主要代表人物之一。《国民财富的性质和原因的研究》(以下简称《国富论》)是他的代表作。在这本名著作里,斯密缔造了古典政治经济学的理论体系,概括了古典政治经济学在它的形成阶段的理论成就,最先系统阐述了政治经济学的各个主要学说,对资产阶段政治经济的形成和发展起了极其重要的作用。

亚当·斯密1748年毕业于牛津大学,1751年返回格拉斯哥大学讲授逻辑学,第二年担任道德哲学讲座,并开始研究政治经济学。斯密在格拉斯哥一直居住到1764年,这使他有可能长期实地观察这个苏格兰工业中心的经济生活。1767年他返回家乡专心致力于《国富论》的写作。经过十年的刻苦努力,终于在1776年完成了这部巨著。

斯密认为，政治经济学的目的在于"第一，给人民提供充足的收入或生计，或者更明确地说，使人民能给自己提供这样的收入或生计；第二，给国家或社会提供充足的收入，使公务得以进行。总之，其目的在于富国裕民。"于是，研究国民财富的性质和原因就成为《国富论》的主题。斯密主张国民财富的源泉是劳动，国民财富的增长取决于劳动生产力的增进，而后者又取决于分工。

斯密认为，人们受"一只看不见的手"的支配，在追求个人利益时却使整个社会获得最大利益。在"自然秩序"下，能使个人利益与社会利益协调，促进社会财富增长。国家的职能是保护国家和个人的安全，建设并维护私人无力办或不愿办的公共事业，起"守夜人"的作用。

三、庸俗经济学：现代西方经济学的理论渊源

西方庸俗经济学产生于18世纪和19世纪之交的英国和法国，初步发展于19世纪中叶，其主要代表人物是法国的萨伊、英国的马尔萨斯以及詹姆士·穆勒和麦克库洛赫。

西方庸俗经济学的理论主要是：商品的价值不是由生产商品的劳动所创造的，而是取决于商品的效用，取决于生产商品所耗费的生产费用，取决于商品的稀缺性，取决于商品的供给与需求。他们提出三要素价格分配论，认为商品的价值是由生产三要素创造的：劳动创造工资；资本创造利润；土地创造地租。因此，工资是劳动的价格，利润是资本的价格，地租是土地的价格。以上这样一些庸俗的经济理论对后世西方经济学产生了很大的影响，成为现代西方经济学的基本概念，奠定了现代西方经济学的基本理论路线和基本理论框架。

四、"边际革命"：现代西方经济学理论基础的奠定

从19世纪晚期到20世纪初期的半个世纪是西方庸俗经济学发展的一个重要时期，这就是所谓的"边际革命"时期，在这一时期，西方经济学吸收当时心理学和数学发展的某些成果，将心理分析和增量分析引进经济学研究领域，从而奠定了现代西方经济学特别是微观经济学的理论基础。英国的马歇尔(A. Marshall)是边际主义经济学的代表人物。

边际主义经济学的基本理论主要包括边际效用分析和边际效用价值论、边际生产力分析和边际生产力分配论、一般均衡理论三部分。这些理论成为现代西方经济学特别是微观经济学的基础，标志着现代微观经济学的产生。20世纪30年代，美国的张伯仑和英国的琼·罗宾逊同时提出内容基本相同的"垄断竞争理论"，论述了不同市场类型下产量与价格的决定及资源优化配置问题，弥补了马歇尔经济理论的最大缺陷，使现代微观经济学的理论体系得以最终完成。

五、"凯恩斯革命"：现代宏观经济学的建立和发展

1912—1933年爆发了世界性的经济危机，英国经济学家梅纳德·凯恩斯认为经济危机的根源在于有效需求不足，单靠自由放任的市场机制已经无能为力，只有通过国家干预，实行"需求管理"，才能有效地克服经济萧条和通货膨胀，实现经济稳定。他于1936年出版的《就业、利息和货币通论》一书，标志着宏观经济学的诞生。

沿着国家干预主义经济思潮和经济自由主义思潮的道路，西方经济学从20世纪30年代中期以后不断发展变化，又衍生出许多流派。

本 章 小 结

1. 任何社会都不得不将其稀缺的资源在使用中做出选择,以决定生产什么、怎样生产和为谁生产,以及如何充分利用资源,这就是资源配置和资源利用问题。经济学研究的基本前提是人类欲望的无限性和资源的稀缺性。

2. 微观经济学是以单个的经济单位作为考察对象,研究个体的经济行为,以及相应的经济变量的单项数值的决定。宏观经济学是以整个国民经济活动作为考察对象,研究社会总体经济问题以及相应的经济总量是如何决定及其变动的。

3. 经济学分析的基本方法包括实证分析方法与规范分析方法、均衡分析方法、静态分析方法和动态分析方法。

关 键 概 念

稀缺性　机会成本　计划经济与市场经济　生产可能性边界

【思考与练习】

一、单选题

1. 经济物品是指(　　)。
   A. 有用的物品　　　　　　　　B. 稀缺的物品
   C. 要用钱购买的物品　　　　　D. 有用且稀缺的物品
2. 一国生产可能性曲线以内一点表示(　　)。
   A. 通货膨胀　　　　　　　　　B. 该国可能利用的资源减少以及技术水平降低
   C. 失业或者说资源没有被充分利用　D. 一种产品最适度产出水平
3. 生产可能性曲线说明的基本原理是(　　)。
   A. 一国资源总能被充分利用
   B. 改进技术引起生产可能性曲线向内移动
   C. 假定所有经济资源能得到充分利用,则只有减少 Y 物品生产才能增加 X 物品的生产
   D. 经济能力增长唯一取决于劳动力数量
4. 下列命题中哪一个不是实证分析命题?(　　)
   A. 1982 年联储把贴现率降到 10%　　B. 联邦所得税对中等收入家庭是不公平的
   C. 1981 年失业率超过 9%　　　　　　D. 社会保险税的课税依据现在已超过 30 000 美元
5. 以下问题中哪一个不属微观经济学所考察的问题?(　　)
   A. 一个厂商的产出水平　　　　　B. 联邦货物税的高税率对货物销售的影响
   C. 失业率的上升或下降　　　　　D. 某一行业中雇佣工人的数量
6. 微观经济学是经济学的一个分支,主要研究(　　)。
   A. 市场经济　　B. 个体行为　　C. 总体经济活动　　D. 失业和通货膨胀等
7. 宏观经济学是经济学的一个分支,主要研究(　　)。

A. 计划经济 B. 经济总体状况,如失业与通货膨胀
C. 不发达国家经济增长 D. 计算机产业的价格决定问题
8. 实证经济学(　　)。
A. 关注应该是什么 B. 主要研究是什么,为什么,将来如何
C. 不能提供价值判断的依据 D. 对事物进行价值判断
9. 下列会导致生产可能性曲线向外移动的是(　　)。
A. 失业 B. 有用性资源增加或技术进步
C. 通货膨胀 D. 消费品生产增加,资本品生产下降
10. 人们在经济资源的配置和利用中要进行选择的根本原因在于(　　)。
A. 产品效用的不同 B. 居民偏好不同
C. 经济资源的稀缺性 D. 经济资源用途不同

二、简答题

1. 你认为研究人们的消费问题是属于微观经济学现象还是宏观经济学现象?
2. 什么是理性人?日常生活中有哪些行为是符合这个原则的?有没有"非理性"或"反理性"行为?自私自利和损人利己是理性的还是反理性的,为什么?你给出的答案是实证性的还是规范性的?
3. 经济学中的均衡的含义是什么?

第二章 需求、供给与均衡价格

本章知识结构图

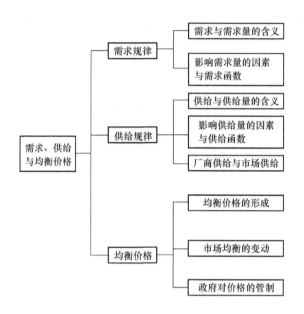

学习目的与要求

【目的与要求】通过本章的学习,应当掌握需求与供给的含义与影响因素;掌握需求规律;掌握供给规律;理解均衡价格的形成与变动;理解政府价格管制的利弊;掌握均衡价格理论的应用。

【重点与难点】重点是供给和需求及其影响因素、需求规律、供给规律、供给曲线和需求曲线及其移动、均衡价格和均衡产量的形成及其变动;难点是供给曲线和需求曲线的移动、均衡价格和均衡产量的变动、政府价格管制的利弊、均衡价格理论的应用。

微观经济学的核心内容是价格理论。均衡价格是由市场需求和市场供给相互作用来决定的。本章分析需求、供给以及二者如何相互作用以决定均衡价格。

第一节 需求规律

一、需求与需求量的含义

一种商品的需求是指消费者在一定时期内在各种可能的价格水平下愿意而且能够购买的

该商品的数量,需求量是指消费者在一定时期内在某一特定价格水平下愿意而且能够购买的该商品的数量。如果消费者对某种商品只有购买的欲望而没有购买的能力,或者消费者对某种商品有支付能力但没有购买的欲望,就不能形成有效的需求。需求是指既有购买欲望又有购买能力的有效需求,两个条件缺一不可。例如,一个人想买一辆汽车,但无足够的钱购买,那此人对汽车的需求为零,因为他只有购车的欲望而没有支付能力。

【专栏一】睡帽和汽车的需求

鸦片战争以后,英国商人为打开了中国这个广阔的市场欣喜若狂。当时英国棉纺织业中心曼彻斯特的商人们估计,中国有4亿人,假如有1亿人戴睡帽,每人每年用2顶,曼彻斯特的所有棉纺厂日夜加班也不够,何况还要做衣服呢!于是他们把大量的洋布运到中国。结果他们的梦想破灭了,中国人并没有戴睡帽的习惯,衣服也用自产的丝绸或土布,洋布几乎卖不出去。

1999年6月的上海车展上,参观者人头攒动,但看的多,买的少。在私人汽车最大的市场北京,作为晴雨表的北方汽车交易市场,该年上半年的销售量只相当于1998年同期的1/3。尽管当年全国轿车产量可达75万辆,但一季度销售量不过11.7万辆。面对这种局面,汽车厂家一片哀鸣。

睡帽的故事说明有支付能力但没有购买欲望不能算作需求,汽车的故事说明有购买欲望但没有支付能力也不能称为需求。

请思考:什么是需求?它需要具备哪些条件?

二、影响需求量的因素与需求函数

1. 影响需求量的价格因素与需求规律

影响商品需求量的价格因素是指商品自身的价格。一般来说,一种商品的价格越高,该商品的需求量就会越小。相反,价格越低,需求量就会越大。商品自身的价格与需求量之间的这种反方向变化关系,称为需求规律。例如,对于时装、计算机等商品来说,其需求量与价格之间均成反方向变动。

表2-1是一张某商品的需求表,它表示了某种商品(如苹果)的各种价格与相应的该商品的需求量之间的对应关系。

表2-1 某商品的需求表

价格-数量的组合	价格 元	需求量 单位数
A	1	800
B	2	700
C	3	600
D	4	500
E	5	400
F	6	300
G	7	200

2. 影响需求量的非价格因素

(1) 消费者的收入水平

收入(income)是影响需求量的重要因素,它对需求的影响要区分商品的不同特性。对于多数商品来说,消费者的收入越高,对需求的需求量越大;反之,收入越低,需求量越小,这种商品称为正常商品,如汽车、住房。而对于另一部分商品而言,随着收入水平的提高,对它们的需求量反而下降,此种商品称为劣等商品或低档品,如化纤服装等,在城镇居民收入有较大提高时,其需求量就会下降。

(2) 消费者的偏好

需求量受到消费者偏好(taste)的制约。当消费者对某种商品的偏好程度增强时,该商品的需求量就会增加。相反,偏好程度减弱时,需求量就会减少。生产者进行广告宣传的目的不仅在于告诉人们有什么商品,而且还在于通过改变人们的偏好而增加对某种商品的需求量。

（3）其他商品的价格

商品之间一般有替代和互补两种关系,进而可称为替代品与互补品。

商品 X 的替代品 Y 是指这样一种商品:它与商品 X 都可以满足相同的或相似的需要,可以相互替代,如苹果和梨互为替代品。当替代品 Y 价格上升时,人们将减少替代品 Y 的购买而增加 X 商品的购买;反之,当替代品 Y 价格下降时,会减少 X 商品的购买。即商品需求量与替代品价格之间成同方向变动关系。

商品 X 的互补品 Y 则是指这样一种商品:在使用商品 X 时也必须同时使用 Y,才能实现消费者的效用满足,如汽车和汽油是互补品。当互补品 Y 的价格上升,对商品 X 的需求量将减少;反之,当互补品 Y 价格下降时,会增加对商品 X 的需求量。即商品需求量与互补品价格之间成反方向变动关系。

（4）消费者的预期

预期是指人们对未来情况的估计,它对人们的经济行为有重要的影响。如果消费者估计某些影响需求的因素未来会发生变化,如收入未来会变化、价格未来会变动等,就会及时调整当期消费,从而影响现期的需求量。例如,当消费者预期汽车的价格在明年会下降时,就会持币观望,今年对汽车的需求量就会减少。

（5）信贷的成本和难度

消费者对许多商品都是通过取得消费信贷的方式来购买的。如果利息率较低和信贷较易获得,对某些商品的需求量就会增加;反之,对某些商品的需求量就会减少。

（6）其他因素

其他因素如消费者人数多少、气候条件等也会影响商品需求量。

【专栏二】预期对住宅需求的影响

2012 年 1 月北京二手住宅全月成交量不足 3 000 套,创 2007 年以来新低。1 月份北京市二手房住宅成交均价为每平方米 20 619 元,环比 2011 年 12 月下降了 6.6%,同比 2011 年 1 月下降了 16%。这是自 2010 年 4 月调控以来月度成交均价首次回落至每平方米 21 000 元以下,已经与 2010 年 3 月价格水平相当。请思考:预期对需求有何影响?

3. 需求函数与需求曲线

一种商品的需求函数(demand function)表示在一定的时期内该商品的需求量和影响需求量的各个因素之间的关系,记作:

$$Q_d = f(P, T, I, P_i, E, \cdots)$$

其中,Q_d 代表某种商品的需求量,P 代表该种商品自身的价格,T 代表消费者偏好,I 代表消费者收入,P_i 代表其他商品的价格,E 代表消费者的预期等。

在影响需求量的各因素中,最重要的是商品自身的价格。所以,商品的需求函数一般指在消费者偏好、收入、信贷、其他商品价格等因素不变的条件下,一种商品的需求量和它自身的价格之间的关系。这样,需求函数可记作:

$$Q_d = f(P)$$

需求函数的几何图形表达称为需求曲线,它表示在不同价格水平下消费者愿意而且能够购买的商品数量,它一般向右下方倾斜。

需求曲线可以是直线,也可以是曲线。当需求函数为非线性函数时,相应的需求曲线是一条曲线,每点的斜率通过 $\dfrac{\mathrm{d}P}{\mathrm{d}Q}$ 或 $\dfrac{\Delta P}{\Delta Q}$ 来计算。当需求函数为线性函数 $P=a-bQ_\mathrm{d}$ 时,相应的需求曲线表现为一条直线,a 和 b 均为大于 0 的常数,$-b$ 是需求曲线的斜率,如图 2-1 所示。例如,某消费者对大米的需求函数是:$Q_\mathrm{d}=500-0.4P$。也可写成:$P=1\,250-2.5Q_\mathrm{d}$。横轴 Q 表示商品数量,纵轴 P 表示商品自身的价格。P 是自变量,Q 是因变量。

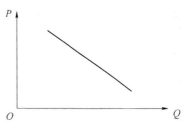

图 2-1　需求曲线

4. 需求量的变动与需求的变动

在前面的需求规律中,都是假设其他条件不变。然而在现实经济中,除价格因素外的其他因素,如消费者的收入水平、偏好、预期等因素都会发生变动从而影响需求量。这些价格和非价格因素的变化都会影响需求量的变动。

(1) 需求量的变动

商品自身价格的变化所引起的需求量的变化,称为需求量的变动。需求量的变动在需求曲线图上表现为在一条既定的需求曲线上点的位置移动,如图 2-2 所示,假定其他条件不变,在需求曲线 D_0 上,随着商品自身价格的变动,点 a,b,c 之间的位置移动,即为需求量的变动。由点 b 移动到点 a,表示需求量的减少。

(2) 需求的变动

当商品本身的价格不变时,由于其他非价格因素(如消费者的收入、偏好、预期等)的变动引起的需求量的变化,称为需求的变动。需求的变动在图形上表现为整条需求曲线的移动,如图 2-3 所示,D_0 向右平行移动到 D_1,或向左平行移动到 D_2。需求曲线右移表示需求的增加。

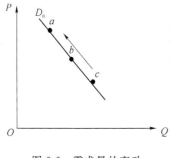

图 2-2　需求量的变动

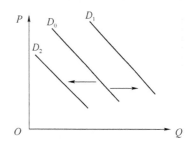

图 2-3　需求的变动

综上所述,在所有影响需求量的因素中,商品本身价格的变动使需求量在需求曲线上发生点的位置移动;除商品本身价格因素外的其他因素变动均使得整条需求曲线平行向右或向左移动。

第二节　供给规律

一、供给与供给量的含义

某种商品的供给是指生产者或厂商在每一价格水平上愿意并且能够提供的该商品的数量,供给量是指厂商在某一特定价格水平上愿意并且能够提供的该商品的数量。供给是厂商愿意出售的商品数量,即厂商有供给的欲望;供给量是厂商能够出售的商品数量,即有供给的能力。两个条件缺一不可。例如,某饮料厂想把橙汁饮料的产量从现有的50吨增加到100吨,但由于设备原因只能增产30吨,则该厂对橙汁饮料的供给量是80吨,而不是100吨。

二、影响供给量的因素与供给函数

1. 影响供给量的价格因素与供给规律

影响供给量的价格因素是指商品本身的价格。假定其他条件(如生产要素的价格、其他商品的价格等)不变,商品本身的价格上升将使单位商品的利润增大,这不但促使原厂商扩大生产,而且还吸引其他厂商转产这种商品,结果这种商品的供给量将增加。反之,商品本身的价格降低时,这种商品的供给量将减少。因此,一种商品的供给量与商品本身的价格呈同方向变化,这就是供给规律。

2. 影响供给量的非价格因素

(1) 其他商品的价格

一种商品的供给量不仅随着自身价格的变化而变化,而且还随着其他商品价格的变化而变化。一般来说,在某种商品自身的价格不变的情况下,如果其他商品的价格上升,将会使厂商增加对其他商品生产的投入而减少对原商品的生产投入,结果是社会资源重新配置,原来商品的供给量将受到影响。

(2) 生产要素的价格

生产要素价格的高低直接关系到商品的生产成本。在商品自身价格不变的条件下,如果生产要素的价格提高了,那么生产这种商品的利润就减少,因而这种商品的供给量也会减少。反之,生产要素价格的降低则会引起这种商品的供给量增加。

(3) 生产技术水平

生产技术水平的进步与提高不但降低了原有商品的生产成本,在其他条件不变的情况下导致这些商品供给量增加,而且还带来了新的商品,引起了这些新商品供给量的增加和被它们替代的那些商品供给量减少。

(4) 生产者预期

如果厂商预期某种商品的价格看涨,就会囤积居奇,从而减少现期供给;反之,预期行情看跌,则会大量抛售,使现期供给增加。

(5) 其他因素

其他因素如气候、市场规模、政府政策等发生变化都会影响供给量。

3. 供给函数与供给曲线

如果把影响供给量的所有因素作为自变量,把供给量作为因变量,则可以用函数关系来表达两者之间的依存关系,这种函数称为供给函数,记做:

$$Q_S = f(P, P_i, P_j, a, E, \cdots)$$

其中,Q_S 代表商品的供给量,P 代表商品自身的价格,P_i 代表其他商品的价格,P_j 代表生产要素的价格,a 代表生产技术、管理水平,E 代表生产者的预期等。

假设其他条件不变,只研究某种商品的供给量与商品自身的价格之间的关系,这样供给函数可记为

$$Q_S = f(P)$$

供给函数的几何图形表达称为供给曲线,它表示在不同价格水平下厂商愿意而且能够提

供的商品数量,它一般向右上方倾斜。

供给曲线可以是直线,也可以是曲线。当供给函数为非线性函数时,相应的供给曲线是一条曲线,每点的斜率通过 dP/dQ 或 $\Delta P/\Delta Q$ 来计算。当供给函数为线性函数 $P=a+bQ_S$ 时,相应的供给曲线表现为一条直线,a 和 b 均为大于 0 的常数,b 是供给曲线的斜率,如图 2-4 所示。例如,A 厂商生产洗涤用品的供给函数为:$Q_S=-500+0.02P$,或写成:$P=25\,000+50Q_S$。

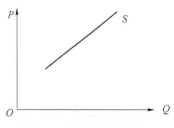

图 2-4 厂商的供给曲线

4. 供给量的变动与供给的变动

(1) 供给量的变动

商品本身价格的变动引起的供给量的变化,称为供给量的变动。供给量的变动在图形上表现为在同一供给曲线上点的位置移动。如图 2-5 所示,假定其他条件不变,随着商品自身价格的上升,点 a,b,c 之间的位置移动,即为供给量的变动。由点 a 移动到点 b 表示供给量的增加。

(2) 供给的变动

商品本身价格以外的所有其他因素变动引起的供给量的变化,称为供给的变动。供给的变动在图形上表现为整条供给曲线的移动,如图 2-6 所示,假定商品本身价格 P_0 保持不变,生产技术水平提高使原来的供给曲线 S_0 右移到 S_1,表示供给增加。反之,供给曲线 S_0 向左移动到 S_2,表示供给减少。

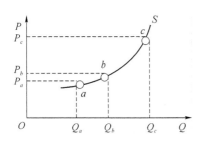

图 2-5 供给量的变动

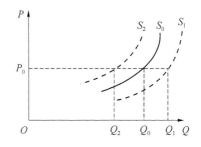

图 2-6 供给的变动

三、厂商供给与市场供给

供给可以分为厂商供给和市场供给。对于某种商品的供给在市场上有许多厂商,厂商供给是指单个厂商对某种商品的供给,市场供给是全部单个厂商供给的加总。对应于每一个价格把对某一商品所有的厂商供给量加总,便得到该商品的市场供给,市场供给指的是在某商品不同价格水平下所有厂商对该商品的供给总量。

假设生产 A 产品并向市场出售的只有两家厂商,单个厂商的供给函数分别为

$$Q_1 = a_1 + b_1 \cdot P$$
$$Q_2 = a_2 + b_2 \cdot P$$

则市场供给函数为

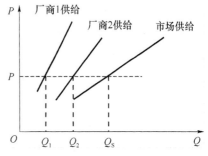

图 2-7 厂商供给与市场供给

$$Q_s = a + b \cdot P$$

其中，$Q_s = Q_1 + Q_2$，$a = a_1 + a_2$，$b = b_1 + b_2$，在图形上表示如图 2-7 所示。

第三节 均衡价格

需求规律说明了某一商品在每一价格下的需求量，而供给规律说明了某一商品在每一价格下的供给量，要说明该商品价格的决定，就必须将需求与供给结合起来考虑。任何商品的价格都是由需求和供给两方面的因素共同决定的，供求关系的相互作用形成了商品的市场价格。

一、均衡价格的形成

在竞争性的商品市场上，对于某种商品的任一价格，其相应的需求量和供给量不一定相等，但在该商品各种可能的价格中，必定有一价格能使需求量和供给量相等，从而使该商品市场达到一种均衡状态，即市场出清，如图 2-8 所示。D 线是某种商品的市场需求曲线，S 线是该商品的市场供给曲线，D 线和 S 线相交于 E 点，E 点表示该商品市场达到均衡状态的均衡点，E 点所对应的价格 P^* 就是均衡价格，与这价格相对应的交易量 Q^* 是均衡数量。

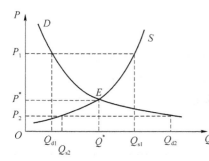

图 2-8 均衡价格的形成

均衡价格（equilibrium price）是指某种商品的市场需求等于其市场供给时的价格。

如果某一商品初始的市场价格水平为 P_1，供给量 Q_{s1} 大于需求量 Q_{d1}，存在商品过剩，在竞争的市场中，这种情况必然导致厂商之间的激烈竞争，结果使价格逐渐下降，供给量逐渐减少，需求量逐渐增加。这个过程一直持续下去，直到价格降到均衡价格 P^*，需求量和供给量都等于 Q^* 时为止。

相反，如果某一商品初始的市场价格水平为 P_2，低于均衡价格 P^*。那么，与 P_2 相对应的需求量 Q_{d2} 就大于此价格时的供给量 Q_{s2}，因而有部分购买者不能买到想要的商品，存在超额需求或产品短缺。在竞争的市场经济中，这种情况必然会导致购买者之间的竞争，结果使价格逐渐上升，需求量逐渐减少，供给量逐渐增加，直到价格上升到均衡价格 P^*，供给量和需求量都等于 Q^* 时为止。

综上所述，商品的均衡价格是由商品的需求和供给共同决定的，当商品供不应求时，商品价格会上升，当供过于求时，价格会下降。此即供求定理。

例 2-1 已知 $Q_d = 50 - 5P$；$Q_s = -10 + 5P$。求：均衡价格 P^* 和均衡数量 Q^*。

解：因为当供给与需求达到均衡时，有 $Q_d = Q_s$，也就是 $50 - 5P = -10 + 5P$，求得：
$$P^* = 6, Q^* = 20$$

【专栏三】家电市场价格的变化演示供求定理

我国在改革开放初期，生产力水平落后，生产厂家少，家电产品的总需求量远远高于其总供给量，出现了 1989 年凭票排队抢购冰箱的场面，当时最普通的一款冰箱卖到 2800 元左右，还要凭票供应。虽然不排除通货膨胀的影响，但就其当时国内各家电生产厂家的技术水平和产品质量而言，连续几年的高价倾销，家电市场长期供小于求，厂商利润可观，因此越来越多的厂家投身于家电产品的生产,由原来的几个增加到几十个,索尼、东芝、三星、飞利浦等国外家电企业也不断进入中国家电市场,供求平衡随之改变,由原来的供小于求,逐步转变为供大于求,产品的价格更加市场化,2000年由长虹彩电引领了彩电价格跳水,2002年、2003年空调价格跳水。如今的家电市场竞争已进入白热化,各厂家为了争夺市场不断用降价手段来赢得顾客,甚至推出了大批低于成本价的特价机来争得一时的高市场份额,而这样做往往是饮鸩止渴,不少品牌由于厂家收不抵支而逐渐退出家电市场。

二、市场均衡的变动

均衡价格是在假设影响需求和供给的非价格因素均保持不变的前提下形成的价格,此时需求曲线和供给曲线的位置均是固定的。也就是说,在非价格因素保持不变的前提下,需求量和供给量只受商品自身价格变动的影响,随着市场价格的波动,市场上会出现商品供求的失衡即过剩或短缺,这却并不影响市场本身的均衡价格。但是,如果影响需求或供给的非价格因素发生了变化,即需求曲线或者供给曲线发生了移动,市场均衡就会发生相应的变化。

1. 供给不变,需求发生变动

假定某种商品的供给不变,但需求因为消费者偏好增强、收入提高等原因而增加了。如图2-9所示,供给曲线S不变,需求增加使得需求曲线由D_0右移至D_1,因此,均衡点随之移动,由E_0点移至E_1点,于是决定了新的均衡价格为P_1、均衡产量为Q_1。很明显,$P_1>P_0$,$Q_1>Q_0$。可见,需求增加,均衡价格和均衡产量都将增加。反之,如果供给不变,需求减少,则新的均衡价格将下降,均衡产量将减少。

综上所述,需求变动引起均衡价格、均衡产量同方向变动。

2. 需求不变,供给发生变动

假定某种商品的需求不变,而供给因为技术进步、要素价格下降等原因增加了。如图2-10所示,需求曲线D不变,供给增加使得供给曲线由S_0右移至S_1,因此,均衡点随之移动,由E_0点移至E_1点,于是决定了新的均衡价格P_1、均衡产量为Q_1。很明显,均衡价格比原来下降了,而均衡产量比原来增加了。反之,如果需求不变,供给减少,则新的均衡价格上升,均衡产量减少。

综上所述,供给变动引起均衡价格反方向变动、均衡数量同方向变动。

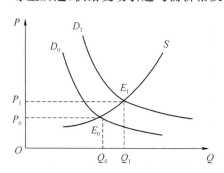
图2-9 需求变动对均衡的影响

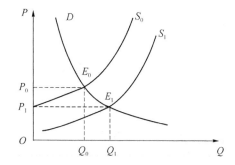
图2-10 供给变动对均衡的影响

【专栏四】中国南方2008年雪灾对农业的冲击

2008年1月10日开始在中国南方发生了极为严重的低温雨雪冰冻灾害,其中农业受灾是历史上罕见的,受灾范围广、时间长、强度大、品种多,损失很重。截止到2月14日,农作物受灾面积是1.78亿亩,其中成灾8000多万亩,绝收2000多万亩。农作物里受灾比较重的是油菜、蔬菜、柑橘,油菜受灾面积占秋冬播油菜总面积的40%多;蔬菜受灾面积占秋冬种面积的30%多。畜禽和渔业方面受灾比较重,这主要表现为因灾冻死一部分畜禽,特别是仔猪和雏鸡。因灾死亡的畜禽为6900多万头(只),特别是畜禽的一些圈舍垮塌损毁。渔业方面,南方13个省养殖业受灾面积为1400多万亩,主要是水产养殖的温室大棚垮塌比较严重。总的来看,农业受灾形势比较严峻,这次受灾对农作物、畜禽、水产品的生产基础和产品产量都产生了一些影响。由于农产品不能正常收获和正常运输,市场价格一度出现大幅度上涨。1月14日到20日这一周,全国食用农产品市场价格比前一周上涨1.2%,比2007年12月初上涨4.7%,与2007年7月初相比上涨12.2%。

3. 需求和供给同时发生变动

需求和供给同时发生变动的情况比较复杂,因为两者的变动方向、变动程度的差异均可能对均衡产生不同的影响。如图2-11所示。

需求、供给增加后,均衡产量随之增加,因此新的均衡产量比原来的均衡产量增加。但是均衡价格的变动却不确定。因为需求增加使均衡价格上升,供给增加使均衡价格下降,因而均衡价格的实际变动还要取决于两者增加的程度。

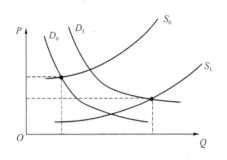

图2-11 需求和供给同时变动对均衡的影响

三、政府对价格的管制

在竞争性市场经济中,价格有着信息传递、行为指导的功能。生产者根据商品价格的涨跌来评判市场的供求变化,从而调整自己的产量;消费者根据价格的涨跌来合理安排自己的商品消费组合,从而使自己的利益最优。因此,价格就像是一只"看不见的手",指挥着人们的经济生活。然而,在现实的经济生活中,有些市场仅仅依赖价格的调节不能达到人类社会所期望的结果,有时政府的干预能改善市场的效果。通常政府通过价格管制、税收等方式干预经济。

1. 支持价格

支持价格又称价格下限,是指政府为了扶持某一行业的生产,对该行业产品规定的最低价格,高于市场均衡价格。例如,政府为了扶持农业,常实行农产品支持价格。支持价格政策所产生的后果如图2-12所示。

在政策实施前,商品的均衡价格为P_E,均衡产量为Q_E,实行支持价格P_1后,市场价格P_1高于均衡价格P_E,与市场价格P_1相对应的需求量为Q_1,供给量为Q_2。由于供给量大于需求量,该商品市场将出现过剩,过剩量为Q_1Q_2。为维持支持价格,这些过剩商品不能在市场上卖掉。此时政府可采取政府收购过剩商品用于储备或出口。

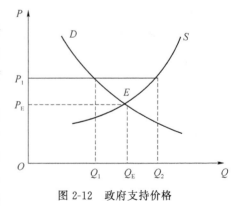

图2-12 政府支持价格

2. 限制价格

限制价格又称价格上限,是指政府为了抑制某些产品的价格上涨而规定的最高价格,低于市场均衡价格。其是为了稳定经济生活,例如,制定水、电等生活必需品的价格上限,保护消费者的利益,有利于安定民心。限制价格政策所产生的后果如图 2-13 所示。

实施限制价格政策之前,该商品市场的均衡价格为 P_E,均衡产量为 Q_E,实行限制价格 P_1 后,与这一价格相对应的需求量为 Q_2,供给量为 Q_1。由于需求量大于供给量,该商品市场将出现短缺,短缺量为 Q_1Q_2。这样,市场就有可能出现抢购现象或是黑市交易。为解决商品短缺,一方面政府可采取发放购物券等来控制需求量,但还会出现黑市交易;另一方面会挫伤厂商生产积极性,无生产积极性而导致的生产不足,使短缺变得更加严重。再者,商品价格偏低会造成资源浪费。

3. 非均衡状态下商品价格的决定

由于买者和卖者掌握的信息不对称或者市场价格调整不一定灵活等因素,使现实的市场是不均衡的市场。在商品市场处于非均衡状态的条件下,商品的价格和交易量不是由这种商品的供给曲线和需求曲线的交点决定的,而是由"短边法则"决定的。

如图 2-14 所示,在某种商品的市场上,如果商品的市场价格是 P_1,需求量 Q_{D1} 将小于供给量 Q_{S1},消费者处于市场的短边,即供给量和需求量较小的一方,那么这种商品的交易量取决于处于短边的需求量 Q_{D1}。如果商品的市场价格是 P_2,供给量 Q_{S2} 将小于需求量 Q_{D2},生产者处于市场的短边,那么这种商品的交易量为 Q_{S2}。

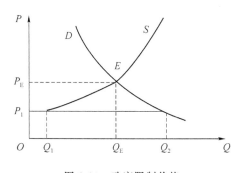

图 2-13 政府限制价格

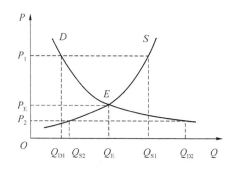

图 2-14 非均衡状态下商品的价格

本 章 小 结

1. 需求规律:在其他条件不变的情况下,某种商品的价格上升时,需求量减少;价格下降时,需求量增加。需求曲线一般向右下方倾斜。

2. 商品需求量的增减除了受自身价格变动的影响外,还受其他因素的影响,如其他商品的价格、消费者的偏好、消费者的收入、消费者预期、获取信贷的难易程度等。

3. 供给规律:在其他条件不变的情况下,某种商品的价格上升时,供给量增加;价格下降时,供给量减少。供给曲线一般向右上方倾斜。

4. 供给量的变动除了受自身价格变动的影响外,还受其他因素的影响,如厂商的预期、生产技术、生产要素价格、其他商品的价格、政府政策等。

5. 均衡价格是指某种商品的市场需求等于其市场供给时的市场价格。市场均衡下的价格是均衡价格,离开均衡点会产生失衡。价格高于均衡价格时,市场会产生过剩;价格低于均衡价格时,市场会产生短缺。

6. 政府为了保护某一行业的发展可采用支持价格,要限制某一行业的发展或稳定居民生活时可采用限制价格。

关 键 概 念

需求　需求量　需求规律　需求量的变动和需求的变动　替代品　互补品　供给　供给量　供给规律　供给量的变动和供给的变动　均衡价格　均衡数量　过剩　短缺　短边法则　支持价格　限制价格

【思考与练习】

一、单选题

1. 均衡价格一定随着（　　）。
   A. 需求与供给的增加而上升　　B. 需求的增加和供给的减少而上升
   C. 需求的减少和供给的增加而上升　　D. 需求和供给减少而上升
2. 在其他条件不变的情况下，某种商品的需求量（　　）。
   A. 随着替代商品价格的提高而减少　　B. 随着替代商品价格的提高而增加
   C. 随着偏好的增加而减少　　D. 随着互补品价格下降而减少
3. 对西红柿需求的变化，可能是由于（　　）。
   A. 消费者认为西红柿价格太高了　　B. 西红柿的收成增加
   C. 消费者预期西红柿将降价　　D. 种植西红柿的技术有了改进
4. 某种商品沿着供给曲线运动是由于（　　）。
   A. 商品价格的变化
   B. 互补品价格的变化
   C. 生产技术条件的变化
   D. 生产这种商品的成本的变化
   E. 产量的变化
5. 某消费者的收入下降，而他对某商品的需求却增加，该商品为（　　）。
   A. 高档商品　　B. 低档商品
   C. 替代商品　　D. 互补商品

二、简答题

1. 张三想买一部高档手机，价格5 000多元，依他目前的收入状况还买不起，他对该手机是否形成了需求？
2. 利用有关的供求理论，请说明为什么我国大城市房价一直居高不下？决定房价的供求的因素有哪些？
3. 运用所学经济学理论分析大学校园戒烟的方法有哪些？

三、作图分析题

作图说明下列因素变化对荔枝市场的影响。
(1) 农业部推广新技术使果农在水果的种植上得到高产；
(2) 据气象部门预测，今年的气候适宜荔枝生长；

(3) 市场有关部门预测出口荔枝将受到严格限制,今年国内市场荔枝价格可能会比较低。

四、计算题

某市场供给函数 $Q_s=-50+3P$,需求函数 $Q_d=100-2P$。

(1) 求市场均衡。

(2) 若由于某种原因,市场需求函数变化为 $Q_d=150-2P$,求新的市场均衡。

第三章 弹性理论及其应用

本章知识结构图

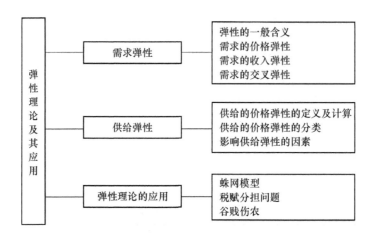

学习目的与要求

【目的与要求】通过本章的学习,应当掌握弹性的一般含义;掌握需求价格弹性的定义、计算、分类、影响因素及需求的收入弹性和交叉弹性的相关知识;掌握供给价格弹性的定义、计算、分类和影响因素;熟练运用弹性的相关知识分析一些经济现象。

【重点与难点】重点是对弹性概念的理解及对需求弹性和供给弹性相关知识的运用;难点是弹性的相关理论知识在经济分析中的运用。

第一节 需求弹性

需求弹性(elasticity of demand)是用来表示影响需求的各种因素发生变动后,需求数量所变动的程度大小的概念。需求弹性主要有三种,即需求的价格弹性、需求的收入弹性和需求的交叉弹性。

一、弹性的定义

弹性(elasticity)的一般公式为

$$弹性系数 = \frac{因变量的变动率(百分比)}{自变量的变动率(百分比)}$$

弹性系数表达的含义是,自变量变动一定的程度(用比例或百分比表示)所引起的因变量

变动的程度之比值。如设两个经济变量的函数关系为 $Y=f(X)$，则具体的弹性公式为

$$e_d = -\frac{\Delta Y/Y}{\Delta X/X} = -\frac{\Delta Y}{\Delta X} \cdot \frac{X}{Y}$$

其中，e_d 为弹性系数；ΔX，ΔY 分别为变量 X，Y 的变动量。上式称为弧弹性公式。

若经济变量的变化量趋于无穷小时，弹性的公式还可表示为

$$e_d = \lim_{\Delta p \to 0} -\frac{\Delta Y/Y}{\Delta X/X} = \frac{dY/Y}{dX/X} = -\frac{dY}{dX} \cdot \frac{X}{Y}$$

上式称为点弹性公式。

二、需求的价格弹性

1. 需求的价格弹性定义

需求的价格弹性(price elasticity of demand)是指在一定时期内，一种商品的需求量变动对于该商品的价格变动的反应程度。其公式为

$$需求的价格弹性系数 = \frac{需求量变动率（相对变动）}{价格变动率（相对变动）}$$

例如，某种商品的价格上涨 20% 时，需求量下降 10%，则这种商品的需求价格弹性系数为 -0.5。

在理解需求价格弹性的含义时要注意以下几点。

第一，在需求量与价格这两个经济变量中，价格是自变量，需求是因变量。所以，需求价格弹性就是指价格变动所引起的需求量变动的程度，或者说是需求量变动对于价格变动的反应程度。

第二，需求弹性系数是价格变动的比率与需求量变动的比率的比率，而不是价格变动的绝对量与需求量变动的绝对量的比率。

第三，弹性系数的数值可以是正值，也可以为负值。如果两个变量为同方向变化，则为正值，反之，如果两个变量为反方向变化，则为负值。由于价格和需求量成反方向变动，所以需求价格弹性系数为负值，但在实际运用时，为了方便比较弹性大小，一般都取其绝对值。

第四，同一条需求曲线上不同点的弹性系数大小并不相同。这一点可以用点弹性的计算来说明。

2. 需求的价格弹性的计算

(1) 弧弹性

需求的价格弧弹性表示某商品需求曲线上两点之间的需求量的变动对于价格的变动的反应程度。简言之，它是指需求曲线上两点之间的弹性，其计算公式为

$$e_d = -\frac{\Delta Q/Q}{\Delta P/P} = -\frac{\Delta Q}{\Delta P} \cdot \frac{P}{Q}$$

其中，ΔQ 和 ΔP 分别表示需求量和价格的变动量，P 和 Q 分别表示价格和需求量的基量。这里需要指出的是，在通常情况下，由于商品的需求量和价格是成反方向变动的，$\Delta Q/\Delta P$ 为负值，所以，为了使需求的价格弹性系数 e_d 取正值以便于比较，便在公式中加了一个负号。

为了消除价格上升与下降时计算的弹性系数值的差别，价格和需求量通常取两点之间的平均值来代替公式中的 P 和 Q 的数值，即需求的价格弧弹性采用下式计算：

$$e_d = -\frac{\Delta Q}{\Delta P} \cdot \frac{(P_1+P_2)/2}{(Q_1+Q_2)/2} = -\frac{\Delta Q}{\Delta P} \cdot \frac{P_1+P_2}{Q_1+Q_2}$$

上式又被称为需求的价格弧弹性的中点公式。

假设 $P_1=4, P_2=2, Q_1=10, Q_2=40$，则可求出弧弹性的弹性系数为

$$e_d = -\frac{40-10}{2-4} \cdot \frac{(4+2)/2}{(10+40)/2} = 1.8$$

在实际中弧弹性运用广泛，一般所说的弹性系数是指弧弹性的弹性系数。特别要注意的是，需求曲线的斜率并不等于弹性系数，在需求曲线的不同两点之间，弹性系数的大小并不一样。

(2) 点弹性

当需求曲线上两点之间的变化量趋于无穷小时，需求的价格弹性要用点弹性来表示。也就是说，它表示需求曲线上某一点上的需求量变动对于价格变动的反应程度。需求的价格点弹性的公式为

$$e_d = \lim_{\Delta P \to 0} -\frac{\Delta Q}{\Delta P} \cdot \frac{P}{Q} = -\frac{dQ}{dP} \cdot \frac{P}{Q}$$

设某种商品的需求函数为 $Q=f(P)=a-b \cdot P$，a 和 b 均为常数，Q 为需求量，设 $a=20$，$b=2$，则有 $Q=20-2P$。这时：

$$e_d = -\frac{dQ}{dP} \cdot \frac{P}{Q} = -(-2)\frac{P}{Q} = 2\frac{P}{Q}$$

当 $P=2$ 时，$Q=20-2\times 2=16$。因此，当价格为2，即 $Q=f(2)$ 时，这一点的点弹性为

$$e_d = 2\frac{P}{Q} = \frac{2\times 2}{16} = \frac{1}{4} = 0.25$$

同理，当 $P=6$ 时，$Q=20-2\times 6=8$。因此，当价格为6时，即 $Q=f(6)$ 时，这一点的弹性为

$$e_d = 2\frac{P}{Q} = \frac{2\times 6}{8} = 1.5$$

由此可以看出，一般而言，在同一条需求曲线的不同点上，需求弹性的大小是不同的。

3. 需求价格弹性的类型

各种商品的需求弹性不同，根据需求弹性的弹性系数的大小，可以把需求的价格弹性分为五种类型，如图3-1所示。

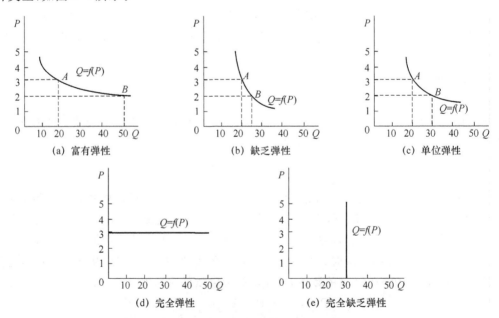

图 3-1　需求价格弹性的五种类型

(a) 富有弹性：$e_d>1$，表示需求量的变化率大于价格的变化率，说明需求量对于价格变动的反应是比较敏感的。通常高档奢侈品富于弹性，如化妆品、首饰等。

(b) 缺乏弹性：$e_d<1$，表示需求量的变化率小于价格的变化率，说明需求量对于价格变动的反应不敏感。通常生活必需品缺乏弹性，如柴、米、油盐等。

(c) 单位弹性或单一弹性：$e_d=1$，表示需求量的变化率与价格的变化率相等。现实中少见。

(d) 完全弹性：$e_d=\infty$，表示当价格为既定时，需求量是无限的。例如，银行以某一固定价格收购黄金，无论有多少黄金都可以按这一价格收购，银行对黄金的需求是无限的。这时，黄金的需求弹性为无限大。

(e) 完全缺乏弹性：$e_d=0$，表示无论价格发生多大的变化，需求量都不会发生任何数量变化。例如，糖尿病人对胰岛素这种药品的需求就是如此。胰岛素是糖尿病人维持生命所必需的，无论价格如何变，需求量也不变。

4. 需求的价格弹性与厂商的销售收入

商品需求的价格弹性与提供该商品的厂商的销售收入（即总收益）之间的密切关系，可归纳为三种基本情况。

第一种情况：对于 $e_d>1$ 的富有弹性的商品，降低价格会增加厂商的销售收入，相反，提高价格会减少厂商的销售收入，即商品的价格与厂商的销售收入成反方向的变动，如图 3-2(a)所示。

第二种情况：对于 $e_d<1$ 的缺乏弹性的商品来说，降价会使厂商的销售收入减少，相反，提价会使厂商的销售收入增加，即商品的价格与销售收入成同方向变化，如图 3-2(b)所示。

第三种情况：对于 $e_d=1$ 的单位弹性的商品来说，降低价格或提高价格对厂商的销售收入都没有影响，如图 3-2(c)所示。

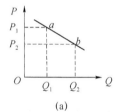
(a)
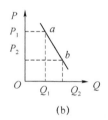
(b)
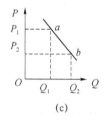
(c)

图 3-2 需求的价格弹性与销售收入

上述商品的需求价格弹性和厂商的销售收入之间的综合关系如表 3-1 所示。

表 3-1 需求的价格弹性和销售收入

需求弹性的值	种类	对销售收入的影响
$e_d>1$	富有弹性	价格上升,销售收入减少 价格下降,销售收入增加
$e_d<1$	缺乏弹性	价格上升,销售收入增加 价格下降,销售收入减少
$e_d=1$	单一弹性	价格上升,销售收入不变 价格下降,销售收入不变

由上述分析可知，在需求弹性大时，厂商宜采用薄利多销的方式来增加销售收入；当需求弹性小时，则可考虑以提高价格的方式来达到增加销售收入的目的。

5. 影响需求价格弹性的因素

第一,商品的可替代性。一般来说,一种商品的可替代品越多,相近程度越高,则该商品的需求的价格弹性往往就越大;相反,该商品的需求的价格弹性往往就越小。例如,在水果市场,相近的替代品较多,这样,某水果的需求弹性就比较大。又如,对于食盐来说,没有很好的替代品,所以,食盐价格的变化所引起的需求量的变化几乎为零,它的需求的价格弹性是极其小的。

对一种商品所下的定义越明确越狭窄,这种商品的相近的替代品往往就越多,需求的价格弹性也就越大。例如,某种特定商标的豆沙甜馅面包的需求要比一般的甜馅面包的需求更有弹性,甜馅面包的需求又比一般的面包的需求更有弹性,而面包的需求的价格弹性比一般的面粉制品的需求的价格弹性又要大得多。

第二,商品用途的广泛性。一般来说,一种商品的用途越是广泛,它的需求的价格弹性就可能越大;相反,用途越是狭窄,它的需求的价格弹性就可能越小。这是因为,如果一种商品具有多种用途,当它的价格较高时,消费者只购买较少的数量用于最重要的用途上。当它的价格逐步下降时,消费者的购买量就会逐渐增加,将商品越来越多地用于其他的各种用途上。

第三,商品对消费者生活的重要程度。一般来说,生活必需品的需求的价格弹性较小,非必需品的需求的价格弹性较大。例如,馒头的需求的价格弹性是较小的,电影票的需求的价格弹性是较大的。

第四,商品的消费支出在消费者预算总支出中所占的比重。消费者在某种商品上的消费支出在预算总支出中所占的比重越大,该商品的需求的价格弹性可能越大;反之,则越小。例如,火柴、盐、铅笔、肥皂等商品的需求的价格弹性就是比较小的。因为,消费者每月在这些商品上的支出是很小的,消费者往往不太重视这类商品价格的变化。

第五,时间因素。同样的商品,长期看弹性大,短期看弹性小。因为时间越长,消费者越容易找到替代品或调整自己的消费习惯。时间因素也包含了商品使用时间的长短。一般来说,使用时间长的耐用消费品需求弹性大,而使用时间短的非耐用消费品需求弹性小。例如,在美国,电冰箱、汽车这类耐用消费品的需求弹性在1.2~1.6之间,而报纸杂志这种看完就无用的印刷品需求弹性仅为0.1。

【专栏一】旧帽换新帽一律八折

在市场上各商家之间"挥泪大甩卖""赔本跳楼价"的价格大战我从未仔细考虑过究竟是为什么,只是觉得很开心,因为可以节省大量金钱。有一次我路经一家安全帽专卖店,看到它打出这样的广告——"旧帽换新帽一律八折"。店家的意思是,如果你买安全帽时交一项旧安全帽的话,当场退二成的价格;如果直接买新帽,对不起只能按原定价格买。这一种促销方式让人觉得好奇,是不是店家加入了什么基金会或是店家和供帽厂家有什么协定,收旧安全帽可以让店家回收一些成本,因此拿旧帽来才有二折的优惠呢?如果大家是这么想,那可就猜错了,大凡这种以旧换新的促销活动主要是针对不同消费者的需求弹性而采取的区别定价方法,即:给定一定的价格变动比例,购买者需求数量变动较大称为需求弹性较大,变动较小称为弹性较小。对需求弹性较小的购买者制定较高价格,对需求弹性较大的顾客收取较低价格。而这家安全帽专卖店的促销做法正是这个理论的实际应用,实际上,店家拿到你那顶脏脏旧旧的安全帽,并没有什么好处,常常是在你走后往垃圾筒一丢了事。

6. 需求价格弹性应用举例

(1)用于价格和销售量的分析和估计

例3-1 某国为了鼓励本国石油工业的发展,于1973年采取措施限制石油进口,估计这些措施将使可得到的石油数量减少20%,如果石油的需求价格弹性在0.8～1.4之间,问从1973年起该国石油价格预期会上涨多少?

解:因为需求的价格弹性=需求量变动百分比/价格变动百分比,所以价格变动百分比=需求量变动百分比/需求的价格弹性。当价格弹性为0.8时,价格变动百分比=20%/0.8=25%,当价格弹性为1.4时,价格变动百分比=20%/1.4=14.3%。所以,预期1973年该国石油价格上涨幅度在14.3%～25%。

例3-2 某企业某产品的价格弹性在1.5～2.0之间,如果明年把价格降低10%,问销售量预期会增加多少?

解: 需求量变动百分比=价格变动百分比×价格弹性

如价格弹性为1.5,需求量变动百分比=10%×1.5=15%,如价格弹性为2.0,需求量变动百分比=10%×2.0=20%,所以,明年该企业销售量预期增加15%～20%。

(2) 用于决策分析

价格弹性对有些经济决策是很有用的。例如,怎样给出口物资定价?如果出口的目的在于增加外汇收入,那么对价格弹性大的物资应规定较低的价格,而对弹性小的物资应规定较高的价格。又例如,为了提高生产者的收入,人们往往对农产品采取提价的办法,对电视机、洗衣机、手表等高级消费品采取降价的办法,就是因为前者弹性小,后者弹性大。

三、需求的收入弹性

1. 定义

需求的收入弹性(income elasticity of demand)是指在价格和其他因素不变的条件下,由于消费者的收入变化所引起的需求数量发生变化的程度大小。

$$需求的收入弹性系数 = \frac{需求数量变化率}{收入变化率}$$

例如,假设收入变动为5%,某种商品的需求量的变动为10%,则收入弹性系数为2。

这里要注意两点:第一,在计算收入弹性时,假设价格和其他影响需求的因素是不变的。第二,因为一般而言,收入与需求量同方向变动,所以,收入弹性系数一般为正值。

2. 收入弹性的计算方法

(1) 点收入弹性的计算

$$E_I = \lim_{\Delta P \to 0} \frac{\Delta Q}{\Delta I} \cdot \frac{I}{Q} = \frac{dQ}{dI} \cdot \frac{I}{Q}$$

(2) 弧收入弹性的计算

$$E_I = \frac{\Delta Q}{\Delta I} \cdot \frac{I_1 + I_2}{Q_1 + Q_2}$$

3. E_I 的范围

(1) $E_I < 0$ 的商品,称为低档商品。说明收入增加后,对某商品的需求量反而减少了。即 Q 与 I 反方向变动。

(2) $0 < E_I < 1$ 的商品,称为必需品。

(3) $E_I > 1$ 的商品,称为高档商品。

上述(2)和(3)两种情况,说明收入增加后,某商品的需求量有所增加,即 I 和 Q 同方向变动。大多数商品均如此。一般来说,生活必需品的收入弹性较小,而高级消费品的收入弹性较大。

4. E_I 的政策含义

（1）若 $E_I<1$，则该种产品的生产部门将不能按比例地分享国民收入的增长额。即该产品的发展速度小于国民收入的增长速度。

例如，如果某种产品的 $E_I=0.25$，这说明消费者收入每增加 1%，他们对该种产品的需求仅增长 0.25%。在这种情况下，该种产品就不能保持它在国民经济中的相对重要性。由于需求量的增长小于国民收入的增长，所以该种产品的生产部门将不能按比例地分享国民收入的增长额，其发展速度就会缓慢一些。

（2）若 $E_I>1$，则该产品的生产部门将在国民收入的增长额中得到一个超过比例的份额。即说明该产品的发展速度快于国民收入的增长速度。

例如，如果某种产品的收入弹性 $E_I=2.5$，说明需求增长的速度为收入增长的 2.5 倍，即收入每增加 1%，需求将增长 2.5%。因此，当 $E_I>1$ 时，该种产品的生产部门将在国民收入的增长额中得到一个超比例的份额，其发展速度就会快些。

5. 收入弹性的应用

（1）用于销售量的分析和估计。

例 3-3 政府为了解决居民住房问题，要制定一个住房的长远规划。假定根据研究资料，已知租房需求的收入弹性在 0.8～1.0 之间，买房需求的收入弹性在 0.7～1.5 之间。估计今后 10 年内，每人每年平均可增加收入 2%～3%。问 10 年后，对住房的需求量将增加多少？

解： 先估计 10 年后，居民平均收入增加多少。

如果每年增加 2%，则 10 年后可增加到 $(1.02)^{10}=121.8\%$，即 10 年后每人的收入将增加 21.8%；如果每年增加 3%，则 10 年后可增加到 $(1.03)^{10}=134.3\%$，即 10 年后每人的收入将增加 34.3%。根据公式：

$$收入弹性 = 需求量变动百分比 / 收入变动百分比$$

所以，需求量变动百分比 = 收入弹性 × 收入变动百分比。

10 年后租房需求量将增加：

收入弹性	收入增加% 21.8%	34.3%
0.8	+17.4%	+27.4%
1.0	+21.8%	+34.3%

所以，租房需求量增加幅度在 17.4%～34.3% 之间。

10 年后买房需求量将增加：

收入弹性	收入增加百分比 21.8%	34.3%
0.7	+15.3%	+24%
1.5	+32.7%	+51.5%

所以，买房需求量增加幅度在 15.3%～51.5% 之间。

(2) 用于政策决策分析。

例如，在计划工农业各部门发展速度时，收入弹性是要考虑的一个重要因素。收入弹性大的行业，由于其需求量的增长要快于国民收入的增长，其发展速度也就应当快些。收入弹性小的行业，由于其需求量的增长要慢于国民收入的增长，其发展速度就只能慢些。

例如，家用电器的收入弹性大于农产品的收入弹性，所以，家用电器的发展速度一定要快于农业发展速度。又例如，在组织出口物资时，最好能够把收入弹性大的物品与收入弹性小的物品搭配起来。因为收入弹性大的物品，在经济繁荣、居民收入增加时，需求量很大，但一旦碰到经济萧条，居民收入减少，销路就会锐减。与收入弹性小的物品相搭配，就可免受经济周期的影响而带来的损失。

四、需求的交叉弹性

1. 定义

交叉价格弹性用来说明一种商品的需求量对另一种相关商品价格变化的反映程度。设有两种相关商品 X 和 Y，计算 X 产品的交叉价格弹性的一般公式为

$$E_{XY} = \frac{\Delta Q_X / Q_X}{\Delta P_Y / P_Y} = \frac{\Delta Q_X}{\Delta P_Y} \cdot \frac{P_Y}{Q_X}$$

含义：产品 X 的价格（P_X）不变时，相关产品 Y 的价格（P_Y）变动 1% 时，引起产品 X 的需求量（Q_X）的变动的百分率。同理，可得 Y 产品的交叉价格弹性的计算公式为

$$E_{YX} = \frac{\Delta Q_Y / Q_Y}{\Delta P_X / P_X} = \frac{\Delta Q_Y}{\Delta P_X} \cdot \frac{P_X}{Q_Y}$$

2. 点交叉价格弹性的计算

$$E_{XY} = \frac{dQ_X}{dP_Y} \cdot \frac{P_Y}{Q_X}, \qquad E_{YX} = \frac{dQ_Y}{dP_X} \cdot \frac{P_X}{Q_Y}$$

3. 弧交叉价格弹性的计算

$$E_{XY} = \frac{\Delta Q_X}{\Delta P_Y} \cdot \frac{P_{Y1} + P_{Y2}}{Q_{X1} + Q_{X2}} \qquad E_{YX} = \frac{\Delta Q_Y}{\Delta P_X} \cdot \frac{P_{X1} + P_{X2}}{Q_{Y1} + Q_{Y2}}$$

4. 交叉弹性值的经济意义

(1) 若 $E_{XY} > 0$，说明 X 和 Y 是替代产品，而且产品 Y 的价格变动与产品 X 的需求量变动方向一致。

(2) 若 $E_{XY} < 0$，说明 X 和 Y 是互补商品，而且 Y 的价格变动与 X 的需求量变动方向相反。

(3) 若 $E_{XY} = 0$，说明 X 和 Y 这两种产品相互独立，互不相关。

E_{XY} 可能为正，也可能为负，所以一般用绝对值来表示其大小。绝对值大，说明产品之间的相关程度大，反之则小。

5. 交叉价格弹性的应用

正是由于产品之间具有替代和互补关系，使相关价格弹性与企业的销售收入紧密结合起来。对于那些生产多种产品，各种产品相互之间存在着明显的替代关系或互补关系的企业来说，在制定价格时，必须充分考虑到替代产品和互补产品之间的相互影响。因为就一种产品来说，提高价格可能增加销售收入，但如果把它对相关产品的影响考虑进去，则可能导致销售收入的下降。

相关产品价格弹性的概念还可用来测定部门之间的关系。如果某个企业的产品与有关部门的产品之间的相关价格弹性很大,且为正值,那么,说明它们属于同一部门或同一行业。在这种情况下,一旦某企业提高产品的价格,就会把大量的销售份额抛给有关部门的其他企业。如果相关价格弹性很小或接近于零,说明企业的产品与有关部门生产的产品互不相关,因而可以判定它们不属于同一部门或同一行业。

例 3-4 假定在某市场上 A、B 两厂商是生产同种有差异的产品的竞争者。该市场对 A 厂商的需求曲线为 $P_A=200-Q_A$,对 B 厂商的需求曲线为 $P_B=300-0.5Q_B$。两销售量分别为 $Q_A=50, Q_B=100$。求:

(1) A、B 两厂商的需求价格弹性各是多少?

(2) 如果 B 厂商降价后,使得 B 厂商的需求量增加为 $Q'_B=160$,同时使竞争对手 A 厂商的需求量减少为 $Q'_A=40$,那么,A 厂商的需求交叉价格弹性是多少?

(3) 如果 B 厂商追求销售收入最大化,那么,你认为 B 厂商的降价是一个正确的选择吗?

解:(1) $P_A=200-Q_A, Q_A=200-P_A$; $P_B=300-0.5Q_B, Q_B=600-2P_B$

$Q_A=50, P_A=200-50=150$; $Q_B=100, P_B=300-0.5\times100=250$

$$e_{dA}=\frac{dQ}{dP}\cdot\frac{P_A}{Q_A}=-1\times\frac{150}{50}=3, e_{dB}=\frac{dQ}{dP}\cdot\frac{P_B}{Q_B}=-2\times\frac{250}{100}=5$$

(2) $\Delta Q_A=40-50=-10, Q'_B=160, P_B=300-0.5Q'_B=220, \Delta P_B=220-250=-30$

$$e_{AB}=\frac{\Delta Q_A/Q_A}{\Delta P_B/P_B}=\frac{\Delta Q_A}{\Delta P_B}\cdot\frac{P_B}{Q_A}=\frac{40-50}{220-250}\cdot\frac{250}{50}=1.67$$

(3) B 厂降价前 $TR_1=250\times100=25\,000$ 元,B 厂降价后 $TR_2=220\times160=35\,200$ 元。$TR_2>TR_1$,降价是正确的行为选择。

第二节 供给弹性

供给弹性包括供给的价格弹性、供给成本弹性、供给的交叉弹性和供给的预期价格弹性等。这里主要介绍供给的价格弹性。

一、供给的价格弹性的概念及计算方法

供给的价格弹性(price elasticity of supply)通常被简称为供给弹性,是指在一定时期内一种商品的供给量的变动对于该商品价格变动的反应程度。是商品供给量的变动率与商品自身价格的变动率之比值。

例如,某种商品价格变动为 10%,供给量变动为 5%,则这种商品供给弹性系数为 0.5。

供给的价格弹性也分为弧弹性和点弹性。供给的价格弧弹性表示某商品供给曲线上两点之间的弹性。供给的价格点弹性表示商品供给曲线上某一点的弹性。设供给函数为 $Q^s=f(P)$,e_s 表示供给的价格弹性系数,则供给的价格弧弹性的公式为

$$e_s=\frac{\Delta Q/Q}{\Delta P/P}=\frac{\Delta Q}{\Delta P}\cdot\frac{P}{Q}$$

供给的点弹性公式为

$$e_s=\frac{dQ/Q}{dP/P}=\frac{dQ}{dP}\cdot\frac{P}{Q}$$

一般情况下,商品的供给量和商品自身价格是成同方向变动的,所以供给的价格弹性系数 e_s 为正值。

二、供给的价格弹性的种类

供给的价格弹性可以根据 e_s 值的大小分为五种类型。

(a) 富有弹性:$e_s>1$,表示供给量的变化率大于价格的变化率,说明供给量对于价格变动的反应是比较敏感的。供给曲线上任一点的切线在原点的左端交于横坐标,如图 3-3(a) 所示。

(b) 缺乏弹性:$e_s<1$,表示供给量的变化率小于价格的变化率,说明供给量对于价格变动的反应不敏感。供给曲线上任一点的切线在原点的右端交于横坐标,如图 3-3(b) 所示。

(c) 单位弹性或单一弹性:$e_s=1$,表示供给量的变化率与价格的变化率相等。供给曲线上任一点的切线过原点,如图 3-3(c) 所示。

(d) 完全弹性:$e_s=\infty$,表示当价格为既定时,供给量是无限的。这时的供给曲线是一条与横轴平行的线,如图 3-3(d) 所示。

(e) 完全缺乏弹性:$e_s=0$,表示无论价格发生多大的变化,供给量都不会发生任何数量变化。这时供给是固定不变的,例如,土地、文物、某些艺术品的供给。这时的供给曲线是一条与横轴垂直的线,如图 3-3(e) 所示。

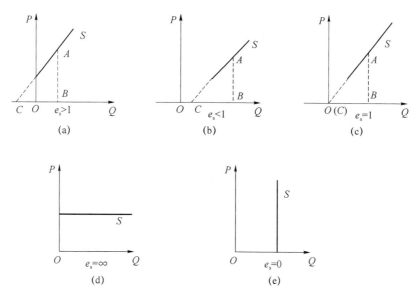

图 3-3 供给价格弹性的五种类型

三、影响供给弹性的因素

(1) 进入和退出的难易程度。如果某一行业进入和退出壁垒很少,厂商可灵活根据价格和需求情况进入和退出该行业,则该产品的供给弹性较大,反之则相反。劳动密集型行业,增加产品供给比较容易,$e_s>1$。在这种情况下,当产品的价格提高后,增加所需追加使用的生产要素的费用无须有较大的增加,使增加供给时所需提高的价格较小,因而供给弹性较大。资本密集型行业,增加产品供给涉及设备、技术等问题,比较困难,从而 $e_s<1$。在这种情况下,增加

一定量的产出(量)所需追加的生产要素的费用较大,因而使产品所需提高的价格幅度也较大,e_s较小。

(2) 生产要素的供给弹性。供给取决于生产要素的供给。因此,生产要素的供给弹性大,产品供给弹性也大。反之,生产要素的供给弹性小,产品供给弹性也小。

(3) 供给者类别的大小。单个生产者的供给弹性小,一个行业的供给弹性大得多。

(4) 时间的长短。这是影响供给弹性大小的主要因素。在极短时间内,供给量限于已有库存,无法随价格变化而变化,弹性近乎为零;随着时间的延长,供给弹性逐渐增大。因为生产者对价格变化作出反应尚需一定时间。

(5) 产量的大小。从某一行业来说,在产量很小的时候,要扩大产量很容易,供给接近完全弹性,随着产量的增加弹性逐渐减少,直至接近零。

【专栏二】供给弹性——企业决策的另一重要依据

如果某商品价格上升10%,供给量增加20%,则供给弹性为2。如果无论价格如何,供给量都不变,则供给弹性为0,即供给无弹性。如某些已故画家的作品就是这样。如果价格既定,供给无限,则供给弹性为无限大,即供给有无限弹性。如用自然山间清泉作矿泉水就是这样。正常情况下,价格变动百分比大于供给量变动的百分比为供给缺乏弹性,价格变动百分比小于供给量变动的百分比为供给富有弹性。

下面分析家电的生产情况,20世纪80年代需求增加时,价格很高生产厂家利润丰厚,但家电厂受生产规模的限制,难以很快增加。正因为如此很多企业纷纷生产家电。所以出现了90年代后家电市场的供大于求的局面,但已形成一定规模的家电生产也难以大幅度地减少。所以像家电、汽车等行业要确定一个适度的规模,规模小会失去赚钱的机会,规模大又会形成过剩的生产能力。这是由于这些生产缺乏供给弹性,有的专家提醒汽车业不要重蹈家电业的覆辙。

一般来说,生产周期短、劳动密集型、技术简单、不容易保管的商品供给弹性较大,相反,供给弹性较小。

第三节 弹性理论的应用

一、蛛网模型*

蛛网理论是在20世纪30年代分别由美国经济学家H.舒尔茨、意大利经济学家U.西里(U. Ricci)和荷兰经济学家J.丁伯根(J. Tinbergen)各自提出,1934年由英国经济学家N.卡尔多(N. Kaldor)定名的。它是引入时间因素来进行市场的动态均衡分析的模型。该模型运用需求弹性与供给弹性的概念来分析价格波动对产量的影响,以解释农产品周期性波动的原因。

蛛网模型的基本假设是:商品的本期产量 Q_t^s 取决于前一期的价格 P_{t-1},即供给函数为量 $Q_t^s = f(P_{t-1})$;商品本期的需求量 Q_t^d 取决于本期的价格 P_t,即需求函数为 $Q_t^d = f(P_t)$。

除了上述基本假设外,还必须假设存在一个完全竞争的市场,价格和产量不存任何人为的限制,且产品本身不易储存,必须尽快出售。因此,蛛网模型常用于农产品在较长时期的价格与产量变动过程,如生猪、西瓜等。

根据以上假设,蛛网可以用三个联立方程式来表示:

$$\begin{cases} Q_t^d = \alpha - \beta \cdot P_t \\ Q_t^s = -\delta + r \cdot P_{t-1} \\ Q_t^d = Q_t^s \end{cases}$$

其中,α, β, δ 和 r 均为常数,且大于零。

按照产品的供给弹性与需求弹性的相对大小分三种情况。

第一种情况:产品的供给弹性小于需求弹性——收敛型蛛网。当供给量对价格变动的反应程度小于需求量对价格变动的反应程度时,价格波动对产量的影响越来越小,价格与产量的波动越来越弱,最后自发地趋于均衡水平。如图 3-4 所示。

第二种情况:产品供给弹性大于需求弹性——发散型蛛网。当供给量对价格变动的反应程度大于需求量对价格变动的反应程度时,价格波动对产量的影响越来越大,价格与产量的波动越来越强,最后离均衡点越来越远。如图 3-5 所示。

第三种情况:供给弹性等于需求弹性——封闭型蛛网。当供给量对价格变动的反应程度等于需求量对价格变动的反应程度时,价格与产量的波动始终保持相同的程度,既不是趋向均衡点,也不是远离均衡点。如图 3-6 所示。

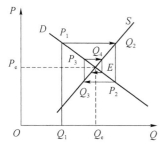
图 3-4 收敛型蛛网

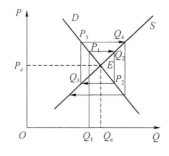
图 3-5 发散型蛛网

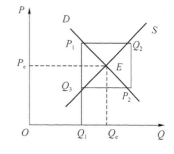
图 3-6 封闭型蛛网

二、赋税分担问题

假定政府是向生产者征税,厂商将把这项税额列入产品成本,因此在其他条件不变的情况下,厂商的销售价格要比不征这项税时高,厂商会把税收加到出售的每一单位产品所愿接受的最低价格(供给价格)上,这样,就使厂商的供给曲线垂直向上移动,如图 3-7 所示。

税额在生产者与消费者之间分摊的比例与供求曲线的平坦程度有关,即与商品的供求弹性有关。从需求方面来看,需求弹性越大,消费者分担的比例越小,需求为完全弹性时,消费者的税收负担为 0;需求弹性越小,消费者分担的比例越大,需求完全缺乏弹性时,税额将全部转嫁到消费者身上。从供给方面来看,供给越富于弹性,则生产者分担比例越小,供给完全弹性,则生产者负担为 0,税收负担完全转嫁给消费者;供给越缺乏弹性,则生产者分担比例越大,供给完全弹性,则生产者负担全部税收,即不能转嫁给消费者。

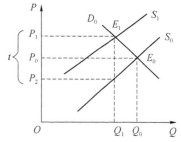
图 3-7 赋税分担

三、谷贱伤农

谷贱伤农是一种流传已久的说法,它描述的是一种经济现象:在丰收的年份,农民的收入却反而减少了。这种现象实际上可用农产品的需求弹性原理加以解释。

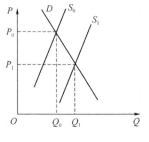

图 3-8 谷贱伤农

作为谷物的农产品往往是缺乏需求弹性的,如图 3-8 所示,农产品的市场需求曲线比较陡峭。当农业丰收时,农产品的供给曲线向右移动到 S_1 的位置,在缺乏需求弹性条件下,农产品价格会大幅度下降,即农产品均衡价格的下降幅度大于农产品均衡数量的增加幅度,最后导致农民的总收入减少,总收入的减少量相当于矩形 $OP_0E_0Q_0$ 和 $OP_1E_1Q_1$ 的面积之差。相反,在歉收的年份,农产品的减少会导致农产品价格大幅上升,使农民的总收入增加。

本 章 小 结

1. 当两个经济变量之间存在函数关系时,可以用弹性来表示因变量对于自变量变化的反应程度。任何弹性都可以表示为弧弹性或者点弹性。

2. 需求的价格弹性表示商品需求量对于价格变化的反应程度。需求的交叉价格弹性表示一种商品的需求量对于另一种商品的价格变化的反应程度。需求的收入弹性表示商品的需求量对于收入变化的反应程度。供给的价格弹性表示商品的供给量对于价格变化的反应程度。可以按弹性系数大小归纳为五类,它们是:富有弹性、缺乏弹性、单位弹性以及完全弹性与完全无弹性。

3. 对于富有弹性的商品,则商品的价格与厂商的销售收入成反方向的变化;对于缺乏弹性的商品,则商品的价格与厂商的销售收入成同方向的变化;对于单位弹性的商品,则商品价格的变化对厂商的销售收入无影响。

4. 如果两种商品之间为替代关系,则需求的交叉价格弹性系数大于零;如果两种商品之间为互补关系,则需求的交叉价格弹性系数小于零;如果两种商品之间无相关关系,则需求的交叉价格弹性系数等于零。

5. 对于正常品来说,需求的收入弹性大于零;对于劣等品来说,需求的收入弹性小于零。在正常品中,必需品的需求的收入弹性小于 1;而奢侈品的需求的收入弹性大于 1。

关 键 概 念

弹性　需求的价格弹性　需求的收入弹性　需求的交叉弹性　供给的价格弹性

【思考与练习】

一、单选题

1. 当两种商品中一种商品的价格发生变化时,这两种商品的需求量都同时增加或减少,则这两种商品的需求的交叉价格弹性系数为(　　)。
   1. 正　　　　　B. 负　　　　　C. 0　　　　　D. 1

2. 已知某种商品的需求是富有弹性的,在其他条件不变的情况下,生产者要想获得更多的收益,应该(　　)。
   A. 适当降低价格　　　　　　　B. 适当提高价格
   C. 保持价格不变　　　　　　　D. 不断地降低价格

3. 下列哪一种弹性是度量沿着需求曲线的移动而不是曲线本身的移动(　　)。
   A. 需求的价格弹性　　　　　　B. 需求的收入弹性
   C. 需求的交叉弹性　　　　　　D. 需求的预期价格弹性

4. 若 x 和 y 二产品的交叉弹性是 -2.3,则(　　)。
   A. x 和 y 是替代品　　　　　B. x 和 y 是正常商品
   C. x 和 y 是劣质品　　　　　D. x 和 y 是互补品

5. 对一斜率为正且先与价格轴(纵轴)再与数量轴(横轴)相交的直线型供给曲线,其供给价格弹性(　　)。
   A. 等于0　　　B. 等于1　　　C. 大于1　　　D. 小于1

二、简答题

1. 如果考虑到提高生产者的收入,那么对农产品和电视机、录像机一类高级消费品应采取提价还是降价的方法?为什么?

2. 某城市大量运输的需求的价格弹性估计为1.6,城市管理者问你,为了增加大量运输的收入,运输价格应该增加还是应该降低,你应当怎样回答?

3. "谷贱伤农"的道理何在?

三、计算题

1. 某种商品原先的价格为1元,销售量为1000千克,该商品的需求弹性系数为2.4,如果降价至每千克0.8元,此时的销售量是多少?降价后总收益是增加了还是减少了?增加或减少了多少?

2. 在英国,对新汽车需求的价格弹性 $E_d = -1.2$,需求的收入弹性 $E_x = 3.0$,计算:
(a)其他条件不变,价格提高3%对需求的影响;(b)其他条件不变,收入增加2%,对需求的影响;(c)假设价格提高8%,收入增加10%,1980年新汽车销售量为800万辆,利用有关弹性系数的数据估计1981年新汽车的销售量。

3. 设汽油的需求价格弹性为-0.15,其价格现为每加仑1.20美元,试问汽油价格上涨多少才能使其消费量减少10%?

消费者行为与需求

本章知识结构图

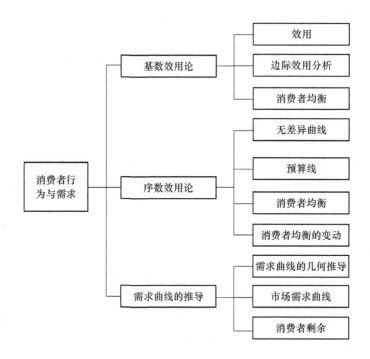

学习目的与要求

【目的与要求】通过本章的学习,应当掌握两种效用理论与消费者均衡的推导和实现条件;理解不同消费者选择理论关于消费者均衡条件的一致性;理解消费者均衡与需求曲线的关系;了解替代效应和收入效应对消费者选择的影响。

【重点与难点】重点是边际效用理论、预算线的平行移动和旋转、消费者均衡的条件及其与消费者需求曲线的关系;难点是消费者均衡条件的推导、替代效应和收入效应。

消费者是市场经济中的重要主体,消费者追求在现有资源约束下效用最大,这是消费者的行为本质,正是消费者行为决定了需求规律。本章将运用效用理论分析消费者行为,在此基础上推导出需求曲线。

第一节　基数效用论

一、效用

效用(utility)是指消费者在消费物品和服务时得到的满足程度,这种满足程度是一种消费者的主观感觉。例如,辣椒对于喜欢辣味的人来说,效用很大,但对于不喜欢辣味的人来说则效用很小,甚至是一种负担或痛苦;电风扇在夏天是有效用的,在冬天则没有什么效用;一杯水对于在大城市居住的人来说效用很小,但对于在沙漠旅行的人来说效用非常大。因此,物品的效用的大小因人、因时、因地而异。对于效用大小的衡量,经济学家提出了基数效用论和序数效用论两种理论。

基数效用论主张:消费者消费产品所感觉到的满足可以用1,2,3,4,5等这样的基数来衡量。基数越大,表示效用越大。基数效用论采用的是边际效用分析法。

序数效用论主张:消费者消费物品所感觉到的满足只能用第一、第二、第三这样的序数来表达,也就是说,是按消费者的偏好程度来进行排序的。序数效用论采用的是无差异曲线分析法。

【专栏一】最好吃的东西

兔子和猫争论,世界上什么东西最好吃。兔子说:"世界上萝卜最好吃。萝卜甜脆又解渴,我一想起萝卜就流口水。"猫不同意,说:"世界上最好吃的是老鼠。老鼠肉非常嫩,嚼起来又酥又松,味道美极了!"

兔子和猫争论相持不下,跑去请猴子评理。猴子听了,大笑起来:"瞧你们两个傻瓜,连这点儿常识都不懂!世界上最好吃的东西是桃子!桃子美味可口,长得也漂亮。我每天做梦都梦见吃桃子。"

兔子和猫听了,都直摇头。那么,世界上到底什么东西最好吃?

二、边际效用分析

基数效用论是研究消费者行为的一种理论,它认为商品效用的大小可以用数字表示并加以计算和比较。例如,消费者消费5块面包的效用分别表示为U_{X1},U_{X2},U_{X3},U_{X4},U_{X5}单位的效用,而将这些单位的效用加总起来即可得到消费5块面包的总效用(Total Utility,TU),即

$$TU = U_{X1} + U_{X2} + U_{X3} + U_{X4} + U_{X5}$$

用数学语言可表述为:如果用X表示物品的数量,TU就是X的函数,即$TU = f(X)$,总效用是在消费若干单位商品时所感觉到的满足的总和或效用量的总和。如果消费者消费两种物品X和Y,如面包外加牛奶,此时可以将消费者从两种物品上获得的效用进行比较,表示为消费者从牛奶中所获得的效用是消费面包所获得效用的若干倍或几分之几,从两种物品中所获得的总效用就是关于两种物品消费数量的函数,即:

$$TU = f(X, Y)$$

西方经济学家认为,物品或劳务具有效用是形成产品价值的必要条件,但产品真正具有价值,则是由物品的稀缺性,从而是由物品或劳务的边际效用(Marginal Utility,MU)决定的。

边际效用是增加或减少一单位商品的消费量所引起的总效用的变化量。如果用ΔX表示

消费商品数量的变化量,用 ΔTU 表示总效用的变化量,那么边际效用可用下式表示:
$$MU = \Delta TU/\Delta X$$
假如商品 X 是无限可分的,这一公式还可以进一步表述为
$$MU_X = \lim_{\Delta X \to 0} \frac{\Delta TU}{\Delta X} = \frac{dTU}{dX}$$

对于边际效用与总效用的理解,我们来看一个数字例子。假设一个年轻大学生(消费者)在午饭时间感到饥饿,以吃面包来满足自己的需要。总效用和边际效用的计算如表 4-1 所示。

表 4-1　总效用和边际效用

面包消费数量(X)	1	2	3	4	5	6	7
总效用(TU)	10	18	24	28	30	30	25
边际效用(MU)	—	8	6	4	2	0	−5

根据表 4-1 数据画出图 4-1 显示总效用与边际效用的关系,MU 曲线向右下方倾斜,TU 曲线以递减的速率先上升后下降。当边际效用为正数时,总效用曲线不断上升;当边际效用为零时,总效用曲线达最高点;当边际效用递减为负数时,总效用曲线开始下降。每个边际效用值是总效用曲线上相应的点的斜率。

从表 4-1 的数据可知:人们在连续消费某种商品的过程中,随着消费商品数量的增加,人们从消费中得到的总效用在开始的时候不断增加,逐渐达到最大值,然后又逐渐减少。但是,即使在总效用增加的时候,其增量也在逐渐减少,也就是边际效用递减,并在总效用达到最大值时边际效用递减为零,其后,边际效用变成负值。这就是边际效用递减规律。

【专栏二】吃三块面包的感觉

美国总统罗斯福连任三届后,曾有记者问他有何感想,总统一言不发,只是拿出一块三明治让记者吃,这位记者不明白总统的用意,又不便问,只好吃了。接着总统拿出第二块,记者还是勉强吃了。紧接着总统拿出第三块,记者为了不撑破肚皮,赶紧婉言谢绝。这时罗斯福总统微微一笑:"现在你知道我连任三届总统的滋味了吧。"这个故事揭示了经济学中的一个重要的原理:边际效用递减规律。

请思考:什么是边际效用?边际效用递减规律的内容是什么?

消费者是否可以随意消费任何数量商品呢?很显然不是。在现实中,消费行为的目的不是实现单一物品的最大效用,而是从多种物品和服务的消费中获得最大效用。同时,消费者用于购买物品和服务的数量受到货币收入(资源)的约束。在现有收入的条件下,消费者又如何把货币收入分配给各种商品呢?消费者实现最大效用的条件是什么呢?

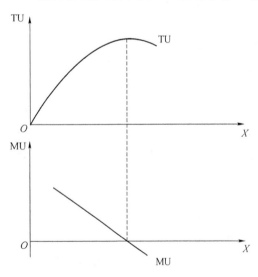

图 4-1　总效用与边际效用的关系

三、消费者均衡

消费者均衡是研究单个消费者如何把有限的货币收入分配在各种商品的购买中以获得最大效用,即研究单个消费者在既定收入下实现效用最大化的均衡条件。我们首先从消费者购买单一商品开始分析,探讨当收入和商品价格一定时,消费者购买多少数量的物品就达到最大效用。下面来看一个数字例子,如表 4-2 所示。

表 4-2 消费者购买商品的数量和效用表

商品数量	效用	商品价格	每元货币效用	付出货币的效用	剩余效用	总剩余效用	最优购买量
1	80	3 美元	20	60	20	20	
2	70	3 美元	20	60	10	30	
3	60	3 美元	20	60	0	30	*
4	50	3 美元	20	60	−10	20	

货币也具有效用。消费者用货币购买商品,就是用货币的效用去交换商品的效用。假定消费者货币收入为一定,并且在这个收入范围内每单位货币的边际效用是稳定不变的。在这个前提下,当他购买任何一种商品的时候,如果增加购买 1 单位商品所增加的商品效用大于因付出货币而减少的货币效用,那么这个消费者增加购买这个单位的商品可以使得他得到的总剩余效用增加。但是,如果在增加购买 1 单位商品所增加的商品效用降低到等于因付出货币而减少的货币效用以后,再继续增加商品的购买量,那么消费者增加购买商品所增加的商品效用将小于因支付货币而减少的货币效用,这时消费者得到的总剩余效用将下降。因此消费者购买任何一种商品的最大效用原则是

$$MU = \lambda \cdot P$$

其中,MU 表示商品的边际效用,λ 表示货币的边际效用,P 表示商品的价格。

这就是说,当消费者从商品得到的边际效用 MU 等于付出货币的边际效用 λP 时,他在商品的购买中得到的总剩余效用达到最大。

根据表 4-2 数据,假定领带的价格是 3 美元,1 美元货币的边际效用是 20 单位。消费者购买第一条领带并消费它所得到的效用(第一条领带的边际效用)是 80,而因购买这条领带付出货币的效用为 60,实际获得剩余效用为 20;消费者购买第二条领带并消费它所得到的效用是 70,而因购买这条领带付出货币的效用为 60,实际获得剩余效用为 10;消费者购买第三条领带并消费它所得到的效用是 60,而因购买这条领带付出货币的效用为 60,实际获得剩余效用为 0。第三条领带的边际效用是 60 单位。那么消费者在购进第三条领带的时候,MU=60,$\lambda P = 20 \times 3 = 60$,$MU = \lambda P$,消费者得到的总剩余效用达到最大。

如果消费者不是购买一种商品而是购买两种商品 X 和 Y,要得到最大剩余效用,他应该在每一种商品的购买上都得到最大剩余效用(也称最大效用),用数学公式表示为

$$MU_X = \lambda P_X, \text{或 } MU_X/P_X = \lambda, \text{且 } MU_Y = \lambda P_Y, \text{或 } MU_Y/P_Y = \lambda$$

因此,消费者购买两种商品时的最大效用原则是

$$MU_X/P_X = MU_Y/P_Y = \lambda$$

这就是说,当消费者把最后 1 单位货币花在商品 X 和商品 Y 上都得到相同的边际效用时,

他在商品的购买中得到了最大的效用。如果消费者购买商品 X 和商品 Y，出现 $MU_X/P_X <MU_Y/P_Y$ 的情况，消费者会减少对商品 X 的购买、增加对商品 Y 的购买以增加总效用直到实现效用最大化的均衡条件为止。

如果消费者同时消费多种商品，当最后一单位货币花在各种商品上所得到的边际效用均相同时，消费者得到了最大效用。数学方程表达为

$$MU_X/P_X = MU_Y/P_Y = MU_Z/P_Z = \cdots = \lambda$$

当消费者的偏好与商品价格一定时，消费者在既定收入水平上的最大效用状态称为消费者均衡。此时，消费者既不想再增加，也不想再减少任何商品的购买数量。

在获得最大效用的条件上，消费者对商品的购买达到了均衡。应该指出，花在每种商品上的最后 1 单位货币所带来的边际效用相等，并不是指消费者在各种商品上花费相同数额的钱，而是指消费者购买商品时使每种商品的边际效用和其自身的价格成同一比例。另外，消费者获得了最大效用并不是指消费者的欲望得到完全的满足，而是指在货币收入和商品价格为一定的条件下能够得到的最大效用。

第二节 序数效用论

序数效用论认为：商品效用的大小不能用具体数值来衡量，只能用第一、第二、第三这样的序数来表达。例如，消费者消费了巧克力与唱片，他从中得到的效用无法衡量，也无法加总求和，更不能用基数来表示，但他可以比较从消费这两种物品中所得到的效用。如果他认为消费一块巧克力所带来的效用大于消费唱片所带来的效用，那么一块巧克力的效用是第一，唱片的效用是第二。

在现实生活中，消费者在消费两种可相互替代的商品 X 和 Y 时，他可以多消费一点 X 而少消费一点 Y，或少消费一点 X 而多消费一点 Y，但他得到的效用不变。要说明这样的问题需要做出一些假设和使用无差异曲线这个工具。基本假设包括以下内容：

第一，偏好完全。对于任何两种商品 X 和 Y，消费者都知道他是从商品 X 得到的满足高于商品 Y，还是从商品 Y 得到的满足高于商品 X，或者从两种商品得到的满足是无差异的，三者必居其一。

第二，偏好可传递。如果消费者从商品 X 得到的效用大于从商品 Y 得到的效用，从商品 Y 得到的效用大于从商品 Z 得到的效用，那么他从商品 X 得到的效用一定大于从商品 Z 得到的效用。

第三，偏好具有非饱和性。在全部商品都是值得拥有的情况下，消费者总是偏好于拥有更多的任何一种商品。

一、无差异曲线

无差异曲线(Indifference Curve)和消费者偏好有着密切的联系，消费者的偏好决定了消费者的无差异曲线。一条无差异曲线表示消费者偏好相同的两种商品的不同数量的各种组合，或代表能带给消费者相同程度满足的两种商品的不同数量组合，又称为等效用线，如表 4-3 所示。

把表中的数据描绘在图 4-2 中，得到一条无差异曲线。表明消费者在无差异曲线上的任意一组商品组合的消费都能得到同样的满足或效用。因此消费者愿意选择其中任何一种组合。无差异曲线一般向右下方倾斜，因为一种商品消费量增加时，另一种商品消费量将减少以

保持总效用水平不变。

表 4-3 无差异表

商品组合	商品 X	商品 Y
A	1	5
B	2	3
C	3	2
D	4	1.5
E	5	1.2

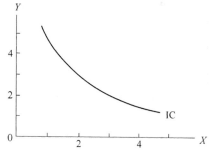

图 4-2 无差异曲线

在现实生活中,消费者对两种可替代物品的需求水平是多种多样的。例如,当消费者的总收入水平提高时,商品 X 和商品 Y 的消费量都可能增加,并且同比例地增加。这样可以在同一坐标图上画出另一条高于原来水平的无差异曲线。假如收入增加的程度是无限可分的,那么无差异曲线就可以画出无数条,如图 4-3 所示。在同一无差异曲线图中,每一条无差异曲线代表一个总效用水平,离原点越远的无差异曲线代表的总效用水平越高,因为它所代表的物品数量 X 和 Y 越多。

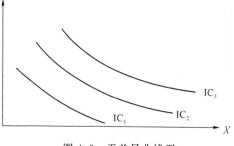

图 4-3 无差异曲线群

无差异曲线有如下特点:

第一,坐标平面上任何一点只表示一种满足程度。不同的无差异曲线代表的满足程度不同。

第二,任意两条无差异曲线不可能相交。

第三,无差异曲线的斜率绝对值等于两种商品的边际替代率。边际替代率(Marginal Rate of Substitution)是指为了保持同等的效用水平,消费者要增加 1 单位 X 物品的消费就必须放弃一定数量 Y 物品的消费,二者数量的比率的绝对值即为边际替代率。

X 对 Y 的边际替代率＝Y 的减少量绝对值/X 的增加量

$$\text{MRS}_{XY} = |\Delta Y/\Delta X|$$

在边际替代率表达式中 ΔX 为正时,表示增加;同时 ΔY 为负,表示减少。因此,MRS_{XY} 为正值。

无差异曲线上的任何物品组合的消费,使得消费者得到的效用不变。那么消费者增加 ΔX 的消费所带来的效用的增加必定与减少 ΔY 的消费带来的效用的减少相等,即:

$$\Delta X \cdot \text{MU}_X + \Delta Y \cdot \text{MU}_Y = 0$$

或表示为

$$-\Delta Y/\Delta X = \text{MU}_X/\text{MU}_Y$$

边际替代率即 $\Delta Y/\Delta X$ 的绝对值也可以表示成两种物品边际效用的比率:

$$\text{MRS}_{XY} = \text{MU}_X/\text{MU}_Y$$

第四,无差异曲线向下倾斜并且凸向原点。

二、预算线

在现实生活中,对于某一消费者来说,一定时期内的收入水平和他所面对的两种物品的价格都是一定的,他不可能超越这一现实而任意提高自己的消费水平,即购买受到收入和价格的制约。

预算线表示在消费者的收入和商品价格为一定的条件下,消费者的全部收入所能购买到的两种商品的各种数量组合。如以 I 表示消费者的货币收入,如果全部用来购买 Y,则 $I=P_Y\cdot Y$;如果全部用来购买 X,则 $I=P_X\cdot X$。显然,$I=P_X\cdot X+P_Y\cdot Y$。用几何图形表示为一条从左上向右下倾斜的直线,如图 4-4 所示,横轴表示商品 X 的购买数量,纵轴表示 Y 商品的购买数量。预算线的斜率的绝对值等于商品 X 与商品 Y 的价格之比 P_X/P_Y。

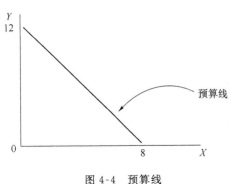

图 4-4 预算线

假定某个消费者每月的收入是 1 200 元,他需要购买 X 和 Y 两种商品,商品 X 的价格为 150 元,商品 Y 的价格为 100 元。如果消费者将其收入全部用于购买 X 商品,可以得到 8 单位的 X 商品;如果消费者将其收入全部用于购买 Y 商品,可以得到 12 单位的 Y 商品。把所有收入分配到两种商品上,即可得到预算线。

预算线是在收入和商品价格为一定的条件下的消费可能线,如果收入或价格变了,预算线将发生变动。

当商品价格不变,但消费者的收入增加或减少了,预算线将向外或向内平行移动,如图 4-5 所示。当消费者的收入不变,两种商品的价格发生同比例同方向变化时,预算线也会发生平移。如果消费者收入和商品 Y 的价格均不变,商品 X 的价格降低了,则预算线将围绕 Y 轴交点在 X 轴上向外扩展,如图 4-6 所示。同理可知,当 X 商品的价格和收入均不变时,Y 商品的价格上涨了,预算线将围绕与 X 轴的交点在 Y 轴上向内旋转,如图 4-7 所示。

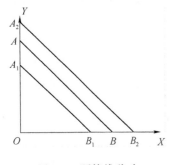

图 4-5 预算线移动

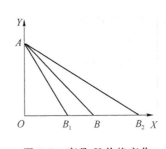

图 4-6 商品 X 价格变化

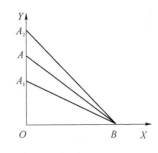

图 4-7 商品 Y 价格变化

三、消费者均衡

消费者收入和商品价格既定,表示消费者的一条预算线确定。同时,若消费者偏好一定,表示消费者的无差异曲线也为一定。如果把消费者的预算线置于无差异曲线图里,它与无差异曲线的关系有以下三种。

第一,预算线 AB 与无差异线 IC_0 相交于 M,N 两点。这两点虽然代表着消费者一定的满足程度,但它们并没有达到消费者支出允许的范围内所能获得的最大效用水平,因为 M,N 点移动到 E 点,可以在新的、更高的满足水平上进行消费,即在 IC_1 效用水平进行消费。

第二,预算线 AB 与无差异线 IC_2 既不相交,也不相切。虽然此时有较高的满足水平存在,但对消费者来说,已经超越其财力的许可。

第三,预算线 AB 与无差异线 IC_1 相切于 E 点。意味着 E 点的商品组合是消费者用现有的收入可以买到的,同时能给消费者带来最高水平的满足。如图 4-8 所示。

使用几何知识可知,在 E 点有预算线斜率等于无差异曲线 IC_1 上该点的切线斜率,则
$$-dY/dX = P_X/P_Y = MU_X/MU_Y = MRS_{XY}$$
则有 $P_X/P_Y = MU_X/MU_Y$,或 $MU_X/P_X = MU_Y/P_Y$

消费者消费多种物品时,同样遵循 $MU_1/P_1 = MU_2/P_2 = MU_3/P_3 = \cdots$ 的均衡条件,获得最大效用。

【专栏三】你愿意工作几个小时——无差异曲线与预算线在劳动供给决策中的应用

一天为 24 小时,除去 8 小时的睡眠时间,居民如果全部用来休闲有 16 小时;如果 16 小时全部用来工作,每小时工资率为 5 元,可得 80 元收入。如图 4-9 所示,收入和闲暇的预算线 AB 表示在居民的时间为一定的条件下,居民可以获得的收入和闲暇的组合。横轴表示居民用于闲暇的时间,单位为小时,纵轴表示居民的工作收入。

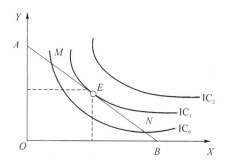

图 4-8 消费者均衡的几何表达

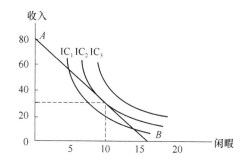

图 4-9 居民劳动供给决策

根据每个居民的偏好可以画出一簇无差异曲线,图中显示居民最终要在休闲 10 小时和工作 6 小时得到 30 元收入处达到均衡。

请思考:预算线的含义是什么?无差异曲线的含义是什么?如何运用两个工具做出劳动供给决策?

四、消费者均衡的变动

1. 收入-消费曲线

正常物品的需求量与消费者的收入水平成同方向变动。现在讨论收入增加后消费者对两种正常物品购买的均衡会发生什么变化。

假定两种正常商品 X 和 Y 的价格均不变,消费者的收入增加使预算线向右平行移动。消费者在新的更高的层次达到均衡,效用水平提高。消费 X 和 Y 两种商品的数量都增加,如图 4-10 所示。

随着消费者的收入增加,预算线向右平行移动,消费者逐渐在新的满足水平上达到均衡 E_1、E_2、E_3,把不同收入水平下的均衡点连接起来便得到收入-消费曲线。该曲线说明在消费者均衡即获得最大效用的条件下,随着货币收入的增加,对 X 和 Y 商品的组合的购买量将增加。

如果把收入-消费曲线在以纵轴 I 表示货币收入、横轴 X 表示某商品的支出的坐标系中表现出来,便成为恩格尔曲线(Engel Curve,EC)。恩格尔曲线表示消费者的货币收入与他对某种商品或某种商品组合的支出之间的关系。正常商品的恩格尔曲线一般向右上方倾斜,如图 4-11 所示。EC_1 表示食品的恩格尔曲线,随着收入的增加,消费者对食品的开支也在增加。

EC_2 表示住房的恩格尔曲线。两条恩格尔曲线相交于 E 点。说明：在低收入的条件下，消费者在食品上的支出大于在住房上的支出；但是随着收入的增加，住房支出在收入中的比重逐渐增大，食物支出在收入中所占的比例逐渐减少。德国统计学家 N. 恩格尔根据他对德国某些地区消费统计资料的研究，提出了恩格尔定理：随着收入的提高，食物支出在全部支出中所占的比率越来越小。食物支出与全部支出之比称为恩格尔系数。恩格尔系数可以反映一国或一个家庭富裕程度与生活水平。一般来说，恩格尔系数越高，富裕程度和生活水平越低；反之越高。

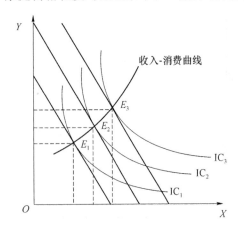

图 4-10　收入变动影响消费者均衡

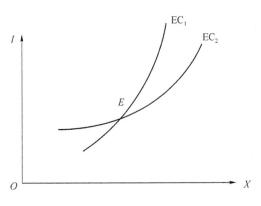

图 4-11　恩格尔曲线

2. 商品的价格变动影响消费者的均衡

如果消费者的收入不变，一种商品的价格变动，同样使得消费者均衡变动。商品的价格变动会发生两方面的影响：收入效应和替代效应。为了说明这两种效应，我们来看当得知可口可乐价格下降消费者会做出什么反应。

很显然，可口可乐价格的下降使得消费者实际收入提高，购买力增强了。可口可乐与雪碧都是正常商品，消费者把购买力的提高用于这两种商品。但同时由于可口可乐消费比雪碧的消费变得更便宜了，替代效应将使得消费者选择更多的可口可乐和更少的雪碧。

一种商品价格变动所引起的该商品需求量变动的总效应可以被分解为替代效应和收入效应两个部分，即：总效应＝替代效应＋收入效应。

其中，由商品的价格变动引起实际收入水平的变动，进而由实际收入水平变动引起的商品需求量的变动，称为收入效应；由商品的价格变动引起商品相对价格的变动，进而由商品的相对价格变动引起的商品需求量的变动，称为替代效应。

正常商品和低档品发生价格变动时的收入效应的表现有所不同。下面我们来看正常商品的价格发生变动时的收入效应和替代效应。因为消费者的收入在一定的时期内是既定的，当某种正常商品价格上升的时候，消费者将感觉到实际收入的下降而减少购买这种商品，因而这种商品的需求量将减少，总效用水平将减少。反之，这种商品的需求量将增加，总效用水平将提高。商品价格的变化对需求量的这种影响称作收入效应，它是由实际收入水平变动引起的，在图形上表现为预算线的移动。

另外，由于要满足同一种需求通常有多种商品可供选择，在其他商品的价格不变的情况下，如果某种商品的价格下降了，消费者就会购买更多的这种商品以代替其他商品，因而这种商品的需求量将增加。反之，这种商品的需求量将减少。商品价格的变化对需求量的这种影响称作替代效应，它是由商品相对价格的变动引起的，在图形上表现为消费者在同一条无差异曲线上的点的移动。

消费者的替代效应和收入效应同时存在,收入效应表示消费者的效用水平发生变化,替代效应则不改变消费者的效用水平。可以借助补偿预算线来帮助进行几何分析,如图4-12表达正常商品发生价格变动时的收入效应和替代效应。

假定消费者的收入和偏好不变,只消费 X 和 Y 两种商品,Y 商品的价格 P_Y 保持不变,而 X 商品的价格 P_X 持续下降。横轴 X 和纵轴 Y 分别表示商品 X 和商品 Y 的数量,商品 X 是正常商品。在 X 商品价格变化之前,消费者的预算线为 AB_1,该预算线与无差异曲线 IC_1 相切于 E_1 点,E_1 是消费者效用最大化的一个均衡点。在均衡点 E_1 上,相应的商品 X 的需求量为 X_1。随着 X 商品价格 P_X 的下降,预算线围绕 A 点在 X 轴上向右扩展旋转到 AB_2,新的预算线 AB_2 与另一条代表更高效用水平的无差异曲线 IC_2 相切于 E_2 点,E_2 点是商品 X 的价格下降以后的消费者的效用最大化的均衡点。在新的均衡点 E_2 上,相应的商品 X 的需求量为 X_2。比较两个均衡点,商品 X 的需求量的增加量为 X_1X_2,这是商品 X 的价格下降所引起的总效应。总效应可以被分解为替代效应和收入效应。

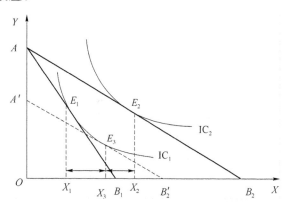

图4-12 正常商品的替代效应和收入效应

在图4-12中,由于商品 X 的价格下降,消费者的实际收入提高了,效用水平提高了,消费者的新均衡点不是在原来的无差异曲线 IC_1 上而是在更高的无差异曲线 IC_2 上。为了得到替代效应,必须剔除实际收入水平变化的影响,使消费者回到原来的无差异曲线 IC_1 上去,保持效用水平不变,因此需要做一条与 AB_2 平行的补偿预算线 $A'B_2'$,使得 $A'B_2'$ 与 IC_1 相切于 E_3 点,对应商品 X 的需求量为 X_3,这表明需求量增加量 X_1X_3 是消费者实际收入不变而只是由于相对商品价格变化的替代效应,剩余 X_3X_2 的增量是由于实际收入变化而引起的收入效应。

对于正常商品来说,替代效应与价格成反方向的变动,收入效应也与价格成反方向变动,在它们的共同作用下,总效应必定与价格成反方向的变动。正因为如此,正常商品的需求曲线是向右下方倾斜的。

第三节 需求曲线的推导

一、需求曲线的几何推导

需求曲线是需求函数 $Q_d=f(P)$ 的几何图形表达,它反映了商品的需求量与商品自身价格之间的函数关系。

基数效用论运用边际效用分析法得到消费者的消费均衡条件:$MU/P=\lambda$。其中,λ 表示1元货币的边际效用,是一个常量。可知:$MU/\lambda=P$。

把图4-1中的纵坐标替换成 $P(MU/\lambda)$,可以得到商品价格 P 与消费商品数量 Q 之间的函数关系。用图4-13来表示仍然是向右下倾斜的曲线,也就是当其他条件一定时,商品价格上升,需求量下降;商品价格下降,需求量上升,即需求规律。

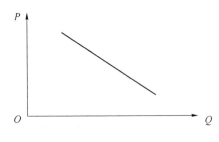

图 4-13 需求曲线

序数效用论运用无差异曲线和预算线相切得到消费者均衡所推导的需求规律是否与边际效用分析法的推导结果一致呢？

假定消费者的收入和 Y 商品的价格不变，X 商品的价格发生变化，X 商品的需求量会怎样变动呢？如图 4-14(a)所示，横轴是 X 商品的数量，纵轴是 Y 商品的数量，当 X 商品的价格下降时，如从 P_1 下降到 P_3，预算线以其在纵轴上的交点为轴心在横轴上向外扩展，与更高水平的无差异曲线相切实现新的消费者均衡。可知，X 商品的需求量不断增加，由 q_1 增加到 q_3。我们将各个消费者均衡点上 X 商品的价格和对应的 X 商品的需求量在以 X 商品的价格为纵轴、以 X 商品需求量为横轴的坐标系中表示出来，就得到 X 商品的需求曲线 D，如图 4-14(b)所示，该曲线向右下方倾斜，也就是随着 X 商品价格的下降，需求量不断增加。

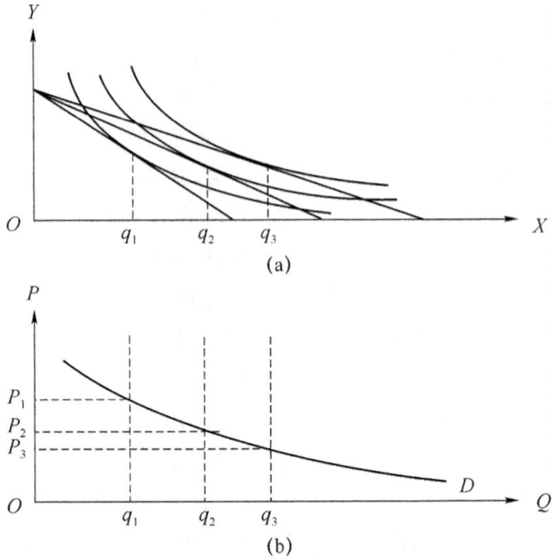

可见，序数效用论分析得到的结论与基数效用论分析得到的结论是一致的。

由以上对需求曲线的推导分析可以得到以下结论：

(1) 在其他条件一定的情况下，商品需求量与商品价格呈反方向变化，此即需求规律；

图 4-14 X 商品的需求曲线

(2) 需求曲线向右下倾斜的原因在于边际效用递减；
(3) 需求曲线上的每一点都是满足消费者均衡条件的价格-需求量组合。

二、市场需求曲线

需求可以分为个人需求和市场需求。个人需求是指单个消费者或家庭对某种商品的需求，市场需求是全部消费者需求的加总。对应于每一个价格把对某一商品所有的个人需求量加总，便得到该商品的市场需求，它指的是在某商品不同价格水平下所有消费者对该商品的需求总量。表 4-4 是某一城市对猪肉的需求表。

表 4-4 个人需求和市场需求表

价格 元·千克$^{-1}$	需求量					市场需求量 吨
	个人需求量/千克					
	甲	乙	丙	丁	…	
50	1	1	3	…	…	60
45	3	2	5	…	…	65
40	6	3	7	…	…	68
33	9	4	9	…	…	77
27	11	5	12	…	…	90
20	15	7	15	…	…	110

用图示法把需求表 4-4 中商品需求量与商品价格之间的关系表示出来,就得到个人需求曲线和市场需求曲线,如图 4-15 所示。市场需求曲线是个人需求曲线的水平加总。

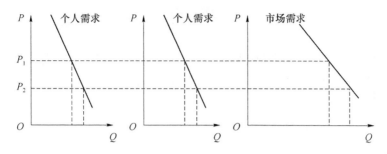

图 4-15　个人需求与市场需求

市场需求曲线上的任意一点都表明在此价格下,所有消费者都达到最大效用,也就是达到消费者均衡。市场需求曲线一般也向右下方倾斜。

三、消费者剩余

消费者剩余是指消费者在购买商品时所得到的总效用和实际支付的总效用之间的差额。

消费者在购买商品时,他对每一单位商品只按照最后 1 单位商品的效用支付货币。但是根据边际效用递减规律,其他的每单位商品的效用都大于最后单位商品的效用。这样,消费者便从前面每单位商品中得到了效用的剩余。

图 4-16 说明了消费者剩余。图中横轴表示商品的数量,纵轴表示边际效用(MU)或价格($P=MU/\lambda$),曲线 MU 是商品边际效用曲线。假定货币的边际效用等于 20 并保持不变,消费者购买第 3 件商品所获得的边际效用是 60 单位,当商品的价格是 3 美元时,消费者将按照效用最大原则 $MU=\lambda P$ 购买 3 单位商品。这就是说,他对每单位商品只按最后 1 单位商品所具有的 60 单位效用支付 3 美元货币。这样他支付的货币总效用是矩形 $OABC$ 的面积。但他从这 3 个单位的商品中得到的商品总效用是梯形

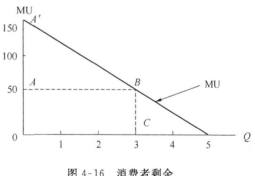

图 4-16　消费者剩余

$OA'BC$ 的面积。得到的总效用和支付的总效用之间的差额即三角形 $AA'B$ 的面积,就是消费者剩余。

【专栏四】买的东西值不值

消费者剩余是指消费者从商品的消费中得到的满足程度超过他实际付出的价格部分。假设在拍卖会上,有一张崭新的猫王首张专辑进行拍卖,你和三个猫王迷(张三、李四、王五)出现在拍卖会上。你们每一个人都想拥有这张专辑,但每个人为此付出的价格都有限。下面用你们愿意为专辑付出的价格表示你们四个人的支付意愿:你愿意用 1 000 元,张三愿意用 750 元,李四愿意用 700 元,王五愿意用 600 元。

卖者从 560 元开始叫价。由于你们四个买者愿意支付的价格要高得多,价格很快上升。当卖者报出 800 元时,你得到了这张专辑。要注意的是,这张专辑将归对该专辑评价最高的买

者。你用800元买到这张专辑,你得到了什么收益呢?

本 章 小 结

1. 基数效用论提出边际效用递减规律。根据边际效用递减规律,人们在消费单一商品时获得最大效用的条件是 $MU=\lambda P$,人们消费两种商品时获得最大效用的条件是 $MU_1/P_1=MU_2/P_2$。

2. 序数效用论使用无差异曲线和预算线两个工具,用几何法推导出人们消费两种商品获得最大效用的条件是 $MU_1/P_1=MU_2/P_2$。

3. 无论使用基数效用论还是序数效用论所得到的消费者均衡条件是相同的,进而推导出的需求规律也是相同的。

关 键 概 念

边际效用递减规律　消费者均衡　无差异曲线　边际替代率　预算线

【思考与练习】

一、单选题

1. 消费者均衡的条件是(　　)。

A. $MU_X/P_X < MU_Y/P_Y$　　　　B. $MU_X/P_X > MU_Y/P_Y$

C. $MU_X/P_X = MU_Y/P_Y$　　　　D. 以上都不对

2. 根据序数效用理论,消费者均衡是(　　)。

A. 无差异曲线与预算约束线的相切之点

B. 无差异曲线与预算约束线的相交之点

C. 离原点最远的无差异曲线上的任何一点

D. 离原点最近的预算约束线上的任何一点

3. 若张某消费牛奶和面包时的边际替代率为1/4,即一单位牛奶相当于1/4单位的面包,则(　　)。

A. 牛奶价格为4,面包价格为1时,张某获得最大效用

B. 牛奶价格为1,面包价格为4时,张某获得最大效用

C. 牛奶价格为10,面包价格为2时,张某应增加牛奶的消费

D. 以上都不对

4. 无差异曲线的形状取决于(　　)。

A. 消费者偏好　　　　　　　　B. 消费者收入

C. 所购商品的价格　　　　　　D. 商品效用水平的大小

5. 预算线反映了(　　)。

A. 消费者的收入约束　　　　　　B. 消费者的偏好
C. 消费者人数　　　　　　　　　D. 货币的购买力

二、简答题

1. 钻石用处极小却价格昂贵,生命必不可少的水却非常便宜。请用边际效用的概念加以解释。

2. 无差异曲线的特征?

3. 无差异曲线凸向原点的原因?

三、计算题

1. 已知一件衬衫的价格为80元,一份肯德基快餐的价格为20元,在某消费者关于这两种商品的效用最大化的均衡点上,一份肯德基快餐对衬衫的边际替代率MRS是多少?

2. 某消费者赵某的收入为270元,全部用于购买消费品X和Y,其价格分别为$P_X=2$元,$P_Y=5$元,他在商品X和Y的无差异曲线上斜率为$dy/dx=-20/y$的点上实现均衡。其中,横轴为X的消费数量,纵轴为Y的消费数量。那么此时赵某将消费多少X和Y?

第五章 生产与成本理论

本章知识结构图

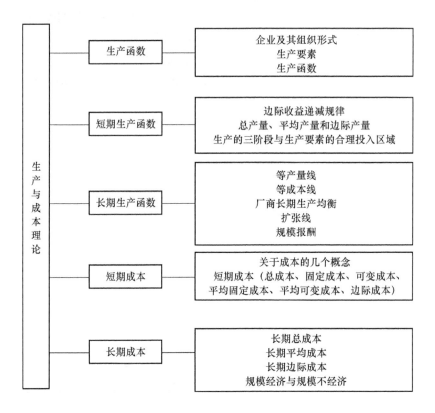

学习目的与要求

【目的与要求】通过学习,学生应掌握生产函数的含义,各种产量变动的规律与相互关系,实现要素最佳组合的均衡条件;了解等产量线、等成本线、边际技术替代率等概念。熟练掌握短期成本概念以及相互关系和变动规律,了解长期成本概念以及相互关系。

【重点与难点】边际收益递减规律、生产要素的合理投入区域、生产要素的最优投入组合、规模报酬。短期成本随产量变动而变动的规律,及其相互之间的关系;长期成本与规模经济。

第一节　生产函数

一、企业及其组织形式

企业(firm)也叫厂商,是指把投入转化为产出的生产经营性组织。企业有三种组织形式,市场经济在其数百年的孕育和发展过程中,逐步形成了三种基本的企业制度。

1. 个人业主制企业

个人业主制企业是指个人出资兴办、完全归个人所有和个人控制的企业。这种企业在法律上称为自然人企业,是最早产生的也是最简单的企业形态。

个人业主制企业具有如下优点:①开设、转让与关闭等行为仅需向政府登记即可,手续非常简单;②利润全归个人所得,无须与别人分摊;③经营制约因素较少,经营方式灵活;④易于保护技术、工艺和财务秘密;⑤企业主可以获得个人满足。

个人业主制企业也有如下不足:①责任无限。一旦经营失误,将面临家产资产无限偿还债务风险;②规模有限。这种企业的发展受到两个方面的限制:一是个人资金的限制。二是个人管理能力的限制;③寿命有限。企业与业主同存同亡,业主的死亡、破产、犯罪或转业都可能使企业不复存在。因此,企业的雇员和债权人不得不承担较大的风险。

2. 合伙制企业

合伙制企业是由两个以上的企业主共同出资,为了利润共同经营,并归若干企业主共同所有的企业。合伙人出资可以是资金、实物或者知识产权。

3. 公司制企业

公司制企业是由两人及两人以上集资创办并且组成一个法人的企业。公司是法人,在法律上具有独立的人格,是能够独立承担民事责任、具有民事行为能力的组织。一般是有限责任公司。每个股东以其所认缴的出资额对公司承担有限责任,公司以其全部资产对其债务承担责任的企业法人。

二、生产要素

1. 生产要素

生产要素(Factor of Production)是指在生产中所使用的各种经济资源。西方经济学家把这些资源分为以下几个方面。

(1) 劳动(Labour)。劳动是指劳动力所提供的服务,是脑力劳动和体力劳动的总和。

(2) 土地(Land)。是指生产中所使用的各种自然资源,是在自然界所存在的,如土地、水、自然状态的矿藏、森林等。

(3) 资本(Capital)。资本可以表现为实物形态或货币形态,如厂房、机器设备等为实物形态的资本称为资本品或投资品,货币形态通常称为货币资本。

(4) 企业家才能(Entrepreneurship)。是指企业家对整个生产过程的组织与管理工作,包括经营企业的组织能力、管理能力与创新能力。

通过对生产要素的运用,厂商可以提供各种实物产品,如房屋、食品、机器、日用品等,也可以提供各种无形产品即劳务,如理发、医疗、金融服务、旅游服务等。

2. 生产时期

短期(short-run)指在这个时期厂商不能根据它所要达到的产量来调整其全部生产要素投入。长期(long-run)指在这个时期内厂商可以根据它所要达的产量来调整其全部生产要素,也就是说,在长期中,厂商的生产规模是可以调整的,厂商可以根据市场状况调整所有生产要素的投入量。

三、生产函数

1. 生产函数的概念

生产函数(Production Function)是指在一定的技术条件下,生产要素的某一种组合同它可能生产的最大产量之间的依存关系,即投入与产出的一个技术关系,如用 Q 表示某种产品最大产出量,用 $X_1, X_2, \cdots, X_n$ 表示各种生产要素的投入量,则生产函数的方程式就是

$$Q = f(X_1, X_2, \cdots, X_n) \tag{5-1}$$

为使生产函数简化,经济学通常假定投入要素只有两种:劳动(L)和资本(K),则可以将生产函数表示为

$$Q = f(L, K) \tag{5-2}$$

2. 生产函数的类型

为生产一定量某种产品所需要的各种生产要素的配合比例称为技术系数(Technological Coefficient)。

(1) 固定投入比例生产函数

如果生产某种产品所需的各种生产要素的配合比例是不能改变的,这种技术系数称为固定技术系数。这种固定技术系数的生产函数称为固定配合比例生产函数。如图 5-1 所示。

(2) 可变投入比例生产函数

如果生产某种产品所需的各种生产要素的配合比例是可以改变的,这种技术系数称为可变技术系数。这种可变技术系数的生产函数称为可变配合比例生产函数。一般情况下,技术系数是可变的。例如,在农业中可以多用劳动、少用土地进行集约式经营,也可以少用劳动、多用土地进行粗放式经营。在工业中也有劳动密集型技术和资本密集型技术之分。

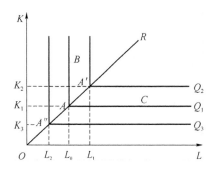

图 5-1 固定投入比例生产函数

3. 柯布-道格拉斯生产函数

20 世纪 30 年代初,美国经济学家柯布(Charles W. Cobb)和道格拉斯(Paul H. Douglas)根据历史统计资料,研究 1899—1922 年美国的资本和劳动这两种生产要素投入量对生产量的影响,得出这一时期美国的生产函数,这就是柯布-道格拉斯生产函数。该函数的公式为

$$Q = AL^{\alpha}K^{1-\alpha} \tag{5-3}$$

其中,Q 表示产量,L 表示劳动投入量,K 表示资本投入量,A 表示正常数,α 表示小于 1 的正数。式(5-3)表明:在总产量中,工资的相对份额是 α,资本收益的相对份额是 $1-\alpha$。根据 20 世纪以来的美国统计资料计算出,$\alpha = 3/4$,$1-\alpha = 1/4$,这说明每增加 1% 的劳动所引起的产量增长,3 倍于每增加 1% 的资本所引起的产量增长。这一结论同美国工人收入与资本收益之比(3∶1)大体相符。

第二节　短期生产函数

短期内一种要素投入变动,其余要素投入固定的情况在农业中最为典型。在农产品生产中,土地是固定的,劳动投入可以变化。假定我们所讨论的生产函数的形式为

$$Q = f(L, \overline{K}) \tag{5-4}$$

一、边际收益递减规律

西方经济学家认为,短期生产函数一般都遵循边际收益递减规律。边际收益递减规律(The Law of Diminishing Marginal Revenue)简称收益递减规律,又称边际报酬递减规律,是指在技术水平和其他生产要素的投入固定不变的条件下,连续地投入某一种生产要素到一定数量之后,总产量的增量即边际产量将会出现递减现象。

边际收益递减规律成立的依据是:在任何产品的生产过程中,可变要素和固定要素之间都存在着数理上的最佳配合比例。在理解边际收益递减规律时,要注意以下几点:

(1) 边际收益递减规律只存在于可变技术系数的生产函数中;
(2) 边际收益递减规律是以假定技术条件不变为前提的;
(3) 边际收益递减规律是以假定其他生产要素投入量不变即生产规模不变为前提的;
(4) 所增加的生产要素是同质的;
(5) 以可变要素投入量超过一定界限为前提。

【专栏一】中国人养活自己靠的是农业技术进步

边际产量递减规律早在 18 世纪就由经济学家提出,有人把这一规律应用到农业领域却描述出一幅人类前景悲惨的画面来:因为耕地等自然资源毕竟是有限的,要增产粮食最终只能依靠劳动力的增加,但边际产量递减规律表明,劳动力投入带来的边际粮食产量递减,于是人口不断增长的必然结果是,人类不能养活自己。无独有偶,1994 年,一位叫莱斯特·布朗的人重复类似悲观的预言,发表了一本题为《谁来养活中国》的小册子,宣称人口众多的中国将面临粮食短缺,进而引发全球粮价猛涨的危机。杞人忧天的布朗是否知道袁隆平的名字,他利用科学技术发明了杂交水稻,使每亩单产达到了 405 千克,小麦从 50 千克提高到目前的 700 千克。中国有出色的农业科学家,中国人养活自己靠的是农业技术进步。布朗先生实在是用错了边际产量递减规律,要记住边际产量递减规律是有条件的。

著名经济学家克拉克较早地发现了这一规律,他曾指出,"知识是唯一不遵守效益递减规律的工具"。如美国微软公司为开发第一套视窗软件投入了 5 000 万元美元,其额外生产上千万套只需复制即可,成本几乎可以不计,但仍能以与第一套同样的价格发行,这样,在新经济部门,就出现了不同于传统产业部门的"边际效益递增"的情况。

二、总产量、平均产量与边际产量

1. 总产量

总产量(Total Product,TP):指生产要素既定的情况下所生产出来的全部产量。它的定义公式为

$$TP_L = f(L, \overline{K})$$

初期随着可变投入的增加,总产量以递增的增长率上升,然后以递减的增长率上升,达到

某一极大值后,随着可变投入的继续增加反而下降。

2. 平均产量

平均产量(Average Product,AP):指平均每单位生产要素投入的产出量。它的定义公式为

$$AP_L = \frac{TP_L(L, \overline{K})}{L}$$

初期,随着可变要素投入的增加,平均产量不断增加,到一定点达到极大值,之后随着可变要素投入量的继续增加,转而下降。

3. 边际产量

边际产量(Marginal Product,MP):指每增加一单位某种生产要素所增加的总产量,即所增加的最后一单位某种生产要素所带来的产量的增量。它的定义公式为

$$MP_L = \frac{\Delta TP_L(L, \overline{K})}{\Delta L}$$

或者

$$MP_L = \lim_{\Delta L \to 0} \frac{\Delta TP_L(L, \overline{K})}{\Delta L} = \frac{dTP_L(L, \overline{K})}{dL}$$

边际产量在开始时,随着可变要素投入的增加不断增加,到一定点达极大值,之后开始下降,边际产量可以下降为零,甚至为负。边际产量是总量增量的变动情况,它的最大值在 TP 由递增上升转入递减上升的拐点。

4. 总产量曲线、平均产量曲线和边际产量曲线之间的关系

在图 5-2 中,横轴代表劳动量,纵轴代表总产量、平均产量和边际产量,TP_L 为总产量曲线,AP_L 为平均产量曲线,MP_L 为边际产量曲线。

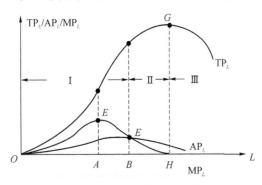

图 5-2 生产函数的产量曲线

用边际收益递减规律可以解释总产量曲线、平均产量曲线和边际产量曲线相互之间的关系,主要有以下三个方面,如图 5-2 所示。

第一,关于总产量曲线与边际产量曲线之间的关系。①当边际产量上升时,总产量以递增的速率增加;当边际产量为负值时,总产量绝对减少。②某一点的边际产量就是某一点总产量的导数。③边际产量为零的点就是总产量最大的点。

第二,关于平均产量与边际产量曲线之间的关系。当平均产量上升时,边际产量大于平均产量;当平均产量下降时,边际产量小于平均产量;当平均产量达到最大值时,边际产量等于平均产量。

第三,关于平均产量曲线与总产量曲线之间的关系。连接总产量曲线上任何一点与坐标原点的线段的斜率,就是相应的平均产量值。

三、生产的三阶段与生产要素的合理投入区域

根据总产量曲线、平均产量曲线和边际产量曲线,将生产分为三个阶段(如图 5-2 所示)。

第Ⅰ阶段(O—B 阶段):收益递增阶段,生产者不应停留的阶段。在这一阶段中,劳动的边际产量始终大于劳动的平均产量,从而劳动的平均产量和总产量都在上升,且劳动的平均产量达到最大值。说明在这一阶段,可变生产要素相对于不变生产要素投入量显得过小,不变生产要素的使用效率不高,因此,生产者增加可变生产要素的投入量就可以增加总产量。因此,生产者将增加生产要素投入量,把生产扩大到第Ⅱ阶段。

第Ⅱ阶段(B—H阶段):收益递减阶段,劳动的边际产量小于劳动的平均产量,从而使平均产量递减。但由于边际产量仍大于零,所以总产量仍然连续增加,但以递减的变化率增加。在这一阶段的起点B,AP_L达到最大,在终点H,TP_L达到最大。

第Ⅲ阶段(H之后):负收益阶段,生产者不能进入的阶段。在这一阶段,平均产量继续下降,边际产量变为负值,总产量开始下降。这说明,在这一阶段,生产出现冗余,可变生产要素的投入量相对于不变生产要素来说已经太多,生产者减少可变生产要素的投入量是有利的。因此,理性的生产者将减少可变生产要素的投入量,把生产退回到第Ⅱ阶段。

生产进行到第二阶段最合适,因此劳动量的投入应在B与H之间这一区域,这一区域为生产要素合理投入区域,又称经济区域。但是劳动量的投入究竟应在这一区域的哪一点上,还要结合成本来考虑。

第三节 长期生产函数

在长期,生产厂商需要投入两种以上的生产要素才能生产产品,而且所有的生产要素使用数量都可以根据厂商的目标而改变。假设厂商生产Q数量的产品只使用劳动L和资本K两种生产要素,长期的生产函数表示为:$Q=f(L,K)$。表明在长期内,在技术水平不变的条件下,两种可变要素投入量的组合与能生产的最大产量之间的依存关系。在两种可变投入生产函数下,如何使两种要素投入量达到最优组合,以使生产一定产量下的成本最小,或使用一定成本时的产量最大?西方经济学运用了等产量线与等成本线的分析。

一、等产量线

等产量线(Isoquant Curve)是在技术水平不变的条件下生产同一产量的两种生产要素投入量(劳动和资本)的所有不同组合的轨迹。

表 5-1 两种要素投入的等产量组合

组合方式	劳动(L)	资本(K)	产量(Q)
A	1	6	400
B	2	3	400
C	3	2	400
D	6	1	400

根据表5-1数据,作出$Q=400$的等产量线如图5-3所示。

等产量线具有以下特点:

(1)等产量线在脊线范围内斜率为负,它表示两种生产要素之间存在替代关系;

(2)在同一平面上可以有无数条等产量线;

(3)在同一平面图上,任意两条等产量线绝不能相交;

(4)等产量线的边际技术替代率递减,等产量线凸向原点。

边际技术替代率(Margial Rate of Technical Substitution,MRTS)是指维持相同产量水平量,增加一种生产要素的数量

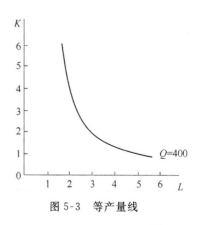

图 5-3 等产量线

与可以减少的另一种生产要素的数量之比。例如,增加 L(劳动)可以减少 K(资本),增加的 L 的数量与减少的 K 的数量之比就是以 L 代替 K 的边际技术替代率,写做 MRTS_{LK},如 ΔL 代表 L 的增量,以 ΔK 代表 K 的减少量,则:

$$\mathrm{MRTS}_{LK} = -\Delta K/\Delta L$$

如果等产量线是连续的,则:

$$\mathrm{MRTS}_{LK} = \lim_{\Delta L \to 0} -\frac{\Delta K}{\Delta L} = -\frac{\mathrm{d}K}{\mathrm{d}L}$$

边际技术替代率实际上就是等产量线的斜率,因此如果要计算等产量线上某一点的边际技术替代率,只要求出等产量线上该点的切线斜率值即可。由于边际技术替代率是递减的,等产量线的斜率是递减的,所以等产量线就是一条向原点凸出的曲线。

如果不断地增加一种生产要素以取代另一种生产要素,那么在产量不变的条件下,一单位这种生产要素所能代替的另一种生产要素的数量将不断减少。这就是经济学家的生产要素的边际替代率递减规律。边际技术替代率递减规律是指在总产量不变的前提下,持续增加某一生产要素的投入所能替代的另一生产要素的量将不断减少。

生产要素的边际替代率递减是边际产量递减规律造成的。单位生产要素 ΔL 所以能代替若干单位生产要素 ΔK,是因为生产要素 L 的增加带来的产量增量(MP_L)正好等于生产要素 K 的减少所带来产量减量(MP_K),即 $\Delta L \cdot \mathrm{MP}_L + \Delta K \cdot \mathrm{MP}_K = 0$。若不考虑正、负号,可得:

$$\mathrm{MRTS}_{LK} = \left|\frac{\Delta K}{\Delta L}\right| = \left|\frac{\mathrm{MP}_L}{\mathrm{MP}_K}\right|$$

然而,厂商总是追求花费最少的成本购买生产要素足以保证生产一定的产量。这就要考虑等成本曲线。

二、等成本线

等成本线(Isocost Curve)是指生产要素价格一定时,花费一定的总成本能购买的生产要素组合。

假设每单位资本(一台机器)的价格 $P_K = 1\,000$ 元,每单位劳动的价格(年工资)$P_L = 2\,500$ 元,总成本 $C = 15\,000$ 元,K 和 L 分别代表资本量和劳动量,则有:$C = P_K \cdot K + P_L \cdot L$(代入数据 $15\,000 = 1\,000K + 25\,00L$)为等成本方程,如图 5-4 所示。

等成本线的移动有三种情形。

(1)当某投入的要素价格发生变化时,比如,当资本价格不变,而劳动价格发生变化时,会使等成本线左右旋转。具体分为四种情况:①L 变化而 K 不变化;②K 变化而 L 不变化;③L、K 等比例变化;④L、K 不等比例变化。

(2)如果两种生产要素的价格不变,等成本线可因总成本的增加或减少而平行移动。等成本线的斜率就不会发生变化,在同一平面上,距离原点越远的等成本线代表成本水平越高。

(3)如果厂商的成本或要素的价格发生变动,都会使等成本线发生变化。其变化情况依两种要素价格变化情况的不同而具体分析。

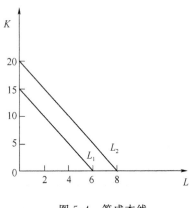

图 5-4 等成本线

三、生产要素的最优投入组合

厂商在花费成本一定的情况下,寻求产量最大化。购买什么样的要素组合才能完成这一目标?等成本曲线与等产量线的切点。是 L^*,K^* 组合为最大产量点 Q^*(在给定资源的前提下)解决了这一难题,如图 5-5 所示。等成本线的斜率与等产量曲线的斜率相等。

等成本线的斜率等于两种生产要素的价格的比率,而等产量线的斜率等于两种要素的边际产量的比率,于是有:

$$P_L/P_K = MP_L/MP_K$$

即:

$$MP_L/P_L = MP_K/P_K$$

这意味着厂商为了能在既定产量下所费成本最小或能在既定成本下所生产的产量最大,必须使其单位成本支出所获得的各种要素的边际产量都相等,这就是两种生产要素最佳组合的原则。

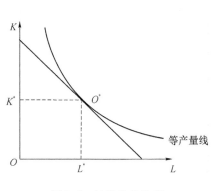

图 5-5 长期生产均衡

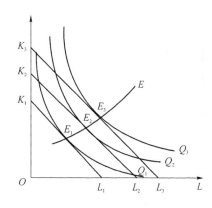

图 5-6 扩张线

显然,产量既定成本最小的要素组合条件,与成本既定产量最大的要素组合条件是一样的。借助同样方法,可也求得多种投入要素的最优组合条件,即:

$$\frac{MP_1}{P_1} = \frac{MP_2}{P_2} = \frac{MP_3}{P_3} = \cdots = \frac{MP_n}{P_n}$$

即投放在各种要素上的每一元成本所带来的边际产量相等。

四、扩张线

不同的等成本线与不同的等产量线相切,会得出不同成本条件不同的生产要素最优组合点,将这些点连接在一起就可以得出扩张线,其含义是厂商沿着这条线扩大生产时可以实现生产要素的最优组合,从而使生产沿着最有利的方向发展。在图 5-6 中,K_1L_1 和 K_2L_2 以及 K_3L_3 是三条不同的等成本线,它们分别与三条不同的等产量线 Q_1 和 Q_2 以及 Q_3 相切于 E_1,E_2,E_3,连接 E_1 和 E_2 以及 E_3 等厂商均衡点的曲线就是扩张线。

五、规模报酬

1. 规模报酬的含义

规模报酬(Return to Scale)又称规模收益,是指厂商同比例地变动所有的投入量而产生的产量变动,也就是因生产规模的变动而引起的产量变动的情况。如图5-7所示,随着各种生产要素的增加,生产规模的扩大,收益(即产量)的变动大致要经过三个阶段:第一阶段,收益增加的幅度大于规模扩大幅度,这是规模收益递增阶段(曲线Ob);第二阶段,收益增加的幅度与规模扩大的幅度相等,这是由规模收益递增到规模收益递减的过渡阶段,称为规模收益不变阶段(曲线Oa);第三阶段,收益增加的幅度小于规模扩大的幅度,甚至收益绝对减少,这就是规模收益递减阶段(曲线Oc)。一般说来,大多数厂商的生产规模连续扩大,都会经历这三个阶段,即先有一段规模收益递增,接着转入规模收益不变阶段,然后转入规模收益递减阶段。

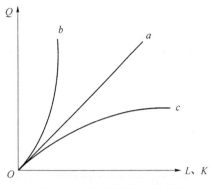

图5-7 规模报酬的三种情形

2. 规模报酬变动的原因

西方经济学家用内在经济与外在经济来解释规模报酬的变动问题。

内在经济(Internal Economics)是指一个厂商在生产规模扩大时从自身内部所引起的收益增加。引起内在经济的原因主要包括使用更加先进的机器设备、实行专业化的生产、提高管理效率、对副产品进行综合利用等。但是生产规模也不是越大越好。如果一个厂商由于本身生产规模过大而引起产量或收益减少,就是内在不经济。引起内在不经济的原因主要包括管理效率降低、生产要素价格与销售费用增加等。

外在经济(External Economics)是指整个行业规模扩大时给个别厂商所带来的收益增加。引起外在经济的原因是个别厂商可以从整个行业的扩大中得到更加方便的交通辅助设施、更多的信息与更好的人才,从而使产量与收益增加。但是,一个行业的生产规模过大也会使个别厂商的产量与收益减少,这种情况称为外在不经济。引起外在不经济的原因是一个行业过大会使各个厂商之间竞争更加激烈,各个厂商为了争夺生产要素与产品销售市场,必须付出更高的代价。另外,整个行业的扩大,也会使环境污染问题更加严重,交通紧张,个别厂商要为此承担更高的代价。

第四节 短期成本

一、关于成本的几个概念

1. 机会成本

使用一种资源的机会成本是指把该种资源投入某一特定的用途以后所放弃的在其他用途中所能获得的最大利益。西方经济学从稀缺资源配置的角度来研究生产一定数量某种产品所必须支付的代价。这意味着必须用机会成本概念来研究厂商的生产成本。西方经济学中生产成本概念与会计成本概念的区别在于后者不是从机会成本而是从各项直接费用的支出来统计成本的。例如,当一个厂商决定将一吨原油用做燃料时,就不能再用这一吨原油生产化纤等其他产品。假定原油价格为1000元,可发电1000千瓦时,可生产化纤500吨。假定化纤收入是各种产品中最高的,则用一吨原油发电的机会成本就是一吨原油所能生产的化纤。假定化纤价格为10元每吨,则用货币表示的每一千瓦时的机会成本是5元,而会计成本仅为1元。

利用机会成本概念进行经济分析的前提条件是资源是稀缺的、资源具有多种用途、资源已经得到充分利用、资源可以自由流动。

在我们作出任何决策时都要使收益大于或至少等于机会成本。如果机会成本大于收益,则这项决策从经济学的观点看就是不合理的。

2. 显性成本和隐含成本

企业的生产成本包括显性成本与隐含成本两个部分。

(1) 显性成本(Explicit Cost)

显性成本就是一般会计学上的成本概念,是指厂商在生产要素市场上购买或租用所需要的生产要素的实际支出,这些支出是在会计账目上作为成本项目记入账上的各项费用支出。它包括厂商支付所雇佣的管理人员和工人的工资、所借贷资金的利息、租借土地、厂房的租金以及用于购买原材料或机器设备、工具和支付交通能源费用等支出的总额,即厂商对投入要素的全部货币支付。从机会成本角度讲,这笔支出的总价格必须等于相同的生产要素用做其他用途时所能得到的最大收入,否则企业就不能购买或租用这些生产要素并保持对它们的使用权。

(2) 隐含成本(Implicit Cost)

隐含成本是对厂商自己拥有的,且被用于该企业生产过程的那些生产要素所应支付的费用。这些费用并没有在企业的会计账目上反映出来,所以称为隐含成本。例如,厂商将自有的房屋建筑作为厂房,在会计账目上并无租金支出,不属于显性成本。但西方经济认为既然租用他人的房屋需要支付租金,那么当使用厂商自有房屋时,也应支付这笔租金,所不同的是这时厂商是向自己支付租金。从机会成本的角度看,隐含成本必须按照企业自有生产要素在其他最佳用途中所能得到的收入来支付,否则,厂商就会把自有生产要素转移到其他用途上,以获得更多的报酬。

3. 利润

经济学中的利润概念是指经济利润,等于总收入减去经济总成本的差额。而经济总成本既包括显性成本也包括隐含成本。因此,经济利润与会计利润不同。

从前面的介绍已经知道,隐含成本是指稀缺资源投入任一种用途中所能得到的正常的收入,如果在某种用途上使用经济资源所得的收入还抵不上这种资源正常的收入,该厂商就会将这部分资源转向其他用途以获得更高的报酬。因此,西方经济学中隐含成本又被称为正常利润。企业所追求的利润就是最大的经济利润。可见正常利润相当于中等的或平均的利润,它是生产某种产品所必须付出的代价。因为如果生产某种产品连正常或平均的利润都得不到,资源就会转移到其他用途中去,该产品就不可能被生产出来。而经济利润相当于超额利润,亦即总收益超过机会成本的部分。

经济利润可以为正、负或零。在西方经济学中经济利润对资源配置和重新配置具有重要意义。如果某一行业存在着正的经济利润,这意味着该行业内企业的总收益超过了机会成本,生产资源的所有者将要把资源从其他行业转入这个行业中。因为他们在该行业中可能获得的收益,超过该资源的其他用途。反之,如果一个行业的经济利润为负,生产资源将要从该行业退出。经济利润是资源配置和重新配置的信号。正的经济利润是资源进入某一行业的信号;负的经济利润是资源从某一行业撤出的信号;只有经济利润为零时,企业才没有进入某一行业或从中退出的动机。

【专栏二】经济学家与会计师眼中的利润有何不同?

假设王先生用自己的银行存款30万元收购了一个小企业,王先生的会计师计算一年的利润是3万元。我们用经济学的理论分析王先生的成本和利润。

王先生如果不支取这30万元收购企业而把钱存在银行里,在市场利息5%的情况下他每年可以赚到1.5万元的银行存款利息。王先生为了拥有自己的工厂,每年放弃了1.5万元的利息收入。这1.5万元就是王先生开办企业的机会成本之一。经济学家和会计师以不同的方法来看待成本。经济学家把王先生放弃的1.5万也作为他企业的成本,尽管这是一种隐含成本,因此一年的经济利润是1.5万元。但是会计师并不把这1.5万元作为成本表示,因为在会计的账面上并没有货币流出企业去进行支付,一年的利润是3万元。因此利润在经济学家与会计师眼中的是不同的。

在短期内,某些生产要素投入量由于来不及改变而是固定的,厂商只能改变其他生产要素投入量。例如,厂房设备短期内固定不变,只能在既定的厂房设备的生产能力范围内增减工人劳动量和原材料数量。短期内厂商从事生产所发生的成本称为短期成本。

在长期内,厂商有足够的时间增减在短期内固定不变的生产要素。因此,任何生产要素投入量都将是可变的。在长期内厂商从事生产所发生的成本称为长期成本。

4. 总成本、平均成本和边际成本

总成本(Total Cost,TC)是生产某一特定数量的产品所付出的成本总额。短期总成本包括两部分:固定成本(Fixed Cost,FC)和可变成本(Variable Cost,VC),TC=FC+VC。

平均成本(Average Cost,AC)是平均每单位产量的成本。短期平均成本包含平均固定成本(Average Fixed Cost,AFC)和平均可变成本(Average Variable Cost,AVC),AC=AFC+AVC。

边际成本(Marginal Cost,MC)是增加或减少一单位产量所导致的总成本的变化,$MC=\Delta TC/\Delta Q$。

5. 厂商的成本函数

成本函数(Function Cost)用以表示在技术水平和要素价格不变的条件下,成本与产出之间的相互关系的函数形式。$C=f(Q)$。它可以由生产函数 $Q=f(L,K)$ 推导而出。根据时期的不同,成本函数分为短期成本函数和长期成本函数。

二、短期成本曲线

如图5-8所示,在短期,有可变成本和固定成本之分,二者之和即为总成本。平均可变成本和平均固定成本之和则为平均成本。另外还有边际成本。短期成本共有总成本(TC)、固定成本(FC)、可变成本(VC)、平均成本(AC)、平均固定成本(AFC)、平均可变成本(AVC)和边际成本(MC)七条曲线。表5-2表明了这七个成本随产量变动而变动的一般趋势。

表5-2 成本表

Q	TC	FC	VC	AC	AFC	AVC	MC
0	840	840	0	0	0	0	—
1	900	840	60	900	840	60	60
2	940	840	100	470	420	50	40
3	960	840	120	320	280	40	20
4	980	840	140	245	210	35	20
5	1 020	840	180	204	168	36	40
6	1 080	840	240	180	140	40	60

1. 总成本(TC=VC+FC)

(1) 总成本(TC)指厂商在短期内生产一定产量时需要的成本总额。在产量为零时,它等于固定成本,然后随可变成本的变化而变化。

（2）可变成本（VC）指厂商支付的可变要素的费用。
（3）固定成本（FC）指厂商支付的固定要素的费用，是固定的常数。

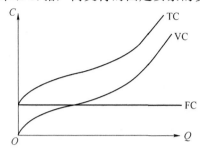

第一，随产量的增加，TC、VC是递增的；FC是水平线。
第二，TC曲线在VC曲线的上方，二者垂直距离等于FC。

图 5-8　固定成本、可变成本和总成本

短期生产函数与短期成本函数之间，相应地，短期总产量曲线和短期可变成本曲线之间，都存在着密切的关系，如图 5-9 所示。

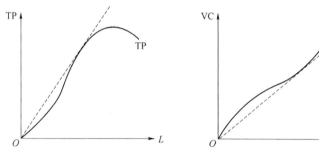

图 5-9　短期总产量曲线和短期总成本曲线之间的关系

2. 平均成本（AC＝AVC＋AFC）

（1）平均成本（AC）指短期内平均每单位产品所消耗的全部成本，$AC=TC/Q$。
（2）平均固定成本（AFC）指单位产品的固定成本，$AFC=FC/Q$。
（3）平均可变成本（AVC）指单位产品的可变成本，$AVC=VC/Q$。

如图 5-10 所示，随着产量的增加，平均固定成本是递减的。由于产量增加的速度越来越慢，对应的，平均固定成本的下降的速度也越来越慢。平均可变成本曲线与平均产量曲线之间也有对应关系：

$$AVC=\frac{VC}{Q}=\frac{W \cdot L}{Q}=W \cdot \frac{L}{Q}=W \cdot \frac{1}{AP_L} \qquad (W 为既定)$$

AVC 与 AP_L 之间的对应关系：AP_L 递增，AVC 递减；AP_L 递减，AVC 递增；AP_L 最高点对应 AVC 最低点。VC 曲线上任一点与原点的连线斜率有最小值。

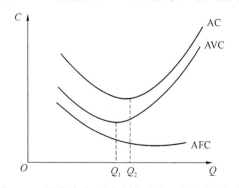

图 5-10　平均成本、平均固定成本、平均可变成本

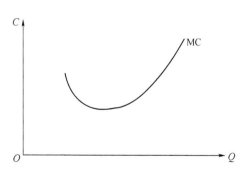

图 5-11　边际成本

3. 边际成本

边际成本（MC）指短期内每增加一单位产量时所增加的总成本。MC＝ΔTC/ΔQ。如图 5-11 所示。

由于固定成本是不变的，所以短期内多生产一个单位的产量时总成本的增加量，就是可变成本的增量。所以，MC＝ΔVC/ΔQ。边际成本曲线与边际产量曲线有对应关系：因为 MC＝dTC/dQ＝dVC/dQ＋dFC/dQ，dVC/dQ＝W·dL/dQ＝W·$\frac{1}{dQ/dL}$＝W·1/MP$_L$，dFC/dQ＝0，所以 MC＝W·1/MP$_L$。可知，MP$_L$ 递增，MC 递减；MP$_L$ 递减，MC 递增；MP$_L$ 最大，MC 最小。

由此还可推知，当 TP 递增增加时，VC 和 TC 是递减增加；当 TP 递减增加时，VC 和 TC 是递增增加。

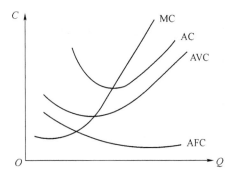

图 5-12　AC，AVC，AFC 和 MC 曲线之间的关系

4. AC，AVC 和 MC 之间的关系

如图 5-12 所示。

（1）MC 与 AVC 和 AC 交于 AVC 和 AC 的最低点。

（2）AVC 与 AC 曲线随产量增加而靠近。

5. MC 递增与边际报酬递减规律

在短期内，MC＝ΔVC/ΔQ。当劳动 L 的投入数量连续增加超过一定界限后，每增加一单位劳动带来的产量增量将递减；反过来说，当处在边际报酬递减阶段，随每单位产量的增加，需要投入的可变要素的增量越来越多，即边际成本递增。

第五节　长期成本

长期成本分析的是厂商用调整生产规模的方法来达到某种产量时所发生的成本。

一、长期总成本

长期总成本（Long-Term Cost，LTC）指长期中生产特定产量时所花费的最低成本。当产量为零时，长期总成本为零，如图 5-13(a) 所示。

长期总成本曲线是短期总成本曲线的包络线。在这条包络线上，在连续变化的每一个产量水平上，都存在着 LTC 曲线和一条 STC 曲线的相切点，该 STC 曲线所代表的生产规模就是生产该产量的最优生产规模，该切点所对应的总成本就是生产该产量的最低总成本，如图 5-13(b) 所示。

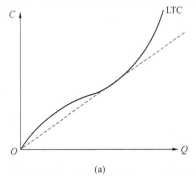
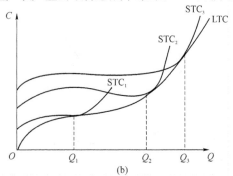

图 5-13　长期总成本

二、长期平均成本

如图 5-14 所示,长期平均成本(Long-term Average Cost,LAC)指长期中平均每单位产品的成本,LAC=LTC/Q。长期平均成本曲线是短期平均成本曲线的包络线。长期平均成本是生产各种产量时所需的最低平均成本点的轨迹。在这条包络线上,在连续变化的每一个产量水平上,都存在着 LAC 曲线与一条 SAC 曲线的相切点,该 SAC 曲线所代表的生产规模就是生产该产量的最优生产规模,该切点所对应的平均成本就是此时最低平均成本。

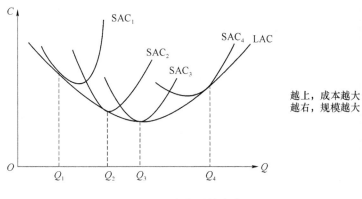

图 5-14 长期平均成本

需要注意的是:每一个相切之点,并都不是该 SAC 曲线的最低点。只有当 LAC 曲线本身处于最低点时,与之相应的 SAC 曲线的切点才是该 SAC 曲线的最低点。

三、长期边际成本

长期边际成本(Long-term Margical Cost,LMC)是指长期中每增加一单位产量时所增加的长期总成本。

$$LMC=\Delta LTC/\Delta Q$$

如图 5-15 所示,长期边际成本曲线是长期总成本曲线上各点的斜率之轨迹,并不是 SMC 的包络线。

由于规模报酬递增到规模报酬不变,再到规模报酬递减的变化,导致 LAC,LMC 呈 U 形,相应地,LTC 的形状也得以解释。LAC 曲线与 LMC 曲线相交于 LAC 曲线的最低点。

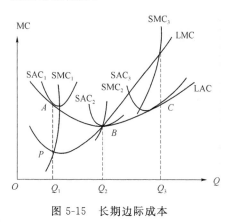

图 5-15 长期边际成本

四、规模经济与规模不经济

长期平均总成本曲线的形状传递了一个有关生产一种物品技术的重要信息。当长期平均总成本随着产量增加而减少时,可以说存在规模经济(economies of scale)。当长期平均总成本随着产量增加而增加时,可以说存在规模不经济(diseconomies of scale)。

规模经济的产生是因为生产水平高,允许工人的专业化,而专业化可以使工人更精通自己的任务。规模不经济的产生是由于任何一个大型组织中固有的协调问题。这种分析表明长期平均总成本曲线通常是U形的原因。在生产水平低时,企业扩大规模中获益是因为它可以利用更大的专业化。同时,协调问题并不尖锐。与此相比,在生产水平高时,专业化的好处已经实现了,而随着企业变得越来越大,协调问题变得越来越严重。因此,长期平均总成本曲线在生产水平低时下降是由于专业化增加,而在生产水平高时成本增加是因为协调问题增加。

【专栏三】旅行社在旅游淡季如何经营

某旅行社在旅游淡季打出从天津到北京世界公园1日游38元(包括汽车和门票),我的一位朋友说不信,认为是旅行社的促销手段。一日他跟我提起这事,问我是真的会这么便宜吗?38元连世界公园的门票都不够。我给他分析,这是真的,因为旅行社在淡季游客不足,而旅行社的大客车、旅行社的工作人员这些生产要素是不变的,一个游客都没有,汽车的折旧费、工作人员的工资等固定费用也要支出。任何一个企业的生产经营都有长期与短期之分,从长期看如果收益大于成本就可以生产。更何况就是38元票价旅行社也还是有钱赚的,我们给他算一笔账:一个旅行社的大客车载客50人,共1900元,高速公路费和汽油费假定是500元,门票价格10元共500,旅行社净赚900元。在短期不经营也要损失固定成本的支出,因此只要收益弥补可变成本,就可以维持下去,换个说法,每位乘客支付费用等于平均可变成本,就可以经营。另外公园在淡季门票也打折,团体票也会打折也是这个道理。

本 章 小 结

1. 厂商进行生产所追求的目标是利润最大化。

2. 厂商的生产可以分为短期生产和长期生产。短期指在生产中厂商至少有一种生产要素来不及调整的时期;长期指在生产中厂商对于所有的生产要素都可以进行调整的时期。

3. 短期生产的基本规律是边际收益递减规律。

4. 在长期生产中,厂商无论是实现既定成本下的最大产量,还是实现既定产量下的最小成本,生产的均衡点都发生在等产量线和等成本线的相切点。

5. 规模报酬属于长期生产的概念。规模报酬递增、规模报酬不变和规模报酬递减分别指长期生产中全部生产要素增加的比例小于、等于或大于它所导致的产量增加的比例。

6. 成本理论以生产理论作为基础。由于生产理论区分为短期生产理论和长期生产理论,相应地,成本理论也区分为短期成本理论和长期成本理论。无论是短期成本,还是长期成本,它们都是产量的函数。

7. 短期成本有七种:总成本(TC)、固定成本(FC)、可变成本(VC);平均成本(AC)、平均固定成本(AFC)、平均可变成本(AVC)以及边际成本(MC)。

8. 长期成本有三种:总成本(LTC)、平均总成本(LAC)和边际成本(LMC)。

关 键 概 念

生产函数 短期生产函数 长期生产函数 生产要素 总产量 平均产量 边际产量
边际收益递减规律 等产量线 边际技术替代率递减规律 等成本线 扩张线
规模报酬 内在经济 内在不经济 外在经济 外在不经济 机会成本 显性成本

隐含成本　经济利润　正常利润　不变成本　可变成本　总成本　平均成本　边际成本

【思考与练习】

一、单选题

1. 如果连续地增加某种生产要素、在总产量达到最大值时,边际产量与(　　)相交。
   A. 平均产量曲线　　　　　　　　B. 纵轴
   C. 横轴　　　　　　　　　　　　D. 总产量曲线

2. 等产量线上某一点的切线的斜率等于(　　)。
   A. 预算线的斜率　　　　　　　　B. 等成本线的斜率
   C. 边际技术替代率　　　　　　　D. 边际报酬

3. 规模收益递减是在下述情况下发生的(　　)。
   A. 连续地投入某种生产要素而保持其他生产要素不变
   B. 按比例连续增加各种生产要素
   C. 不按比例连续增加各种生产要素
   D. 上述都正确

4. 经济学分析中所说的短期是指(　　)。
   A. 1年之内
   B. 2年之内
   C. 全部生产要素都可随产量而调整的时期
   D. 只能根据产量调整可变成本的时期

5. 已知产量为9单位时,总成本为95元,产量增加到10单位时,平均成本为10元,由此可知边际成本为(　　)。
   A. 5元　　　　　B. 10元　　　　　C. 15元　　　　　D. 20元

6. 经济成本与经济利润具有以下特征:(　　)。
   A. 前者比会计成本大,后者比会计利润小
   B. 前者比会计成本小,后者比会计利润大
   C. 两者都比相应的会计成本和会计利润小
   D. 两者都比相应的会计成本和会计利润大

二、简答题

1. 作图说明厂商在既定产量条件下是如何实现最小成本的最优要素组合的。
2. 什么是等产量线?等产量线与无差异曲线在性质上有何异同?
3. 某人决定暑假去参加一个计算机培训班,这样,他就不能去打工赚2 000元。参加这个培训班学费2 000元,书本费200元,生活费1 400元。参加这个培训班的机会成本是多少?
4. 说明AC、AVC和MC之间的关系。

三、计算题

1. 下面是一张一种可变生产要素的短期生产函数的产量表:

(1) 在表中填空。

(2) 该生产函数是否表现出边际报酬递减？如果是,是从第几单位的可变要素投入量开始的？

可变要素的数量	可变要素的总产量	可变要素的平均产量	可变要素的边际产量
1		2	
2			10
3	24		
4		12	
5	60		
6			6
7	70		
8			0
9	63		

2. 假定某企业的短期成本函数是 $TC = Q^3 - 10Q^2 + 17Q + 66$,求：

(1) 指出该成本函数中的可变成本部分和固定成本部分；

(2) 写出下列函数：TVC、AC、AVC、AFC、MC。

完全竞争市场

本章知识结构图

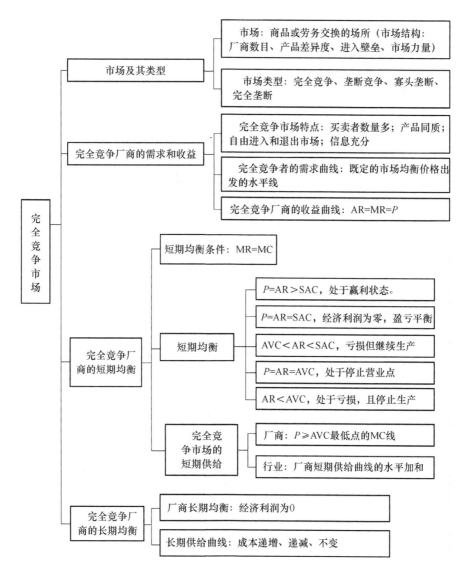

学习目的与要求

【目的与要求】通过本章的学习,应当理解完全竞争市场的特征,掌握完全竞争厂商的需求曲线与收益曲线,掌握完全竞争厂商的短期均衡的状态及条件,理解完全竞争的长期均衡及资源配置效应。

【重点与难点】完全竞争市场的短期均衡和长期均衡。

第一节 市场及其类型

一、市场

市场(market)是指商品或劳务交换的场所,买卖双方在市场上相互作用决定商品交换的价格和数量。通常每种商品都有一个市场,商品在同一市场上一般只有一个价格。一个市场不一定是单一的地点,而是一个区域,它可能有固定场所,也可以通过电话、传真、互联网等买卖成交。例如,黄金、石油及政府债券等具有世界范围的市场,而沙石、青砖等价值低、重量大的商品,其市场范围往往缩小到地区或地方范围。

市场在组织和构成方面的特点,影响着厂商的行为和结构。市场结构的特点主要包括以下几个方面。

(1) 厂商数目。厂商(firm)是指依据一定的目标(通常为追求利润最大化)为市场提供某种商品或劳务的独立经营单位。市场中厂商的数目就直接决定了该市场的竞争程度。

(2) 产品差异度。同一市场出售的商品或劳务可能是完全没有差别,即产品同质,也可能具有某些自然或人为的差别。例如,一张餐桌,可以是木质的,也可以是铁质的,此类由于采用的原材料的不同造成的差异我们称之为自然差异。而如果一张餐桌是光明牌,另一张是皇冠牌,这种由于品牌等因素导致的产品差异称为人为差异。

(3) 进入壁垒。市场的进入壁垒指厂商进入该市场的难易程度。一般说来,生产成本较低,生产规模较小,政府管制少的行业容易进入,反之则较难进入。

(4) 市场力量。指个别厂商对价格的控制程度的大小。如果个别厂商能够左右产品的市场价格,则说明其具有相当的市场力量。反之若厂商只是市场价格的接受者,不能控制市场价格,则说明其不具备市场力量。

二、市场类型

按照市场结构的特点将市场和市场中的厂商分为四类:完全竞争、垄断竞争、寡头垄断和完全垄断,其特点如表 6-1 所示。

表 6-1 不同市场类型特征比较

市场结构类型	厂商数目	产品差异度	进入壁垒	市场力量
完全竞争	很多	完全无差别	自由进入	没有
垄断竞争	较多	差异很小	比较自由	有一些
寡头垄断	少数几个	有或没有差别	很难进入	相当程度
完全垄断	一个	唯一产品,无替代	不能进入	很大,但受政府管制

不难看出,在上述四种市场结构中,完全竞争市场竞争最为充分,而完全垄断市场不存在竞争,垄断竞争与寡头竞争市场则是既有竞争又有垄断的市场结构。因此垄断竞争与寡头垄

断市场也被称为不完全竞争市场。

大多数经济学家认为市场经济制度之所以是一个"好"的制度,是由于市场的竞争。市场的竞争使得厂商追逐自身利润的同时导致社会资源的最优配置,实现消费者的最大福利。但是,激烈的市场竞争通常会导致某种程度的垄断或完全的垄断(虽然垄断的存在不仅仅是竞争的结果),而垄断会损害消费者的利益,因此,限制垄断,维护竞争是市场经济的重要内容。

第二节 完全竞争厂商的需求和收益

一、完全竞争市场的特点

【专栏一】美国的信用卡市场

在1992年,美国人用信用卡购物的金额在5 000亿美元以上,这个数字还在以每年10%的速度增长。初一看,信用卡市场似乎是一个相当集中的行业,其中Visa、万事达卡是人们最熟悉的。在使用信用卡购物的金额中,60%以上使用的是这两种卡中的一种。虽然大多数消费者选择这两种卡,但这些信用卡不是只有这两家企业发出。事实上,在美国有5 000多家企业在发放信用卡。信用卡外表相似,并且都能用于同一目的。由于市场上存在5 000多家企业,所以对每一个企业来说,进入退出市场都是比较容易的。(案例来源:《管理经济学》[美]H.克雷格·皮德森,W.克里斯·刘易斯,中国人民大学出版社)

请思考以下问题:

(1)信用卡市场属于什么类型的市场,具备哪些特征?

(2)如果一家信用卡公司发行的信用卡数量非常多,会形成对信用卡市场的垄断吗?

完全竞争市场是指不包含任何垄断因素的市场,它具有以下四个特征。

(1)市场上有大量的买者和卖者。市场上任何一个买者或卖者的行动对市场价格的影响都可以忽略不计,市场价格只能由全体买者的需求总量和卖者的供给总量共同决定,每一个买者和卖者都是市场价格的接受者,而非价格的制定者。

(2)产品同质。所有厂商提供的产品在原料、加工、包装、服务等方面完全一样,可以相互替代,对于买者而言,购买哪一个厂商的产品都没有区别,而如果某一厂商提高产品价格,所有的顾客都会转而购买其他厂商的产品。

(3)厂商可以自由地进入或退出市场。完全竞争市场中所有的投入要素自由流动,厂商数目和生产规模在长期内可以任意变动,不存在法律、政策或资金的障碍。

(4)信息充分。完全竞争市场中所有买者或卖者都可以掌握现在和未来的市场价格变动信息,因此没有厂商会销售低于市场价格的产品,也不会有消费者购买高于市场价格的产品。

显然,现实世界中并不存在完全符合上述条件的市场,因此完全竞争市场只是一种理论上的理想市场。经济学家利用完全竞争模型来分析解决问题。因为大量经验证明完全竞争模型有助于对资源配置的效率做出比较准确的判断。

二、完全竞争厂商的需求曲线

在论述这个问题时,必须区分整个行业和单个厂商。

对整个行业来说,需求曲线是一条向右下方倾斜的直线,供给曲线是向上倾斜的直线,整个行业的市场价格由需求和供给决定,如图6-1(a)所示。

但对于个别厂商来说,需求曲线是等于既定的市场价格的直线。在完全竞争市场上,由于厂商数量众多,单个厂商无法影响市场价格,是市场价格的接受者。市场的需求和供给形成市场价格P_e。对于单个厂商来说,既然无法影响市场价格,他只能按照既定的价格出售产品。假设某家厂商把价格定得略高于市场价格,由于产品具有同质性,且消费者有完备信息并可以自由流动,那么将没有人购买该厂商的产品。也就是说,厂商一旦涨价,它所面临的需求会下降为零。如果厂商的价格等于市场价格,则由于厂商数目众多的条件,一个厂商的供应是无足轻重的,无论厂商供应多少,价格都维持不变,或者说在既定的市场价格下,厂商可能销售掉任意数量的商品。厂商会不会把价格降到市场价格以下呢?降价原本是为了刺激需求,既然每个厂商在市场价格下可以供应任意数量,那又何必降价呢?因此,在完全竞争市场上,厂商既不能提高价格,又不愿降低价格,厂商所面临的需求曲线是一条由既定的市场均衡价格出发的水平线。图6-1(b)中的曲线d就是一条完全竞争厂商的需求曲线,是一条与横轴平行的水平线。

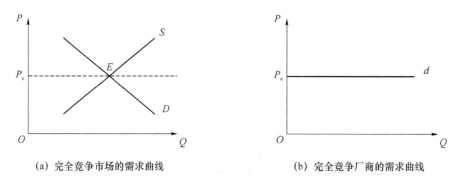

(a) 完全竞争市场的需求曲线　　　　　(b) 完全竞争厂商的需求曲线

图6-1　完全竞争市场和完全竞争厂商的需求曲线

图6-1(b)中的厂商的需求曲线d是相对于图6-1(a)中的市场需求曲线和市场供给曲线共同作用所决定的均衡价格P_e而言的。如果市场的供给曲线或需求曲线的位置发生移动,就会形成新的市场均衡价格,相应地,在图6-1(b)中便会形成另一条从新的均衡价格水平出发的呈水平线形状的厂商的需求曲线。

三、完全竞争厂商的收益曲线

厂商收益就是厂商的销售收入。厂商的收益可以分为总收益、平均收益和边际收益。

总收益TR指厂商按一定价格出售一定量产品时所获得的全部收入,即价格与销售量的乘积,以P表示商品的市场价格,以Q表示销售量,则有$\mathrm{TR}(Q)=P\cdot Q$。

由于完全竞争市场中单个厂商无法通过改变销售量来影响市场价格,只能被动地接受价格,这样随着厂商销售量的增加,商品的单位市场价格固定不变,所以总收益曲线是一条从原点出发的斜率不变的直线。

平均收益指厂商出售一定数量商品,每单位商品所得到的收入,也是平均每单位商品的卖价。它等于总收益与销售量之比。由于完全竞争市场厂商只能按既定价格出售,因此平均收益也等于商品的单位价格。即:

$$\mathrm{AR}(Q)=\frac{\mathrm{TR}(Q)}{Q}=\frac{P\cdot Q}{Q}=P$$

边际收益指厂商增加一单位产品销售所获得的收入增量。商品价格为既定时,边际收益就是每单位商品的卖价。即:

$$MR=\frac{\Delta TR}{\Delta Q}$$

可见在完全竞争市场,厂商的平均收益与边际收益相等,且都等于既定的价格,或者说在任何销售量水平上都有:$AR=MR=P$。相应可以绘出完全竞争厂商的收益曲线,如图6-2所示。

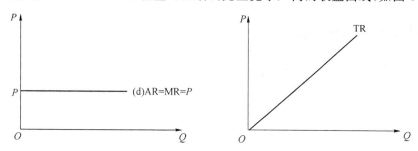

图6-2 完全竞争厂商平均收益与边际收益曲线

第三节 完全竞争厂商的短期均衡

一、厂商的均衡条件

厂商均衡是指厂商利润最大化时的状态。短期均衡指厂商短期内利润最大化的状态。如果用 π 表示厂商的利润,可表示为:$\pi=TR-TC$。所谓利润最大化就是使 TR 与 TC 之间的差额最大,也就是求 π 的极大值问题。因为 TR 与 TC 都是产量的函数,都随产量的变化而变化,所以 π 是产量的函数。厂商要实现利润最大化,就是要确定一个适当的产量,在这一产量水平上,TR 与 TC 之间的差额最大。用 π_{max} 表示最大利润,Q_0 表示此时的产量水平,则:

$$\pi_{max}=TR(Q)-TC(Q)$$

厂商在追求利润最大化的过程中,要受到以下两个原则的制约:

(1)利润最大化原则。由 $\frac{d\pi}{dQ}=0$ 可得利润最大化的必要条件,即

$$\frac{d\pi}{dQ}=\frac{d(TR-TC)}{dQ}=\frac{dTR}{dQ}-\frac{dTC}{dQ}=0$$

因为

$$\frac{dTR}{dQ}=MR,\quad \frac{dTC}{dQ}=MC,$$

则

$$MR=MC$$

厂商利润最大化的必要条件是 $MR=MC$。如果 $MR>MC$,则厂商每增加一单位产量所带来的收益大于生产这一单位产量的成本,所以厂商增加产量有利于厂商利润总额的提高;反之,如果 $MR<MC$,则厂商每增加一单位产量所能带来的收益小于生产这一单位产量的成本,所以厂商增加产量将导致利润总额减少;只有当 $MR=MC$ 时,虽然最后一单位产量的收支相似,无利可赚,但以前生产的产量使总利润达到最大程度。因此,$MR=MC$ 是厂商利润最大化的基本原则。

(2)损失最小化原则。这是利润最大化的充分条件。

在短期中,如果 $AR \leqslant AVC$,它将完全不会进行生产。这是因为在这种情况下,如果厂商

进行生产,那么它的损失等于可变成本加上固定成本。而如果厂商不生产,则损失固定成本。只有当平均收益(或价格)大于平均可变成本时,厂商进行生产才是值得的,因为这时不仅可收回全部可变成本,还可收回部分固定成本,从而减少自己的经济损失。

在长期中全部成本都是可变的,只有当 $P \geqslant AC$ 时厂商才会生产,否则厂商就会离开该行业。

从以上两个原则可以看出,厂商进行生产首先要满足损失最小的原则,其次再按利润最大化原则调整到最佳生产规模,以实现最大利润。

二、完全竞争厂商的短期均衡

在短期内,厂商不能根据市场需求来调整全部生产要素,在完全竞争厂商的短期生产中,市场价格是由市场的供给和需求决定的,厂商只能通过变动可变要素的投入量来调整产量,从而通过对产量的调整来实现 MR=MC 的利润最大化均衡条件。在完全竞争的市场中,市场供给和需求相互作用形成的产品价格,可能高于、等于、低于厂商的平均成本,因此在短期内,厂商出售产品就有可能处于盈利、盈亏平衡或亏损等不同状态。完全竞争厂商短期均衡时的盈亏状态可以用下面图形来说明。

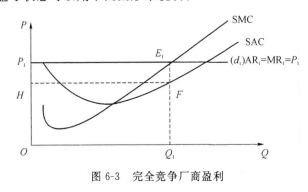

图 6-3 完全竞争厂商盈利

1. 平均收益大于平均总成本,即 $P=AR>SAC$,厂商处于盈利状态。如图 6-3 所示,当市场价格较高,达到 P_1 时,厂商面临的需求曲线为 d_1,为获取最大利润,厂商根据 MR=MC 的利润最大化原则,把产量确定在 Q_1 上,MC 曲线与 MR_1 曲线的交点 E_1 即为厂商的短期均衡点。这时平均收益为 OP_1,平均总成本为 Q_1F,单位产品获得的利润为 E_1F,总收益为 $OQ_1 \times OP_1$,总成本为 $OQ_1 \times Q_1F$,利润总量为 $OQ_1 \times E_1F$,如图 6-3 中矩形 HP_1E_1F 的面积。如果产量超过 OQ_1 以后,MC$>P_1$,增加产量会降低总利润,若产量小于 OQ_1,增加产量都能增加总利润,只有使产量确定在 OQ_1,MR$=P=$MC,总利润达到最大。

2. 价格或平均收益等于平均总成本,即 $P=AR=SAC$,厂商的经济利润恰好为零,处于盈亏平衡状态。如图 6-4 所示,当市场价格为 P_2 时,厂商面临的需求曲线为 d_2,这条需求曲线刚好切于短期平均总成本 SAC 曲线的最低点,同时短期边际成本 SMC 曲线也通过此点,SMC 曲线与 MR_2 曲线的交点 E_2 就是均衡点,相应的均衡产量确定在 Q_2。在 Q_2 产量上,平均收益等于平均成本,总收益也等于总成本,如图 6-4 中矩形 $OP_2E_2Q_2$ 面积,此时厂商的经济利润为零,但实现了全部的正常利润。由于在该点上,厂商既无经济利润,又无亏损,所以也把 SMC 与 SAC 的交点称为"盈亏平衡点"或"收支相抵点"。

3. 价格或平均收益小于平均总成本,但仍大于平均可变成本,即 AVC$<$AR$<$SAC,厂商亏损,在存在沉没成本时,厂商还应继续生产。

如图 6-5 所示,当市场价格为 P_3 时,厂商的平均总成本已经高于产品的市场价格,整个平均总成本曲线 SAC 处于价格 P_3 线之上,出现了亏损。为使亏损达到最小,产量由 SMC 曲线和 MR_3 曲线的相交的均衡点 E_3 决定,在 Q_3 的均衡产量上,平均收益为 OP_3,平均总成本为 OG,总成本与总收益的差额构成厂商的总亏损量,如图 6-5 中矩形 P_3GIE_3 面积。不过平均可变成本小于平均收益。厂商在这种情况下,应立即停止生产,还是应继续进行生产?取决于是否存在沉没成本。沉没成本是指一旦停止生产,已投入的不能再收回的成本。这里我们假定厂商的某些不变成本或许全部不变成本是沉没成本,则当价格或平均收益介于平均总成本和平均可变成本之间时,虽然出现亏损,厂商仍会继续生产,因为此时厂商获得的全部收益,不仅能够弥补全部的可变成本,还能够收回一部分固定成本,即厂商继续生产所获得的收益超过继续生产所增加的成本。当然,如果某厂商一旦停止生产,成本就会变为零,并且所有的不变成本都可以收回,也就是说厂商没有沉没成本,那么只要价格降到平均总成本水平以下,厂商就会停止生产。

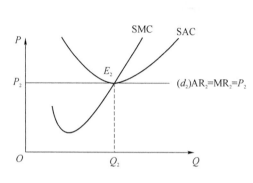

图 6-4 完全竞争厂商零利润

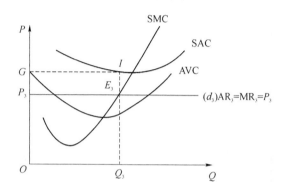

图 6-5 完全竞争厂商亏损但继续生产

【专栏二】生意冷清的餐馆和淡季的小型高尔夫球场

你是否曾经走进一家餐馆吃午饭,发现里面几乎没人?你会问为什么这种餐馆还要开门呢?看来几个顾客的收入不可能弥补餐馆的经营成本。

在做出是否经营的决策时,餐馆老板必须记住固定与可变成本的区分。餐馆的许多成本——租金、厨房设备、桌子、盘子、餐具等——都是固定的。在午餐时停止营业并不能减少这些成本。当老板决定是否提供午餐时,只有可变成本——增加的食物价格和额外的侍者工资——是相关的。只有在午餐时从顾客得到的收入少到不能弥补餐馆的可变成本,老板才在午餐时间关门。

夏季度假区小型高尔夫球场的经营者也面临着类似的决策。由于不同的季节收入变动很大,企业必须决定什么时候开门和什么时候关门。固定成本——购买土地和建球场的成本——又是无关的。只要在一年的这些时间,收入大于可变成本,小型高尔夫球场就要开业经营。

4. 价格或平均收益等于平均可变成本,即 $P=AR=AVC$,厂商处于亏损状态,且处于生产与停产的临界点。

如图 6-6 所示,当价格为 P_4 时,厂商面临的需求曲线为 d_4,此线恰好切于平均可变成本 AVC 曲线的最低点,SMC 曲线也交于该点。根据 $MR_4=SMC$ 的利润最大化原则,这个点就是厂商短期均衡点 E_4,决定的均衡产量为 Q_4。在 Q_4 产量上,平均收益小于平均总成本,必然是亏损的。同时平均收益仅等于平均可变成本,这意味着厂商进行生产所获得的收益,只能弥补可变成本,而不能收回任何的不变成本,生产与不生产对厂商来说,结果是一样的。所以,SMC 曲线与 AVC 曲线的交点是厂商生产与不生产的临界点,也称为"停止营业点"。

5. 价格或平均收益小于平均可变成本,即 $AR<AVC$,厂商处于亏损状态,且停止生产。

如图 6-7 所示,当价格进一步下降至 P_5 时,厂商面临的需求曲线为 d_5,MR_5 曲线与 SMC 曲线相交之点为短期均衡点 E_5,相对应的产量为 Q_5。在这一产量上,平均收益已小于平均可变成本,意味着厂商若继续生产的话,所获得的收益连可变成本都收不回来,更谈不上收回固定成本了,所以厂商停止生产。

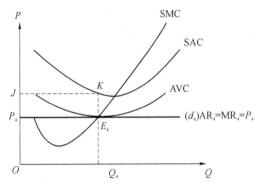

图 6-6　完全竞争厂商停止营业点　　　　图 6-7　完全竞争厂商亏损且停止生产

上述分析表明,完全竞争厂商短期均衡的条件是:
$$MR = SMC$$
其中,MR＝AR＝P。在短期内,完全竞争的厂商可以获得最大经济利润,可以经济利润为零,也可以蒙受最小亏损。

三、完全竞争市场的短期供给

1. 厂商短期供给曲线

前面的论证已经表明使利润最大化的产量是由边际收益等于边际成本决定的,而在完全竞争市场上,厂商的产量并不会影响价格,它面对的需求是水平的,因此厂商多出售一单位产品所增加的收益就等于价格,即厂商的边际收益等于价格。于是厂商利润最大化的产量也取决于如下条件:
$$P = SMC(Q)$$
该式表明,完全竞争厂商为了获得短期最大利润,应该把最优产量确定在使商品的价格和边际成本相等的水平上。就是说在每一个短期均衡点上,厂商的产量与价格之间都存在着一种对应的关系。在图 6-3 至图 6-7 中可以看到,根据 $P = SMC(Q)$ 或 $MR = SMC(Q)$ 的短期均衡条件,当商品市场价格为 P_1 时,厂商所选择的最优产量为 Q_1,当商品市场价格为 P_2 时,厂商所选择的最优产量为 Q_2,等等。由于每一个商品价格水平都是市场给定的,所以,在短期均衡点上商品价格与厂商的最优产量之间的对应关系可以明确地表示为以下的函数关系:
$$Q_s = f(P)$$
其中,P 表示商品的市场价格,Q_s 表示厂商的最优产量或供给量。

同时,在图 6-8 中还可以看到,根据 $P = SMC(Q)$ 或 $MR = SMC(Q)$ 的短期均衡条件,商品的价格和厂商的最优产量的组合点或均衡点 E_1, E_2, E_3, E_4 都出现在厂商的边际成本 SMC 曲线上。若进一步严格地说,商品价格与厂商愿意提供的产量的组合点,并非出现在全部的边际成本曲线上。我们知道,边际成本曲线穿过平均可变成本的最低点,价格低于这一点,厂商关闭,产量为零;价格超过这一点,产量与价格的关系由边际成本曲线所决定。既然是通过边际成本曲线来确定厂商在该价格下的产量,因此边际成本曲线反映了产量与市场价格之间的关系。

基于以上分析,可以得到如下结论:完全竞争厂商的短期供给曲线,就是完全竞争厂商的短期边际成本 SMC 曲线上等于和高于平均可变成本 AVC 曲线最低点的部分。毫无疑问,完全竞争厂商的短期供给曲线是向右上方倾斜的。图 6-8 中实线部分所示即为完全竞争厂商短期供给曲线。

完全竞争厂商短期供给函数说明了厂商的产量是如何随着价格变化而变化,但是只有作为价格接受者的厂商其产量才随着价格变化而变化。厂商若是价格设定者,则价格和产量都是厂商的决策变量。这时,问"给定某一价格,企业将生产多少"是没有意义的。因此只有价格接受者才有供给函数。

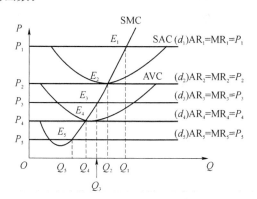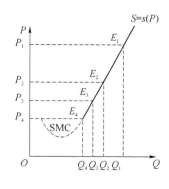

图 6-8 完全竞争厂商短期供给曲线

从对完全竞争厂商短期供给曲线的推导过程中,可以清楚地看到供给曲线背后的生产者追求最大利润的经济行为。供给曲线不仅仅是表示在其他条件不变的条件下,生产者在每一价格水平愿意而且能够提供的产品的数量,更重要的是,生产者所提供的产品数量是在既定价格水平下能够给他带来最大利润或最小亏损的产品数量。

2. 行业短期供给曲线

如图 6-9 所示,当我们得到完全竞争厂商的短期供给曲线,也就可以说明完全竞争行业的短期供给曲线了。任何一个行业的供给量都是该行业所有厂商供给量的总和。若假定生产要素价格是不变的,那么完全竞争行业的短期供给曲线就是由行业内所有厂商的短期供给曲线水平相加构成的,或者说把行业内所有厂商的等于和高于 AVC 曲线最低点以上的那部分 SMC 曲线水平相加,便可得到整个行业的短期供给曲线。正由于行业的短期供给曲线是单个厂商短期供给曲线水平相加,所以行业的短期供给曲线也是向右上方倾斜的。并且,该曲线上的每一点都表示在相应价格水平下能够使所有厂商获得最大利润或最小亏损的行业短期供给量。

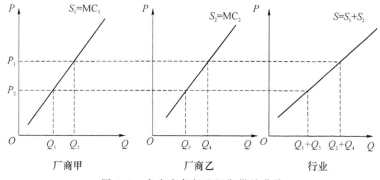

图 6-9 完全竞争行业短期供给曲线

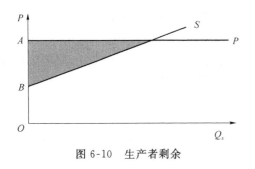

图 6-10 生产者剩余

3. 生产者剩余

生产者剩余(Producer's Surplus)是指厂商生产和销售一定数量的产品时实际得到的收入与厂商愿意接受的最低收入之差。它通常用市场价格线以下、厂商供给曲线以上的部分来表示,如果假定供给曲线为线性,则生产者剩余可用图 6-10 所示的阴影部分表示。

第四节 完全竞争市场的长期均衡

一、厂商长期均衡

在长期内,完全竞争厂商的所有要素都是可变的,厂商通过对全部生产要素的调整,来实现最大利润的原则。完全竞争厂商在长期中对生产要素的调整表现为两方面,一是厂商自身对最优生产规模的调整,二是厂商进入或退出一个行业即厂商数目的调整。

1. 完全竞争厂商自身对最优生产规模的调整

在短期内,如果厂商能够获得利润,它会进一步加以调整,以得到更多的利润。如图 6-11 所示,假定产品的市场价格为 P_0,且既定不变,短期内厂商已拥有的生产规模以 SAC_1 曲线和 SMC_1 曲线代表。在短期内厂商生产规模给定,只能在既定的生产规模下进行生产,此时,单位成本可能较高,单位产品可能赚得不多。根据利润最大化均衡条件,厂商选择的最优产量为 Q_1,所获得的利润为图 6-11 中 P_0E_1GF 面积。但是,在长期内,厂商会调整生产规模,努力降低单位产品成本。假设厂商将生产规模调整为 SAC_2 曲线和 SMC_2 曲线所代表的最优生产规模进行生产,按照 MR=LMC 的利润最大化原则,相应的最优产量达到 Q_2,此时厂商获得的利润增大为图 6-11 中 P_0E_2IH 所示的面积。很显然,在长期内,厂商通过对生产规模的调整,能够获得比在短期所能获得的更大的利润。

不过,这里是假定产品的市场价格始终不变。但实际上,如果市场需求不变的话,各个厂商自身都调整规模,即使厂商数量没有变化,整个行业的产量也会相应地发生变化,随着整个市场供给量的增加,往往会引起价格下降。

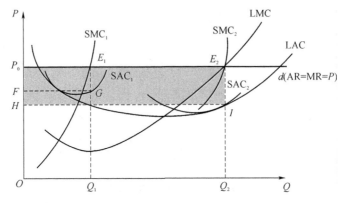

图 6-11 长期内厂商对最优生产规模的调整

2. 行业中厂商数目的调整

前面已经指出,在完全竞争市场,要素可以在不同部门之间自由流动,或者说厂商可以自由进入或退出一个行业。实际上生产要素总是会流向能获得更大利润的行业,也总是会从亏损的行业退出,正是由于行业之间生产要素的自由流动或厂商的自由进出,导致了完全竞争厂商长期均衡时的经济利润为零。具体来看,如果当某一行业开始时的产品价格较高为 P_1,厂商根据利润最大化均衡条件,将选择最优生产规模进行生产,如图 6-12 中的 Q_1 产量。此时厂商获得了利润,这会吸引一部分厂商进入到该行业中。随着行业内厂商数量的增加,市场上的产品供给就会增加,在市场需求相对稳定的情况下,市场价格就会不断下降,单个厂商的利润随之逐步减少,厂商也将随着价格的变化进一步调整生产规模。只有当市场价格水平下降到使单个厂商的利润减少为零时,新厂商的进入才会停止,至此厂商的生产规模调整至 Q_2 产量上。

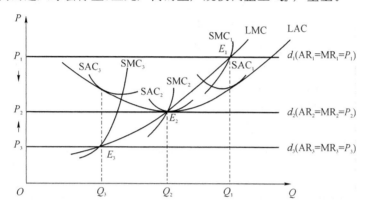

图 6-12 厂商进入或退出行业

相反,如果市场价格较低为 P_3,厂商根据 MR=MC 的条件,相应的最优生产规模选择在 Q_3 产量上。此时,厂商是亏损的,这会使得行业内原有厂商中的一部分退出该行业的生产,随着行业内厂商数量的逐步减少,市场上产品的供给就会减少,若市场需求相对稳定,产品的市场价格就会上升,单个厂商的利润又会随之逐步增加。只有当市场价格水平上升到使单个厂商的亏损消失即利润为零时,厂商的退出才会停止。总之,不论是新厂商的加入,还是原有厂商的退出,最终这种调整将使市场价格达到等于长期平均成本最低点的水平,如图 6-12 中的价格水平 P_2。在这一水平,行业中的每个厂商既无利润,也无亏损,但都实现了正常利润,实现了长期均衡。

图 6-12 中 E_2 点是完全竞争厂商的长期均衡点。在这个长期均衡点上,LAC 曲线达到最低点,代表最优生产规模的 SAC_2 曲线相切于该点,相应的 SMC_2 曲线和 LMC 曲线都从该点通过,厂商面对的需求曲线与 LAC 曲线相切于这一点。总而言之,完全竞争厂商的长期均衡出现在 LAC 曲线的最低点。此时不仅生产的平均成本降到长期平均成本的最低点,而且商品的价格也等于最低的长期平均成本。因此我们得到完全竞争厂商的长期均衡条件为 MR=LMC=SMC=LAC=SAC=AR=P。

此时单个厂商的利润等于零。

在理解长期均衡时,我们要注意两点。

(1) 长期均衡点 E 就是收支相等点。这时,成本与收益相等。厂商所能获得的只是作为生产要素之一的企业家才能的报酬——利润。

(2) 长期均衡点就是平均成本与边际成本相等点,即 MC=AC=P。也就是这两曲线相交时,平均成本一定处于最低点。这也就说明了在完全竞争条件下,可以实现成本最小化,从而也就是经济效率最高。

二、长期供给曲线

我们已经知道,完全竞争厂商的短期供给曲线是停止营业点以上那部分边际成本曲线,而行业的短期供给曲线为厂商供给曲线之和,因而是自左向右上方倾斜的曲线。那么,长期中行业供给曲线的情况又怎样呢?或者说,整个行业的产量增加或减少时,产品价格将会是怎样变动?是否一定像短期中那样整个行业产量增加时产品价格也一定相应上升?理论和实践告诉人们,在完全竞争市场中,长期行业供给曲线可能有三种形状:向上倾斜,向下倾斜以及一条水平线。这三种形状是由任一完全竞争行业中产量增加时,产品的长期平均成本究竟是上升、下降还是不变决定的。这是因为,在完全竞争行业中,各厂商的产品是完全同质的,价格是完全相同的,行业长期均衡时,产品价格都等于长期平均成本,既无经济利润,也不亏损。因此,从长期看,如果整个行业产量(是所有厂商产量之和)增加时,产品平均成本上升,则产品价格上升,平均成本下降,则产品价格下降,平均成本不变,则产品价格不变。当行业产量随需求增长时,产品平均成本会由于不同的外部经济情况和生产要素价格变动的不同情况,而呈递增、递减和不变三种情况,因而供给曲线也出现三种不同情况。

1. 成本递增行业的长期供给曲线

如果投入于某一行业的生产要素的需求量在整个社会对这种要素的需求量中占很大比重,或者这种投入的要素是专用性的,即只有这种要素才可生产这种产品,没有别的要素可替代,在这些情况下,行业产量扩大,将引起所需生产要素价格的上涨,从而单位产品平均成本将提高。另外,如果行业产量扩大时,即使所需投入生产要素价格没有什么变化,但发生了外部不经济情况,例如,运输产品的交通路线更拥挤了,引起运输成本上升,也会使产品成本和价格上升。或者即使发生了外部经济,但其影响不及要素价格上升的影响大,也会引起产品平均成本和价格上升。凡此种种,都会形成一条向右上倾斜的行业长期供给曲线 LS,如图 6-13 所示。这种产品平均成本随产量增加而上升的行业称为成本递增行业(increasing-cost industry)。

2. 成本递减行业的长期供给曲线

在现实生活中,由于存在外部经济与技术进步,有些行业会在增加产量时使产品平均成本下降,这种行业称为成本递减行业(decreasing-cost industry)。例如,某一行业扩大了生产规模,附近地区会建立起辅助性行业,专门供给生产工具和原材料,或作维修,还可组织联合运输,使用高效率的机械和人力等,这些都会节省该行业内各企业的生产成本,提高效率。这种情况就是外部经济。由于存在外部经济和技术进步,会使得这种行业的长期供给曲线表现为一条自左上向右下倾斜的曲线。如果外部经济效果很大,那么,即使发生行业产量增加时投入的要素价格有一定程度上升,也可能出现产品的长期平均成本下降的情况,从而供给曲线仍向右下倾斜,如图 6-14 所示。

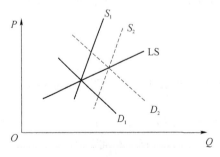

图 6-13 成本递增行业供给曲线

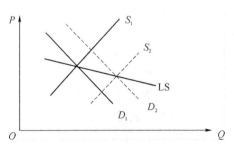

图 6-14 成本递减行业供给曲线

3. 成本不变行业的长期供给曲线

如果行业产量扩大对生产要素需求增加并不会引起要素价格上涨,或者要素需求增加引起了要素价格上涨,正好被产量扩大时取得的规模经济影响所抵消,则产品的平均成本不会随产量扩大而增加,这样的行业就称为成本不变的行业(constant-cost industry),其行业长期供给曲线 LS 呈现为一条水平线,其供给的价格弹性为无穷大,如图 6-15 所示。

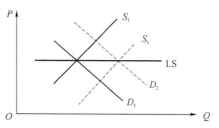

图 6-15 成本不变行业长期供给曲线

在完全竞争的均衡中,价格等于边际成本,在经济学中认为这是资源配置的最优状态,价格充分反映了资源相对于消费者偏好的稀缺性,由消费者的偏好决定资源的配置,使消费者获得最大的福利。因此,完全竞争市场是资源配置效率最优的理想的市场结构。

本 章 小 结

1. 竞争厂商是价格接受者,产品的价格等于厂商的平均收益和边际收益。
2. 竞争厂商利润最大化的条件为:价格=边际收益=边际成本。大于平均变动成本最低点的边际成本曲线是短期供给曲线。
3. 在短期内,当企业不能收回其固定成本时,如果产品价格小于平均可变成本,企业将选择停止营业。在长期内,如果价格小于平均总成本,当企业不能收回其成本时,企业将选择退出。
4. 在厂商可以自由进入与退出的市场上,长期利润为零。在长期均衡时,所有企业在有效规模时生产,价格等于最低平均总成本,而且,厂商数量会调整到行业产量恰好等于均衡时的市场需求量。
5. 在完全竞争的均衡中,价格等于边际成本,因此完全竞争市场是资源配置效率最优的理想的市场结构。

关 键 概 念

总收益　平均收益　边际收益　完全竞争　厂商短期均衡　厂商长期均衡

【思考与练习】

一、单选题

1. 根据完全竞争市场的条件,下列哪个行业是接近完全竞争行业(　　)。
   A. 自行车行业　　　　　　　　B. 玉米行业
   C. 糖果行业　　　　　　　　　D. 服装行业
2. 在 MR=MC 的均衡产量上,企业(　　)。
   A. 必然得到最大的利润
   B. 不可能亏损
   C. 必然得到最小的亏损
   D. 若获利润,则利润最大;若亏损,则亏损最小

3. 如果在厂商的短期均衡产量上,AR 小于 SAC,但大于 AVC,则厂商( )。
   A. 亏损,立即停产　　　　　　　　B. 亏损,但继续生产
   C. 亏损、生产或不生产都可以　　　D. 获得正常利润,继续生产
4. 在厂商的停止营业点上,应该有( )。
   A. AR=AVC　　　　　　　　　　B. 总亏损等于 TFC
   C. $P=AVC$　　　　　　　　　　D. 以上说法都对
5. 完全竞争厂商的短期供给曲线应该是( )。
   A. SMC 曲线上超过停止营业点的部分
   B. SMC 曲线上超过收支相抵点的部分
   C. SMC 曲线上的停止营业点和超过停止营业点以上的部分
   D. SMC 曲线上的收点相抵点和超过收支相抵点以上的部分
6. 在完全竞争厂商的长期均衡产量上必然有( )。
   A. MR=LMC≠SMC,其中 MR=AR=P
   B. MR=LMC=SMC≠LAC,其中 MR=AR=P
   C. MR=LMC=SMC=LAC≠SAC,其中 MR=AR=P
   D. MR=LMC=SMC=LAC=SAC,其中 MR=AR=P
7. 当一个完全竞争行业实现长期均衡时,每个企业( )。
   A. 都实现了正常利润　　　　　　　B. 利润都为零
   C. 行业中没有任何厂商再进出　　　D. 以上说法都对
8. 如果一个竞争企业生产的产量使价格等于平均总成本,那么( )。
   A. 将停止营业　　　　　　　　　　B. 收支相抵
   C. 仍然会获得经济利润　　　　　　D. 处于有经济亏损状态
9. 假定完全竞争行业内某厂商在目前产量水平上的边际成本=平均成本=平均收益=1 美元,则这家厂商( )。
   A. 肯定只得到正常利润　　　　　　B. 肯定没得到最大利润
   C. 他是否得到最大利润无法确定　　D. 一定亏损
10. 完全竞争市场的厂商总收益曲线的斜率为( )。
    A. 固定不变　　B. 经常变动　　C. 1　　　　D. 0

二、简答题

1. 为什么完全竞争厂商的需求曲线、平均收益曲线和边际收益曲线是重叠的?
2. 为什么完全竞争厂商的短期供给曲线是 SMC 曲线上等于和高于 AVC 曲线最低点的部分?
3. 说明完全竞争条件下行业的短期供给曲线和厂商的短期供给曲线相互之间的关系。

三、计算题

1. 某成本不变的完全竞争行业的代表性厂商的长期总成本函数为 $LTC=Q^3-60Q^2+1500Q$,产品价格 $P=975$ 美元,市场需求函数为 $P=9\,600-2Q$。
   试求:(1)利润极大时的产量、平均成本和利润;(2)该行业长期均衡时的价格和厂商的产量;(3)用图形表示上述(1)和(2);(4)若市场需求曲线是 $P=9\,600-2Q$,试问长期均衡中留存于该行业的厂商人数是多少?
2. 已知某完全竞争行业中的单个厂商的短期成本函数为 $STC=0.1Q^3-2Q^2+15Q+10$。
   试求:(1)当市场上产品的价格为 $P=55$ 时,厂商的短期均衡产量和利润;(2)当市场价格

下降为多少时,厂商必须停产;(3)厂商的短期供给函数。

3. 已知完全竞争市场上单个厂商的长期成本函数为 $LTC=Q^3-20Q^2+200Q$,市场的产品价格为 $P=600$。

试求:(1)该厂商实现利润最大化时的产量、平均成本和利润各是多少?(2)该行业是否处于长期均衡,为什么?(3)该行业处于长期均衡时每个厂商的产量、平均成本和利润各是多少?(4)判断厂商实现利润最大化时是处于规模经济阶段,还是处于规模不经济阶段?

四、论述题

解释完全竞争厂商在短期为什么会亏损但持续运营,作图表示完全竞争厂商亏损但持续运营的状态。

非完全竞争市场

本章知识结构图

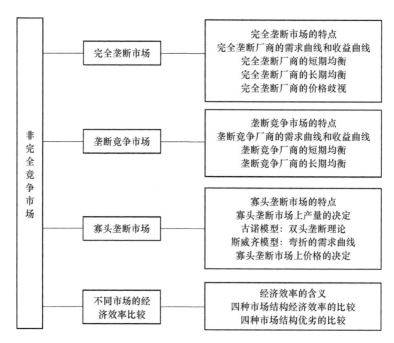

学习目的与要求

【目的与要求】通过本章的学习,应能使学生掌握不同市场中厂商需求曲线、收益曲线的区别,长期均衡产量的确定有何特点、条件、相同点与不同点,进一步论证其市场效率的差异。能结合现实,对完全垄断和寡头垄断企业的经营行为与定价特点有较深入地认识和分析。

【重点与难点】垄断厂商的 D 曲线与 R 曲线、MR 与 AR、TR 与 AR、MR 与 E_d 等之间的关系,垄断竞争厂商的两条需求曲线,长期均衡的特点、条件。

第一节 完全垄断市场

一、完全垄断市场的特点

1. 完全垄断市场的特征

完全垄断,又称垄断或独占,是指整个行业中只有唯一的一个厂商的市场类型。它主要具有以下几方面的特征。

第一,完全垄断市场只有一家厂商,控制整个行业的商品供给。完全垄断市场上垄断企业排斥其他竞争对手,独自控制了一个行业的供给。由于整个行业仅存在唯一的供给者,企业就是行业。

第二,独自定价并实行差别价格。由于垄断企业控制了整个行业的供给,也就控制了整个行业的价格,成为价格制定者。垄断企业可以以较高价格出售较少产量,也可以以较低价格出售较多产量。

第三,该厂商生产和销售的商品没有任何相近的替代品,因此,它不受竞争的威胁。否则,其他企业可以生产替代品来代替垄断企业的产品,完全垄断企业就不可能成为市场上唯一的供给者。

第四,完全垄断市场上存在进入障碍,其他厂商难以参与生产,要素资源难以流动。

完全垄断市场和完全竞争市场一样,都只是一种理论假定,是对实际中某些产品的一种抽象,现实中绝大多数产品都具有不同程度的替代性。

2. 完全垄断市场的形成

导致垄断的原因一般有以下几方面。

第一,对资源的独家控制。如果一家厂商控制了用于生产某种产品的全部资源或基本资源的供给,其他厂商就不能生产这种产品,从而成为一个垄断者。

第二,规模经济的要求形成自然垄断。如果某种商品的生产具有十分明显的规模经济性,需要大量固定资产投资,规模报酬递增阶段要持续到一个很高的产量水平,此时,大规模生产可以使成本大大降低。那么由一个大厂商供给全部市场需求的平均成本最低,两个或两个以上的厂商供给该产品就难以获得利润。这种情况下,该厂商就形成自然垄断。许多公用行业,如电力供应、煤气供应、地铁等是典型的自然垄断行业。

第三,拥有专利权。专利权是政府和法律允许的一种垄断形式。专利权是为促进发明创造,发展新产品和新技术,而以法律的形式赋予发明人的一种权利。专利权禁止其他人生产某种产品或使用某项技术,除非得到发明人的许可。一家厂商可能因为拥有专利权而成为某种商品的垄断者。不过专利权带来的垄断地位是暂时的,因为各国专利权都有法律时效。

第四,政府特许权。某些情况下,政府通过颁发执照的方式限制进入某一行业的厂商数量,如大城市出租车驾驶执照等。很多情况下,一家厂商可能获得政府的特权,而成为某种产品的唯一供给者,如邮政、烟草经营、电视网络等。执照特权使某行业内现有厂商免受竞争,从而具有垄断的特点。

【专栏一】铁路部门的垄断定价还能掌握多久?

近20多年的中国季节性大迁徙——"春运",已成为中国特色。"春运"市场提供了世界上罕见的爆发性巨大商机。国家铁路部为了缓解春运的高峰,在春运期间提高火车票的价格,有关人士解释,涨价是为了"削峰平谷",以达到"均衡运输"的目的,但我们看到的是涨价后,铁路并没有减少乘客,达到"均衡运输"的目的。因为对于中国大多数老百姓而言,出门坐火车是首选交通工具,无论火车票涨不涨价,该回家的还得回家,涨价根本无法削峰平谷,只能是让铁路部门狠狠赚一笔。据北京一家报纸报道,节前15天,北京西站和北京东站客票收入增长了50%,收入近3亿元。春节给了铁路部门一个极为厚重的大礼包。有舆论指责,这是"垄断行业大发横财"。我们的政府意识到了这个问题,对垄断性企业的垄断利润进行干预,我们可喜地看到在2007年的春运铁道部已经明确春运期间不涨价。

二、完全垄断厂商的需求曲线和收益曲线

1. 完全垄断厂商的需求曲线和收益曲线

(1) 完全垄断厂商的需求曲线。在完全垄断市场上,一个行业只有一家厂商,垄断厂商是独家卖主,面对的需求也就是整个市场的需求。完全垄断厂商是价格的制定者,可以制定高价,也可以制定低价,但也要受市场需求规律的限制。因为,如果制定高价,销售量就必然下降,要扩大销售量,就必须降低价格,这意味着完全垄断市场上需求量与价格成反方向变动,垄断厂商所面临的需求曲线是一条向右下方倾斜的曲线,如图7-1(a)所示。

(2) 完全垄断厂商的平均收益曲线。由于完全垄断市场上,厂商是价格的制定者,厂商每出售一单位商品所获得的收益等于商品的价格,即平均收益等于商品的价格,平均收益曲线与需求曲线重叠。厂商的平均收益随着产品销售量的增加而减少,如图7-1(b)所示。

(3) 完全垄断厂商的边际收益曲线。在完全垄断市场上,不仅厂商的平均收益随着商品的销售量的增加而减少,而且边际收益也是随着商品销售量的增加而递减的。但由于在平均收益递减的条件下,边际收益总是小于平均收益,因而边际收益曲线总是位于平均收益曲线的下方。厂商的总收益则是先增加后减少。表7-1可以说明这一情况。

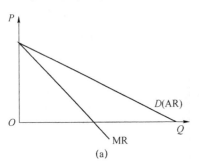

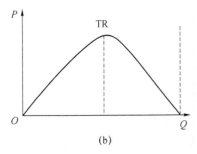

图 7-1 垄断厂商的需求曲线和收益曲线

表7-1 垄断厂商的收益表

销售量(Q)	价格(P)	总收益(TR)	平均收益(AR)	边际收益(MR)
1	8	8	8	8
2	7	14	7	6
3	6	18	6	4
4	5	20	5	2
5	4	20	4	0
6	3	18	3	-2
7	2	14	2	-4

2. 完全垄断厂商边际收益曲线的特征

(1) 如果完全垄断市场的需求函数是线性的,垄断厂商所面临的需求曲线 D 是直线型的,那么,D 曲线和 MR 曲线在纵轴上的截距是相等的,MR 曲线在横轴上的截距是 D 曲线在横轴上的截距的一半,即 MR 曲线平分由纵轴到需求曲线 D 之间的任何一条水平线。这是完全垄断厂商边际收益曲线的一个显著特征。假定线性的反需求函数为

$$P = a - bQ$$

其中,a, b 为常数,且 $a, b > 0$。由上式可得总收益函数和边际收益函数分别为:$TR(Q) = PQ =$

$aQ-bQ^2$,$MR(Q)=dTR/dQ=a-2bQ$。

垄断厂商的边际收益曲线的下降速度(即斜率值$-2b$)正好是其需求曲线的下降速度(即斜率值$-b$)的2倍。

(2)当厂商所面临的需求曲线向右下方倾斜时,厂商的边际收益、价格和需求的价格弹性三者之间还存在以下关系:$MR=P(1+1/E_d)$。

三、完全垄断厂商的短期均衡

完全垄断厂商为了获得最大的利润,也必须遵循MR=MC的原则。在短期内,垄断厂商无法改变不变要素投入量,垄断厂商是在既定的生产规模下通过对产量和价格的同时调整,来实现MR=SMC的利润最大化原则的。当垄断厂商实现短期均衡时,它是获得超额利润,或获得正常利润,或存在亏损,这取决于价格与平均成本的对比关系。当$P>AC$时,厂商获得超额利润,如图7-2所示。当$P=AC$时,厂商获得正常利润。当$P<AC$时,厂商存在亏损,如图7-3所示。

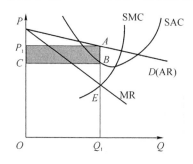
图7-2 存在超额利润的短期

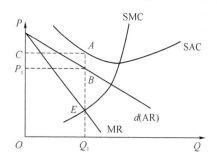
图7-3 存在亏损的短期均衡

四、完全垄断厂商长期均衡

垄断厂商在长期内可以调整全部生产要素的投入量即生产规模,从而实现最大的利润。垄断行业排除了其他厂商加入的可能性,因此,与完全竞争厂商不同,如果垄断厂商在短期内获得利润,在长期内不会因为新厂商的加入而消失,垄断厂商在长期内是可以保持利润的。如果垄断厂商在长期内只能获得正常利润或存在亏损,在长期内厂商可以通过调整规模来获得超额利润或者消除亏损。图7-4是对这一情况的说明。在垄断厂商的MR=LMC的长期均衡产量上,代表最优生产规模的

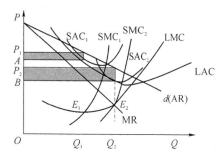
图7-4 完全垄断厂商的长期均衡

SAC曲线和LAC曲线相切,相应的SMC曲线,LMC曲线和MR曲线相交于一点。所以,垄断厂商的长期均衡条件为:MR=LMC=SMC。垄断厂商在长期均衡点上可以获得利润。

五、完全垄断厂商的价格歧视

1. 实行价格歧视的条件

作为价格制定者的垄断厂商,还可以向不同的购买者索取不同的价格,如果这些不同价格并非因为成本不同造成,就称为价格歧视或者差别定价。

垄断厂商实行价格歧视,必须具备以下的基本条件。第一,市场的消费者具有不同的偏好,且这些不同的偏好可以被区分开。这样,厂商才有可能对不同的消费者或消费群体收取不

同的价格。第二,不同的消费者群体或不同的销售市场是相互隔离的。第三,在相互隔离的市场上,商品的需求价格弹性是不同的。这样就排除了中间商由低价处买进商品,转手又在高价处出售商品而从中获利的情况。

2. 价格歧视类型

(1) 一级价格歧视。一级价格歧视又称完全价格歧视。是指垄断厂商在出卖商品时,每个商品都以不同价格出卖。它假设厂商确切地知道每个消费者购买单位商品所愿付出的最高价格,并据此确定销售价格。在价格歧视下没有消费者剩余,消费者剩余全部转化为垄断者获得的超额利润。例如,一个医术高超的医生对每个患者征收不同的医疗费就是这种情况。如图 7-5 所示。

(2) 二级价格歧视。二级价格歧视是指垄断厂商将产品按消费者购买量分成两个以上的组别,按组分别定价。例如,电力部门对一定量电力(如 1~500 千瓦时)实行一种价格,对增加的电力(500~1 000 千瓦时)实行另一种价格。这种情况下,垄断厂商可以把部分消费者剩余转变成超额利润。如图 7-6 所示。

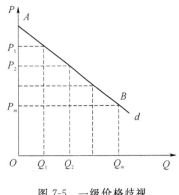

图 7-5　一级价格歧视　　　　　　图 7-6　二级价格歧视

(3) 三级价格歧视。三级价格歧视是指垄断厂商对同一种产品在不同的市场上(或对不同的消费群)收取不同的价格。例如,电力部门对工业用电与民用电实行不同的价格。这样,垄断厂商就可以在实行高价格的市场上获得超额利润,即把这个市场上的消费者剩余变为超额利润。

【专栏二】麦当劳连锁店的折扣券

麦当劳连锁店一直采取向消费者发放折扣券的促销策略。他们对来麦当劳就餐顾客发放麦当劳产品的宣传品,并在宣传品上印制折扣券。为什么麦当劳不直接将产品的价格降低?

回答是折扣券使麦当劳公司实行了三级差别价格。麦当劳公司知道并不是所有的顾客都愿意花时间将折扣券剪下来保存,并在下次就餐时带来。此外,剪折扣券意愿与顾客对物品支付意愿和他们对价格的敏感相关。富裕而繁忙的高收入阶层到麦当劳用餐弹性低,对折扣券的价格优惠不敏感,不可能花时间剪下折扣券并保存随时带在身上,以备下次就餐时用。而且折扣券所省下的钱他也不在乎。但低收入的家庭到麦当劳用餐弹性高,他们更可能剪下折扣券,因为他的支付意愿低,对折扣券的价格优惠比较敏感。

笔者对麦当劳连锁店进行了真实的调查,发现来麦当劳消费者平均有十个顾客就有一个没有带折扣券,假定每天来麦当劳就餐的顾客有 500 人,就有 50 人没有享受折扣,如果折扣是 3 元,那么麦当劳就从中得到超额收入 150 元。

第二节 垄断竞争市场

一、垄断竞争市场的特点

1. 垄断竞争市场与生产集团

垄断竞争市场是这样一种市场,市场中有许多厂商,他们生产和销售的是同种产品,但这些产品又存在一定的差别。产品差别不仅指同一种产品在质量、构造、外观、销售服务条件等方面的差别,还包括商标、广告方面的差别和以消费者的想象为基础的虚构的差别。

在垄断竞争理论中,把市场上大量的生产非常接近的同种产品的厂商的总和称作生产集团。

2. 垄断竞争市场的特征

第一,市场中存在着较多数目的厂商,彼此之间存在着较为激烈的竞争。由于每个厂商都认为自己的产量在整个市场中只占有一个很小的比例,因而厂商会认为自己改变产量和价格,不会招致其竞争对手们相应行动的报复。

第二,各厂商生产有差别的同种产品,这些产品彼此之间是非常接近的替代品。一方面,厂商所生产的产品是有差别的,或称"异质商品"。至于产品差别是指同一产品在价格、外观、性能、质量、构造、颜色、包装、形象、品牌、服务及商标广告等方面的差别以及以消费者想象为基础的虚幻的差别。由于存在着这些差别,使产品成了带有自身特点的"唯一"产品了,也使得消费者有了选择的必然,使厂商对自己独特产品的生产销售量和价格具有控制力,即具有了一定的垄断能力,而垄断能力的大小则取决于它的产品区别于其他厂商的程度。产品差别程度越大,垄断程度越高。另一方面,由于有差别的产品相互之间又是很相似的替代品,因此,市场中又具有竞争的因素。

第三,厂商的生产规模比较小,因此,进入和退出生产集团比较容易。资源流动性较强。垄断竞争市场是常见的一种市场结构,如肥皂、洗发水、毛巾、服装、布匹等日用品市场,餐馆、旅馆、商店等服务业市场,牛奶、火腿等食品类市场,书籍、药品等市场大都属于此类。

【专栏三】一个最需要做广告宣传的市场

打开电视,扑面而来的广告都是垄断竞争市场的产品。通过这种大众媒体做的广告大多数是化妆品、洗涤用品、牙膏、药品、家电等轻工业产品,从来也没有看到过石油、煤炭、钢铁,更没有看到过大米、白面、水、电(不包括公益广告)。这是为什么?

大米、白面最接近完全竞争市场。在这个市场上有很多的消费者也有很多的生产者;在这个市场上产品是没有差别的。打开电视经常映入你眼帘的电视广告,一般都是轻工业产品。这个市场就是垄断竞争市场。

引起这个市场存在的基本条件是产品有差别,如我们前面提到的自行车,消费者的个人偏好不同,每一款自行车都可以以自己的产品特色在一部分消费者中形成垄断地位。但这种垄断又是垄断不住的。因为不同牌号的自行车是可以互相替代的。这就形成一种垄断竞争的状态,这也正是为什么生产轻工业产品的厂商不惜血本大做广告的目的。不仅如此在这个市场上各个商家定价决策要充分考虑同类产品的价格,正确估计自己的商品在市场上的地位,定价过高会被同类产品替代,失去本来属于你的市场份额。

有差别的产品需要做广告,就是把自己产品的特色告诉消费者,这本身就是产品的特色。比如"农夫山泉有点甜"突出了它的特色在于口感与其他矿泉水不同,从而赢得了市场。

创造品牌是企业的重要的营销策略。品牌的创造是产品质量和广告宣传结合的产物。两者缺一不可。"好酒也怕巷子深"是说好酒也需要吆喝着卖,但没有好酒,再吆喝也没有用。

美国的保洁公司成功的广告宣传,使它的"海飞丝""飘柔""沙宣"家喻户晓,占领了洗发水的80%的市场,就是产品质量和广告宣传有机结合的典型范例。西方人说销售如果不做广告,就如同在黑暗中向情人暗送秋波,别人根本就不知道你在干什么。

二、垄断竞争厂商的需求曲线和收益曲线

1. 需求曲线

垄断竞争厂商的产品存在差别,但这些产品彼此之间又是相近的替代品,所以,垄断竞争厂商的需求曲线有两条:一条是厂商认为自己的产品价格变动时其他厂商不会跟着变动,厂商的销售量随它的价格变动而变动的需求曲线,可称主观需求曲线,以 d 表示;另一条是厂商变动产品价格时其他厂商也对价格作同样的变动,从而实际上会有的需求曲线,可称实际需求曲线,用 D 表示。如图7-7所示。

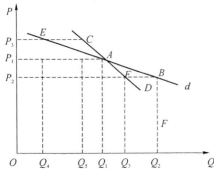

图 7-7 垄断竞争厂商的需求曲线

2. 收益曲线

由于厂商的平均收益(AR)总是等于该销售量时的价格 P,因此平均收益曲线就是厂商的需求曲线。需求曲线向右下方倾斜,则平均收益曲线也是向右下方倾斜的,且两线重合。平均收益递减,则边际收益必定也是递减的,并且小于平均收益。所以与垄断厂商类似,垄断竞争厂商的边际收益(MR)曲线也是位于平均收益 AR 曲线之下且较 AR 曲线更为陡峭。

三、垄断竞争厂商的短期均衡

在短期内,垄断竞争厂商来不及调整生产规模,新厂商也来不及进入这一行业,每个厂商都只能在原有条件下为追求利润最大化而生产,因而厂商的均衡由边际收益(主观需求曲线的边际收益)等于边际成本来决定。短期均衡的条件是,边际收益曲线和边际成本曲线的交点与厂商主观需求曲线和实际需求曲线的交点位于坐标横轴的同一条垂线上。图7-8与7-9说明了垄断竞争厂商的短期均衡的形成过程。

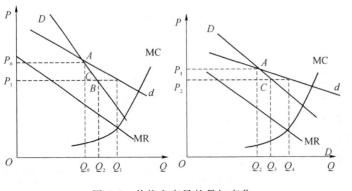

图 7-8 价格和产量的最初变化

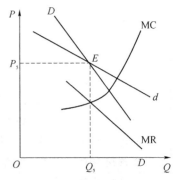

图 7-9 短期均衡

垄断竞争的短期均衡也可能有三种情况：可能有超额利润，可能有正常利润，也可能存在亏损。这取决于两条曲线交点的位置，只要在平均成本曲线之上，生产就会继续进行。

四、垄断竞争厂商的长期均衡

在长期内，垄断竞争厂商不仅可以调整生产规模，还可能加入或退出生产集团。这就意味着，垄断竞争厂商在长期均衡时的利润必定为零，即在垄断竞争厂商的长期均衡点上，d 需求曲线必定与 LAC 曲线相切。由于垄断竞争厂商所面临的是两条向右下方倾斜的需求曲线，因此，垄断竞争厂商的长期均衡的实现过程及其状态具有自身的特点。与完全竞争厂商的区别主要有以下几点：第一，完全竞争厂商 D，AR，MR 曲线三线合一，切为平行线。垄断竞争厂商 D，AR 重合，且向右下方倾斜，并且 MR＜AR。第二，完全竞争下长期均衡时的产量其平均成本处于最低点，垄断竞争下长期均衡时的产量其平均成本高于最低点。第三，完全竞争下长期均衡时价格低于垄断竞争下的均衡价格，且 $P=MC$。垄断竞争下长期均衡时价格较高，$P>MC$。第四，完全竞争下长期均衡的产量高于垄断竞争时的均衡产量。垄断竞争厂商的长期均衡如图 7-10 所示。

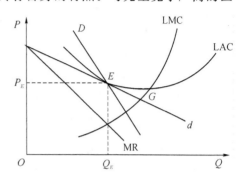

图 7-10 垄断竞争厂商的长期均衡

垄断竞争厂商的长期均衡条件为：MR=LMC=SMC，AR=LAC=SAC。在长期的均衡产量上，垄断竞争厂商的利润为零，且存在一个 d 需求曲线和 D 需求曲线的交点。

第三节 寡头垄断市场

一、寡头垄断市场的特点

1. 寡头垄断的含义

寡头垄断是指为数不多的销售者。在寡头垄断市场上，只有少数几家厂商供给该行业全部或大部分产品，每个厂家的产量占市场总量的相当份额，对市场价格和产量有举足轻重的影响。

2. 寡头垄断的特征

第一，厂商数目极少，进出不易。市场上只有少数几个地位举足轻重的厂商，每个厂商对产品的价格具有相当的影响力，新的厂商很难介入并与之抗衡。

第二，产品同质或异质。生产完全相同产品的几家厂商称为纯粹寡头(pure oligopoly)，如石油、钢铁行业的寡头；生产有差别产品的几家厂商称为差别寡头，如汽车、香烟等行业的寡头。

第三，厂商相互依存。在寡头垄断市场上，由于只有少数几个厂商，厂商之间存在相互依存的关系。每个厂商的收益和利润不仅取决于自己的价格和产量，而且受到其他厂商行为的影响。

第四，厂商行为不确定。由于厂商之间相互依存，因而厂商不能独立决策。任何一个厂商做出决策,其结果自己不能左右,而取决于竞争对手的反应,而这种反应是无法确定的,因此厂商的行为不确定,致使寡头垄断厂商的均衡价格和产量难以有一确定的解。

二、寡头垄断市场上产量的决定

各寡头之间有可能存在相互之间的勾结,也有可能不存在勾结。在这两种情况下,产量的决定是有差别的。

当各寡头之间存在勾结时,产量是由各寡头之间协商确定的。而协商确定的结果有利于谁,则取决于各寡头实力的大小。这种协商可能是对产量的限定(例如,石油输出国组织对各产油国规定的限产数额),也可能是对销售市场的瓜分,即不规定具体产量的限制,而是规定各寡头的市场范围。当然,这种勾结往往是暂时的,当各寡头的实力发生变化之后,就会要求重新确定产量或瓜分市场,从而引起激烈的竞争。

在不存在勾结的情况下,各寡头是根据其他寡头的产量决策来调整自己的产量,以达到利润最大化的目的。这要根据不同的假设条件进行分析。经济学家曾做了许多不同的假设,并得出了不同的答案。这里主要介绍古诺模型。

三、古诺模型:双头垄断理论

19世纪法国经济学家古诺研究了寡头垄断市场的一种特例:两家寡头垄断一个市场,提出了解释产量决定的古诺模型,是早期的寡头垄断模型。它分析的是两个出售矿泉水的生产成本为零的寡头垄断厂商的情况。古诺模型的假定是:市场上有A、B两个厂商生产和销售相同的产品,他们的生产成本为零;他们共同面临的市场的需求曲线是线性的,A、B两个厂商都准确地了解市场的需求曲线;A、B两个厂商都是在已知对方产量的情况下,各自确定能够给自己带来最大利润的产量,即每一个厂商都是消极地以自己的产量去适应对方已确定的产量。古诺模型的价格和产量决定可用图7-11来说明。

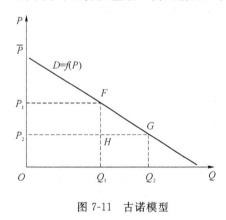

图7-11 古诺模型

在均衡时,A、B两个厂商的产量都为市场总容量的1/3,行业总产量为2/3。

古诺模型也可以用建立寡头垄断厂商的反应函数的方法来说明。

在古诺模型的假设条件下,设市场的线性反需求函数为:$P=1\,800-Q=1\,800-(Q_A+Q_B)$。其中,$P$为商品的价格,$Q$为市场总需求量,$Q_A$和$Q_B$分别为市场对A、B两个寡头垄断厂商的产品的需求量,即$Q=Q_A+Q_B$。

对A寡头垄断厂商而言,其利润等式为

$$\pi_A = TR_A - TC_A = PQ_A - 0(因为已假定\ TC_A=0) = [1\,800-(Q_A+Q_B)]Q_A$$
$$= 1\,800Q_A - Q_A^2 - Q_AQ_B$$

A寡头垄断厂商利润最大化的一阶条件为

$$\frac{\partial \pi_A}{\partial Q_A} = 1\,800 - 2Q_A - Q_B, \qquad Q_A = 900 - \frac{Q_B}{2}$$

上式就是A寡头垄断厂商的反应函数,它表示A厂商的最优产量是B厂商的产量的函数。也就是说,对于 B 厂商的每一个产量 Q_B,A 厂商都会作出反应,确定能给自己带来最大利润的产量 Q_A。

类似地,对于 B 寡头垄断厂商来说,有

$$\pi_B = 1\,800 Q_B - Q_B^2 - Q_A Q_B, \qquad \frac{\partial \pi}{\partial Q_B} = 1\,800 - 2Q_B - Q_A = 0, \qquad Q_B = 900 - \frac{Q_A}{2}$$

上式是 B 寡头垄断厂商的反应函数,它表示 B 厂商的最优产量是 A 厂商的产量的函数。

联立 A、B 两寡头垄断厂商的反应函数,便得到如下方程组:

$$\begin{cases} Q_A = 900 - Q_B/2 \\ Q_B = 900 - Q_A/2 \end{cases}$$

解方程组得:$Q_A = 600, Q_B = 600$。此即 A、B 两厂商的均衡产量。可见,每个寡头垄断厂商的均衡产量是市场总容量的 1/3,即有 $Q_A = Q_B = 1\,800/3 = 600$。行业的均衡总产量是市场总容量的 2/3,即有:$Q_A + Q_B = 2 \times 1\,800/3 = 1\,200$。

将 $Q_A = Q_B = 600$ 代入市场及需求函数式,可求得市场均衡价格:$P = 600$。

四、斯威齐模型:弯折的需求曲线

斯威齐模型是美国经济学家保罗·斯威齐于 20 世纪 30 年代建立的。由于寡头厂商之间价格战的结果往往是两败俱伤,竞争的双方利润都趋向于零。所以在寡头垄断市场上,产品的价格往往比较稳定,厂商比较喜欢采用非价格竞争方式,即便采用价格战的方式也是非常慎重的。寡头厂商不愿轻易地变动产品价格,价格能够维持一种比较稳定的状态的情况,被称为价格刚性。斯威齐模型就是解释在寡头垄断市场上出现的这种价格刚性现象。

斯威齐首先假定:当一个寡头厂商降低价格的时候,其他厂商会跟着降价;当一个寡头厂商提高价格的时候,其他厂商会保持价格不变。做这样的假定的原因是,当一个厂商降低它的产品的价格的时候,其他厂商如果不跟着降价,那么其他厂商的市场份额就会减少,从而产量下降,利润下跌;而当一个寡头厂商提高它的产品价格的时候,如果其他厂商价格保持不变,那么提价的厂商的一部分市场份额将会自动被其他厂商瓜分,从而其他厂商的产量会上升,利润会增加。所以需求曲线呈现弯折的形状,称为弯折的需求曲线,可用图 7-12 说明。

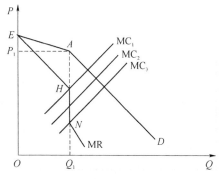

图 7-12 弯折的需求曲线

虽然斯威齐模型有助于说明寡头市场的价格刚性现象,但也有很多的经济学家提出了批评意见。这些批评主要集中在两点:第一,如果按照斯威齐模型,寡头市场应该具有比垄断市场更为刚性的价格,但是实证的结论与此正好相反;第二,斯威齐模型只是解释了价格一旦形成,则不易发生变动,但这个价格是如何形成的,却没有给出说明。因此,我们还要进一步分析寡头垄断市场上价格的决定。

五、寡头垄断市场上的价格决定

寡头垄断市场上价格的决定包括公开的勾结和隐蔽的勾结,公开的勾结主要指卡特尔,隐蔽的勾结主要指价格领导。

1. 公开的勾结——卡特尔

卡特尔就是寡头垄断厂商用公开或正式的方式进行勾结的一种形式。它是一个行业的独立厂商之间通过在价格、产量和市场划分等方面达成明确的协议而建立的垄断组织。卡特尔的主要任务有两个：一是为各成员厂商的产品规定统一的价格；二是在各成员厂商之间分配总产量。

卡特尔制定统一价格的原则是使整个卡特尔的利润最大化。如果所有成员厂商的行动能够使得他们像一个厂商一样，卡特尔就可以像一个完全垄断厂商那样决定价格和产量，实现行业的利润最大化，如图7-13所示。

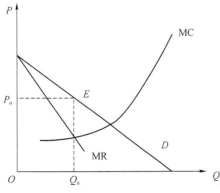

图 7-13 卡特尔价格与产量的决定

在图7-13中，由利润最大化条件：行业的边际收益等于行业的边际成本（MR=MC）决定的 Q_0 是使得行业利润最大的产量，市场统一价格为 P_0，Q_0 也是卡特尔的全部市场份额。卡特尔的所有成员瓜分这个市场份额，所有成员的产量之和要等于 Q_0，以支持行业统一价格 P_0。如果某个成员的产量突破自己的份额，则会破坏行业均衡，要么导致市场价格下降（低于 P_0），要么有一部分产品卖不出去。

卡特尔分配产量定额的原则是使各个厂商的边际成本相等，并且与卡特尔均衡产量水平的边际成本相等。这种产量分配方式往往被认为是一种理想的分配方式，现实中很难实现。因为卡特尔内部成员之间的产量分配受到厂商的地位、厂商已有的生产能力和销售规模以及地区划分的影响。同时卡特尔的各成员厂商不仅可以通过广告、信用、服务等非价格竞争手段拓宽销路，增加产量，还可能采取欺骗其他成员的手段，私下违背卡特尔的市场份额和价格协议。因此卡特尔是不稳定的。

2. 隐蔽的勾结——价格领导

由于公开的勾结和协议往往被认为是非法的，因此寡头垄断厂商更多的是采取暗中勾结的方式。价格领导是主要的形式之一。价格领导是指行业中的一个或极少数几个大厂商开始变动价格，其他厂商随之变动。处于价格领导地位的厂商一般是依据自身的实力或市场行情来确定价格的变动，其他厂商随之采取响应的行动。根据价格领导厂商的具体情况，价格领导可分为两种类型。

（1）晴雨表型的价格领导

晴雨表型的价格领导指晴雨表型厂商依据市场行情首先确定能够合理、准确反映整个行业成本和需求情况变化的价格，其他厂商按这一价格对自己的价格进行调整。晴雨表型厂商未必是行业中规模最大、效率最高的厂商，但它往往熟悉市场行情，能代表其他厂商的意愿，所以能成为其他厂商的追随的目标。

（2）支配型的价格领导

支配型的价格领导指市场销售份额较大、地位稳固、具有支配能力的大厂商，根据自己利润最大化的需要和其他厂商希望销售的全部产量来确定和变动价格，其他中小厂商则以这一价格为准绳，按照边际成本等于价格的原则确定均衡产量。在这种情况下，中小厂商可以出售他们所能提供的全部产量，市场需求量与小厂商产量的差额完全由支配型厂商提供。

【专栏四】雷克航空公司的搏斗

1977年，一个冒失的英国人弗雷迪·雷克闯进航空运输市场，开办了一家名为"雷克"的航空公司。他经营的是从伦敦飞往纽约的航班，票价是135美元，远远低于当时的最低票价382美元。毫无疑问，雷克公司一成立便生意不断，1978年雷克荣获大英帝国爵士头衔。到1981年"弗雷迪爵士"的年营业额达到5亿美元，简直让他的对手们（包括一些世界知名的老牌公司）气急败坏。但是好景不长，雷克公司于1982年破产，从此消失。

出了什么事？原因很简单，包括泛美、环球、英航和其他公司在内的竞争对手们采取联合行动，一致大幅降低票价，甚至低于雷克。一旦雷克消失，他们的票价马上回升到原来的高水平。更严重的是这些公司还达成协议，运用各自的影响力量阻止各大金融机构向雷克公司贷款，使其难以筹措借以抗争的资金，进一步加速雷克的破产。

但"弗雷迪爵士"并不甘心，他依照美国反垄断法提出起诉，指责上述公司联手实施价格垄断，为了驱逐一个不愿意接受其"游戏规则"的公司，竟然不惜采用毁灭性价格来达目的。1985年8月，被告各公司以800万美元的代价同雷克达庭外和解，雷克随即撤回起诉。1986年3月，泛美、环球和英航三大公司一致同意设立一项总值3 000万美元的基金，用于补偿在雷克公司消失后的几年中，以较高票价搭乘这几家公司的航班飞越大西洋的20万旅客的损失。

赔款达到和解不等于认罪。从技术上讲，官方没有认定"弗雷迪爵士"是被垄断价格驱逐出航空公司的。但是这个案例已经明显地透露出威胁信号，那就是如果其他任何人企图加入跨越大西洋的航空市场分一杯羹，必须认真考虑其中可能面临的破产危险。从来没有其他公司尝试提供低廉的越洋机票，至少没有做到雷克航空做到的地步。

这个例子告诉我们寡头之间的竞争不适宜价格竞争。

——资料来自美国斯蒂格利茨《经济学》小品与案例

第四节 不同市场的经济效率比较

一、经济效率的含义

经济效率是指利用经济资源的有效性。高的经济效率表示对资源的充分利用或能以最有效的生产方式进行生产；低的经济效率表示对资源的利用不充分或没有以最有效的方式进行生产。

二、不同市场结构下的经济效率

西方经济学家通过对不同市场条件下厂商的长期均衡状态的分析得出结论：完全竞争市场的经济效率最高，垄断竞争市场较高，寡头垄断市场较低，完全垄断市场最低。可见，市场的竞争程度越高，则经济效率越高；反之，市场的垄断程度越高，则经济效率越低。其具体分析如下。

在完全竞争市场条件下，厂商的需求曲线是一条水平线，而且，厂商的长期利润为零。在完全竞争厂商的长期均衡时，水平的需求曲线相切于 LAC 曲线的最低点，产品的均衡价格最低且等于最低的平均成本，产品的均衡产量最高。在不完全竞争市场条件下，厂商的需求曲线是向右下方倾斜的。厂商的垄断程度越高，需求曲线越陡峭；垄断程度越低，需求曲线越平坦。在垄断竞争市场上，厂商的长期利润为零，所以，在垄断竞争厂商的长期均衡时，向右下方倾斜的、相对比较平坦的需求曲线相切于 LAC 曲线的最低点的左边;产品的均衡价格比较低,它等于生产的平均成本;产品的均衡产量比较高;企业存在着多余的生产能力。在完全垄断市场上,厂商在长期内获得利润,所以,在完全垄断厂商的长期均衡时,向右下方倾斜的、相对比较陡峭的需求曲线与 LAC 曲线相交;产品的均衡价格最高,且大于生产平均成本;产品均衡数量最低。设想,完全垄断厂商若肯放弃一些利润,价格就可以下降一些,产量就可以增加一些。显然,完全垄断市场多余的生产能力是最高的。在寡头垄断市场上,厂商的需求曲线不太确定。一般认为,寡头垄断市场是与完全垄断市场比较接近的市场组织,在长期均衡时,寡头厂商的产品的均衡价格比较高,产品的均衡数量比较低。

可以从技术进步状态、规模经济和产品差别程度等方面看四种市场的优劣。

(1) 技术进步。虽然垄断厂商有凭借垄断地位阻碍技术进步的一面,但垄断又有有利于技术进步的一面。因为,一方面,垄断厂商利用高额利润所形成的雄厚经济实力,有条件进行各种科学研究和重大的技术创新。另一方面,垄断厂商可以利用自己的垄断地位,在长期内保持由于技术进步而带来的更高的利润。这是完全竞争市场上原子式的厂商所不具备的。

(2) 规模经济。寡头垄断市场和完全垄断市场比完全竞争市场和垄断竞争市场有利的另一个方面是,它能够取得规模经济效应。

(3) 产品差别。在完全竞争的市场条件下,所有厂商的产品是完全相同的,它无法满足消费者的各种偏好。在垄断竞争市场和产品差别寡头垄断行业条件下,众多厂商之间的产品是有差别的,多样化的产品使消费者有更多的选择自由,可以满足不同的需要。当然,垄断竞争市场和产品差别寡头垄断市场的产品也有一些是非真实性的虚假的差别,也会给消费者带来损失。

本 章 小 结

1. 垄断市场中只有一个厂商,垄断厂商的需求曲线就是市场的需求曲线。垄断厂商的需求曲线是向右下方倾斜的,它表示垄断厂商可以通过销售量的调整来控制或操纵市场价格。

2. 价格歧视分为一级、二级和三级价格歧视。

3. 垄断竞争市场上既有竞争的因素,又有垄断的因素。垄断竞争厂商有两条向右下方倾斜的需求曲线:d 需求曲线是单个厂商独自变动价格时的需求曲线,D 需求曲线是市场上所有的厂商都以相同的方式改变价格时单个厂商的需求曲线。d 需求曲线和 D 需求曲线的相交点意味着商品市场的供求相等。

4. 在寡头市场上,寡头厂商之间的行为是相互影响的。

关 键 概 念

垄断　价格歧视　垄断竞争市场　寡头市场　弯折的需求曲线　价格领导

【思考与练习】

一、单选题

1. 垄断竞争厂商短期均衡时(　　)。

A. 厂商一定能获得超额利润

B. 厂商一定不能获得超额利润

C. 只能得到正常利润

D. 取得超额利润、发生亏损及获得正常利润三种情况都可能发生

2. 垄断竞争市场上厂商的短期均衡发生于(　　)。

A. 边际成本等于实际需求曲线中产生的边际收益时

B. 平均成本下降时

C. 主观需求曲线与实际需求曲线相交,并有边际成本等于主观需求曲线中产生的边际收益时

D. 主观需求曲线与平均成本曲线相切时

3. 垄断竞争厂商长期均衡点上,长期平均成本曲线处于(　　)。

A. 上升阶段　　　　　　　　B. 下降阶段

C. 水平阶段　　　　　　　　D. 以上三种情况都可能

4. 寡头垄断厂商的产品是(　　)。

A. 同质的

B. 有差异的

C. 既可以是同质的,也可以是有差异的

D. 以上都不对

5. 在拐折需求曲线模型中,拐点左右两边的需求弹性是(　　)。

A. 左边弹性大,右边弹性小

B. 左边弹性小,右边弹性大

C. 左右两边弹性一样大

D. 以上都不对

二、简答题

1. 与产品销售相比,劳务的销售中价格歧视或称差别价格的现象更普通,如医疗服务可按人们收入的不同收取不同的费用,交通运输服务可按年龄不同定价。请解释这种现象。

2. 试述垄断竞争厂商的两条需求曲线的含义及其相互关系,并进一步用图说明垄断竞争厂商的短期均衡和长期均衡的形成及其条件。

3. 为什么卡特尔的各厂商会按相同的价格出售产品,而不要求生产相等的产量?

三、计算题

1. 假定一个垄断者的产品需求曲线为 $P=10-3Q$,成本函数为 $TC=Q^2+2Q$,求垄断企业利润最大时的产量、价格和利润。

2. 假设某垄断竞争厂商的产品需求函数为 $P=9\,400-4Q$,成本函数为 $TC=4\,000+3\,000Q$,求该厂商均衡时的产量、价格和利润。

博奕论初步

本章知识结构图

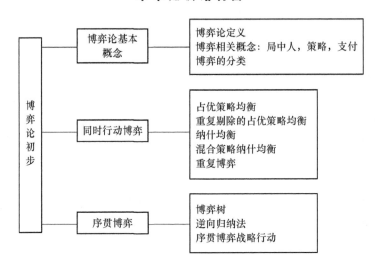

学习目的与要求

【目的与要求】通过本章的学习,应当掌握博奕论的基本概念;掌握占优策略均衡、纳什均衡,重复博奕,理解重复博奕、占优策略均衡和混合策略均衡;掌握逆向归纳法,理解序贯博奕战略行动。

【重点与难点】重点是占优策略均衡,纳什均衡、重复博奕、逆向归纳法,博奕树;难点是纳什均衡、逆向归纳法。

在寡头垄断市场上,每个厂商的行动都会对其他厂商产生重大影响,每个厂商的决策都需考虑到其他厂商的所作所为。寡头厂商的相互依存性使他们之间的关系变得极为复杂,使他们的行动带有很大的不确定性。经济学家常用博奕论来研究相互依存的厂商的决策行为。博奕论(Came Theory)又译为对策论、游戏论,是研究决策者之间相互作用的学科。

第一节 博奕论基本概念

一、博奕论定义

博奕论思想古已有之,我国古代的《孙子兵法》不仅是一部军事著作,而且是最早的一部博奕论专著。博奕论最初主要研究象棋、桥牌、赌博中的胜负问题,人们对博奕局势的把握只停留在经验上,没有向理论化发展,正式发展成一门学科则是在20世纪初。1928年冯·诺依曼证明了博弈论的基本原理,从而宣告了博弈论的正式诞生。1944年,冯·诺依曼和摩根斯坦共著的划时代巨著《博弈论与经济行为》将二人博弈推广到 n 人博弈结构并将博弈论系统地应用于经济领域,从而奠定了这一学科的基础和理论体系。纳什的开创性论文《n 人博弈的均衡点》(1950年)、《非合作博弈》(1951年)等,给出了纳什均衡的概念和均衡存在定理。此外,塞尔顿、哈桑尼的研究也对博弈论发展起到推动作用。今天博弈论已发展成一门较完善的学科。

当经济主体之间的利益存在冲突时,每一方所获得的利益不仅取决于自己采取的行动,也取决于其他各方采取的行动或对自己行动的反应。简单地说,博弈论主要研究决策主体在给定信息结构下如何决策以达到效用最大化和不同决策主体之间决策的均衡。

二、博弈论相关概念

1. 局中人

博弈中的每个决策者被称为局中人(也可称作选手和参与者),在具体的经济模型中,他们可以是厂商,也可以是厂商、消费者或任何契约关系中的人,根据理性假定,局中人同样是以利益最大化为目标。

2. 策略

策略(也称作战略)是局中人为实现其目标而采取的一系列行动或行动计划,它规定在何种情况下采取何种行动。在给定条件博弈中,参与者完整的一套行动计划称作策略。

3. 支付

支付是指博弈结束时局中人得到的利益。支付有时以局中人得到的效用来表示,有时以局中人得到货币报酬来表示。局中人的利益最大化也就是指支付或报酬最大化。参与博弈的多个参与者的支付可以用一个矩阵或框图表示,这样的矩阵或框图就称作支付矩阵。

例如,有甲乙两个供货商组成一个价格卡特尔,双方都有选择遵守约定价格或者违反约定价格的权利。支付矩阵如图8-1所示。

矩阵中每组数字中的前一个数字表示甲的收益,后一个数字表示乙的收益。当甲守约时,乙如果守约,收益为8,乙如果违约,收益为10;当甲违约时,乙如果守约,收益为6,乙如果违约,收益为7。

		乙	
		守约	违约
甲	守约	8,8	6,10
	违约	10,6	7,7

图 8-1 支付矩阵

三、博弈的分类

博弈总体上可分为合作博弈和非合作博弈。两者的区别在于局中人在博弈过程中能否达成一个有约束力的协议。如果不能,则为非合作博弈。非合作博弈是现代博弈论的研究重点。合作博弈强调的是集体主义,是团体的公平和效率;而非合作博弈则强调个人理性、个人最优决策,其结果有时有效率,有时没有。

按照支付的性质分,博弈可分为零和博弈和非零和博弈,所谓零和博弈,是指博弈双方的支付结果加起来为零。这意味着双方的利益在博弈中是相互冲突的。从支付结果看,除了零和博弈外,还有正和博弈,即双方的支付结果加起来为一个正数。这意味着双方的利益冲突不再是那么激烈,有可能出现所谓双赢或共赢局面。至于负和博弈,如果假定局中人都是理性的,理论上没有人会参与这种博弈,尽管现实中不乏损人不利己的事。

按照参与者的决策是先后进行还是同时进行,可分为序贯博弈和同时行动博弈。下棋就是最为典型的序贯博弈。拿围棋为例,在下棋之先,双方先是猜先,获得先手的一方先行落子,另一方再开始应对,然后再开始你一子我一子进行对弈。任何一方做出的决策都是在另一方已经采取的行动的基础上进行的。但是在同时行动博弈中,两方是同时进行决策的,任何一方的决策基础只能是对对方将要采取的决策的一个预测。这是两种博弈的最大区别。但是即使是在序贯博弈中,在思考自己的策略时,同样需要考虑对方将要采取的决策。

根据局中人对有关其他局中人的特征、策略空间及支付函数的了解,博弈论可分为完全信息博弈和不完全信息博弈。前者是指在博弈中,每一个局中人能对所有其他局中人的特征、策略空间和支付函数有准确的了解;而后者是指在博弈中,有局中人不能对其他局中人的特征、策略空间和支付函数有准确的了解。在动态博弈中,轮到行动的博弈方若完全了解此前对方的行动,则称之为具有完全信息的动态博弈,如下棋;否则,就是不完全信息的动态博弈,其结果只能是概率期望。本章将主要探讨完全信息下的博弈。

【专栏一】零和博弈

下面让我们用电影《美丽心灵》中的一个情节来解读零和博弈:烈日炎炎的一个下午,约翰·纳什教授给二十几个学生上课,教室窗外的楼下有几个工人正施工,机器的响声成了刺耳的噪音,于是纳什走到窗前狠狠地把窗户关上。马上有同学提出意见:"教授,请别关窗子,实在太热了!"而纳什教授一脸严肃地回答说:"课堂的安静比你舒不舒服重要得多!"然后转过身一边嘴里唠叨着:"给你们来上课,在我看来不但耽误了你们的时间,也耽误了我的宝贵时间……"一边在黑板上写着数学公式。请结合以上例子解释零和博弈。

第二节 同时行动博弈

一、占优策略均衡

均衡一般指某种稳定的状态。而博弈论中的均衡是策略均衡,它是指由各个局中人所使用的策略构成的策略组合处于一种稳定状态,在这一状态下,各个局中人都没有动机来改变自己所选择的策略。每一个局中人从中得到的支付是确定的,每个局中人的最优决策也是确定的。可见,要解一个博弈问题,首先需确定博弈的策略均衡。

占优策略是指无论其他参与者采取什么策略,某博弈者都有一个最佳策略。如果所有参与者选择的都是自己的占优策略,该博弈均衡又被称为占优策略均衡,即由博弈中的所有参与者的占优策略组合所构成的均衡就是占优策略均衡。占优均衡可以用一个经典的案例"囚徒困境"来进行说明。

囚徒困境是一个双人博弈,它描述的是这样一种假设情况:两个人因涉嫌犯罪而被捕,但警察没有足够的证据指控他们确实犯了罪,除非他们两个人中至少有一个坦白交代。他们被

		囚徒2	
		坦白	不坦白
囚徒1	坦白	−6,−6	0,−9
	不坦白	−9,0	−1,−1

图 8-2 囚徒困境

隔离审查并被告知:如果两人都不坦白,因证据不足,每人都将坐1个月的牢;如果两人都坦白,每人都将坐6个月的牢;如果只有一个人坦白,那么坦白者将立即释放,不坦白者将坐9个月的牢。图8-2列出了这个博弈的支付矩阵。这里我们用坐牢时间的长短表示局中人的支付。

在这个博弈中,对囚徒1来说,如果对方选择坦白,那么他也将坦白,两个人都坐6个月牢(因为如果他不坦白的话,等待他的将是9个月的刑期);如果对方选择不坦白,他也会坦白,这样他会立即释放,而对方将坐9个月的牢。因此,无论对方是否坦白,他都会选择坦白。以囚

徒2来说,情况也是一样。这里,"坦白"就是两个囚徒的占优策略。

在囚徒博弈中,(坦白,坦白)这一策略组合构成一个占优策略均衡。但是,这一均衡给双方带来的支付低于策略组合(不坦白,不坦白)带来的支付。这一结果被称为是囚徒困境。囚徒困境带给我们的启发是,个人的理性选择有时不一定是集体的理性选择。换言之,个人的理性有时将导致集体的无理性。现实生活中有很多囚徒困境的例子,如国家间军备竞赛、厂商间的价格战、公共物品的搭便车问题等。

二、重复剔除的占优策略均衡

占优策略均衡很好分析,可惜占优策略均衡不是那么常见。尽管如此,在有些博弈中我们仍然可以用占优的逻辑找出均衡,下面以博弈论中一个著名的博弈为例进行具体说明。

"智猪博弈"假设猪圈里有一头大猪,一头小猪。猪圈的一头有猪食槽,另一头安装着控制猪食供应的按钮,按一下按钮会有10个单位的猪食进槽,但是谁按按钮就会首先付出2个单位成本,若大猪先到槽边,大小猪吃到食物的收益比是9∶1;同时到槽边,收益比是7∶3;小猪先到槽边,收益比是6∶4;那么,在两头猪都是有智慧的前提下,最终结果是小猪选择等待。

智猪博弈的支付矩阵如图8-3所示,在大猪选择行动的前提下,小猪也行动的话,小猪可得到1个单位的纯收益(吃到3个单位的食品同时也耗费2个单位的成本,以下纯收益计算相同),而小猪等待的话,小猪则可以获得4个单位的纯收益,等待优于行动;在大猪选择等待的前提下,小猪如果行动的话,小猪的收入将不抵成本,纯收益为−1单位,如果小

		小猪	
		行动	等待
大猪	行动	5,1	4,4
	等待	9,−1	0,0

图8-3 智猪博弈

猪也选择等待的话,那么小猪的收益为零,成本也为零,总之,等待还是要优于行动。用博弈论中支付矩阵可以更清晰地刻画出小猪的选择。在这个例子中,小猪有占优策略,即等待,在小猪策略一定的情况下,大猪的最优策略是行动,因为大猪选择等待,将一无所获,选择行动可以得到的收益为4。

在寻找智猪博弈的均衡解时,我们所使用的方法可归纳如下。

首先找出某一博弈参与人的严格劣策略,将它剔除掉,重新构造一个不包括已剔除策略的新的博弈(如小猪的绝对劣策略为行动);然后继续剔除这个新的博弈中某一参与人的严格劣策略;重复进行这一过程,直到剩下唯一的参与人策略组合为止。这个唯一剩下的参与人策略组合,就是这个博弈的均衡解,称为"重复剔除的占优策略均衡"。严格劣策略则是指无论其他博弈参与人采取什么策略,某一参与人可能采取的策略中对自己相对不利的策略。

三、纳什均衡

1. 纳什均衡及其与其他策略均衡的关系

纳什均衡是指这样一种均衡,博弈中的每个参与人都确信,在其他参与人策略给定的情况下,他选择了最优策略。纳什均衡的思想其实很简单:博弈的理性结局是这样一种策略组合或状态,每个局中人选择的策略是对其他局中人所选策略的最佳反应,其中每一个局中人均不能因为单方面改变自己的策略而获利。纳什均衡与占优策略均衡及重复剔除的占优均衡之间的关系如下:

(1)每一个占优策略均衡、重复剔除的占优均衡一定是纳什均衡;

(2)纳什均衡一定是在重复剔除严格劣战略过程中没有被剔除掉的策略组合,但是并非每一个纳什均衡都是占优策略均衡或重复剔除的占优均衡。

2. 纳什均衡的存在性与唯一性

纳什(1950年)证明了任何有限博弈中,都存在至少一个纳什均衡。纳什均衡的弱点在于,同一个博弈有时会出现多个纳什均衡,即一般情况下不能保证纳什均衡的唯一性;另外,有些纳什均衡并不合理。下面先以性别战博弈(图8-4)为例分析纳什均衡的多重性问题。

该性别战博弈的传统表述是一男一女如何安排晚上的娱乐活动,通常是不愿意分开活动的。但对于晚上干什么,男女双方各自有着自己的偏好。男方喜欢看拳击比赛,女方喜欢看歌剧。不同选择下男女双方的得失如图8-4所示。对该博弈的支付矩阵稍作分析就会发现,在这个博弈中存在着两个纳什均衡。男女双方或者一起去看拳击,或者一起去看歌剧。但是,如果没有进一步的信息,我们无法确定男女双方在上述博弈中会作出什么选择。

		女	
		看拳击	看歌剧
男	看拳击	3,1	0,0
	看歌剧	0,0	1,3

图8-4 性别博弈

许多博弈中都存在着多个纳什均衡,有时甚至存在着无穷多个纳什均衡。当存在多个纳什均衡时,哪一个纳什均衡会成为局中人理性选择的最终结局呢?这是问题的关键,也是博弈论需要研究的一个重要课题。

廉价蹉商(cheap talk)是解决纳什均衡多重性的一种方法,它是局中人在博弈开始前进行事前的,通过这种无成本或低成本的事前蹉商(沟通信息与谈判)有时确实能够保证某种各方均能接受的纳什均衡出现,但这种方法也不是绝对的。最后,在多次重复一种博弈时,局中人通过对以前博弈的历史和经验的总结与学习,有可能使得某种特定均衡最终会出现。

四、混合策略纳什均衡

如果在每个给定信息下,只能选择一种特定策略,这个策略为纯策略。如果在每个给定信息下只以某种概率选择不同策略,称为混合策略。纯策略的收益可以用效用表示,混合策略的收益只能以预期效用表示。混合策略中的纳什均衡是指:均衡时,给定对方选择策略的概率,每个选手选择的含有概率的策略都是最优的。混合策略最形象的例子是"剪刀、石头、布"的游戏和猜硬币游戏。在这样一个游戏中,不存在纯策略均衡。对每个人来说,出"剪刀""布"还是"石头"的策略应当是随机的,不能让对方知道自己的策略,甚至是策略的倾向性。一旦对方知道自己出某个策略的可能性增大,那么在游戏中输的可能性也就增大了。下面以猜硬币游戏来说明混合策略问题。

B和A玩硬币游戏,B提出:"让我们各自亮出硬币的一面,或正或反。如果我们都是正面,那么我给你3元,如果我们都是反面,我给你1元,剩下的情况你给我2元就可以了。"这个游戏公平吗?

我们可以根据上述条件构造如图8-5所示的支付矩阵,每一种游戏依据其规则的不同会存在两种纳什均衡,一种是纯策略纳什均衡,也就是说玩家都能够采取固定的策略(如一直出正面或者一直出反面),使得每人都赚得最多或亏得最少;另一种是混合策略纳什均衡,而在这个游戏中,便应该采用混合策略纳什均衡。

		B	
		出正面	出反面
A	出正面	3,−3	−2,2
	出反面	−2,2	1,−1

图8-5 硬币游戏

假设A出正面的概率是x,反面的概率是$1-x$。为了使利益最大化,应该在对手出正面或反面的时候我们的收益都相等,不然对手总是可以改变正反面出现的概率让我们的总收入减少,由此列出方程就是$3x+(-2)(1-x)=(-2)x+1(1-x)$。

解方程得$x=3/8$,也就是说平均每8次出示3次正面,5次反面是我们的最优策略。而将$x=$

3/8 代入到收益表达式 $3x+(-2)(1-x)$ 中就可得到每次的期望收入,计算结果是 $-1/8$ 元。

同样,设 B 出正面的概率是 y,反面的概率是 $1-y$,列方程 $-3y+2(1-y)=2y+(-1)(1-y)$。

解得 y 也等于 3/8,而 B 每次的期望收益则是 $2(1-y)-3y=1/8$ 元。这告诉我们,在双方都采取最优策略的情况下,平均每次 B 赢 1/8 元。

其实只要 B 采取了(3/8,5/8)这个方案,不论 A 再采用什么方案,都是不能改变局面的。如果全部出正面,每次的期望收益是 $(3+3+3-2-2-2-2-2)/8=-1/8$ 元;如果全部出反面,每次的期望收益也是 $(-2-2-2+1+1+1+1+1)/8=-1/8$ 元。而任何策略无非只是上面两种策略的线性组合,所以期望还是 $-1/8$ 元。但是当 A 也采用最佳策略时,至少可以保证自己输得最少。否则,A 肯定就会被 B 采用的策略针对,从而赔掉更多。

五、重复博弈

影响重复博弈均衡结果的主要因素,是博弈的次数和信息的完备性。重复次数决定了局中人在短期利益和长期利益之间的权衡,当博弈只进行一次时,每个局中人都只关心一次性支付;如果博弈重复多次,局中人可能为长远利益而牺牲眼前利益。

回到囚徒困境的例子,如果只进行一次博弈,则占优策略均衡为(坦白,坦白),这并不是一个理想的结局。如果这些选手重复进行博弈,情形将会有所不同。在这种情形下,每个选手都可能想出新的策略。如果 A 在某一轮博弈中选择的策略为坦白,那么 B 可以在下一轮选坦白的策略。因此,对手会因为"恶劣的"行为而"受到惩罚"。在一个重复博弈中,每个选手都有机会为自己塑造合作的声望,因此鼓励其他选手也这么做。这种策略是否可行,取决于博弈是进行既定的次数(如 5 次)还是进行无限次。

我们首先分析第一种情形,假设两个选手知道博弈将进行 5 次。该博弈的结果是什么?我们从第 5 轮开始分析。这是上述博弈的最后一轮。在这种情形下,似乎每个选手都会选择占优策略。毕竟,最后一轮博弈和只进行一次的博弈没什么区别,所以我们可以预期这两种博弈的结果是一样的。现在分析第 4 轮的结果。我们刚得出结论即每个选手都会在第 5 轮选择背叛的策略。既然这样,他们会在第 4 轮合作吗?不会。如果你选择合作,但是对方可能会利用你善良的天性,从而选择背叛。每个选手都可以同样推理,因此每个选手都会选择背叛。若选手都知道博弈的具体次数,均衡解必然是选手都选择背叛。

但是如果博弈将重复无限次,那么你的确可以找到影响对手行为的方法:如果对手这一次不合作,那么下一次你可以拒绝合作。只要双方都非常看重将来的收益,将来不合作的这种威胁足以让人们选择帕累托有效率的策略,即都选择合作。

Robert Axelrod 在进行了一系列实验后令人信服地证明了上述结论。他恳请博弈论领域的几十位专家,向他提交他们认为的囚犯困境的最优策略,然后他在计算机上开展了"锦标赛",让这些策略互相进行比赛。在计算机上,每种策略都要和其他每一种策略竞争,计算机实时记录博弈收益。最终获胜的策略——收益最高的策略——竟然是一种最为简单的策略。这种策略叫做"以牙还牙",它的运行方式如下。在第一轮,你合作(即选择不认罪的策略)。在以后的每一轮,如果你的对手在前一轮选择合作,你也选择合作。如果对方在上一轮选择背叛,你也选择背叛。换句话说,每个人的策略是选择对方在上一轮的策略。

以牙还牙策略收益最高,因为它对背叛行为立即实施惩罚措施。这种策略也是一种宽恕的策略:发现一次背叛,只惩罚一次。如果对方改邪归正开始合作,那么以牙还牙策略将以合作回报对方。在囚犯困境博弈将进行无限次的情形下,以牙还牙策略似乎是实现有效率结果的一种非常好的机制。

第三节 序贯博弈

迄今讨论的博弈都具有简单的动态结构,即它们是一次性博弈,或者是一次性博弈的重复序列,而且还具有简单的信息结构,即每个局中人都知道其他局中人的收益情况和可采用的策略,但不知道其他局中人的真实策略选择。换句话说,各个局中人都是同时移动的。但是,实际中的许多利益博弈并没有这种结构,局中人的选择不是同时做出的,而是先后做出的,即一个局中人是在知道了其他局中人的具体行动后才行动的。这种在行动上具有先后顺序的博弈现象,就是本节要讨论的序贯博弈。分析序贯行动博弈的一个重要思路就是:向前展望,向后推理。即面向未来,思考现在,站在未来的立场来确定现在的最优行动。

一、逆向归纳法

我们通过一个简单的例子来说明序贯博弈的(离散策略的)扩展式表达和逆向归纳法求解方法。这个例子可以称作美中军事政治博弈。

在我国解放初期,美国一直试图对我国实施打击。此时,我国必须对美国采取应对之策。就我国对美国可以采取的行动而言,无非是回击或不回击。用更符合毛泽东的话来说,美国可以"犯我"或"不犯我",而我们可以"犯人"或"不犯人"。

由此我们可以刻画出一个动态博弈。

(1) 博弈方:美国、中国。

(2) 策略:美国可选择的行动是"犯我"或"不犯我";中国的选择是"犯人"或"不犯人"。

(3) 行动顺序:美国先行动;中国观察到美国的行动后再选择自己的行动。

(4) 收益状况有四种:

Ⅰ:如果美国"犯我",中国"犯人",恶战再所难免,则美国亏损2,中国亏损2;

Ⅱ:如果美国"犯我",中国"不犯人",那么中国沦为美国的附庸,丧失国家主权,则美国获得2,中国亏损4;

Ⅲ:如果美国"不犯我",中国"犯人",那么就是中国挑起战事,美国正好有借口纠合国际力量打击中国,则美国得3,中国亏损5;

Ⅳ:如果美国"不犯我",中国"不犯人",各自和平地发展经济,则美国得1,中国得1。

1. 博弈树

对于上述动态博弈,我们可以用博弈树表达如下(图8-6):

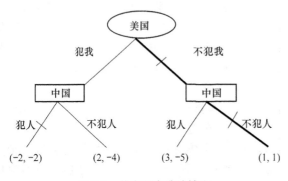

图 8-6 美中军事政治博弈

图8-6的博弈树是这样解读的:美国先选择"犯我"或"不犯我",然后中国观察美国的选择后选择"犯人"或"不犯人";括号内数字是各种情况下双方的盈利状况,前一个数字代表第一个行动人(美国)的盈利,第二个数字代表第二个行动人(中国)的盈利。依此类推,如果有更多的参与人序贯行动,则盈利的排列顺序与行动顺序一致。

2. 逆向归纳法

究竟什么是图 8-6 博弈的均衡呢？在动态博弈中，我们要找的均衡实际上是一条路径，即从第一个行动人决策结点出发，一直到某一个终点之间的路径。所谓均衡路径就是在每一个决策阶段，没有人会偏离这条路径。这条路径所代表的策略均衡被称作子博弈完美均衡。

下面我们介绍如何用逆向归纳法来求解博弈的均衡。逆向归纳的步骤是这样的。

(1) 首先，从最后阶段行动的参与人决策开始考虑。在图 8-6 的博弈中，最后行动的是中国，因此我们先考虑中国怎么决策。在考虑中国的决策时，我们假定美国已经选了"犯我"或"不犯我"。如果美国选择了"犯我"，在图 8-6 中可发现，中国选择"犯人"会得到 -2，选择"不犯人"会得到 -4，因此中国必然选择"犯人"——我们就在中国"犯人"的分枝上画上一个短短的横线标记。如果美国选择了"不犯我"，从图 8-6 中可发现，中国选择"犯人"会得到 -5，选择"不犯人"会得到 1，因此中国必然选择"不犯人"——我们就在中国"不犯人"的分枝上画上一个短短的横线标记。

(2) 然后，考虑次后阶段行动的人（例子中只有两个阶段，因此实际上就是第一阶段行动的人）——美国。美国决策时会考虑中国的反应，而现在它已预见到中国将选择的行动就是两条划了双横线的分枝。所以，它很容易推出自己面临的情况是：

若选择"犯我"，则必然导致中国"犯人"，则美国得到 -2；若选择"不犯我"，则中国必选"不犯人"，则美国得到 1；结果美国宁愿选择"不犯我"。我们在美国"不犯我"的一个分枝上画上横线。

(3) 如果存在一个路径，其每个分枝都画上了横线，那么这条路径就是均衡路径。可发现，在图 8-6 的例子中，均衡路径将是美国选择"不犯我"，而中国选择"不犯人"。

因此，美中博弈的子博弈完美均衡结果是：美国不侵犯中国，而中国也不侵犯美国。

逆向归纳法对于求解子博弈完美均衡之所以适用，其原因就在于它的解过程很好地体现了子博弈完美均衡的定义：一个策略组合只有既满足整个博弈的均衡又满足该路径上每一个子博弈的均衡时候，才是子博弈完美均衡。

【专栏二】海盗分赃

话说有 5 个海盗 A、B、C、D、E 抢来了 100 枚金币，大家决定分赃的方式是：依次由海盗 A、B、C、D、E 提出一种分配方案，如果同意这种方案的人达到半数，那么该提议就通过并付诸实施；若同意这种方案的人未达半数，则提议不能通过且提议人将被扔进大海喂鲨鱼，然后由接下来的海盗继续重复提议过程。假设每个海盗都绝顶聪明，也不相互合作，并且每个海盗都想尽可能多得到金币，那么，第一个提议的海盗将怎样提议既可以使提议被通过又可以最大限度得到金币呢？

二、序贯博弈战略行动

1. 先动优势

先动优势是指在博弈中首先作出选择并采取相应行动的局中人可以获得较多的利益。在序列博弈的完全均衡中，由于完全均衡是按照先行者在他面临的各种可能子博弈均衡中的最大收入来确定的，因此先移动者的决策限制着后移动者的选择，让先行者获得了首先移动的优势。为了展现这种先动优势，让我们来看一下斯塔克尔伯格模型。

设有两个完全相同的厂商垄断着他们的产品市场，两个厂商的边际成本都为零，市场反需求函数为 $P=30-Q$，其中 $Q=Q_1+Q_2$ 表示两个厂商的产品总产量，P 为产品价格。假定厂商 1 先决定自己的产量，然后厂商 2 观察厂商 1 的产量水平，并据此作出产量决策。显然，这是一个序列博弈，在这个博弈中厂商 1 必须考虑厂商 2 如何对他的行动产生反应的问题。

既然厂商2是在厂商1采取行动之后采取行动,我们考虑厂商2对厂商1的行动反应。当厂商1决定的产量为Q_1时,厂商2的收益(利润)函数为$R_2=[30-(Q_1+Q_2)]Q_2$。按照利润最大化准则,我们得到厂商2对厂商1的反应函数为$Q_2=15-Q_1/2$。

再看厂商1的行动。厂商1知道,当他把产量定为Q_1时,厂商2就要把产量定为$Q_2=15-Q_1/2$。于是,厂商1的收益(利润)为$R_1=[30-(Q_1+Q_2)]Q_1$,边际收益为$MR_1=15-Q_1$。根据MR=MC原理,使厂商1获得最大利润的产量水平为$Q_1=15$。于是,厂商1的最优产量为15。然后,根据厂商2对厂商1的反应函数,可知厂商2的产量水平为$Q_2=15-15/2=7.5$。这样就得到了该序列博弈的完全均衡(15,7.5),而且明显地,先行者厂商1的市场占有量是后行者厂商2的市场占有量的2倍,先行者的利润也是后行者的利润的两倍,这就显示出了先行者的优势。

但对于那些有巨头企业的行业来说,由于巨头在新产品开发和产品定价方面具有领导作用,如IBM公司就是计算机行业中这样的巨头,斯塔克尔伯格模型就更具有实用性。

2. 威胁

在以上的讨论中我们没有考虑后行者的威胁,从而先行者必然要采取对自己最为有利的行动策略,以获得先行者优势。现在,我们从一个更广泛的角度来考察先行者的优势,并分析是什么因素决定了一个局中人能够在序列博弈中先采取行动的问题。我们将把此问题具体化为:企业采取什么样的行动才能使企业在市场上获得优势地位?例如,企业如何才能阻止潜在竞争者进入行业,或者如何才能诱使当前竞争者抬高价格或减少产量或完全离开行业?企业如何才能同举足轻重的竞争对手达成默契?凡是能给企业带来这种优势的行动,称为企业的战略或称为战略移动。歇凌(T. Schelling)给战略下了一个很好的定义,他说:"一个战略是一种行动,它能以对一个人自己最有利的方式来影响其他人的选择,影响其他人对这个人行动的预期。采取这样的行动,一个人在限制了自己行为的同时,也限制了竞争对手的行为。"

(1)威胁与空洞威胁。在生活中,人们惯用威胁和恐吓来达到自己的目的。但是,理性的参与者会发现某些博弈中威胁是不可置信的,即塞尔顿(Selton,1994年诺贝尔经济学奖得主)所谓的"空洞威胁"。威胁不可置信的一个重要原因是:将威胁所声称的策略付诸实践对于威胁者本人来说比实施非威胁声称的策略更不利。既然如此,我们就没有理由相信威胁者会选其威胁所声称的策略。

例如,有一个垄断市场,唯一的垄断者独占市场每年可获得100万元的利润。现在有一个新的企业准备进入这个市场,如果垄断者对进入者采取打击政策,那么进入者就将每年亏损10万元,同时垄断者的利润也下降为30万元;如果垄断者对进入者实行默认政策,那么进入者和垄断者将各自得50万元利润。现在,为了防止进入者进入,在位的垄断企业宣称:如果进入者进入,那么它就会选择打击政策。

但是,如果我们把这个市场进入博弈的博弈树画出来,如图8-7所示,再用逆向归纳方法求出均衡路径,就会发现这是一个"空洞威胁"。

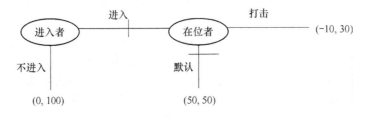

图8-7 市场进入博弈中的空洞威胁

我们会发现均衡路径是进入者进入,而在位者默认。在位者的威胁将是徒劳无效的,因为假定进入者真的进入了,在位者选择默认而不是打击将更符合其利益,所以在位者宣称要实施打击,也只是说说而已。

实际上,在很多时候,威胁都是徒劳无效的,尤其是口头的威胁。在公司里,员工常常会策略性地提出加薪,而威胁老板加薪的一个常见版本就是"如果不给我加薪,那我就将离职"。问题是,老板会不会理睬员工的威胁呢?一个显然的事实是,老板可不像小孩那样缺乏理性。如果员工并没有其他的去处,老板就不会理睬员工的加薪要求。只有老板相信员工会离去,并且他觉得多花点钱留住员工是值得的时候,他才会给员工加薪。

(2) 可信威胁。有些时候,局中人能够发出可信的威胁,促使博弈局中人之间达成协议,从而改变博弈的结局。让我们以赛车生产公司和远程引擎公司为例,来说明企业是如何做到这一点的。

赛车公司生产汽车,远程公司生产专用汽车发动机。远程的产品大都卖给赛车公司,只有少量流向外部市场。因此,远程公司高度依赖于赛车公司,它的生产计划是对赛车公司生产计划的响应。这就引出了赛车公司和远程公司之间的一场序列博弈,其中赛车公司是领导者,是先行动者,由它决定生产什么样的汽车,而远程公司随后决定生产什么样的发动机。图 8-8 列出了这个博弈的收益情况,其中利润是以百万美元来计的。

从收益表可以看出,(3,6)和(8,3)都是纳什均衡。对于赛车公司来说,生产小型车是最优的生产计划。既然赛车公司先采取行动,因此这个计划会得以执行,远程公司只有响应这一计划,去生产小引擎,并几乎全部卖给赛车公司,从而实现纳什均衡(3,6),让远程公司获得 300 万美元利润,赛车公司获得 600 万美元利润。然而,远程公司更希望实现纳什均衡(8,3),希望赛车公司生产大型车,自己生产大引擎,并把引擎卖给赛车公司,获得 800 万美元的利润,同时赛车公司获得 300 万美元的利润。那么,远程公司能否给赛车公司施加威胁,诱其生产大型车,而不是小型车?

假如除了远程公司外,其他引擎公司都无法满足赛车公司的需要,而且远程公司向赛车公司发出威胁,表明自己无论如何都要生产大引擎。如果赛车公司信以为真,它就只有生产大型车了,因为不然的话,它将在为小型车寻找小引擎方面遇到麻烦,从而只能得到 100 万美元利润,而不是 300 万美元。然而,远程公司的这种威胁并不可信。一旦赛车公司强硬坚持生产小型车,那么远程公司执行威胁策略就无利可图了。

远程公司可进一步采取行动,使它的威胁成为可信。如远程公司可拆除它的小引擎生产线,迫使博弈的收益表变为图 8-9。这时,赛车公司看到,不论自己生产什么类型的汽车,远程公司只能生产大引擎了(生产大引擎是远程公司的占优策略)。于是,远程公司的威胁变得可信,赛车公司也就只好生产大型车了。远程公司的这种似乎把自己置于不利地位的战略,改变了博弈的结局,终于实现了原来的纳什均衡(8,3),从而极大地提高了自己的利润(这种战略是有效的,但却是危险的。一旦有其他公司生产小引擎,并且成本更低的话,那么这种战略就会导致远程公司的破产)。

		赛车	
		小型车	大型车
远程	小引擎	3,6	3,0
	大引擎	1,1	8,3

图 8-8 赛车和远程的收益表

		赛车	
		小型车	大型车
远程	小引擎	0,6	0,0
	大引擎	1,1	8,3

图 8-9 修改后的收益表

公司的名声在获得战略优势方面也会起到一些作用。比如说,远程公司的非理性(甚至有点疯狂)已为人知,赛车公司不能肯定非理性的远程公司是一个利润最大化的追求者。这种情况下,远程公司威胁说要生产大引擎,就会取得赛车公司的相信,而不需要采取其他行动。因此在博弈中,局中人带点非理性的疯狂会有助于获得优势。

以上分析表明,可信的威胁可以使局中人双方达成一种协议,从而改变博弈最终实现的均衡,使发出威胁者在博弈中获得优势。

本章小结

1. 博弈论主要研究决策主体在给定信息结构下如何决策以达到效用最大化和不同决策主体之间决策的均衡。局中人、策略和支付构成博弈的基本要素。

2. 占优策略是指无论其他参与者采取什么策略,某博弈者都有一个最佳策略。如果所有参与者选择的都是自己的占优战略,该博弈均衡又被称为占优战略均衡。

3. 纳什均衡指的是这样一种战略组合,这种策略组合由所有参与人最优策略组成。即在给定别人策略的情况下,没有人有足够理由打破这种均衡。

4. 囚徒困境在重复博弈的过程中可以得到改善。以牙还牙是实现效率结果的有效机制。

5. 在序贯博弈中,选手选择的先后顺序非常重要。在这类博弈中,如果某个选手拥有优先权,那么他将处于有利地位。可信的威胁可以使局中人双方达成一种协议,从而改变博弈最终实现的均衡,使发出威胁者在博弈中获得优势。

关键概念

占优均衡 囚徒困境 纳什均衡 混合策略 序贯博弈 子博弈完美均衡

【思考与练习】

一、单选题

1. 博弈论中,局中人从一个博弈中得到的结果常被称为(   )。
   A. 效用　　　　　B. 支付　　　　　C. 决策　　　　　D. 利润

2. 囚徒困境说明(   )。
   A. 双方都独立依照自己的利益行事,则双方不能得到最好的结果
   B. 如果没有某种约束,局中人也可在(抵赖,抵赖)的基础上达到均衡
   C. 双方都依照自己的利益行事,结果一方赢,一方输
   D. (抵赖,坦白)是占优策略均衡

3. 一个博弈中,直接决定局中人支付的因素是(   )。
   A. 策略组合　　　B. 策略　　　　　C. 信息　　　　　D. 行动

4. 纳什均衡与占优策略均衡及重复剔除的占优策略均衡的关系是(   )。
   A. 占优策略均衡不一定是纳什均衡
   B. 重复剔除的占优策略均衡一定不是纳什均衡
   C. 纳什均衡一定是在重复剔除严格劣战略过程中没有被剔除掉的策略组合

D. 每一个纳什均衡都是占优策略均衡或重复剔除的占优策略均衡

5. 下列有关策略和纳什均衡的叙述正确的有（　　）。
A. 纯策略是博弈方采取"要么做，要么不做"的策略形式
B. 混合策略是博弈方根据一组选定的概率，在两种或两种以上可能的行为中随机选择的策略
C. 有些博弈既存在纯策略纳什均衡，也存在混合策略的纳什均衡
D. 以上均正确

6. 下列关于重复博弈的叙述错误的是（　　）。
A. 重复博弈又称为序贯博弈
B. 影响重复博弈均衡结果的主要因素是博弈重复的次数和信息的完备性
C. 如果博弈重复无限次，则局中人采取的针锋相对策略意味着任何一方参与人的一次性不合作将触发永远的不合作
D. 在有限次重复博弈中，若阶段博弈纳什均衡的唯一性存在，则每个阶段出现的都是一次性博弈的均衡结果

二、计算题

1. 两家计算机厂商 A 和 B 正计划推出办公信息管理系统。两厂商可开发的管理系统有高速、高质（H）和低速、低质两种（L）。市场研究表明各厂商在不同策略下相应的利润由如下的收益矩阵给出。

		厂商 B	
		H	L
厂商 A	H	30,30	50,35
	L	40,60	20,20

假设两厂商都试图最大化利润，且 A 先开始计划并实施，结果会怎样？如果 B 先开始，结果又会如何？请用博弈树进行表示。

2. 北方航空公司和新华航空公司分享了从北京到南方冬天度假胜地的市场。如果它们合作，各获得 500 000 元的垄断利润，但不受限制的竞争会使每一方的利润降至 60 000 元。如果一方在价格决策方面选择合作而另一方却选择降低价格，则合作的厂商获利将为零，竞争厂商将获利 900 000 元。

（1）将这一市场用囚徒困境的博弈加以表示。
（2）解释为什么均衡结果可能是两家公司都选择竞争性策略。

三、论述题

1. 举一个你在现实生活中遇到的囚徒困境的例子。
2. 给定两家酿酒企业 A、B 的收益矩阵如下表：

		A 企业	
		白酒	啤酒
B 企业	白酒	700,600	900,1 000
	啤酒	800,900	600,800

表中每组数字前面一个表示 B 企业的收益,后一个数字表示 B 企业的收益。

(1) 求出该博弈问题的均衡解,是占优策略均衡还是纳什均衡?

(2) 存在帕累托改进吗?如果存在,在什么条件下可以实现?福利增量是多少?

(3) 如何改变上述 A、B 企业的收益才能使均衡成为纳什均衡或占优策略均衡?如何改变上述 A、B 企业的收益才能使该博弈不存在均衡?

第九章 要素市场与要素价格的决定

本章知识结构图

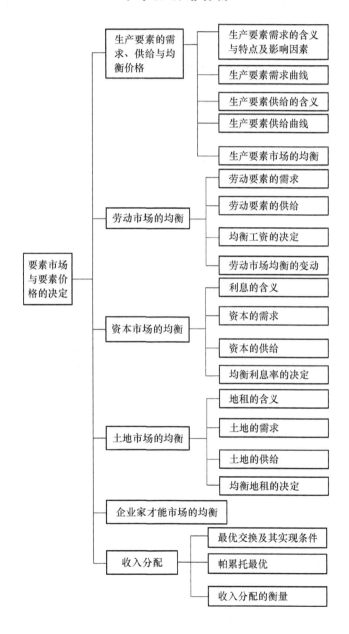

学习目的与要求

【目的与要求】通过本章的学习,应当掌握生产要素需求的特点;掌握劳动、资本和土地价格是如何决定的;掌握洛伦兹曲线与基尼系数;了解一般均衡的含义;了解帕累托最优标准。

【重点与难点】重点是生产要素价格决定的基本规律;难点是边际要素成本和边际收益产品的理解、工资的决定、利息的决定、地租的决定、一般均衡的含义以及帕累托最优标准。

前面几章分析了产品市场的均衡价格和均衡产量的决定,回答了微观经济学的基本问题——生产什么、生产多少和如何生产。本章则要探讨生产所需资源(也称生产要素)的价格是如何决定的。生产要素的价格就是要素所有者的收入,因此,生产要素价格如何决定的问题也就是国民收入如何分配的问题,即为谁生产的问题。

第一节 生产要素的需求、供给与均衡价格

一、生产要素需求的含义

生产要素是厂商用于生产产品和提供服务的投入,主要包括劳动、土地、资本和企业家才能。进行生产要素交易的市场称为生产要素市场,生产要素的价格构成厂商的生产成本。厂商为了完成产品的生产或提供一定的劳务,就必须进行生产要素的投入,由此形成了对生产要素的需求。生产要素的需求是指厂商在生产要素的每一价格水平下愿意而且能够购买的生产要素的数量。

二、生产要素需求的特点

商品可以直接满足消费者的需求,但生产要素必须通过商品的生产才能满足消费者的需求。商品的需求者是消费者,生产要素的需求者是厂商。厂商之所以需要生产要素是因为用它可以生产商品。这就是说,对生产要素的需求是由对商品的需求产生的,它是一种派生的需求,它取决于生产要素所具有的生产出商品的能力。如果消费者对某种商品的需求增加了,厂商对生产这种商品所需要的生产要素的需求也会增加。例如,市场需要一种新功能的软件,一家计算机企业生产新的软件程序时,它需要程序员的时间(劳动)、它的机构所处的实际空间(土地),以及办公楼和计算机设备(资本)。

要素需求不仅是一种派生的需求,也是一种联合的需求。任何产品都不是一种生产要素单独所能生产出来的,而必须有多种生产要素的共同合作才行。各种生产要素之间存在相互替代或补充的关系,因此,厂商对生产要素的需求,不仅要受该生产要素价格的制约,还要受其他生产要素价格的制约。如果人工很便宜,使用昂贵的机器不如用人工合算,厂商就会更多地使用人工来代替机器。

三、影响生产要素需求的因素

1. 生产要素自身的价格

生产要素自身的价格是影响生产要素需求的最重要的因素。一般来说,随着生产要素自身的价格提高,对该生产要素的需求量会减少。生产要素需求量与生产要素自身的价格之间

成反方向变动关系。

2. 其他生产要素的价格

在一定条件下,各生产要素之间存在替代关系,如劳动和资本。当资本要素价格提高时,劳动要素价格相对降低,厂商将增加对劳动要素的需求量,减少对资本要素的需求量。要素的需求量与替代要素价格之间通常成同方向变动关系。

3. 产品价格

在其他条件不变的情况下,产品价格越高,厂商越愿意增加该产品的供给量,从而对生产要素产生更多的需求。生产要素需求量与产品价格之间成同方向变动关系。

4. 生产技术水平

厂商对生产要素的需求还受到技术因素的影响。随着生产技术水平的提高,劳动生产率通常会提高,这时,对劳动要素的需求通常会减少。劳动要素的需求与生产技术水平通常成反方向变动关系。

5. 厂商对未来的预期

厂商对未来的预期是影响要素需求的重要因素。一般来说,如果厂商对未来预期较为乐观,将会导致对生产要素的现期需求量增加。反之,对生产要素的现期需求量则减少。

6. 其他因素

其他因素如政府政策、气候等也会影响厂商对生产要素的需求。例如,2009年国家实施的允许企业抵扣购进设备进项税的改革措施将使企业增加对资本要素的需求,减少对劳动要素的需求。

四、生产要素需求曲线

厂商在进行生产的时候,总是遵循着最大利润原则,使边际收益等于边际成本(MR=MC)以确定最优产量;另外,根据最优产量来决定各种生产要素的使用量并愿意承担要素价格。厂商购买一定数量的生产要素所愿意支付的价格水平是由要素的边际生产力决定的。

边际生产力(Marginal Productivity)概念是由美国经济学家克拉克于19世纪末首先提出来的。边际生产力指的是在其他条件不变的前提下,每增加一单位的某种要素的投入所增加的产量进而带来的收益,又称作边际收益产品(Marginal Revenue Product,MRP)。以实物来表示的边际生产力即厂商每增加一单位的某种要素的投入所增加的产量,称作边际实物产量(Marginal Physical Product,MPP),即边际产量(MP)。

显然,边际实物产量遵循边际产量递减规律:一种要素投入量不断增加,其他要素保持不变,可变要素的边际产量在一个时期内开始时增加到保持不变,但最终还是要递减。由此可知要素的边际收益产品也是递减的,这个规律也称为边际生产力递减规律。

如图9-1所示,纵轴表示边际收益产品或生产要素自身的价格,横轴Q表示生产要素的使用数量或需求数量,边际收益产品曲线是一条向右下方倾斜的曲线,它反

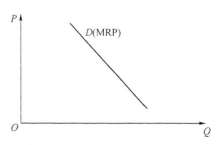

图 9-1 厂商的要素需求曲线

映了边际收益产品随要素使用量变动的函数关系。在一定条件下,它就是厂商对生产要素的需求曲线,反映了生产要素需求量随生产要素价格变动的函数关系。

厂商在决定使用多少生产要素投入时,必须考虑成本和收益的比较,即追加一单位生产要素所获得的收益 MRP 能否补偿他为使用该单位要素所支付的成本。这种成本即增加一单位

投入要素所增加的成本,称为边际要素成本(Marginal Factor Cost,MFC)。

总的说来,厂商对某种生产要素的需求量将决定在这样一个水平上:最后增加使用的那个单位生产要素所带来的收益恰好等于为使用它所支付的成本,即 MRP=MFC。如果边际收益产品大于边际要素成本,厂商就会购买更多的生产要素;如果边际收益产品小于边际要素成本,厂商就会对生产要素减少购买,一直到边际收益产品等于边际要素成本为止。

厂商通过调整可变要素投入量以实现利润最大化的条件,使最后增加的那单位可变要素带来的收益恰好等于购买这单位生产要素所付出的成本。当可变要素为劳动时,这一条件可表述为 MRP=W,W 是劳动要素的价格,即使用劳动的成本。

【专栏一】约翰·贝茨·克拉克简介

约翰·贝茨·克拉克(John Bates Clark,1847—1938 年),美国经济学家,哥伦比亚大学教授,美国经济学会创始人、协会第三任会长。他倡导静态与动态两种经济分析方法。

19 世纪后期,约翰·贝茨·克拉克在其著作《财富的分配》中提出了边际生产力分配论。他认为,劳动和资本(包括土地)各自的边际生产力决定它们各自的产品价值,同时也就决定了它们各自所取得的收入。边际生产力工资理论可以说是现代工资理论之先驱。

主要著作有《财富的哲学》《财富的分配》《经济学纲要》。

克拉克的儿子 J.M.克拉克曾说:"克拉克提出边际效用价值论虽晚于杰文斯和其他的首创者,但显然是独立的。古典经济学已经为该理论准备了若干资料;它在效用和交换价值的关系问题上留下了一种挑战,而且它在李嘉图的场合又遇到了这样一种劳动理论,这理论在李嘉图接受了劳动成本并非单独决定物品彼此交换比率的观点之后,又转变成了生产成本论。古典经济学还包含着合理量度效用的概念和边际方法,只须将两者结合在一起便可提出边际效用理论。甚至维也纳经济科学协会在欢迎克拉克为名誉会员时也称赞他是独立于其他探索者而发现这一新学说的人之一,该学说半个世纪以来已构成经济理论发展的基础……"

五、生产要素供给的含义

居民或消费者是生产要素的拥有者,居民为了取得收入就需要在要素市场上按照一定的价格向要素的需求者提供生产要素,由此形成了对生产要素的供给。生产要素的价格形成了生产要素供给者的收入。生产要素的供给是指居民在生产要素的每一价格水平上愿意而且能够提供的生产要素的数量。

六、生产要素供给曲线

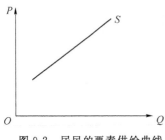

图 9-2 居民的要素供给曲线

生产要素自身的价格是影响生产要素供给的最重要的因素。一般来说,随着生产要素自身的价格提高,对生产要素的供给量会增加。反之,对生产要素的供给量会减少。生产要素供给量与生产要素自身的价格之间成同方向变动关系。反映生产要素供给量与生产要素自身价格之间变动关系的曲线称为生产要素供给曲线。如图 9-2 所示,横轴表示生产要素的数量,纵轴表示生产要素的价格,S 即居民的生产要素供给曲线,它一般向右上方倾斜。

七、生产要素市场的均衡

同产品的价格决定一样,生产要素的价格也是由生产要素市场上生产要素的需求和生产要素的供给相互作用来决定的。

在生产要素市场上,对于某种生产要素的任一价格,其相应的需求量和供给量不一定相等,但在该生产要素各种可能的价格中,必定有一价格能使需求量和供给量相等,从而使该生产要素市场达到一种均衡状态。如图9-3所示,D线是某种生产要素的市场需求曲线,它是由厂商的要素需求曲线加总而成的,S线是该生产要素的市场供给曲线,D线和S线相交于E点,E点表示该生产要素市场达到均衡状态的均衡点,E点所对应的价格P^*就是生产要素的均衡价格,与这一价格相对应的交易量Q^*是生产要素的均衡数量,它既是生产要素需求量,又是生产要素供给量。

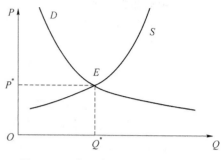

图9-3　生产要素均衡价格的形成

第二节　劳动市场的均衡

厂商为了获得出售商品的货币收入,雇用生产要素如劳动、土地、资本进行生产商品而支付的要素报酬就是居民的收入,这些报酬的具体表现是:为劳动的使用支付工资、为土地的使用支付租金、为资本的使用支付利息、为获得企业家才能的使用而支付利润(正常利润)。工资是劳动要素的价格或居民提供劳动要素所获得的报酬,它是在劳动市场上形成的。

一、劳动要素的需求

1. 劳动要素需求的含义

劳动力是指在一定年龄之内,具有劳动能力与就业要求,从事或能够从事某种职业劳动的全部人口,包括就业者和失业者。劳动是指人类在生产过程中体力和智力的总和,它是劳动力所提供的服务。在不同的工资水平下厂商对劳动要素的需求数量即为劳动要素的需求。

2. 影响劳动要素需求的因素

(1) 劳动要素自身的价格。一般来说,随着劳动要素自身的价格提高,对劳动要素的需求量会减少。劳动要素需求量与劳动要素自身的价格之间成反方向变动关系。

(2) 产品价格。一般来说,随着产品价格的上升,产品供给量会增加,对劳动要素的需求量也会增加。例如,苹果价格上升增加了苹果的产量,因此果农增加了对劳动力的需求。劳动要素需求量与产品价格之间成同方向变动关系。

(3) 技术变革。一般来说,技术进步会提高劳动生产率,在其他条件不变的情况下,厂商用较少的劳动力便可以完成既定的产量,因而会减少对劳动要素的需求。例如,中国人民银行调查的27个行业5 000户企业数据显示,企业就业人数随着劳动生产率的提高而不断下降。在监测企业数量和行业分布保持基本稳定的前提下,职工人数从1995年年末的1 833万人下降到2005年年末的1 455万人,降幅达20.6%。

(4) 政府政策。政府政策会对劳动要素的需求产生一定的影响。在政府实施就业促进政策的情况下,如对企业发放雇佣补贴,企业通常会增加对劳动要素的需求。在其他条件不变的情况下,政府颁布实施最低工资法案通常会减少企业对劳动要素的需求。

(5) 其他因素。如宏观经济状况等也会影响厂商对劳动要素的需求。如2008年国际金融危机爆发后,受经济大环境影响,不少国际知名企业纷纷控制人力成本,进行较大规模的裁员。

3. 劳动要素的需求曲线

劳动要素的需求曲线反映的是劳动要素需求量与劳动要素自身价格之间的反方向变动关系。它一般向右下方倾斜,如图9-4中的曲线D所示。图中横轴L是劳动要素的数量,纵轴W是劳动要素的价格,即工资水平。劳动市场需求曲线由厂商的劳动要素需求曲线加总而成。

4. 劳动要素需求曲线的移动

在工资水平一定的条件下,其他影响劳动要素需求的因素发生变动将使劳动要素需求曲线发生向左或向右的平移,如图9-5所示。例如,产品价格降低,厂商减少产量,将使对劳动要素的需求减少,劳动要素的需求曲线向左移动,由D_1移至D_2。

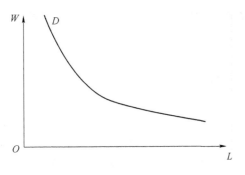

图9-4 劳动要素的需求曲线

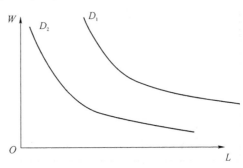

图9-5 劳动要素需求曲线移动

二、劳动要素的供给

1. 劳动供给的含义

劳动供给是指劳动力供给的决定主体(家庭或个人)在各种可能的市场工资率的条件下愿意并且能够提供的劳动时间。

2. 影响劳动供给的因素

(1) 劳动要素自身的价格。一般来说,随着劳动要素自身的价格即工资水平的提高,劳动的供给量会增加,反之,劳动的供给量会减少。劳动供给量与工资水平之间成同方向变动关系。例如,给人端茶倒水的工作,一般人都不愿意干,但一旦把这些工作搬到飞机上,给空哥空姐开高工资,端茶倒水的工作人人都抢着干。同时我们也可以预测,随着空中乘务员与其他行业职位的收入、处境、待遇逐渐持平,未来的飞机服务员将不再是帅哥美女,而将是大叔大婶。

(2) 劳动的嗜好。对劳动的嗜好加强会使人们更愿意工作,增加劳动的供给量。反之,则减少劳动的供给量甚至自愿失业。劳动供给量与劳动的嗜好之间成同方向变动关系。1950年,在美国有34%的妇女从事工作。2000年,这一数字上升到60%。原因之一是嗜好或对工作态度的改变。

(3) 移民。工人从一个地区向另一个地区,或从一个国家向另一个国家的流动是劳动供给变动的明显且重要的来源,它会带来局部地区或某个国家的劳动供给数量的增减。如中国学生移民国外,使得中国国内劳动供给减少。

(4) 可供选择的机会改变。在任何一个劳动市场上,劳动供给受其他劳动市场上可以得到的机会的影响。例如,如果摘桃子的工人赚到的工资突然上升了,一些摘苹果的工人就会选择改变职业。结果,摘苹果工人市场上的劳动供给减少了。

(5) 人口规模及结构。人口规模及结构是影响劳动力供给的重要因素。一般来说,随着人口的增加,劳动供给会增加。反之,劳动供给则减少。另外,由于就一般情况而言,男性的劳动力参与率高于女性,而年轻人的劳动力参与率高于老年人,因此,人口的性别结构和年龄结构对于实际的劳动力供给数量有着很大的影响。

(6) 生活成本的变动。一般来说,随着生活成本的提高,将使得人们对劳动的供给增加。反之,人们对劳动的供给将减少。劳动供给量与生活成本之间通常成同方向变动关系。

(7) 闲暇的效用。一般来说,在其他条件一定时,随着闲暇的边际效用提高,人们对劳动的供给将减少。反之,人们对劳动的供给将增加。劳动供给量与闲暇的效用之间通常成反方向变动关系。

(8) 其他因素。其他因素如政府政策、宏观经济状况等也会影响劳动要素的供给。例如国家降低社会保障待遇通常会使人们增加劳动的供给,反之则可能使得人们减少劳动的供给。

3. 劳动供给曲线

居民是劳动这种生产要素的所有者,劳动供给可以看成是居民如何对其拥有的既定时间资源在劳动和闲暇之间进行分配。假定每小时工资为 5 美元,居民在每天 24 小时中保证 8 小时睡眠之后的 16 小时,如何在工作和闲暇之间进行分配?如果这 16 小时全部用来工作,可得 80 美元收入,若全部用于闲暇,为 16 小时。由此可得预算线 AB,如图 9-6 所示,又根据居民对收入和闲暇的无差异曲线与预算线相切得到在特定工资率下的均衡,居民愿意供给 10 小时的劳动,获得 50 美元的收入。

当工资率发生变动时,会产生两种效应:替代效应和收入效应,这两种效应会影响居民的劳动供给。例如,当工资率提高到每小时 8 美元时,由于居民享受闲暇 1 小时比以前付出更大的代价,或者多工作 1 小时可以得到更多的收入,所以居民倾向于用收入去替代闲暇,劳动的供给量增加,这是替代效应;同时,由于工资率的提高使居民的处境更好,居民愿意享受更多的闲暇,劳动时间减少,这是收入效应,它使劳动的供给量减少。

劳动供给曲线的形状取决于工资率变动的收入效应和替代效应的大小。在居民的工资率水平较低时,他们的生活水平并不高,所以工资率上升带来的替代效应大于收入效应,劳动的供给量随着工资率的上升而增加;在居民的工资率水平较高时,他们的生活水平较高,所以工资率上升带来的收入效应大于替代效应,劳动的供给量随着工资率的上升而减少。因此,劳动的供给曲线在以劳动时间为横轴,工资水平为纵轴的坐标系里表现为一条向右上方倾斜并部分向后弯曲的曲线,如图 9-7 中的 S 所示。劳动的市场供给曲线由各个劳动者的劳动供给曲线加总而成。

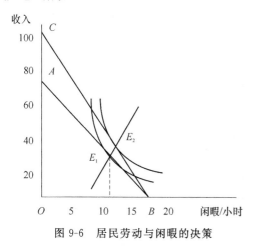

图 9-6 居民劳动与闲暇的决策

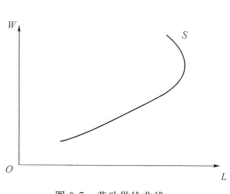

图 9-7 劳动供给曲线

4. 劳动供给曲线的移动

只要人们改变他们在某一既定工资时想工作的时间,劳动供给曲线就会移动。例如,在工资水平一定的条件下,人们对劳动的嗜好增强,对劳动的供给增加,劳动供给曲线向右平移。

三、均衡工资的决定

均衡工资是由劳动要素的需求和供给共同决定的,对劳动的需求由劳动的边际生产力决定。将向右下倾斜的劳动市场需求曲线和部分向后弯曲的劳动市场供给曲线置于同一图形中,便可得到劳动市场的均衡点。如图9-8所示,图中劳动需求曲线和供给曲线的交点E即为劳动市场的均衡点,这个均衡点决定的均衡工资水平为W_0,均衡劳动量为L_0。

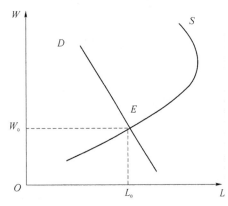

图9-8 劳动市场的均衡

【专栏二】歌星的高收入

某歌星一场演唱会的出场费收入是几十万元人民币,是普通人几年的收入,老百姓难免心里不平衡。

歌星的收入主要来源是门票收入。我们分析演唱会门票的价格,如果想听演唱会的人增加了,而歌星的供给不变,则门票价格就会上升,由于演唱会举办方与歌星都能从高价格的门票中得到更多的收益,他们还增加演唱会的场次;同理可以推出,如果没有那么多歌迷,需求减少,门票价格必然下降。如果歌星增加,门票的价格也会下降;同理可以推出,歌星减少,门票的价格也会上升。这就是经济学分析的供求规律。

歌星的高收入是由歌星的供给和公众的需求共同决定的,这是市场机制作用的结果,既然对歌星的消费需求如此之大,而供给方又稀缺,也就是说在市场上少数著名歌星有完全垄断地位,因此他们的高收入不仅是合理的也是公正的,少数歌星是竞争出来的。当看到一夜走红的歌星收入高于我们这些十几年寒窗苦读的教授许多时,难免有不平衡之感,但从经济学的理性来看,歌星的高收入是市场供求关系决定的,因此歌星的高收入是合理的。

请思考:工资由什么决定?为什么不同人的工资水平不同?

四、劳动市场均衡的变动

劳动需求的变动和劳动供给的变动都会影响劳动要素的均衡数量和均衡工资水平。例如,当失业保险金水平降低时,人们对劳动的供给将增加,劳动供给曲线向右平移,如图9-9所示,工资水平下降,同时劳动要素的均衡数量增加。反之,当失业保险金水平提高时,人们对劳动的供给将减少,劳动供给曲线向左平移,工资水平上升,劳动要素的均衡数量减少。可见,工资水平与劳动供给成反方向变动关系,劳动要素的均衡数量与劳动供给成同方向变动关系。同理可知,工资水平与劳动需求成同方向变动关系,劳动要素的均衡数量与劳动需求也成同方向变动关系。

【专栏三】"用工荒"观察

2012年春节刚过,山东省青岛市不少企业就遇到

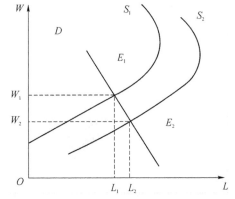

图9-9 劳动市场均衡的变动

了"用工荒"。以往很红火的青岛市多个劳务市场变得相当冷清。虽然公路边上的大牌子上贴满了各种招工广告,但是找工作的人却相当少。为了招到员工,不少企业提高了工资待遇,除此之外,还给求职者提供诸如保险、班车、宿舍、年假,以及给夫妻求职者分配单间等优惠和福利。近年来,我国沿海发达地区出现"用工荒"现象,即不同程度出现了农民工的短缺。这是我国经济发展阶段劳动力市场发展不完善的体现。

20世纪90年代,我国出现南下"民工潮",求职的民工源源不断地到沿海地区,为沿海地区提供了大量的廉价劳动力,促进了沿海对外开放地区经济的快速发展。

进入21世纪,沿海地区出人意料地出现"民工荒",很多企业招不到一线的生产工人,有的企业由于工人不足而被迫停产,其主要原因是:我国经济总体已经到了一个新的时期,城乡预期收益差距在减少,而迁移成本在不断增加。十多年来,沿海地区城市的农民工工资水平没有大幅提高,农民工享受不到城市居民的应有待遇,在城市的生活成本不断提高。沿海发达地区依靠廉价的劳动力成本的粗放式经济发展模式已经到了要升级的阶段,企业要进行转型发展。

"民工荒"反映我国劳动力市场不完善。一个完善的劳动力市场应有良性的法律基础和制度为支撑。目前的制度使工资不能反映真实的劳动力机会成本,农民工的权益得不到充分保障,以户籍制度为基础的就业政策不利于形成劳动力市场,劳动力在地理上的分割以及劳动力拥有的信息不充分,于是出现劳动力在一定时间内不平衡现象。随着我国经济结构调整的推进,劳动力市场法律和制度的完善,"民工荒"现象未来会缓解。

请思考:工资水平为什么会发生变动?劳动力供给的减少对工资水平有什么影响?

第三节 资本市场的均衡

一、利息的含义

资本要素是通过直接或间接的形式,最终投入产品、劳务和生产过程中的中间产品和金融资产。它具体包括资金、厂房、设备、材料等资源。资本可以表示为实物形态和货币形态,实物形态又称为投资品或资本品,如厂房、机器、动力燃料、原材料等;资本的货币形态通常称为货币资本。利息是厂商在一定时期内为使用资本要素所支付的代价,或者说是资本所有者在一定时期内因让渡资本使用权、放弃现期消费所获取的收入。利息水平可以用利息率来表示:利息率=利息/本金×100%。

二、资本的需求

厂商对资本的需求是指在各个不同的利息率水平上厂商愿意而且能够使用的资本数量。它主要来自企业投资的需求,取决于资本的边际生产力。如果利息率既定,厂商对资本的需求量将被取决于这样的水平上:在该水平上,资本的边际生产力,即资本的预期利润率恰好等于利息率。由于要素报酬递减规律的作用,资本投入的增加必然还会降低其预期利润率,因此,当预期利润率与利息率相等时,厂商将不再增加或减少资本的投入。将所有单个厂商对资本的需求曲线汇总即形成资本的市场需求曲线,它一般向右下方倾斜。如图9-10所示,D曲线是资本的市场需求曲线,图中纵轴r表示利息率,横轴K表示资本的数量。

三、资本的供给

资本的供给是指资本的所有者在各个不同的利息率水平上愿意而且能够提供的资本数量。它主要来自于储蓄,取决于资本所有者对现期消费和未来消费的偏好。利息率越高,人们越愿意放弃现期消费,从而愿意提供的资本越多,因而资本的供给与利息率成同方向变化。如图9-10所示S曲线是资本的供给曲线,它一般向右上方倾斜。

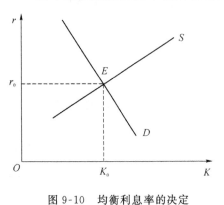

图9-10 均衡利息率的决定

四、均衡利息率的决定

利息是资本的价格,是由资本的供求关系决定的。如图9-10所示,D曲线与S曲线相交于E点,E点对应的r_0为均衡利息率,K_0为资本的均衡供求量。

第四节 土地市场的均衡

一、地租的含义

经济学中的土地是一个广泛的概念,它不仅指一般意义上的土地,还包括地上和地下的一切自然资源,如江河、湖泊、森林、海洋、矿藏等。地租是在一定时期内利用土地的边际生产力所支付的代价或提供土地这一生产要素所获取的报酬。

二、土地的需求

土地的需求是指在不同地租水平下厂商愿意而且能够使用的土地的数量。土地的需求取决于土地的边际生产力,而土地的边际生产力也是递减的,从而对土地的需求曲线如同其他生产要素的需求曲线那样,呈现为一条向右下方倾斜的曲线,如图9-11所示的D曲线。

三、土地的供给

土地这一生产要素具有稀少性、不能流动、不能再造等特点。就一个国家而言,土地的全部供给量是固定的,这个国家土地供给曲线表现为一条垂直线,如图9-11(a)所示的S曲线。而对于某一行业来说,土地的供给是可变的。如果一块土地用于某种用途比用于别的用途所取得的收益高,即该用途可以取得较高的地租,这种用途的土地供给量就会增加,即通过减少其他用途的土地量来增加该用途的土地供给量。某一行业的土地供给曲线如图9-11(b)所示的S曲线,它一般向右上方倾斜,反映某一行业土地供给量与地租之间的同方向变动关系。

四、均衡地租的决定

地租是由土地的供给和需求共同决定的。如图9-11所示,土地需求曲线和土地供给曲线相交处决定均衡地租,N_0即为均衡的土地供求量。图中横轴N表示土地的数量,纵轴R表示地租水平。

在图 9-11(a)中,随着对土地的需求增加,土地的需求曲线由 D_1 右移至 D_2,相应地,地租由 R_1 上升到 R_2。可见,就一个国家的全部土地而言,地租的高低取决于对土地的需求;随着经济社会快速发展,对土地的需求迅速上升,地租也不断上涨。图 9-11(b)表明,对于一个特定的行业而言,地租的上升可以引起土地供给量的增加。

租金是固定供给要素的服务价格,固定供给意味着要素价格的下降不会减少该要素的供给量,或者要素收入的减少不会减少该要素的供给量。有许多要素的收入尽管从

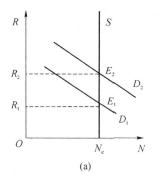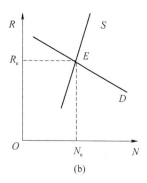

图 9-11 均衡地租的决定

整体上看不同于租金,但其收入的一部分却可能类似于租金,即如果从该要素的全部收入中减去这一部分收入并不会影响要素的供给。我们将这一部分要素收入称作"经济租金"。例如,劳动市场上有 A、B 两类工人各 100 人,A 类工人素质高,所要求的工资为 200 元,B 类工人素质低,所要求的工资为 150 元。如果某种工作 A、B 两类工人都可以担任,那么,企业在雇佣工人时,当然先雇佣 B 类工人。但在 B 类工人不够时,也不得不雇佣 A 类工人。假设某企业需要工人 200 人,他就必须雇佣 A、B 两类工人。在这种情况下,企业必须按 A 类工人的要求支付 200 元的工资。这样,B 类工人所得到的收入就超过了他们的要求。B 类工人所得到的高于 150 元的 50 元收入就是经济租金。其他生产要素所有者也可以得到这种经济租金。

第五节 企业家才能市场的均衡

企业家才能是指企业家经营企业的组织能力、管理能力与创新能力。企业家才能的价格称为正常利润,它是提供企业家才能这一要素所获取的报酬,也是厂商使用企业家才能这种要素所支付的代价。正常利润包含在产品总成本之中。当厂商收支相抵时就会获得正常利润。

正常利润的决定与工资类似,取决于企业家才能的供求关系。由于企业家在生产经营中起着重要作用,因此社会对企业家的需求很大,又由于企业家才能是经过特殊训练培养和部分天赋才能获得,其成本也很高。因此,企业家才能的供求曲线的交点所决定的正常利润就远高于一般劳动者的工资。

当某一厂商或因为领先采用新技术,或因为拥有某种市场权力,或因为其他原因而使其成本低于其他厂商或其产品价格高于其他厂商时,它便有可能获得超额利润。超额利润有别于正常利润。超额利润指超过正常利润的那部分利润,是厂商总收益和总成本的差额,亦即经济利润。对超额利润的来源一般有以下几种解释。

第一,超额利润是承担风险的报酬。在一个动态经济中,未来总是不确定的,厂商必须承担由此产生的风险,超额利润就是承担风险的报酬。

第二,超额利润是创新的结果。创新是指提供新产品和新劳务、引进新生产方法,采用新原料、开辟新市场和建立新企业组织等行为。创新能够提高生产率,增加投资,刺激经济增长,从而带来超额利润。

第三,垄断是垄断利润的源泉。由于垄断厂商能够限制产量,控制价格,限制其他厂商进入,因而可以减少某些不确定性,长期保持垄断利润。

【专栏四】企业家才能

"企业家"一词来自法语。法国经济学家坎梯龙于1755年在《一般商业之性质》一书中最早引入这一概念。企业家才能是管理与经营企业的能力。在早期市场经济阶段,资本所有者与经营者往往是合二为一,由一人承担。因此,法国经济学家萨伊的三要素(劳动、资本、土地)没有包括企业家才能。随着市场经济发展,管理与经营企业成为一种专门职业,出现了经理人,因此,英国经济学家马歇尔把企业家才能作为一种独立的生产要素。现在,经济学家对企业家才能也存在不同的观点。奈特认为企业家才能是进行决策承担不确定性的能力,那些在不确定环境下做出决策并承担全部后果的人是企业家。哈耶克和柯兹纳强调企业家获取和利用信息的才能,企业家对获利机会敏感并且总是准备着套利。熊彼特从创新角度,认为企业家是经济发展的带头人,是企业创新活动的倡导者和实行者。

请思考:什么是企业家才能?什么是企业家?在学生时代如何培养企业家才能?

第六节 收入分配

在市场经济中,要素所有者按照要素的均衡价格取得报酬或收入,也就是国民收入分配。人们获得收入是通过交换完成的。

一、最优交换及其实现条件

经济社会中的每一个部门或单位都不是孤立存在的,而是相互依存影响的。局部均衡分析了单个消费者均衡和单个厂商均衡,它假定在其他条件不变时,某商品或要素的价格只取决于该商品或要素本身的供求状况,而不受其他商品或要素价格和供求状况的影响。一般均衡分析则与之不同,它要研究一个变量变动所引起的一系列连锁反映,即不仅看到变量变动的直接效应,还要顾及到其间接的影响,看到其整体的结果。一般均衡分析假定各种商品的价格与供求都是互相联系的,某商品价格的变动,不仅受该商品供求的影响,还受其他商品价格与供求的影响。关于这个问题,西方经济学家通常采用一种直观的、非数学计算的方法——艾奇沃斯盒形图(Edgeworth-box diagram)来进行分析。英国经济学家艾奇沃斯(Edgeworth)首创的艾奇沃斯盒形图假设社会上只有两个消费者 A 和 B,只消费两种产品 X 和 Y,两个生产者和两种生产要素,生产要素(资源)总量和价格既定,人们追求的是效用最大化和利润最大化。

在艾奇沃斯盒形图中,横轴代表 X 产品数量,纵轴代表 Y 产品数量,盒形图空间为产品总量。两个原点 O_A、O_B 分别代表两个消费者 A 和 B 对两种产品 X 和 Y 的消费起点。A 所消费的 X 的数量和 Y 的数量,分别以 O_A 点出发的水平向右和垂直向上的距离来表示;B 所消费的 X 的数量和 Y 的数量,分别以 O_B 点出发的水平向左和垂直向下的距离来表示。A 和 B 的消费偏好已知,如图 9-12 所示。

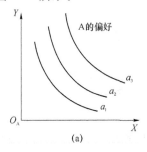
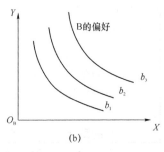

图 9-12 消费者 A、B 的偏好

把消费者 B 对 X 和 Y 的消费无差异曲线图旋转 180°，与 A 消费者对 X 和 Y 的消费的无差异曲线重叠便得到艾奇沃斯盒形图，如图 9-13 所示，图中盒状图方形的长和高分别代表两个消费者所拥有的两种商品的总量。这样，盒形图中任何一点都具有双重意义：一方面，代表两种商品的总供给量 $X+Y$ 在 A、B 两个消费者之间配置的状态；另一方面，表示在这种分配时，消费者 A、B 分别获得的满足程度。

假设最初的分配结果是 C 点，即 A 消费者拥有 X 产品数量为 X_A，拥有的 Y 产品数量为 Y_A；则 B 消费者拥有的 X 只能是 $X_B(X_B=X-X_A)$，拥有的 Y 只能为 $Y_B(Y_B=Y-Y_A)$。这种分配带给 A、B 双方的满足程度分别为无差异曲线 I_{A1} 和 I_{B2}。

根据边际效用递减规律，A、B 消费者都会在不降低自己效用的原则下调整 X，Y 商品的数量，产生交换商品，直至达到无差异曲线的切点，如 E_1，E_2，E_3 点，无差异曲线切点上都意味着最优分配状况。切点的连线称作交换的契约线，如图 9-13 所示。A、B 消费者此时的 X 对 Y 的边际替代率相等，即 $MRS_A=MRS_B$，该公式所表达的意思是给出交换的底线，即任何一方都不会损失，否则交换不成立。

若把艾奇沃斯盒形图中的横轴换成劳动要素数量 L，纵轴换成资本品要素数量 K，两个原点换成 O_X，O_Y，分别表示两种产品生产的出发点。同样方法可以得到生产契约线，如图 9-14 所示。

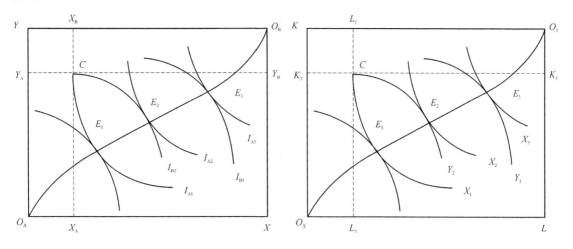

图 9-13　变换契约线　　　　　　　　图 9-14　生产契约线

假设图 9-14 中的 C 点代表两种生产要素的最初配置，其中用于生产 X 的劳动量为 L_X，资本量为 K_X。由于生产要素的完全被使用是最大化研究的约束条件，因此用于生产 Y 的劳动量为 $L_Y(L_Y=L-L_X)$，资本量为 $K_Y(K_Y=K-K_X)$，此时，社会获得的产量组合为 X_1 和 Y_2。如果调整两种产品生产中 L 和 K 的配合比例，不增加要素也可以增加两种产品的数量，或者至少可以增加一种产品的产量而不会使另一种产品的产量减少，从而可达到最高的资源配置效率。此时，在技术条件不变的情况下，生产两种产品的两种生产要素的边际技术替代率相等，即 $MRTS_X=MRTS_Y$。如图 9-14 所示的 E 点就是资源合理配置的轨迹。

【专栏五】艾奇沃斯简介

弗朗西斯·西德罗·埃奇沃思（Francis Ysidro Edgeworth，1845—1926 年），是英国统计学家，数理统计学的先驱。埃奇沃思既是统计学家，又是经济学家。他热心于研究概率论与数理统计，并将其应用到经济学的领域中。

埃奇沃思对统计科学的主要贡献,是他最早运用数学,特别是概率论来研究社会经济问题。正因为这样,统计史上称他为描述学派或旧数理学派中经济学派的创始人。

埃奇沃思在经济学方面,是著名的古典经济学家。他从研究数学与伦理学到研究经济学,这一点颇与马歇尔相似。他在其主要著作中,用数学方法对经济生活进行功利主义伦理学的应用分析,这影响了当时和以后的经济学家,甚至对马歇尔也产生了很大影响。他在经济学方面的成就主要是在纯理论方面,而不在实际问题方面。1881年,他的名著《数学心理学,试论数学对道德诸科学的应用》一书出版,时值他36岁。该书在现代经济学中仍占有十分重要地位。被普遍采用的"无差异曲线"和"契约曲线"等概念,都是由他在这本书中提出的。

埃奇沃思继承了瓦尔拉(M. E. L Walras,1834—1910年)提出的一般均衡理论,并把数学运用于这一理论的研究,对古典经济理论做出了许多重要的发展。

埃奇沃思在经济学方面的另一重要贡献,是他第一个提出"契约曲线"的概念,并将其引入经济分析,用以分析市场上的交易与生产达到境界的条件。契约曲线分为交换的契约曲线和生产的契约曲线。契约曲线对帕累托提出的福利最大化的最优境界条件做了理论分析,对福利经济学的发展有着相当大的影响。

二、帕累托最优

简单的交换与生产的一般均衡模型表明,在资源总量、技术水平既定的条件下,若掌握了所有消费者的效用函数以及所有生产者的生产函数,社会就有可能通过对资源配置的不断调整,对产品分配方案不断改进,达到一个最佳的生产计划和最佳分配消费计划,使资源的配置效率达到最大,使消费者的满足程度达到最大。

新福利经济学认为,个人是他自己福利的唯一判断者,所有个人的福利总和构成社会福利。旧福利经济学的创始人庇古以基数效用论为基础,提出两个基本的命题:第一,国民收入总量越大,社会经济福利就越大;第二,国民收入分配越平等,社会经济福利就越大。他认为,要增加国民收入,就必须增加社会产量,而要增加社会产量,就必须实现社会生产资源的最优配置;要增大社会经济福利,必须实现收入均等化,而收入均等化,就是国家通过累进所得税政策把向富人征得的税款用来举办社会福利设施,让低收入者享用,这样就可以使社会经济福利极大化。

20世纪初产生了以意大利经济学家帕累托(Pareto)为代表的新福利经济学。它以序数效用论为基础,反对将高收入阶层的货币收入转移一部分给穷人的主张,以效率作为福利分析的唯一标准,提出帕累托最优状态:资源配置正处于不减少一部分人的福利就无法增进其他一部分人福利的状态,该状态即为社会资源配置的最优状态。它可以作为资源配置效率的衡量标准:资源配置方式的改变如果使每个人的福利都增进了,或者一些人福利增进而其他的人福利不减少,这种改变就有利,称为帕累托改进;如果使每个人的福利都减少了,或者一些人福利增加而另一些人福利减少,这种改变就不利。例如,一辆有30座位的客车,在没有满载之前,每增加一个乘客,即是一个帕累托改进。车辆达到30位乘客满载运行,即达到帕累托最优。

【专栏六】盲人打高尔夫球与帕累托最优

牧师、心理学家、经济学家三人周末去打高尔夫球。在他们前边,是两位打得非常缓慢的人。打到第六洞时,他们实在受不了开始大声抱怨。牧师说:"圣母呀,我祈祷,他们下次再来打球前应该好好练习练习。"心理学家说:"我敢发誓,肯定有人喜欢打慢球。"经济学家说:"我真没想到打高尔夫球花这么长的时间。"在打到第九洞时,心理学家忍受不了这样的节奏,就走向那两位缓慢者的球童,要求让他们这些后来者先打。球童说可以,并解释说他们二位是双目失明的退休消防队员,所以球打得很慢;他们都是因为在大火中救人而致盲的,所以希望三位不要再抱怨了。牧师听罢深感惭愧地说:"我身为神职人员,居然一直在诅咒盲人球打得慢。"心理学家亦感到惭愧:"我是一位职业为人排忧解难的人,可我一直在抱怨需要帮助的盲人的球打得慢。"经济学家见状表情凝重地对球童说:"听仔细了,下次让他们晚上来打球。"白天与黑夜对盲人是一样的,经济学家的的话形象地揭示了帕累托最优的含义。

请思考:什么是帕累托改进?什么是帕累托最优?现实生活中是否存在帕累托最优?

【专栏七】帕累托简介

维弗雷多·帕累托(Vilfredo Pareto,1848年7月15日—1923年8月19日),生于巴黎。意大利经济学家、社会学家,洛桑学派的主要代表之一,瑞士洛桑大学教授。

维弗雷多·帕累托运用立体几何研究经济变量间的相互关系,发展了瓦尔拉的一般均衡的代数体系;提出在收入分配为既定的条件下,为了达到最大的社会福利,生产资料的配置所必须达到的状态,这种状态称为"帕累托最适度"。帕累托对经济学、社会学和伦理学作出了很多重要的贡献,特别是在收入分配的研究和个人选择的分析中。他提出了帕累托最优的概念,并用无异曲线来帮助发展了个体经济学领域。他的理论影响了墨索里尼和意大利法西斯主义的发展。帕累托因对意大利20%的人口拥有80%的财产的观察而著名,后来被约瑟夫·朱兰和其他人概括为帕累托法则(20/80法则),后来进一步概括为帕累托分布的概念。帕累托提出了精英理论。帕累托认为,社会分层结构的存在是普遍和永恒的。但并不意味着,社会上层成员和下层成员的社会地位是凝固不变的。主要著作有《政治经济学讲义》《政治经济学提要》《普通社会学》《社会主义体系》。

三、收入分配的衡量

在现实世界中,人们占有生产要素的状况是不一样的:有的人占有的资本、土地等要素多些,有的人则少些,甚至完全不占有;有的人劳动能力强些,有的人差些。根据要素在生产中的贡献来分配收入,人们收入必然有差别,或者说不均等。不承认这种差别,搞平均主义,必然损害经济效率。一个国家的经济要兼顾平等和效率才能保持持续稳定的发展。

为了衡量一个国家的贫富差别程度,美国经济学家洛伦兹在1907年提出了一种广泛使用的衡量收入分配平均程度的曲线——洛伦兹曲线(Lorenz Curve)。

假定某国收入分配资料如表9-1所示,根据这些资料,在以横轴表示人口累积百分比、纵轴表示收入累积百分比的坐标系中,连接对应关系点得到一条 D 曲线,这就是洛伦兹曲线,如图9-15所示。

表9-1 某国收入分配资料

人口累积(%)	收入累积(%)
20	4.6
40	15.2
60	31.7
80	55.4
100	100

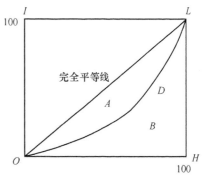

图9-15 洛伦兹曲线

对角线 OL 表示收入分配绝对平均,称为完全平等线;折线 OHL 表示收入分配绝对不平均。洛伦兹曲线向横轴方向凸出,它与对角线 OL 包围的面积越大,表明收入分配差距越大,就越不平等。因此 A 是"不平等面积"。当收入达到完全不平等时,洛伦兹曲线就成为折线 OHL,这时 $A+B$ 的面积就是完全不平等面积。不平等面积与完全不平等面积之比,称为基尼系数。即 $G=A/(A+B)$。

基尼系数(Gini coefficient)是一种衡量收入分配平等程度的指标,其值在 0~1 之间,其值越大,表示收入分配越不平均;其值越小,表示收入分配越平均。

本 章 小 结

1. 要素需求不仅是一种派生的需求,也是一种联合的需求。
2. 边际生产力指的是在其他条件不变的前提下,每增加一个单位的某种要素的投入所增加的产量进而带来的收益,称作边际收益产品(MRP)。厂商在决定使用多少生产要素投入时,必须进行成本和收益的比较,即追加一单位生产要素所获得的收益 MRP 能否补偿他为使用该单位要素所支付的边际要素成本 MFC。
3. 生产要素的均衡价格是由要素的供求共同决定的。在市场经济中,要素所有者按照要素的均衡价格取得报酬或收入,也就是国民收入分配。
4. 衡量收入分配状况的工具有洛伦兹曲线和基尼系数。

关 键 概 念

生产要素　要素需求　要素供给　边际收益产品　边际要素成本　劳动供给曲线
工资利息　地租　经济租金　正常利润　局部均衡　帕累托最优　洛伦兹曲线　基尼系数

【思考与练习】

一、单选题

1. 如果政府大力提倡用先进的机器来替代劳动,这将导致(　　)。
   A. 劳动供给曲线向右移动　　　　B. 劳动的需求曲线向右移动
   C. 劳动的供给曲线向左移动　　　D. 劳动的需求曲线向左移动
2. 在以下基尼系数中,哪一个说明了收入分配最不平均(　　)。
   A. 0.35　　　　B. 0.5　　　　C. 0.42　　　　D. 0.7
3. 如果(　　),居民将增加他们的储蓄量。
   A. 预期的未来收入小于现期收入,或利率下降
   B. 预期的未来收入小于现期收入,或利率上升
   C. 预期的未来收入大于现期收入,或利率下降
   D. 预期的未来收入大于现期收入,或利率上升
4. 如果对闲暇的需求增加,则(　　)。
   A. 工资率会下降,劳动的雇佣量会减少

B. 工资率会下降,劳动的雇佣量会增加
C. 工资率会上升,劳动的雇佣量会减少
D. 工资率会上升,劳动的雇佣量会增加
5. 劳动的市场供给曲线是向右上方倾斜的,这是因为(　　)。
A. 单个消费者的劳动供给曲线是向右上方倾斜的
B. 单个消费者的劳动供给曲线是向后弯曲的
C. 总的市场劳动供给曲线一般还是随着工资的上升而增加
D. 单个消费者的劳动供给曲线并不影响市场劳动供给曲线

二、简答题

1. 劳动供给曲线为什么向后弯曲?
2. 试述资本的供给曲线?

第十章 市场失灵及微观经济政策

本章知识结构图

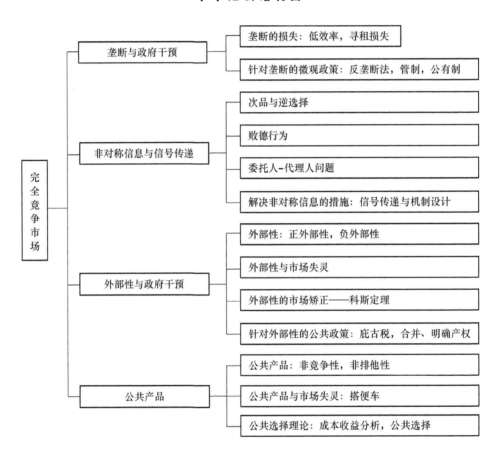

学习目的与要求

【目的与要求】通过本章的学习,应当掌握市场失灵的概念;掌握市场失灵的原因与政府微观政策。

【重点与难点】重点是市场失灵、外部性、非对称信息、公共产品;难点是科斯定理。

市场机制可以调节产品的供求数量,可以调节生产要素的供求数量并决定收入分配,可以调节资金的供求并指导人们在现在与未来之间的选择。正因为市场机制具有这些无可替代的作用,使重视资源有效配置与经济发展的国家不断建立与扩大市场。但是,市场机制不是万能的,它不可能调节人们生活的所有领域。对于市场机制在某些领域不能起作用或不能起有效作用的情况,称为市场失灵(market failure)。导致市场失灵的原因主要有:非对称信息(asymmetric information)、外部性(externalities)、公共产品(public goods)、垄断及收入的不平等。在市场失灵的领域,政府发挥的作用越来越重要,不过这并不意味着在这些领域都需要政府的干预,除了利用政府行为解决市场失灵问题以外,还可以采用其他的制度措施解决市场失灵问题。本章将探讨市场失灵问题及相应的微观经济政策。

第一节 垄断与政府干预

一、垄断的损失

【专栏一】出租车行业的垄断

一名普通北京出租车司机,单班每月"份子钱"大约是5 500元,双班需向公司缴纳的份子钱是8 000元左右。这种通过垄断出租车经营权所带来的巨大利润,无形中将出租车公司变成一个庞大的利益集团。目前中国大部分城市,尤其是大城市、特大城市都实行由司机先向公司交数万元押金,司机承包出租车后,每月向公司交纳"车份钱"的运营管理模式,即公司化模式。在出租车经营权的取得上,出租车公司几乎占据了垄断地位。一方面,出租车经营权基本均由出租车公司取得,公司只需向政府缴纳每车每年5 000元至15 000元不等的使用费(北京等少数地区实行无偿出让,出租车公司无须缴纳使用费)。另一方面,对于少量、新增的出租车经营权则会通过拍卖或招投标的方式有偿出让,而由于种种限制性条件,出租车公司之外的个体经营者很难获得竞标资格。结合该案例说明垄断带来的弊端。

在垄断行业中,大企业的联合比单个厂商更能展开有效竞争,更能从事大规模生产,更能进行研究和开发,但垄断也引发了许多问题。这些问题主要体现在:生产要素的流动受到严重阻碍,市场无法有效配置资源,财富和收入分配向少数垄断者倾斜,垄断不但造成了较高的价格和较少的产量,而且会带来社会资源和效率的损失。

1. 垄断的低效率

从经济学的观点来看,垄断者的关键特征就是在某种程度上具有市场影响力,表现在市场的需求曲线上,就是垄断生产厂商面临的需求曲线,是一条向右下方倾斜的线,垄断厂商是价格的制定者,垄断程度越高,厂商面临的需求曲线就越陡峭。垄断厂商通过制定较高的价格和生产较低的产量获得超额利润。假定垄断厂商平均成本和边际成本相等且固定不变,如图10-1所示,垄断厂商的利润最大化原则是边际成本等于边际收益。因此,垄断厂商的利润最大化产量为 MR=MC 时对应的产量 Q_m。在该产量水平上,垄断价格为 P_m。显然,这个价格高于边际成本。

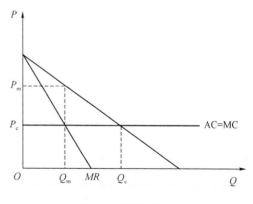

图10-1 垄断和低效率

垄断厂商的利润最大化状况并没有达到帕累托最优状态。在利润最大化产量 Q_m 上,价格 P_m 高于边际成本 MC,这表明,消费者愿意为增加额外一单位产量所支付的数量超过了生产该单位产量所引起的成本。因此,存在有帕累托改进的余地。垄断产量和垄断价格不满足帕累托最优条件。那么,帕累托最优状态在什么地方达到呢?在 Q_c 的产量水平上达到。在此产出水平上,需求曲线与边际成本曲线相交,即消费者为额外一单位产量的愿意支付等于生产该额外产量的成本。此时,不再存在任何帕累托改进的余地。因此,Q_c 是帕累托意义上的最优产出。如果能够设法使产量从垄断水平 Q_m 增加到 Q_c 最优水平,则就实现了帕累托最优。

只要市场不是完全竞争的,只要厂商面临的需求曲线不是一条水平线,而是向右下方倾斜,则厂商的利润最大化原则就是边际收益等于边际成本,而不是价格等于边际成本。当价格大于边际成本时,就出现了低效率的资源配置状态。而由于协议的各种困难,潜在的帕累托改进难以得到实现,于是整个经济便偏离了帕累托最优状态,均衡于低效率之中。

2. 寻租损失

传统的垄断理论大大低估了垄断的经济损失。一旦把分析的重点从垄断的结果转移到获得和维持垄断的过程,就会很容易地发现,为了获得和维持垄断地位从而享受垄断的好处,厂商常常需要付出一定的代价。布坎南把这种行为定义为寻租:"寻租是利益集团,通过各种合法或非法的努力,如游说和行贿等,促使政府帮助自己建立垄断地位,以获取高额垄断利润。"如纺织业寻求政府的关税与配额的保护,将外商拒之于国门之外,维持本行业的垄断地位,而高额垄断利润超过平均利润的部分被称为经济租金。可见,寻租者所得到的利润并非是生产的结果,而是对现有生产成果(利润)的一种再分配。因此,寻租行为具有非生产性特征。同时,寻租的前提是政府权力对市场交易活动的介入,政府权力的介入导致资源的无效配置和分配格局的扭曲,产生大量的社会成本,这些成本包括:寻租活动中浪费的资源,经济寻租引起的政治寻租浪费的资源,寻租成功后所损失的社会效率。公共选择理论认为,市场经济条件下,最常见的寻租行为有四种:一是政府定价;二是政府的特许权;三是政府的关税和进口配额;四是政府订货。寻租活动的经济损失到底有多大呢?就单个的寻租者而言,他愿意花费在寻租活动上的代价不会超过垄断地位可能给他带来的好处;否则就不值得了。

二、针对垄断的微观政策

垄断导致资源配置缺乏效率。此外,垄断利润通常也被看成是不公平的。这就使得有必要对垄断进行政府干预。下面讨论政府对垄断价格和垄断产量的管制。

1. 反托拉斯法

在限制垄断的措施中,反托拉斯法起着非常重要的作用。反托拉斯法的设立目的在于限制或制止垄断。

从 1890 年到 1950 年,美国国会通过一系列法案,反对垄断。其中包括《谢尔曼法》(1890年)、《克莱顿法》(1914 年)、《联邦贸易委员会法》(1914 年)、《罗宾逊-帕特曼法》(1936 年)、《惠特-李法》(1938 年)和《塞勒-凯弗维尔法》(1950 年),统称反托拉斯法。美国的这些反托拉斯法规定:限制贸易的协议或共谋、垄断或企图垄断市场、兼并、排他性规定、价格歧视、不正当的竞争或欺诈行为等,都是非法的。

《谢尔曼法》规定:任何以托拉斯或其他形式进行的兼并或共谋,任何限制州际或国际的贸易或商业活动的合同,均属非法;任何人垄断或企图垄断,或同其他个人或多人联合或共谋垄断州际或国际的一部分商业和贸易的均应认为是犯罪。违法者要受到罚款和(或)判刑。

《克莱顿法》修正和加强了《谢尔曼法》,禁止不公平竞争,宣布导致削弱竞争或造成垄断的不正当做法为非法。这些不正当的做法包括价格歧视、排他性或限制性契约、公司相互持有股票和董事会成员相互兼任。

《联邦贸易委员会法》规定：建立联邦贸易委员会作为独立的管理机构，授权防止不公平竞争以及商业欺骗行为包括禁止伪假广告和商标等。

《罗宾逊-帕特曼法》宣布卖主为消除竞争而实行的各种形式的不公平的价格歧视为非法，以保护独立的零售商和批发商。

《惠特-李法》修正和补充了《联邦贸易委员会法》，宣布损害消费者利益的不公平交易为非法以保护消费者。

《塞勒-凯弗维尔法》补充了《谢尔曼法》，宣布任何公司购买竞争者的股票或资产从而实质上减少竞争或企图造成垄断的做法为非法。

《塞勒-凯弗维尔法》禁止一切形式的兼并，包括横向兼并、纵向兼并和混合兼并。这类兼并指大公司之间的兼并和大公司对小公司的兼并，而不包括小公司之间的兼并。

美国反托拉斯法的执行机构是联邦贸易委员会和司法部反托拉斯局。前者主要反对不正当的贸易行为，后者主要反对垄断活动。

2. 对自然垄断的管制

所谓自然垄断，是一种自然条件，它恰好使市场只能容纳一个有最适度规模的公司。自然垄断的基本特征，一是固定资本投资巨大；二是呈现规模报酬递增。铁路、航空、邮电、煤气、供电供水等公用事业大多具有自然垄断的特征。

对于自然垄断部门，如果政府准予自由进入，虽可以加强市场竞争，但由于市场需求限制，企业难以取得规模经济效果，巨大的固定投资可能被浪费。因此，对这一类部门，政府采用管制（Regulation）的方法来抑制垄断行为，其中主要是价格管制。政府应通过制定合理的收费标准，以便既能消除不合理的垄断利润，又能提高资源配置效率。

图 10-2 显示的是政府对自然垄断厂商实行价格管制的情况。在图 10-2 中，自然垄断厂商的平均成本曲线 AC 具有不断下降的特征。因此，边际成本曲线 MC 总位于 AC 的下方。未受政府管制时的均衡点是 (P_m, Q_m)，垄断厂商生产 OQ_m 数量的产品，按 P_m 的垄断价格出售，获得超额利润。现在政府实施价格管制。当管制价格为 P_c 时，产量为 Q_c，厂商的边际成本等于产品价格，达到帕累托最优，但厂商却没法补偿它的全部成本，因为价格远远低于平均成本。如果要制定零经济利润价格 P_z，则在这种情况下，P_z 要高于帕累托最优价格 P_c，产量 Q_z 也少于最优产量 Q_c。重要的是，在自然垄断场合，帕累托最优价格和最优产量上，厂商的平均收益小于平均成本，出现了亏损。因此，这种情形下，政府如果要管制价格在最优水平，就必须补贴垄断厂商的亏损。

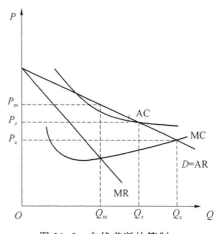

图 10-2 自然垄断的管制

3. 公有制

政府用来解决垄断问题的第三种政策是公有制。这就是说，政府不是管制由私人厂商经营的自然垄断企业，而是自己经营自然垄断企业。这种解决方法在欧洲国家是常见的，在这些国家政府拥有并经营公用事业，如电话、供水和电力公司。

经济学家通常喜欢把公有制的自然垄断私有化。关键问题是厂商的所有权如何影响生产成本。只要私人所有者能以高利润的形式得到部分利益,他们就有成本最小化的激励。如果厂商管理者在压低成本上不成功,厂商所有者就会解雇他们。与此相比,如果经营垄断的政府官僚做不好工作,损失者是顾客和纳税人,他们只有求助于政治制度。官僚有可能成为一个特殊的利益集团,并企图阻止降低成本的改革。简而言之,作为一种保证厂商良好经营的方法,投票机制不如利润动机可靠。

第二节 非对称信息与信号传递

非对称信息(asymmetric information)是指在市场上买方与卖方所掌握的信息是不对称的,一方掌握的信息多一些,另一方所掌握的信息少一些。有些商品市场与生产要素市场,卖方比买方掌握更多信息,如旧车市场的卖者比买者更了解旧车的状况,药品的卖者比买者更了解药品的功效,劳动力的卖者比买者更了解劳动的生产力。另一些市场买方掌握的信息多于卖方,如医疗保险的购买者显然比保险公司更了解自己的健康状况,信用卡的购买者比提供信用的金融机构更了解自己的信用状况,等等。这样,市场信息是不对称的。信息不对称会产生逆选择(adverse selection)、败德行为(moral hazard)和委托人-代理人问题(principal-agent problem)。

一、次品与逆选择

逆选择是指在买卖双方信息不对称的情况下,次的商品总是将好的商品驱逐出市场。当交易双方的其中一方对交易可能出现的风险状况比另一方知道的更多时,便会产生逆选择问题。我们以旧车市场的交易模型为例来说明逆选择问题。

在旧车交易中,总是次品(lemons)充斥市场。美国著名经济学家阿克洛夫(George A. Akerlof)对这种情况做了理论分析。

设想某个旧车市场有200个卖者,每个卖者出售一辆旧车,共有200辆旧车待出售。市场上恰好有200个车辆购买者,每个买者购买一辆旧车。假定这200辆旧车中质量较好的为100辆,质量较差的(次品)也是100辆。假定购买者对质量较好的车愿意出100 000元的价格购买,对质量较差的车愿意出50 000元的价格购买。出售者对质量较好的车愿意接受的最低价格是80 000元,对质量较差的车愿意接受的最低价格为40 000元。若买卖双方的信息是对称的,双方都知道车的质量,市场达到供求相等的有效均衡是没有问题的。质量好的车每辆车都在80 000~100 000元成交;质量差的车每辆车都在40 000~50 000元成交。市场既不存在过剩的供给,也不存在过剩的需求。

但是,实际上买卖双方关于旧车质量的信息是不对称的。卖者知道自己车的质量,买者并不知道所要购买的旧车的质量。买者只知道在待出售的200辆旧车中有一半质量是较好的,另一半是质量较差的。因此每个旧车购买者买到好车差车的概率各为0.5。在这种情况下,每位买者对所购的旧车愿意支出的价格是75 000元(100 000元×0.5+50 000元×0.5)。在旧车的供给者当中,只有拥有质量差的旧车卖者愿意接受75 000元的价格,质量较好的旧车不会有一辆成交。如果旧车的购买者知道,在75 000元的价格水平不会有一个出售者出售质量较好的旧车,而只有质量较差的旧车可供购买,他愿意支付的价格就不是75 000元,而是50 000元。所以旧车市场最终只能是100辆质量较差的车在40 000元到50 000元的价格之间成交,次品充斥市场。显然,因非对称信息而导致的旧车市场最终均衡从社会角度看是无效率的,因为最终成交的数量低于供求双方想要成交的数量。

因非对称信息而导致的逆选择问题在其他市场也存在,最典型的是保险市场。以老年人的健康保险为例,任何一个国家,即使是市场经济最发达的国家,要想建立起老年人健康保险的私人市场都是困难的,原因在于买卖双方所掌握的信息不对称。每一位要购买健康保险的老年人最了解自己的健康状况,而保险公司并不了解每一位老年人的健康状况。如果由私人保险公司为老年人提供健康保险,由于保险公司并不能确知每一位老年人的健康状况,而只知道他们的平均健康状况,因此保险公司只能根据老年人的平均健康状况或者说平均的患病率收取保险费。事实上,老年人的健康状况是不同的,可以简单分成健康的和不健康的。在保险公司按照平均健康状况收取保险费的情况下,不健康者会购买保险,而那些健康者是不会去买保险的。这样,将减少保险公司的收入而增加支出,保险公司就会提高老年人的保险费。假定在这些不健康的老年人群体中,有些患病率高,有些患病率低。在提高保险费之后,患病率高的老年人会购买保险,而那些患病率低的老年人不再购买保险。这样会导致保险公司的收入进一步降低而支出更加高,最终保险公司无利可图。因此难以建立起老年人健康保险市场。

在其他许多市场也存在信息不对称,如修理、餐饮、劳动市场和金融市场等。一般来讲,可以通过政府解决,也可以通过市场解决。

二、败德行为

败德行为也称道德公害。是指在协议达成后,协议的一方通过改变自己的行为,来损害对方的利益。败德行为产生的原因是非对称信息。因为在信息非对称的情况下,达成协议的另一方无法准确地核实对方是否按照协议办事。交易达成后,交易的一方(通常为拥有信息优势的一方)倾向于从事交易另一方并不希望发生的高风险活动,从而可能给交易的另一方带来巨大的损失。败德行为会破坏市场的运作,严重的情况下会使某些服务的私人市场难以建立。

例如,在个人没有购买家庭财产保险的情况下,个人会采取多种防范措施以防止家庭财产失窃。如个人会装上防盗门,家人尽量减少同时外出的机会等。因此家庭财产失窃的概率很小,如为0.01。向保险公司购买了家庭财产保险后,由于家庭财产失窃后由保险公司负责赔偿,个人有可能不再采取防范性措施,从而导致家庭财产损失的概率增大,比方说提高到0.1。

假定保险公司为某一地区的10 000户居民提供完全的家庭财产保险。假定每个家庭的财产额相同,均为100 000元。保险公司按照平均每个家庭以0.01的概率发生损失作为收取家庭财产保险费的依据。每户收取1 000元的保险费。保险公司共收取10 000 000元的保险费。由于家庭财产发生损失的概率平均为0.01,所以10 000个家庭的财产总额中将遭受10 000 000元的损失。对于保险公司收支相抵。但是,一旦每个家庭在购买了家庭财产保险后都出现了败德行为,保险公司要向10 000个家庭支付1亿元赔偿费。结果使保险公司遭受90 000 000元的净损失。如果没有有效的措施对付败德行为,将不会有任何私人愿意投资从事家庭财产保险。

败德行为的后果不仅是导致保险公司遭受损失,也妨碍市场有效地配置资源。以医疗保险为例说明败德行为造成的资源配置效率损失。假定医疗保险机构每年按照个人看病的概率向个人收取医疗保险费。个人在头一年看病次数多,医疗费用支出大,医疗保险公司就在下一年增加个人的医疗保险费。因此个人负担的医疗成本将随着他看病的次数和医疗费用的增加而增加,个人不会无节制地增加对于医疗服务的需求。其需求是符合资源配置效率要求的。假定个人的医疗保险费与个人的就医次数和实际医疗支出毫无关系,无论就医次数多少,花费高低,都向医疗保险公司支付相同的保险费,那么个人将无节制地增加对医疗服务的需求。显然,这种无节制的需求不符合资源配置效率要求的。

在我国传统的公费医疗制度下,政府充当了医疗保险公司的角色,对每一个享受公费医疗的人实行全额的医疗保险。享受公费医疗者的败德行为一方面造成医药的大量浪费,另一方面使得对于医疗服务的需求大大超过供给。

三、委托人-代理人问题

所谓委托人-代理人问题是由于委托人不能确知代理人的行为而产生的问题。它是指经理或工人可能追求他们自己的目标而以牺牲所有者的利益为代价。

产生委托人-代理人问题的条件是:

第一,委托人利益的实现取决于代理人的工作;

第二,委托人的目标不同于代理人的目标;

第三,有关代理人工作状况的信息是非对称的。委托人所掌握的情况少于代理人自身掌握的信息。

在企业内部,企业所有者是委托人,企业的雇员包括经理与工人都是代理人。利润最大化是资本所有者或者说是企业财产所有者的目标。而这一目标需要通过经理与工人等代理人的行为来实现。但是,代理人有自身的目标。经理可能追求企业规模的扩张以扩大自己对企业的控制力;工人可能追求工资收入的最大化,或者在工资收入既定的条件下追求闲暇的最大化,因而可能在工作时偷懒、怠工。企业主当然可以对经理与工人的努力程度进行监督,但监督本身是需要成本的。即使企业主可以做到在经理或工人的工作时间监督他们,他仍然不完全知道经理或工人是否以百分之百的努力在工作。只有经理和工人本人才知道他自己工作努力的程度。正是由于企业所有者与经理或工人所追求的目标不同,并且他们所掌握的信息不对称,而产生了委托人-代理人问题。

一旦企业出现委托人与代理人问题,其后果不仅是企业所有者的利润受损,也使社会资源配置的效率受损,因为在不发生委托人-代理人问题的情况下,社会将生产出较高的产品产量。

由委托人-代理人问题导致的效率损失不可能通过政府的干预解决,但可以建立激励机制协调委托人与代理人的目标,如根据企业盈利情况给经理发奖金或让经理参与利润分享。

四、解决非对称信息的措施

解决信息不对称的办法主要是信号传递和机制设计。

逆选择破坏市场效率,使价格机制无法正常起到信号传递作用,这对交易双方都是有害的。由于逆向选择由事先隐藏信息引起的,因此,要防止和克服逆向选择问题,必须解决如何把有关私人信息传递给交易对方问题和甄别信息真伪问题。

败德行为是事后隐藏行动引起的。为了解决道德风险问题,缺乏信息的一方需要在事前设计一些有效的制度,激励掌握私人信息的一方克服败德行为倾向。例如,为防止参加了车辆保险的车主不当心保管和使用车辆问题,保险公司可设计和实行一种由公司和车主共同承担事故损失和不出险奖励的保险合同。

另外,政府积极倡导和组织建立全社会的信用体系,增加信息的透明和充分程度,使市场价格发挥有效配置资源的作用。

第三节　外部性与政府干预

一、外部性的定义

【专栏二】环球嘉年华引发的问题

环球嘉年华源于古埃及的庆祝活动，今天已经成为世界上最大的巡回式移动游乐场，游人们在震耳欲聋的摇滚乐声中享受着惊险刺激的大型游戏。

然而2004年，北京环球嘉年华的"大嗓门"却让周围居民夜不能寐。嘉年华的做法妨碍了周围居民的生活，石景山区38户近200名经历了"心惊肉跳"的居民实在无法忍耐嘉年华的噪声，终于联合起来，开始同环球嘉年华北京投资有限公司进行谈判。

谈判进行得异常艰苦。区政府、环保局、信访办、老山街道居委会、雕塑公园、居民代表以及嘉年华都参加了这项旷日持久的谈判，最终的结果是：按照《国家赔偿法》，嘉年华给每户每月60元补助，两个半月共计150元的适度补偿。嘉年华带来的污染能够明显地感到，因此人们也能够提出赔偿的要求，尽管150元并不足以补偿睡眠，但至少会让嘉年华将这些社会成本考虑在内。

外部性（externality）是个人（包括自然人与法人）经济活动对他人造成的影响而又未将这些影响计入市场交易的成本与价格之中。或者说当一个人从事一种影响旁观者福利而对这种影响既不付报酬又得不到报酬的活动时就产生了外部性。如果对旁观者的影响是不利的，就称为"负外部性"或"外部不经济"；如果这种影响是有利的，就称为"正外部性"或"外部经济"。

消费者在自己的住宅周围养花种树净化环境会使他的邻居受益，但邻居并不会为此向他作出任何支付。还有像人们接种疫苗、新技术研究等这些都会产生正的外部性。消费者在公众场合吸烟会影响他人健康，但他并不因此向受害者支付任何形式的补偿费。还有像私家车在大街上排放废气等是负的外部性。

生产中同样有许多外部性的事例。例如，果园主扩大果树种植面积会使养蜂者受益，养蜂者无须向果园主付费，这是正的外部性。利己的造纸企业引起河流的污染，但并不向受害者支付赔偿费，这是负的外部性。

二、外部性与市场失灵

无论是外部经济，还是外部不经济，即使在完全竞争的条件下，最终都将造成资源配置失当，不能实现帕累托最优状态。

1. 外部经济对资源配置的影响

外部经济对外带来的好处是无法得到回报的。因此外部经济说明物品的消费或生产的收益小于它应当得到的收益（社会收益）；也就是说物品的消费或生产的成本高于它应当支付的成本（社会成本）。外部经济导致具有外部经济的物品供应不足，如图10-3所示。

如果从社会中其他人得到的收益中拿出一部分补偿私人的损失，这种具有外部经济的物品供应就会增加，从而使整个社会得到更多的好处，即帕累托改进，例如教育。

2. 外部不经济对资源配置的影响

外部不经济对外带来的危害是无法进行补偿的。因此外部不经济说明物品的消费或生产的收益大于它应当得到的收益(社会收益);也就是说物品的消费或生产的成本低于它应当支付的成本(社会成本)。外部不经济导致具有外部不经济的物品供应过多,如图10-4所示。

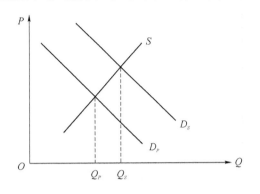

图 10-3　外部经济对资源配置的影响

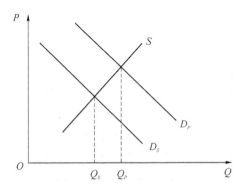

图 10-4　外部不经济对资源配置的影响

如果从私人得到的收益中拿出一部分补偿其他人的损失,这种具有外部不经济的物品供应就会减少,从而使整个社会得到好处增加,即发生帕累托改进,例如,乱扔或乱倒垃圾。

三、外部性的市场矫正——科斯定理

科斯定理(Coase theorem)是由罗纳德·科斯(Ronald Coase)提出的一种通过产权明确化解决外部性问题的观点。关于科斯定理,比较流行的说法是:只要财产权是明确的,并且交易成本为零或者很小,那么,无论在开始时将财产权赋予谁,市场均衡的最终结果都是有效率的,实现资源配置的帕累托最优。当然,在现实世界中,科斯定理所要求的前提往往是不存在的,财产权的明确是很困难的,交易成本也不可能为零,有时甚至是比较大的。因此,依靠市场机制矫正外部性是有一定困难的。但是,科斯定理毕竟提供了一种通过市场机制解决外部性问题的一种新的思路和方法。

假定一个工厂周围有5户居民户,工厂的烟囱排放的烟尘因为使居民户晒在户外的衣物受到污染而使每户损失75美元,5户居民户总共损失375美元。解决此问题的办法有三种:一是在工厂的烟囱上安装一个防尘罩,费用为150美元;二是每户有一台除尘机,除尘机价格为50元,总费用是250美元;三是每户居民户有75美元的损失补偿。补偿方是工厂或者是居民户自身。假定5户居民户之间,以及居民户与工厂之间达到某种约定的成本为零,即交易成本为零,在这种情况下:如果法律规定工厂享有排污权(这就是一种产权规定),那么,居民户会选择每户出资30美元去共同购买一个防尘罩安装在工厂的烟囱上,因为相对于每户拿出50元钱买除尘机,或者自认了75美元的损失来说,这是一种最经济的办法。如果法律规定居民户享有清洁权(这也是一种产权规定),那么,工厂也会选择出资150美元购买一个防尘罩安装在工厂的烟囱上,因为相对于出资250美元给每户居民户配备一个除尘机,或者拿出375美元给每户居民户赔偿75美元的损失,购买防尘罩也是最经济的办法。因此,在交易成本为零时,无论法律是规定工厂享有排污权,还是相反的规定即居民户享有清洁权,最后解决烟尘污染衣物导致375美元损失的成本都是最低的,即150美元,这样的解决办法效率最高。

通过以上例子就说明,在交易成本为零时,无论产权如何规定,资源配置的效率总能达到最优。这就是科斯定理。

交易成本为零,是一个假设出的静态的理想化世界。而一旦在交易成本不为零的现实世

界,产权界定就变得极其重要,因为它直接决定效率高低。还是上述的例子。现在假定5户居民户要达到集体购买防尘罩的契约,需要125美元的交易成本,暂不考虑其他交易成本。在这种情况下,如果法律规定工厂享有排污权,那么居民户会选择每户自掏50美元为自己的家庭购买除尘机,不再会选择共同出资150美元购买防尘罩了。因为集体购买防尘罩还需要125美元的交易成本,意味着每户要分担55美元(买防尘罩30美元加交易成本25美元),高于50美元。如果法律规定居民户享有清洁权,那么,工厂仍会选择出资150美元给烟囱安排一个防尘罩。

由此可看出,在存在125美元的居民户之间交易成本的前提下,权利如何界定直接决定了资源配置的效率:如果界定工厂享有排污权,消除外部性的总成本为250美元(即每户居民选择自买除尘机);而如果界定居民户享有清洁权,消除外部性的总成本仅为150美元。在这个例子中,法律规定居民户享有清洁权,资源配置的效率高于法律规定工厂享有排污权。

在交易成本不为零的现实世界中,产权如何界定的重要性通过上述例子就清楚了。产权界定的功能是节约交易成本。在上述例子中,产权规定居民户享有清洁权,就可以节省下125美元的交易成本。

总之,科斯定理试图说明的是,私人经济主体可以解决他们之间的外部性问题。无论最初的权利如何分配,有关各方总可以达成一种协议,在这种协议下每个人的状况都可以得到改善,最终的结果是有效率的。

四、针对外部性的公共政策

尽管科斯定理阐述了解决外部性的市场途径,但私人经济主体并不能解决外部性引起的所有问题。只有参与方在达成和实施协议中没有任何障碍,科斯定理才适用。因此政府的公共政策就显得非常必要。政府干预的方法包括以下几点。

1. 庇古税

按照庇古的观点,导致市场配置资源失效的原因是经济当事人的私人成本与社会成本不一致,从而私人的最优导致社会的非最优。因此,纠正外部性的方案是政府通过征税或者补贴来矫正经济当事人的私人成本。只要政府采取措施使私人成本和私人利益与相应的社会成本和社会利益相等,则资源配置就可以达到帕累托最优状态。对那些影响公共环境的污染活动要进行适当的"处罚",如向这些企业征收一定的"税",以此对社会进行补偿,人们把这种税称为"庇古税"。这种纠正外在性的方法也称为"庇古税"方案。

2. 企业合并

一个企业(或个体)对另外一个企业有外部性,如果是正的外部性,则第一个企业的产量会低于社会的最优产量,如果是负的外部性,产量会高于社会的最优产量。但是,如果两个企业合并,合并后的企业会认识到原来在两个企业之间存在的正的或负的外部性,从而将外部性内在化,则原来的外部性就会消失,那么,私人成本等于社会成本,私人收益等于社会收益,于是资源的配置就实现了最优的配置。这就是所谓的一体化或内部化的解决办法。这一点可以从上述的例子中得到证明。用合并的方法来解决外部性问题也有一定的局限性,因为合并后的企业规模必须足够大,另外双方可能会在谈判分配合作剩余等方面不能达成一致意见而使得合并不能够得到实现。

3. 确定产权和交易产权

通常情况下,外部性导致资源配置的低效率,是由于财产权不明确。产权就是对某种资源的排他性使用权,在产权明确并且其实施得到充分保障的情况下,外部性产生的机会就会减少,或者生产正的或负的外部性的主体会得到相应的补偿或处罚。

例如,工厂产生大量的噪声影响了附近居民的生活质量。在产权明确的情况下,无论是工厂享有产生噪声的权利还是居民享有宁静的生活环境的权利,外部性问题都会得到妥善解决。如果工厂有权利产生噪声,则附近居民可以通过搬家或同工厂协商并支付一定的费用向工厂购买舒适生活环境。同样,如果权利被确定给附近居民一方,则工厂会减少噪声,或者工厂搬迁,或者向居民支付一定的费用作为对居民的补偿。总之,在财产权得到明确的情况下,外部性得到解决,私人成本或收益与社会成本和社会收益之间不再存在差别。

第四节 公共产品

一、公共产品与私人产品

供人们消费或使用的物品按是否具有竞争性(rival)和排他性(exclusive)划分成四个类型,如图 10-5 所示。其中,在左上角和右下角的分别是私人产品和公共产品(Public goods)。

公共产品是同时满足非排他性和非竞争性,供整个社会共同享用的物品。

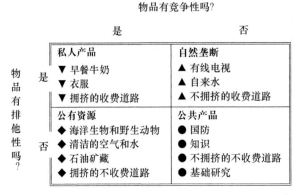

图 10-5 物品的类型

非排他性是指只要某一社会存在公共产品,就不能排斥该社会任何人消费该种物品。任一个消费者都可以免费消费公共产品。例如,国防、不拥挤的公共道路、警察等。

非竞争性是指对于任一给定的公共产品产出水平,增加额外一个人消费该产品不会引起产品成本的任何增加,即消费者人数的增加所引起的产品边际成本等于零。公共产品这一特征不同于私人物品。当产品是私人产品时,增加一个消费者的消费就要增加产量,从而增加产品生产的成本。典型的公共产品的例子是海上的航标灯。航标灯一旦建起以后将为所有过往的船只指示航向,增加过往船只的数量并不需要额外增加维持航标灯的成本。

二、公共产品与市场失灵

我们知道,私人产品具有消费的竞争性和排他性,由市场机制来配置私人产品的生产与消费,可以达到帕累托最优。也就是说,在完全竞争条件下,需求曲线上的点表示消费者在一定收入约束下的最优选择,供给曲线上的点表示生产者在一定资源约束下的最优选择,两条曲线的交点形成的均衡点,能够使消费者与生产者同时达到最优,而且在此点,消费者的边际收益等于边际成本,市场均衡就是社会最优的。

但是,由于公共产品具有消费的非竞争性和非排他性特征,消费者都想无偿使用这些产品,于是就出现了"搭便车"现象,即不支付成本但获得利益的行为。产品的提供者无法收回其成本,就会丧失提供产品的积极性,从而导致了生产的萎缩。这些特点使得边际私人成本与边际社会成本,边际私人受益和边际社会收益的偏离,从而导致了市场的失灵。由于公共物品的存在导致市场失灵,市场无法有效率的配置公共物品,这就需要政府介入公共物品的供给。

三、共有资源

共有资源也与公共物品一样没有排他性:想使用共有资源的任何一个人都可以免费使用。但是,共有资源有竞争性:一个人使用共有资源减少了其他人对它的享用。因此,共有资源产生了一个新问题。一旦提供了一种物品,决策者就需要关注它被使用了多少。

【专栏三】共有地的悲剧

很早以前的一个小镇上,人们从事着养羊这样一种重要的经济活动。镇上的许多家庭都有自己的羊群,靠出售羊毛为生。

开始时,大部分时期羊在镇周围土地的草场上吃草,这块地被称为镇共有地,镇里的居民集体拥有这块土地,所有的居民被允许在这块地的草场上放羊。镇上的每一个人都是幸福的。随着时光流逝,镇上的人口在增加,镇共有地草场上的羊也在增加。由于羊的数量日益增加而土地是固定的,土地开始失去自我养护的能力。最后,土地变得寸草不生。由于没有草,养羊已是不可能了,该镇曾经繁荣的羊毛业也消失了,许多家庭失去了生活来源。

对于各个国家来讲,都存在一些共有资源被私人过度使用的问题。这些重要的共有资源主要有清洁的空气和水、石油矿藏、拥挤的道路、海洋鲸和鱼以及其他野生动物。当一个人使用共有资源时,他减少了其他人对这种资源的享用。由于这种负外部性,共有资源往往被过度使用。政府可以通过管制或征税减少共有资源的使用来解决这个问题,政府有时也可以把共有资源变为私人物品。

四、公共选择理论

1. 成本——收益分析

公共产品的生产和消费问题不能由市场上的个人决策来解决,因此,必须由政府来承担提供公共产品的任务。政府又如何来确定公共产品的最优数量呢?其中,一种方法是不考虑个人对公共产品的消费偏好,只从技术上考虑的成本——收益分析。

根据这种方法,在公共产品生产之前,应先由专家对它的收益进行评估。这个收益部分,既包括可以用价格明确表示的经济效益,也包括那些难以用价格反映出来的效益,如建造一座桥梁对消费者带来的"安全"收益等。然后,将可能带来的收益与建造这个公共产品的成本进行比较,只要收益大于成本,就值得提供公共产品。

但是,在实际工作中,要恰当评估一件公共产品的可能收益是相当困难的。而且每个人的消费偏好不同,对公共产品的评价也不一样,专家意见不能完全代表消费者的偏好。

2. 公共选择理论

在现实生活中,人们通过政府的政治过程去决定公共产品的提供。一般认为,集权决策可能导致很多人的反对,因而外部成本很高,而民主决策中的"一致通过"不会导致个人反对,因而最为理想。但这只是两种极端情形,更常见的情形则是,对同一项议题,各人的偏好与态度均不一样,投票规则只能采取少数服从多数的法则。假定社会采用全体成员投票表决的方式来决定公共产品的提供,那么,公共选择理论就是用经济学来分析研究政府对公共产品的决定和选择,或者说,政府官员根据投票结果进行决策的过程分析。

首先,我们不对消费者的偏好状况设置约束条件。考虑的例子是由消费者投票决定对公共产品——国防开支的消费规模。假定社会由甲、乙、丙三个人组成;有 A、B、C 三种国防开支方案。社会成员的偏好情况是:甲的偏好次序为(A,B,C),乙为(B,C,A),丙为(C,A,B)。

如果社会对国防开支方案允许多次投票的话,就有可能出现不同的结果。如果对 A、B 投票,甲、丙将选 A,即有 2/3 的人选 A;如果对 B、C 投票,则 2/3 的人选 B;如果对 A、C 投票,则又会有 2/3 的人选 C。这就是说,虽然采用多数决定制,但每一种方案均可能"胜出"。最终哪一方案被选中,关键取决于是就哪两种方案进行投票。也就是说,多数通过制不一定会保证公共产品的最优提供数量。

其次,我们假定消费者的偏好都是"单峰"值的,即每个人只能选出自己所偏好的一个,而不能在其他方案中排出偏好的次序,那么,多数决定投票制能否实现有效率的结果呢?事实上,在这种情况下,具有中等偏好的消费将是最偏好的选择,或者说,中间投票人偏好的支出水平总能击败其他选择而赢得选择。

但是,中间投票人的偏好并不能保证是有效率的。因为它给每个消费者的偏好以同等的权重,而有效率的结果应该根据每个消费者的偏好强度来确定相应的投票权重。

总结以上两种情形,我们可以得到结论:尽管在公共产品的提供问题上存在市场失灵,但政府对公共产品的决策即使在民主的多数决定制下也不一定达到最优。这一结论给政府进一步完善政治制度和提高效率提出了更深入的努力方向。

本 章 小 结

1. 垄断企业价格高于边际成本,无法达到帕累托最优,效率低,同时为追求垄断利润,还存在寻租。针对垄断的政策主要有反垄断法、管制和公有制。

2. 交易的双方由于掌握信息的不对称,使得交易是无效率的。根据不同的市场,有时卖方比买方掌握更多的信息,有时买方比卖方掌握更多信息。非对称信息产生的问题主要有逆选择、败德行为和委托人-代理人问题,解决信息不对称的办法主要是信号传递和机制设计。

3. 外部性是个人的经济活动对他人造成的影响而又未将这些影响计入市场交易的价格之中。正外部性政府应给予补贴,负外部性采取政府征税、划清产权界限等多种方法调节社会最适量。

4. 公共产品是政府提供的具有非排他性和非竞争性的物品。

关 键 概 念

市场失灵　寻租　外部性　非对称信息　逆选择　败德行为　委托人-代理人　科斯定理　庇古税　公共产品　成本-收益分析　搭便车　非竞争性　非排他性

【思考与练习】

一、单选题

1. 可用下面哪一个术语来描述一个养蜂主与其邻近的经营果园的农场主之间的影响(　　)。
   A. 外部不经济　　　　　　　　B. 外部经济
   C. 外部有害　　　　　　　　　D. 以上都不是

2. 关于科斯定理,正确的论述是(　　)。
   A. 科斯定理阐述的产权和外部性的关系
   B. 科斯定理假设没有政府的干预
   C. 科斯定理一般在涉及的交易主体数目较少时才较为有效
   D. 以上各项都正确

3. 当厂商的生产污染了环境,而又不负担其成本时,(　　)。
   A. 其边际成本变低　　　　　　B. 其边际可变成本变低
   C. 其平均总成本变低　　　　　D. 以上全对

4. 有关社会成本的正确论述是:(　　)。
   A. 它不包括私人成本　　　　　B. 它包括私人成本
   C. 与私人成本没有关系　　　　D. 以上都不对

5. 某一经济活动存在外部不经济是指该活动的(　　)。
   A. 私人成本大于社会成本　　　B. 私人成本小于社会成本
   C. 私人利益大于社会利益　　　D. 私人利益小于社会利益

6. 如果上游工厂污染了下游居民的饮水,按科斯定理(　　),问题就可能妥善解决。
   A. 不管产权是否明确,只要交易成本为零
   B. 只要产权明确,且交易成本为零
   C. 只要产权明确,不管交易成本有多大
   D. 不论产权是否明确,交易成本是否为零

7. 以下现象属于市场失灵的是(　　)。
   A. 收入不平等　　　　　　　　B. 自然垄断
   C. 外部性　　　　　　　　　　D. 以上全是

二、计算题

1. 假定某社会只有 A、B 两个公民。A 对某公共产品的需求是 $Q=100-P_A$,B 对该公共产品的需求是 $Q=200-P_B$,每单位该物品的边际成本为120元。问:
   (1) 该物品的社会最优产出水平是多少?
   (2) 如果该物品由私人厂商生产,产出会有多少?

2. 设一个公共牧场的成本是 $C=5x^2+3\,000$,其中,x 是牧场上养牛的头数,牛的价格为 $P=1\,000$ 元。(1)求牧场净收益最大时的养牛数;(2)若该牧场有 5 户牧民,牧场成本由他们平均分担,这时牧场上将会有多少养牛数?从中会引起什么问题?

3. 假设有 10 个人住在一条街上,每个人愿意为增加一盏路灯支付 2 美元,而不管已提供

的路灯质量。若提供 x 盏路灯的成本函数为 $C(x)=x^2$，试求最优路灯安装只数。

三、简答题

1. 市场经济有哪些缺陷？
2. 公共产品有什么特点？
3. 垄断会带来哪些危害？
4. 举例说明外部经济、外部不经济。
5. 如何克服外部不经济对社会的影响？

宏 观 篇

第十一章 宏观经济学的起源与发展

本章知识结构图

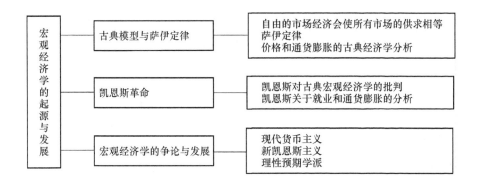

学习目的与要求

【目的与要求】通过本章的学习,应当掌握古典宏观经济学的核心思想;掌握凯恩斯《通论》的核心思想,理解现实社会中治理失业的政策以及政府宏观调控政策的必要性;掌握货币主义学派的理论基础与现实社会治理通货膨胀的政策含义。

【重点与难点】重点是凯恩斯主义的核心思想、现代货币主义主张以及理性预期学派观点;难点是这些经济理论在现实经济社会的政策实践。

第一节 古典模型与萨伊定律

20世纪30年代以前,经济学家大都认为自由的市场经济可以使市场供给等于需求,经济处于均衡状态。在这种状态下,经济中没有失业,即使有失业者也是处于变换工作过程中的摩擦性失业或"自愿"失业,资源得到充分利用。他们反对政府干预经济运行,认为政府所要做的就是提供一个良好的金融环境,即不要发行过多的货币,以保持价格水平的稳定。持这种观点的主要是古典经济学家,其中既包括19世纪初期的马尔萨斯、李嘉图、萨伊等,也包括马歇尔和庇古等。古典经济理论对宏观经济运行的看法概括如下。

一、自由的市场经济会使所有市场的供求相等

古典经济学分析了自由竞争的市场机制,将其看作一只"看不见的手"支配着社会经济活动;反对国家干预经济生活,提出自由放任原则;分析了国民财富增长的条件,促进或阻碍国民财富增长的原因。以亚当·斯密(Adam Smith)的代表作《国民财富的性质和原因的研究》(以下简称《国富论》)的出版(1776年)为奠基。

古典宏观经济理论认为,所有商品和服务的价格都具有完全伸缩性,包括劳动的价格(工资)和货币的价格(利息率)。这些具有完全伸缩性的价格会通过市场调节使其均衡,最终会使储蓄等于投资($S=I$),进口等于出口($M=X$)。而且,若假设政府实行的平衡财政,则税收等于政府支出($T=G$),把它们加起来就意味着总漏出等于总注入($W=J$),经济就会处于均衡。

首先,储蓄等于投资,即$S=I$。这是由于利息率r具有完全伸缩性。当企业投资兴建工厂或购买机器时,需要向银行等金融机构贷款或去资本市场融资,这就是说企业的投资需求意味着企业对资金量的需求,它与利息率呈反向变动关系。利息率高,则意味着企业获得资金的成本就越高,这就会抑制企业的投资需求;相反,利息率低,企业获得资金的成本就降低,从而刺激企业的投资需求。因此,投资需求曲线向右下方倾斜。如图11-1所示。

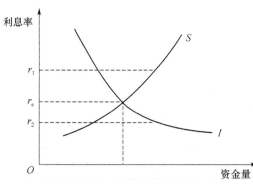

图11-1 投资与储蓄相等

同时,公众通过银行等金融机构或资本市场进行的储蓄就是对资金量的供给,它与利息率成同方向变动关系。利息率越高,则公众通过储蓄所获得的收益也就越多,从而刺激储蓄;相反,利息率越低,则公众通过储蓄获得的收益也就越少,从而抑制储蓄。因此,储蓄曲线向右上方倾斜,如图11-1所示。

当储蓄等于投资即$S=I$时,市场处于均衡,均衡利息率为r_e。若利息率为$r_1>r_e$,则市场对资金的供给大于需求,即公众进行的储蓄大于企业的投资需求,会迫使利息率下降,以抑制过多的储蓄并刺激企业的投资需求,最终会使利息率达到r_e,市场出清,$S=I$。若利息率为$r_2<r_e$,则公众的储蓄小于企业的投资需求,从而利息率上升以刺激储蓄并抑制投资,最终仍会使利息率达到r_e,市场达到均衡。

其次,进口等于出口,即$M=X$。基于与上述分析同样的道理,由于汇率具有完全伸缩性,汇率的变动会使得一国的进出口相等。

因此,一个自由的市场经济会使$S=I$,$M=X$,当政府保持$T=G$时,则会使$W=J$,即总漏出等于总注入,总供给等于总需求,市场出清,达到均衡。

二、萨伊定律

在西方经济学说史上,古典学派关于经济稳定问题有一场重要的论战,法国经济学家萨伊(1767—1832年)凭借其对市场经济均衡论和经济自由主义的论述赢得了很多的赞誉,其主要经济思想就是"萨伊定律"。

萨伊定律的核心思想是"供给创造其自身的需求"。这一结论隐含的假定是,经济循环流

程可以自动地处于充分就业的均衡状态。它包含三个要点:一是产品生产本身能创造自己的需求;二是由于市场经济的自我调节作用,不可能产生遍及国民经济所有部门的普遍性生产过剩,而只能在国民经济的个别部门出现供求失衡的现象,而即使出现也是暂时的;三是货币仅仅是流通的媒介,商品的买和卖不会脱节。

根据萨伊定律,在一个完全自由的市场经济中,由于供给会创造自己的需求,因而不会出现需求不足的现象,也就是企业生产的产品和劳务全部都能销售出去。企业没有必要解雇工人,这样也就保证了充分就业,社会的总需求始终等于总供给。

当然,即使总供给等于总需求,公众也可能把需求从一些部门转移到另外一些部门,这样,不可避免地会造成一些部门的工人失业。但是,萨伊认为这只是暂时的,因为工资具有完全伸缩性。当工人从一些部门转移到另外一些部门,会使这些部门的劳动供给增加,工资就会降低,使劳动需求等于供给,达到市场出清;同时,另一些部门由于劳动供给减少,工资就会上升,也会达到市场出清。这时,即使有暂时的失业,但经过工资的调整,最终也会达到市场的均衡。而且,工资的伸缩性越大,劳动的流动性也就越强,市场出清的速度也越快,从而消除失业的时间也越短。

从以上两点可以看出,古典模型是基于放任的假设,即假定市场有效运行以及工资价格和利息率自由伸缩,保证所有的劳动、资本和最终产品的市场同时处于均衡。

【专栏一】萨伊与李嘉图的分歧

萨伊与英国的李嘉图是同时代的人,但他们对斯密学说的态度截然不同。斯密的劳动价值论包含两个大的方面:一是商品的价值是由生产该商品时所耗费的劳动决定的;二是商品的价值又是这个商品在交换中所能购得和支配的劳动决定的,在此基础上,斯密进一步说,这种购买到的能支配劳动的生产物,不全部归劳动者所有,除工人应得的工资外,还要给资本家以利润,给地主以地租,因此得出价值由三种收入构成。李嘉图继承了前者,提出了劳动时间决定商品价值的观点,成为马克思价值理论的基石。而萨伊则继承了后者,重点从交换价值即价格的角度来分析,提出了"物品的效用就是物品价值的基础"。"所谓生产,不是创造物质,而是创造效用","商品的价值取决于它的效用",并提出商品的效用是由劳动、资本、土地三要素共同创造的。以生产三要素理论为基础,萨伊进一步创立了"三个统一体"的分配理论(即劳动——工资,资本——利息,土地——地租)和"供给会自行创造需求"的市场理论(即"萨伊定律")。这一理论在西方经济学界影响十分巨大,长达一百多年时间,作为自由放任经济的理论基础,直到 20 世纪 30 年代"凯恩斯革命"才被取代。

三、价格和通货膨胀的古典经济学分析

古典经济学家关于通货膨胀的理论是以货币数量论为基础的。货币数量论认为,一般价格水平是由货币数量决定的,货币数量越多,价格水平就越高,因此,通货膨胀是由货币供给量的增加造成的。

为了更好地理解货币数量论,我们引入"交易方程",即 $MV=PY$。其中,M 是货币供给量,V 是货币的流通速度,P 是价格水平或价格指数,Y 是实际国民收入。由于货币流通速度被定义为名义国内生产总值除以货币总量,也就是单位货币在一年中流通的次数,因此 MV 就是名义的 GDP。另一方面,由于 PY 也是名义 GDP,所以 $MV=PY$ 是一个恒等式。

古典经济学家认为,V 是由一些"如公众的支付习惯、使用范围的大小、交通和通信的方便

与否等制度上的因素"决定的,而这些因素在短期内不会有大的变化,因而在短期内 V 可以认为是一个常数。Y 取决于资源、技术条件,而在充分就业的条件下,不可能发生变化。因此,价格总水平 P 就只取决于流通中的货币量。不难看出,价格 P 随着货币供给量 M 的增加而提高,因而,货币供给量的增加是导致通货膨胀的直接原因。

20世纪30年代的一场大危机摧毁了这个自由主义的神话。英美等发达资本主义国家深深陷入危机之中,迟迟不能复苏。在1932—1933年,英国的失业率达到了22%,失业人口超过了300万人。面对危机,信奉自由市场经济的古典经济学家给出了主要是关于失业和公共支出两个方面的解释。

1. 关于失业

按照古典学派的理论,失业是由于劳动市场没有出清所致,即实际工资在需求减少时没有降下来,从而引起劳动市场没有处于供求相等的状态。图11-2描述了劳动市场的均衡状况。

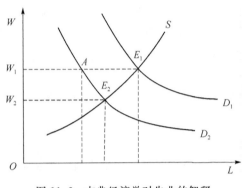

图 11-2 古典经济学对失业的解释

当劳动的需求由于经济衰退从 D_1 降到 D_2 时,实际工资必须从 W_1 下降到 W_2,才能保证劳动市场完全出清,达到劳动的供求相等状态。然而,现实中工人的实际工资并没有降到 W_2,而是保持在 W_1。结果,劳动供给大于需求,从而产生失业,失业量由 AE_1 表示。

通俗地说,古典经济学认为,失业是由于工人的工资太多所致,所以鼓励工人接受低工资,从而减少失业。同时,古典经济学还鼓励人们进行储蓄,因为这样就会通过利息率的降低而刺激投资需求的增长,最终会使经济增长,就业增加。

2. 关于公共支出

大危机期间,一些政治家和经济学家提出:如果政府增加一些公共设施的支出,如修路、建医院等,会有助于减少失业。对此,古典经济学派认为政府扩大公共支出会带来负面影响。

他们认为扩大政府支出的资金来源有三个:一是增加税收;二是政府向公众借债;三是增加货币发行。而这三个途径都不能解决失业问题。

首先,增加税收只会使公众的消费支出减少,造成总需求减少,从而抵消了政府支出扩大所增加的需求。其次,政府向公众借债也不能扩大需求。政府向公众借债主要通过政府发行债券实现,政府为了吸引公众购买债券,不得不提供较高的利息率,而这会使市场利息率提高,从而降低私人部门的投资需求。也就是政府投资挤出了私人投资。最后,根据货币数量论,货币供给量的增加所带来的只能是价格水平的提高,从而导致通货膨胀,如图11-3所示。在这里,总供给曲线 AS 被假定为垂直的,当由于货币供给量增加而导致总需求从 AD_1 增加到 AD_2 时,将会使价格水平从 P_1 升至 P_2,而实际国民收入 Y_f 并未发生变动,就业量也不会发生改变。

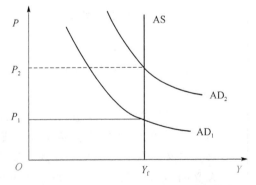

图 11-3 货币数量增加对价格总水平的影响

另外，古典学派还认为政府应当平衡财政，也就是说削减社会福利支出，这虽然会导致更多的人失业，但它会使总供给等于总需求，市场完全出清。

第二节 凯恩斯革命

一、凯恩斯对古典宏观经济学的批判

对于古典宏观经济学最主要的批判来自于约翰·梅纳德·凯恩斯。1936年出版的《就业、利息与货币通论》（以下简称《通论》）中，他否定了古典宏观经济学的假设——市场可以处于供求相等的出清状态，他认为在经济衰退时劳动市场和货币市场上可能存在非均衡，大量失业会继续下去。凯恩斯针对古典经济理论"供给总能创造对自己的需求"的观点认为，市场机制的自动调节作用是有限的，会存在失业。《通论》的中心内容是要分析市场经济中失业的原因及治理失业问题的对策。

凯恩斯认为，失业产生的根本原因是有效需求不足。有效需求主要由消费需求和投资需求构成，消费需求和投资需求的不足又源于三大基本心理规律：边际消费倾向递减规律、资本边际效率递减规律及流动偏好规律。这三大基本心理规律是不易改变的，要增加有效需求就只能依靠政府的作用，通过扩大有效需求以实现充分就业。

【专栏二】约翰·梅纳德·凯恩斯小传

约翰·梅纳德·凯恩斯(John Maynard Keynes,1883—1946年)，现代西方经济学最有影响的经济学家之一，凯恩斯主义的创始人，他创立的宏观经济学与弗洛伊德所创的精神分析法和爱因斯坦发现的相对论一起并称为20世纪人类知识界的三大革命。

凯恩斯1883年6月5日出生于英国剑桥市，其父为经济学家，其母为剑桥市市长。1902年伊顿公学毕业后进入剑桥大学，专修数学，1905年毕业。毕业后继续在剑桥大学从师于当时著名的经济学家马歇尔、庇古等人学习经济学。1906年通过文官考试，进入英国政府印度事务部任职。1908年起在剑桥大学任教。1911年起任著名的《经济学杂志》主编。在剑桥大学任教期间，曾几度在印度政府任职。1913—1914年任皇家印度通货与财政委员会秘书。第一次世界大战期间在财政部任职，并在1919年作为该部首席代表参加了巴黎和会。1929—1931年任麦克米伦财政与工业调查委员会委员。1930年任内阁经济顾问委员会主席。第二次世界大战期间任财政部咨询委员会主要成员，英格兰银行董事，1944年被英皇晋封勋爵。1944年率领英

约翰·梅纳德·凯恩斯

国代表团出席在美国布雷顿森林举行的国际货币金融会议，并当选为国际货币基金组织和世界银行的董事。此外，还担任过英国全国互助人寿保险公司董事长，创办过几家投资公司，从事金融活动并取得成功。1946年4月21日由于心脏病突发而在苏塞克斯郡家中去世。他的主要著作有：《凡尔赛和约的经济后果》(*The Economic Consequence of the Peace*,1919)、《货币改革论》(*Tract on Monetary Reform*,1923)、《货币论》(*Treatise on Money*,1930)、《劝说集》(*Essays in Persuasion*,1932)、《就业、利息和货币通论》(简称《通论》)(*The General Theory of Employment, Interest and Money*,1936)等。

凯恩斯最初属于剑桥学派，以研究货币理论与货币政策问题而著称。20世纪30年代的大危机，使凯恩斯的经济思想发生了根本性变革。他否认了传统经济学关于资本主义社会可

以实现充分就业的假说,认为在市场机制调节的情况下,资本主义社会存在失业是必然的。在《通论》中,凯恩斯建立了有效需求理论,说明这种失业的原因在于有效需求不足。有效需求分为消费与投资。边际消费倾向递减是消费不足的原因,而资本边际效率递减和心理上流动偏好的存在则是投资不足的原因。凯恩斯认为,要解决资本主义社会的失业问题,必须由国家干预经济生活,即运用财政政策和货币政策来刺激总需求。

凯恩斯这一理论及政策的提出被称为经济学上的"凯恩斯革命"。20 世纪以后,"凯恩斯革命"使得西方经济学在分析方法上实现了微观分析与宏观分析的分野,从而在理论体系上划分为微观经济学和宏观经济学,而凯恩斯则成为现代宏观经济学的开山鼻祖。凯恩斯完成理论创新这一革命的意义在于:在理论上否认了传统经济学关于资本主义社会可以实现充分就业的假说及其理论基础"萨伊定律",认为在通常情况下,总供给与总需求的均衡是小于充分就业的均衡,导致非自愿失业和小于充分就业均衡的根源在于有效需求不足,而有效需求不足的原因又在于"消费倾向、灵活偏好和对资本未来收益的预期这三个基本心理因素";在方法上用总量分析来代替个量分析,从而建立了现代宏观经济理论体系;在政策上用国家干预代替了自由放任,强调政府须采取财政政策增加投资,刺激经济,弥补私人市场的有效需求不足,从而实现充分就业,消除产生失业与危机的基础。凯恩斯革命对现代西方经济学产生了深远的影响,成为现代西方经济学的开端。

1. 劳动市场

凯恩斯认为,工资具有刚性,即在经济衰退时,劳动的需求会减少,但是劳动的价格——工资——不会随着劳动需求的减少而下降到足以使市场出清的水平,它会比劳动需求下降的幅度小,因为工人不愿意降低工资。如图 11-4 所示,当经济衰退时,劳动的需求从 D_1 下降到 D_2,如果货币工资保持在 W_1 不变,那么劳动供给和需求将处于非均衡状态,这样也就会产生失业,数量为 L_1-L_2。

但是,即使按照古典经济学家所假设的那样,工资可以随需求下降而调整,凯恩斯认为这样也无法消除失业,还会使情况变得更糟。因为工人同时也是消费者,如果他们的工资降低,他们的消费支出也会减少,从而减少对企业产品和劳务的需求。与此相对应,企业做出的反应是减少生产,进一步减少对劳动的需求,这样会使劳动需求曲线继续向下移动,导致更严重的非均衡,失业人数也会更多,经济的衰退程度也就更深。

凯恩斯认为,总需求是决定就业的关键因素,但总需求降低不一定导致工资和价格下降并恢复到充分就业状态。相反,它却可能导致循环流程中的收入、需求和就业稳定在一个较低的水平上。

2. 资金市场

凯恩斯也否定了古典宏观经济学家用增加储蓄来促进投资的经济增长的观点。他认为,货币市场在衰退时期也处于非均衡状态。

储蓄增加会导致货币市场的非均衡状态,如图 11-5 所示,储蓄曲线由 S_1 增加到 S_2,则利息率由 r_1 下降到 r_2,但是储蓄增加意味着消费的减少,从而对企业的产品和劳务的需求减少,投资需求曲线会向左移动,利息率将不得不继续下降,以便达到供求相等市场出清状态。

企业的投资需求在很大程度上依赖于厂商对于将来的预期。当经济处于衰退的时候,厂商对于未来缺乏信心,从而投资需求就会下降,加深经济衰退的程度,而且会使货币市场上的非均衡情况变得更糟。因为储蓄和投资对于利息率的变动都非常敏感,所以利息率的大幅度变动会使储蓄和投资变动的幅度更大,使经济更不稳定,人们对于未来的预期更加悲观,使经济进一步衰退,导致一种恶性循环。

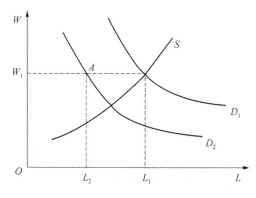
图 11-4　需求不足导致失业

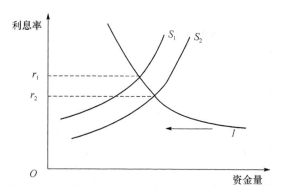
图 11-5　资金市场的非均衡

3. 货币数量论

凯恩斯还否定了古典学派的货币数量论。他认为，货币供给量的增加不一定只会使价格水平提高，原因有二：并不是所有新增加的货币都投入了流通，有一部分货币可能保存在公众手中，退出流通，这样货币流通速度 V 就会降低，这意味着在交易方程 $MV=PY$ 中的 V 是一个变量；货币供给量的增加有可能会增加实际产出。如果经济处于萧条状态，社会上有大量的失业者，闲置着大量资源，那么货币供给量的增加就可能会使实际国民收入增加，而不使价格水平发生变化。

凯恩斯的这些观点都是对萨伊供给创造需求并能保证充分就业论点的否定。与萨伊定律相反，凯恩斯认为，需求创造供给。如果总需求增加，企业会增加生产，增加对劳动的需求；总需求减少，将会导致生产下降和失业增加。总之，凯恩斯的核心思想是，一个完全自由的市场经济并不一定有足够的有效需求，以能保证经济处于充分就业状态，政府应当干预经济活动，控制和调节总需求。

二、凯恩斯关于就业和通货膨胀的分析

1. 关于就业

凯恩斯认为，当经济处于均衡状态时，总注入等于总漏出，如果注入突然增加，例如，企业决定增加投资时，总需求就会增加。对应于增加的总需求，企业就会增加对劳动和其他生产要素的需求，因此也会支付给公众更多的要素报酬作为他们的收入（Y）。进而，收入增加使公众的消费支出增加，企业的产品和劳务也会更多地销售出去，这又会进一步促进企业的投资需求，使产出进一步增加。如此循环下去，最终使国民收入和就业量成倍上升，这种效应也被称为乘数效应。

凯恩斯对有效需求不足导致经济萧条和失业的分析具有明显的政策含义。在经济萧条状态下，政府应该干预经济，增加总需求。政府应该增加支出（G）或减少税收（T），实行赤字财政政策和适度配合的货币政策。

2. 关于通货膨胀

如果总需求增加得太多，就会产生通货膨胀。当产出达到潜在产出（Y_f）时，所有的企业已经使用了全部的生产能力，没有限制资源，这时再增加总需求就会使价格水平提高，而产出水平保持不变。

当面临需求拉上的通货膨胀时，凯恩斯认为政府应该采取紧缩的财政政策和货币政策来减少总需求。紧缩的财政政策包括减少政府支出或增加税收，紧缩的货币政策主要是减少货

币供给量。

3. 凯恩斯政策的实践

第二次世界大战后,凯恩斯主义占据了资产阶级经济学的统治地位,西方国家普遍依据凯恩斯的理论,审时度势,逆经济风向制定政策,这样一套经济政策就是凯恩斯主义的"需求管理"政策。

在20世纪30年代以前,英国政府主要采用古典的财政理论。"二战"后到70年代中期,英国政府采用的基本上是凯恩斯主义的政策。在五六十年代,英国的通货膨胀率平均为3.8%,而失业率仅有1.75%。从美国的情况看,从30年代初罗斯福新政到60年代初肯尼迪时代的繁荣,在一定的限度内,都是运用这套财政政策来提高有效需求的结果。于是凯恩斯主义盛极一时。

【专栏三】后凯恩斯主义

萨缪尔森

在凯恩斯的经济理论诞生后,20世纪50年代末和60年代初,又出现了继承凯恩斯基本经济思想和分析方法的后凯恩斯主义,后凯恩斯主义又主要由两大学术流派构成,一是以美国经济学家为主的后凯恩斯主流经济学,二是以英国经济学家为主的新剑桥学派。后凯恩斯主流经济学也被称为"美国凯恩斯主义""新古典综合派"。其主要人物有萨缪尔森、汉森、托宾、索洛等人。新古典综合派在经济理论上的最显著特征是,在宏观层面接受凯恩斯的理论,在微观层面采用传统的新古典经济学理论,力图为凯恩斯的宏观经济理论寻找合适的微观基础,因而其理论呈现出明显的综合性特征。

萨缪尔森是新古典综合派最主要的代表和奠基人,1970年获诺贝尔经济学奖。他几乎在经济学的各个领域都有建树和发展,曾经当选为美国经济学会会长、经济计量学会会长、国际经济学会会长等。他的《经济学》(1948年出版)至今已出版了17个版本,是当今世界上影响最大的经济学教科书之一。

新古典综合派的主要理论贡献有:(1)希克斯和汉森提出了IS-LM模型。(2)提出了经济增长理论中的两个著名模型:哈罗德-多马模型和索洛-斯旺模型(新古典增长模型)。(3)提出了乘数-加速模型。(4)推进通货膨胀和失业问题的研究。

第三节 宏观经济学的争论与发展

但是,由于凯恩斯主义人为地扩大需求,最后导致20世纪70年代西方经济出现生产呆滞、失业严重,同时物价持续上涨的"滞胀"局面。于是西方经济学界纷纷向凯恩斯主义提出挑战,并研究替代的理论和政策。

一、现代货币主义

现代货币主义是20世纪50年代中期在美国出现的一个重要的经济学流派,芝加哥大学经济学教授弗里德曼是该学派最著名的代表人物。

该学派的基本观点是将货币看作为最重要的宏观经济变量,基于货币的角度来展开宏观经济理论分析,反对凯恩斯主义的政府干预,主张经济自由。基本理论有新货币数量论和自然率假说。

1. 新货币数量论

新货币数量论又称货币需求函数论。它继承了旧货币数量论关于货币数量的变动在经济生活中起支配作用的基本观点,并利用实证分析对 $MV=PY$ 给出了重新解释。

货币主义者认为,货币流通速度 V 在短期内可以做出轻微的波动,而在长期中是一个不变的数值。

从短期来看,货币供给的变动往往领先于价格变动,因而货币供给量的增加不仅会引起价格总水平的变动,而且也会引起收入的变动。

从长期来看,在 $MV=PY$ 这一等式中,货币流通速度 V 和收入 Y 是独立决定的,因而也就不会受到货币供给量 M 的影响。因此,货币供给量的任何变动都将只影响价格总水平 P。

【专栏四】弗里德曼与新货币数量论

新货币数量论是弗里德曼于1956年发表的《货币数量论的重新表述》一文中提出的。在这篇文章中,弗里德曼把货币数量论解释为货币需求学说,而不是产出学说,也不是货币收入学说或价格水平学说。

弗里德曼把货币看作是一种资产,认为它仅是保持财富的一种方式。因此,弗里德曼把货币的需求看作基本上是由总财富和各种不同形式财富的报酬所决定。但是,弗里德曼在强调预算的制约因素是财富而不是收入时,面临着寻找一个能为人接受的财富衡量标准这样的问题。为解决这一问题,弗里德曼不把当前收入作为财富的代表,因为这一指标在短期内会出现不规则的波动。相反地,弗里德曼把一种较长期的收入概念引入到货币分析中,这就是他所提永久收入的概念。永久收入是过去、现在和将来收入的平均数,与个人的预期收入或正常收

弗里德曼

入有较强的一致性。弗里德曼把永久收入包括在货币需求函数之中作为财富的代表。

在弗里德曼看来,财富之所以重要,不仅因为它是一个相关的预算制约因素,同时也可以通过各种形式保持财富,从而对货币的需求起着重大影响。在这方面,保持财富的各种形式,特别是人力财富的或非人力财富的形式,便是对货币需求起作用的另外两个决定因素。

由于某些形式的财富比其他一些形式的财富更易于实现,因而有必要考虑人力财富和非人力财富之间的比率。人力财富非常不易变现。例如,当劳动需求很低时(失业较严重时期)很难把人力财富转变为收入,因此,人力财富在总财富中的比例越大,对货币的需求就越大,以便为人力财富销售困难时做好准备。

2. 自然率假说和菲利普斯曲线

自然率主要是指自然失业率。根据自然率假说,任何一个资本主义社会都存在一个自然失业率,其大小取决于社会的技术水平、资源数量和文化传统。长期而言,经济总是趋向于自然失业率。尽管短期内,经济政策能够使得实际失业率不同于自然失业率。它是货币主义的重要理论基础,也是新古典主义的重要基本假设。"自然率"的存在使货币政策的作用只有在造成非预期的通货膨胀时才能奏效。"自然率假说"从理论上论述了政策作用的有限性,为理性预期学说确立了重要的理论前提。

二、新凯恩斯主义

新凯恩斯主义是20世纪80年代出现的一个主张政府干预经济的新的学术流派。其代表人物有斯蒂格利茨、阿克洛夫、费尔普斯、曼昆、罗默等人。

新凯恩斯主义继承了凯恩斯政府干预的基本思想理念,以对工资粘性和价格粘性的分析,论证了市场常处于非出清状态,因此,尽管存在理性预期,政策干预仍是有效、必要的。

三、理性预期学派

理性预期经济学是20世纪70年代在美国出现的一个经济学流派。它是从货币主义学派中分化出来的。理性预期是指人们在有效地掌握和利用一切可以获得的相关信息的前提下,对经济变量做出的在长期中平均说来最为准确的预期。

本 章 小 结

1. 古典宏观经济理论认为,所有商品和服务的价格都具有完全伸缩性,会通过市场调节使所有市场达到均衡,经济也会处于均衡。

2. 萨伊定律的核心思想是"供给创造其自身的需求"。

3. 古典经济学家关于通货膨胀的理论是以货币数量论为基础的。货币数量论认为,通货膨胀是由货币供给量的增加造成的。

4. 凯恩斯的《通论》否定了古典宏观经济学的假设——市场可以处于供求相等的出清状态,他认为在经济衰退时劳动市场和货币市场上可能存在非均衡,大量失业会继续下去。凯恩斯认为,市场机制的自动调节作用是有限的,会存在失业。《通论》的中心内容,是分析市场经济中失业的原因及治理失业问题的对策。

5. 货币主义学派的基本观点是将货币看作为最重要的宏观经济变量,基于货币的角度来展开宏观经济理论分析,反对凯恩斯主义的政府干预,主张经济自由。基本理论有新货币数量论和自然率假说。

关 键 概 念

萨伊定律　货币数量论　自然律假说　凯恩斯革命　货币主义学派　理性预期

【思考与练习】

一、单选题

1. (　　)创立的宏观经济学与弗洛伊德所创的精神分析法和爱因斯坦发现的相对论一起并称为20世纪人类知识界的三大革命。
   A. 萨伊　　　　B. 李嘉图　　　　C. 凯恩斯　　　　D. 弗里德曼

2. 凯恩斯认为,失业产生的根本原因是(　　)。
   A. 有效需求不足　　　　　　　B. 工人不愿意工作
   C. 工会阻碍工资变动　　　　　D. 商品短缺

二、简答题

1. 简述"萨伊定律"的主要内容。
2. 简述凯恩斯对古典宏观经济学的批判。

宏观经济总量指标

本章知识结构图

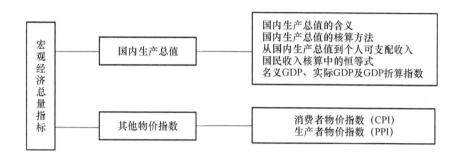

学习目的与要求

【目的与要求】通过本章学习,应当掌握国民收入各个总量的概念及其关系,特别要掌握国内生产总值的概念,要掌握国民收入核算的基本方法和国民收入核算中的恒等式,要掌握消费者物价指数、生产者物价指数等物价指数。

【重点与难点】国民收入各个总量之间的关系,国内生产总值的概念,国民收入核算的基本方法。

第一节 国内生产总值

一、国内生产总值的含义

1. 国内生产总值的概念

国内生产总值(GDP)是指一个国家或地区在一定时期内(通常指一年)运用生产要素所生产的全部最终产品(物品和劳务)的市场价值。理解这一定义时,应注意以下几点。

第一,GDP 是指最终产品的总价值。因此,在计算时不应包括中间产品价值,否则会造成重复计算。在一定时期内生产的并由最后使用者购买的产品和劳务就被称为最终产品,中间产品是指用于再出售而供生产别种产品用的产品。

第二,GDP 是一国范围内生产的最终产品的市场价值。这是一个地域概念,即它不仅包括本国国民所生产的最终产品的市场价值,而且还包括外国国民在本国国土上所生产的最终产品的市场价值。与国内生产总值相联系的国民生产总值(GNP)则是一个国民概念,它是指某国居民所拥有的全部生产要素所生产的最终产品的市场价值总和,即不仅包括在本国境内的国民所生产的最终产品的市场价值,而且还包括该国国民从外国所获得的收入。一般来说,常住居民包括:在本国居住的本国国民、暂住外国的本国居民、常住本国但未入本国国籍的居民。两者的关系为:GNP＝GDP＋本国公民在国外生产的最终产品的价值之和－外国公民在本国生产的最终产品的价值之和。

第三,GDP 是指当年内生产出来的最终产品的市场价值,因此,在计算时不应包括以前某一时期生产的最终产品的市场价值。

第四,GDP 是一定时期内所生产而不是所售出的最终产品的价值。生产出来而未售出的部分可以看作是企业自己买下来的部分,因而是存货投资,也计入 GDP。从量上来看,生产出的产品价值与售出的产品价值可能相等,也可能不相等。

第五,GDP 一般仅指市场活动导致的价值。不经过市场销售的最终产品不计入 GDP 中。例如,家务劳动、自给性生产等非市场活动不计入 GDP 中。

第六,GDP 中的最终产品不仅包括有形的最终产品,而且包括无形的最终产品——劳务。例如,旅游、服务、卫生、教育等行业提供的劳务,按其所获得的报酬计入国内生产总值中。

2. GDP 指标的意义与局限性

诺贝尔经济学奖获得者萨缪尔森和诺德豪斯在《经济学》教科书中把 GDP 称为"20 世纪最伟大的发明之一"。

首先,我们来看 GDP 核算的意义。

(1) 判断宏观经济运行状况。判断宏观经济运行状况主要有 3 个重要经济指标,经济增长率、通货膨胀率、失业率,这三个指标都与 GDP 有密切关系,其中经济增长率就是 GDP 增长率,通货膨胀率就是 GDP 折算指数,失业率中的奥肯定律表明当 GDP 增长大于 2.25 个百分点时,每增加 1 个百分单位的国内生产总值,失业率就降低 0.5 个百分点。

(2) 宏观经济管理中有重要作用。如制定战略目标、计划规划和财政金融政策时,都以达到一定数量的 GDP 为标准。

(3) 对外交往中有重要意义。与我国承担的国际义务相关,如承担联合国会费;与我国享受的优惠待遇有关,如世界银行根据 GDP 来划分给予优惠的标准。

其次,GDP 反映福利水平变动存在较大局限性。

第一,它不反映分配是否公平。第二,非市场活动得不到反映。非市场经济活动,是那些公开的但没有市场交易行为经济活动。如自给性生产与服务、物物交换、家务活动等,同时,地下经济在 GDP 中也没有得到反映,地下经济是指为了逃避政府管制所从事的经济活动,如各国都不同程度地存在着地下工厂的生产、黑市交易、毒品生产与贩卖、秘密军火交易,走私等非法活动。第三,有些严重影响社会发展和人们生活质量的内容无法得到反映。如环境质量的变动、不能反映精神满足程度,闲暇福利。第四,它把所有市场交易活动反映到 GDP 来,并不能正确反映社会经济发展水平;也无法反映人们从产品和劳务消费中获得的福利状况。第五,由于不同国家产品结构和市场价格的差异,两国 GDP 指标难以进行精确比较。

二、国内生产总值的核算方法

1. 支出法

用支出法核算 GDP,就是从产品的使用出发,把一年内购买的各项最终产品的支出加总而计算出的该年内生产的最终产品的市场价值。这种方法又称最终产品法、产品流动法。

如果用 $Q_1, Q_2, \cdots, Q_n$ 代表各种最终产品的产量，$P_1, P_2, \cdots, P_n$ 代表各种最终产品的价格，则使用支出法核算 GDP 的公式是：$Q_1P_1 + Q_2P_2 + \cdots + Q_nP_n = \text{GDP}$。

在现实生活中，产品和劳务的最后使用，主要是居民消费、企业投资、政府购买和出口。因此，用支出法核算 GDP，就是核算一个国家或地区在一定时期内居民消费、企业投资、政府购买和出口这几个方面支出的总和。

居民消费支出（用字母 C 表示），包括购买冰箱、彩电、洗衣机、小汽车等耐用消费品的支出，也包括服装、食品等非耐用消费品的支出以及用于医疗保健、旅游、理发等劳务的支出。建造住宅的支出不属于消费。

企业投资（用字母 I 表示）是指增加或更新资本资产（包括厂房、机器设备、住宅及存货）的支出。投资包括固定资产投资和存货投资两大类。固定资产投资指新造厂房、购买新设备、建筑新住宅的投资。为什么住宅建筑属于投资而不属于消费呢？因为住宅像别的固定资产一样是长期使用、慢慢地被消耗的。存货投资是企业掌握的存货价值的增加（或减少）。如果年初全国企业存货为 2 000 亿美元而年末为 2 200 亿美元，则存货投资为 200 亿美元。存货投资可能是正值，也可能是负值，因为年末存货价值可能大于也可能小于年初存货。企业存货之所以被视为投资，是因为它能产生收入。计入 GDP 中的投资是指总投资，即重置投资与净投资之和，重置投资也就是折旧。

投资和消费的划分不是绝对的，具体的分类则取决于实际统计中的规定。

政府购买支出（用字母 G 来表示）是指各级政府购买物品和劳务的支出，它包括政府购买军火、军队和警察的服务、政府机关办公用品与办公设施、修建道路等公共工程、开办学校等方面的支出。政府支付给政府雇员的工资也属于政府购买。政府购买是一种实质性的支出，表现出商品、劳务与货币的双向运动，直接形成社会需求，成为国内生产总值的组成部分。政府购买只是政府支出的一部分，政府支出的另一部分如政府转移支付、公债利息等都不计入 GDP。政府转移支付是政府不以取得本年生产出来的商品与劳务的作为报偿的支出，包括政府在社会福利、社会保险、失业救济、贫困补助、老年保障、卫生保健、对农业的补贴等方面的支出。政府转移支付是政府通过其职能将收入在不同的社会成员间进行转移和重新分配，将一部分人的收入转移到另一部分人手中，其实质是一种财富的再分配。有政府转移支付发生时，即政府付出这些支出时，并不相应得到什么商品与劳务，政府转移支付是一种货币性支出，整个社会的总收入并没有发生改变。因此，政府转移支付不计入国内生产总值中。

净出口（用字母 $X-M$ 表示，X 表示出口，M 表示进口）是指进出口的差额。进口应从本国总购买中减去，因为它表示收入流到国外，同时，也不是用于购买本国产品的支出；出口则应加进本国总购买量之中，因为出口表示收入从外国流入，是用于购买本国产品的支出，因此，净出口应计入总支出。净出口可能是正值，也可能是负值。

把上述四个项目加起来，就是用支出法计算 GDP 的公式：
$$\text{GDP} = C + I + G + (X-M)$$

利用支出法计算 GDP，应注意以下两个问题。第一，有些支出项目不应计入 GDP 中。这些项目包括：对过去时期生产的产品的支出（如购买旧设备）；非产品和劳务支出，如购买股票、债券的支出，这只是所有权的转移而不涉及最终产品与劳务的生产；对进口产品和劳务的收入；政府支出中的转移支付也不应计入；人们自己生产自己消费的产品或劳务不发生市场交易所，没有明确的市场价值，因此不能反映在国内生产总值中。第二，避免重复计算，这主要是最终产品和中间产品往往无明显的区分，因而容易造成重复计算。

A 国某年国内生产总值如表 12-1 所示。

表 12-1　A 国某年国内生产总值　　　　　　　　　10 亿元（当年价格）

国内生产总值	4 070
1. 私人消费支出	**2 600**
（1）耐用品	360
（2）非耐用品	900
（3）劳务	1 340
2. 私人国内总投资	**650**
（1）固定投资	640
非居民固定投资	480
其中：建筑投资	180
耐用生产设备投资	300
居民住房投资	160
（2）存货投资	10
3. 政府购买支出	**800**
4. 净出口	**20**
（1）出口	380
（2）进口	360

2. 收入法

这种核算方法是从居民户向企业出售生产要素获得收入的角度看，也就是从企业生产成本看社会在一定时期内生产了多少最终产品的市场价值。但严格说来产品的市场价值中除了生产要素收入构成的生产成本，还有间接税、折旧、公司未分配利润等内容，因此用收入法核算国民生产总值，应当包括以下一些项目。

第一是工资、利息和租金等这些生产要素的报酬。工资从广义上说应当包括所有对工作的酬金、补助和福利费，其中包括工资收入者必须缴纳的所得税及社会保险税。利息在这里指人们储蓄所提供的货币资金在本期的净利息收入，但政府公债利息及消费信贷的利息不计入国民生产总值，而只被当做转移支付。租金包括个人出租土地、房屋等租赁收入。

第二是非公司企业收入。它指各种类别的非公司型企业的纯收入，如医生、律师、农民和店铺等的收入。他们被自己雇佣，使用自有资金，因此他们的工资、利息、利润和租金等是混在一起作为非公司企业收入的。

第三是公司税前利润，包括公司利润税（公司所得税）、社会保险税、股东红利及公司未分配利润等。

第四是企业转移支付和企业间接税。前者指公司对非营利组织的社会慈善捐款和消费者赊账。后者指企业缴纳的货物税或销售税、周转税。这些税收虽然不是生产要素创造的收入，但要通过产品加价转嫁给购买者，故也应看作是成本。这和直接税不同，直接税（公司所得税、个人所得税等）都已包括在工资、利润及利息中，故不能再计入 GDP 中。

第五是资本折旧。这是资本的耗费，也不是生产要素的收入，但由于包括在支出法中的总投资中，故这里也应计入 GDP 中。

这样，按收入法核算所得的国民收入＝工资＋利息＋利润＋租金＋间接税和企业转移支付＋折旧。利用收入法计算 GDP，应注意以下三个问题：第一，销售上一期生产的产品和劳务取得的收入不计算在内。第二,与生产无关的收入不计入内,如出售股票和债券它们只是一种金融交易。第三,政府的转移支付也不能算作接受者的收入。

3. 生产法

用生产法核算 GDP 是指按提供物质产品与劳务的各个部门的产值来计算国内生产总值。生产法又叫部门法。这种计算方法反映了国内生产总值的来源。运用这种方法进行计算时,各生产部门要把使用的中间产品的产值扣除,只计算所增加的价值。商业和服务等部门也按增值法计算。卫生、教育、行政、家庭服务等部门无法计算其增值,就按工资收入来计算其服务的价值。

如表 12-2 所示,把小麦加工成面包,其中间环节要经历一个面粉的生产过程,假定小麦为最初产出,其最初的增加值为 4 000 元;如果把它加工成面粉,对面粉而言小麦就是中间产品,其增加值为 2 000 元;对面包而言面粉就是中间产品,其增加值为 4 000 元。最终出售的面包市场价值为 10 000 元(小麦最初的增加值 4 000 元+面粉的增加值 2 000 元+面包的增加值 4 000 元)。运用生产法旨在剔除了中间产品的重复计算影响。

表 12-2　生产法核算 GDP　单位:元

	总产出	中间投入	增加值	GDP
小麦	4 000	—	4 000	
面粉	6 000	2 000	2 000	
面包	10 000	6 000	4 000	10 000

按生产法核算国内生产总值,可以分为下列部门:农林渔业;矿业;建筑业;制造业;运输业;邮电和公用事业;电、煤气、自来水业;批发、零售商业;金融、保险、不动产;服务业;政府服务和政府企业。把以上部门生产的国内生产总值加总,再与国外要素净收入相加,考虑统计误差项,就可以得到用生产法计算的 GDP 了。

从理论上说,按支出法、收入法与生产法计算的 GDP 在量上是相等的,但实际核算中常有误差,因而要加上一个统计误差项来进行调整,使其达到一致。实际统计中,一般以国民经济核算体系的支出法为基本方法,即以支出法所计算出的国内生产总值为标准。

【专栏一】20 世纪最伟大的发现之一

美国著名的经济学家保罗·萨缪尔森曾说:"GDP 是 20 世纪最伟大的发现之一"。没有 GDP 这个发明,我们就无法进行国与国之间经济实力的比较、贫穷与富裕的比较,我们就无法知道 2010 年中国 GDP 总量首次超过日本,仅次于美国,排在全世界的第 2 位;2014 年中国 GDP 首次超过 10 万亿美元,约为 10.4 万亿美元,成为继美国之后第二个 GDP 迈入 10 万亿美元俱乐部的成员;2016 年中国 GDP 总量达 11 万亿美元,占全球 GDP 总量的 14.84%。没有 GDP 这个总量指标我们无法了解我国的经济增长速度是快还是慢,是需要刺激还是需要控制。因此 GDP 就像一把尺子,一面镜子是衡量一国经济发展和生活富裕程度的重要指标。

如果你要判断一个人在经济上是否成功,你首先要看他的收入。高收入的人享有较高的生活水平。同样的逻辑也适用于一国的整体经济。当判断经济富裕还是贫穷时,要看人们口袋里有多少钱。这正是国内生产总值(GDP)的作用。

GDP 同时衡量两件事:经济中所有人的总收入和用于经济中物品与劳务产量的总支出。GDP 既衡量总收入又衡量总支出的秘诀在于这两件事实际上是相同的。对于一个整体经济而言,收入必定等于支出。这是为什么呢? 一个经济的收入和支出相同的原因就是一次交易都有两方:买者和卖者。如你雇一个小时工为你打扫卫生,每小时 10 元,在这种情况下小时工是劳务的卖者,而你是劳务的买者。小时工赚了 10 元,而你支出了 10 元。因此这种交易对经济的收入和支出做出了相同的贡献。无论是用总收入来衡量还是用总支出来衡量,GDP 都增加了 10 元。由此可见,在经济中,每生产一元钱,就会产生一元钱的收入。

三、从国内生产总值到个人可支配收入

1. 国内生产净值

国内生产净值(NDP)是指一个国家一年内新增加的产值,即在国内生产总值中扣除了折旧之后的产值,即从 GDP 中扣除资本折旧,就得到 NDP。

2. 国民收入

国民收入(NI)有广义狭义之分。广义的国民收入泛指国民收入五个总量,即国民收入可以是指国内生产总值、国内生产净值,也可以是指个人收入和个人可支配收入等。国民收入决定理论中所讲的国民收入就是指广义的国民收入。以后所提到的国民收入,指广义的国民收入。狭义的国民收入是指一个国家一年内用于生产各种生产要素所得到的全部收入,即工资、利润、利息和地租的总和,也就是按生产要素报酬计算的国民收入。

从国内生产净值中扣除间接税和企业转移支付再加上政府补助金,就得到一国生产要素在一定时期内所得报酬,即狭义的国民收入。间接税是指可以转嫁给消费者的税收,企业转移支付包括企业捐赠和呆账。间接税和企业转移支付虽然构成产品价格,但不成为要素收入;相反,政府给企业的补助金虽不列入产品价格,但成为要素收入。故在国民收入中应扣除间接税和企业转移支付,而加上政府补助金。

3. 个人收入

个人收入(PI)是指一个国家一年内个人所得到的全部收入。生产要素报酬意义上的国民收入并不会全部成为个人收入。因为,一方面,利润收入中要给政府缴纳公司所得税,公司还要留下一部分利润用做积累,只有一部分利润才会以红利和股息形式分给个人,并且职工收入中也有一部分要以社会保险费的形式上缴有关部门。另一方面,人们也会以失业救济金、职工养老金、职工困难补助、退伍军人津贴等形式从政府那里得到转移支付。因此,从国民收入中减去公司所得税、公司未分配利润、社会保险税(费),加上政府给个人的转移支付,即为个人收入。

4. 个人可支配收入

个人可支配收入(DPI)是指一个国家一年内个人可以支配的全部收入即人们可以用来消费或储蓄的收入。因为要缴纳个人所得税,所以,缴纳个人所得税以后的个人收入才是个人可支配收入,即个人可用来消费与储蓄的收入。

总结以上内容,国民收入核算中的这五个总量之间的关系是:

$$NDP = GDP - 折旧,\ NI = NDP - 间接税 - 企业转移支付 + 政府补助金$$
$$PI = NI - 公司所得税 - 公司未分配利润 - 社会保险税 + 政府对居民的转移支付$$
$$DPI = PI - 个人所得税 = 消费 + 储蓄$$

第二节 国民收入核算中的恒等式

从支出法、收入法与生产法所得出的国内生产总值的一致性,可以说明国民经济中的一个基本平衡关系。总支出代表了社会对最终产品的总需求,而总收入和总产量代表了社会对最终产品的总供给。因此,从国内生产总值的核算方法中可以得出这样一个恒等式:

$$总需求 = 总供给$$

这种恒等关系在宏观经济学中是十分重要的。我们可以从国民经济的运行,即国民经济的收入流量循环模型,来分析这个恒等式。理论研究是从简单到复杂、从抽象到具体的,所以,我们从两部门经济入手研究国民经济的收入流量循环模型与国民经济中的恒等关系,进而研

究三部门经济与四部门经济。

一、两部门经济循环模型

两部门经济指由厂商和居民户这两种经济单位所组成的经济社会,这是一种最简单的经济。在两部门经济中,居民户向厂商提供各种生产要素、得到相应的收入,并用这些收入购买与消费各种产品与劳务;厂商购买居民户提供的各种生产要素进行生产,并向居民户提供各种产品与劳务。

在包括居民户与厂商的两部门经济中,总需求分为居民户的消费需求与厂商的投资需求。消费需求与投资需求可以分别用消费支出与投资支出来代表,消费支出即为消费,投资支出即为投资。所以:

$$总需求 = 消费 + 投资$$

如果以 AD 代表总需求,以 C 代表消费,以 I 代表投资,则可以把上式写为:$AD = C + I$

总供给是全部产品与劳务供给的总和,产品与劳务是由各种生产要素生产出来的,所以,总供给是各种生产要素供给的总和,即劳动、资本、土地和企业家才能供给的总和。生产要素供给的总和可以用各种生产要素相应得到收入的总和来表示,即用工资、利息、地租和利润的总和来表示。工资、利息、地租和利润是居民户所得到的收入,这些收入分为消费与储蓄两部分。所以:

$$总供给 = 消费 + 储蓄$$

如果以 AS 代表总供给,以 C 代表消费,以 S 代表储蓄,则可以把上式写为:

$$AS = C + S$$

总需求与总供给的恒等式就是:AD = AS,即:

$$C + I = C + S$$

如果两边同时消去 C,则可以写为:

$$I = S$$

二、三部门经济循环模型

三部门经济是指由厂商、居民户与政府这三种经济单位所组成的经济社会。

在三部门经济中,总需求包括居民户的消费需求、厂商的投资需求与政府的需求。这样,

$$总需求 = 消费 + 投资 + 政府支出$$

在三部门经济中,政府的经济职能是通过税收与政府支出来实现的。政府通过税收与支出和居民户、厂商发生经济上的联系。三部门经济的总供给中,除了居民户供给的各种生产要素之外,还有政府的供给。政府的供给是指政府为整个社会提供了国防、立法、基础设施等"公共物品"。政府要提供这些"公共物品",必须得到相应的收入——税收。所以,可以用政府税收来代表政府的供给。

因此,
$$总供给 = 消费 + 储蓄 + 税收$$

如果以 T 代表政府税收,则可以把上式写为:

$$AS = C + S + T$$

三部门经济中总需求与总供给的恒等就是:

$$AD = AS$$

即:

$$I + G = S + T$$

三、四部门经济循环模型

四部门经济是指由厂商、居民户、政府和国外这四种经济单位所组成的经济社会。在四部门经济中,国外部门的作用是:作为国外生产要素的供给者,向国内各部门提供产品与劳务,对国内来说,这就是进口;作为国内产品与劳务的需求者,向国内进行购买,对国内来说,这就是出口。

在四部门经济中,总需求不仅包括居民户的消费需求、厂商的投资需求与政府的需求,而且还包括国外的需求。国外的需求对国内来说就是出口,所以可以用出口来代表国外的需求。这样,总需求＝消费＋投资＋政府支出＋出口。

如果以 X 代表出口,则可以把上式写为:$AD=C+I+G+X$

四部门经济的总供给中,除了居民户供给的各种生产要素和政府的供给外,还有国外的供给。国外的供给对国内来说就是进口,所以可以用进口来代表国外的供给。这样,总供给＝消费＋储蓄＋政府税收＋进口。

如果以 M 代表进口,则可以把上式写为:$AS=C+S+T+M$

四部门经济中总需求与总供给的恒等就是:$AD=AS$,即:$I+G+X=S+T+M$

第三节 名义 GDP、实际 GDP 和 GDP 折算指数

一、名义 GDP 和实际 GDP

国内生产总值是一个市场价值概念,其价值的大小用货币来衡量,国内生产总值为最终产品和劳务数量与价格的乘积。因此,国内生产总值不仅要受实际产量的影响,还要受价格水平的影响。换言之,国内生产总值的变动可能是由于实际产量的变动而引起,也可能是由于产品和劳务价格变动而引起。为了排除价格因素,能确切反映经济实际变动,就必须区分实际国内生产总值与名义国内生产总值。

名义国内生产总值是按当年价格(P_t)计算的国内生产总值,实际的国内生产总值是按不变价格计算的某一年的国内生产总值。不变价格是指统计时确定的某一年(称为基年)的价格(P_0)。计算实际国内生产总值可使我们了解到从一个时期到另一个时期产量变化到什么程度。如果使用的都是基年的价格,则两个时期国内生产总值的差额可表现出这两个变化。如果仅仅比较两个时期的名义国内生产总值,则我们无法知道这两个时期国内生产总值的差额究竟是由产量变化引起的,还是由价格变化引起的。

某个时期名义国内生产总值与实际国内生产总值之间的差别,可以反映出这一时期和基期相比的价格变动的程度。因为通过计算名义国内生产总值和实际国内生产总值的比率,可以计算出价格变动的百分比。名义国内生产总值与实际国内生产总值之比,称为国内生产总值价格指数。

在衡量一个国家的经济发达程度或者在比较各个国家的经济发展水平时,用实际 GDP 是没有任何意义的,因为一个经济相对落后的大国的国内生产总值可能比一个经济相对发达的小国的国内生产总值要多。因此我们应该用人均国内生产总值来反映一个国家的经济发达程度。

二、GDP 折算指数

是给定年份的名义 GDP 与实际 GDP 之间的比率。名义 GDP 与实际 GDP 之比,称为国

内生产总值折算指数。

$$\text{国内生产总值折算指数} = \text{名义 GDP}/\text{实际 GDP} = \sum P_t Q_t / \sum P_0 Q_t$$

上式中，P_t 为当年价格，P_0 为基期价格，Q_t 为当年产量，$\sum P_t Q_t$ 为当年名义 GDP，$\Sigma P_0 Q_t$ 为当年实际 GDP。国内生产总值折算数是重要的物价指数之一，能反映通货膨胀的程度。

本 章 小 结

1. 核算国民经济活动的核心指标是国内生产总值(GDP)，它是经济社会在一定时期内运用生产要素所生产的最终产品和劳务的市场价值。

2. 核算 GDP 可用生产法、支出法和收入法，最常用的是后两种方法。

3. 国民收入核算体系中存在着储蓄和投资的恒等式。在两部门、三部门和四部门经济中，这一恒等式分别是 $S=I, I+G=S+T$ 以及 $I+G+X=S+T+M$。

4. 国内生产总值有名义的和实际的之分。某个时期名义国内生产总值和实际国内生产总值之间的差别，可反映这一时期和基期相比的价格变动的程度。

关 键 概 念

国内生产总值　国内生产净值　国民收入　个人收入　个人可支配收入
名义国内生产总值　实际国内生产总值　国内生产总值折算指数　消费者物价指数
生产者物价指数

【思考与练习】

一、单选题

1. 在下列四种情况中应该记入当年国内生产总值的是：（　　）。
   A. 用来生产面包的面粉　　　　　　B. 农民生产的小麦
   C. 粮店为居民加工的面条　　　　　D. 粮店为居民加工的面条消耗的电

2. 政府购买支出是指：（　　）。
   A. 政府购买各种产品和劳务的支出　B. 政府购买各种产品的支出
   C. 政府购买各种劳务的支出　　　　D. 政府的转移支付

3. 国内生产总值中的最终产品是指：（　　）。
   A. 有形的产品
   B. 无形的产品
   C. 既包括有形的产品，也包括无形的产品
   D. 自产的可用的农产品

4. 按支出法，应计入私人国内总投资的项目是：（　　）。
   A. 个人购买的小汽车　　　　　　　B. 个人购买的游艇

C. 个人购买的服装　　　　　　　D. 个人购买的住房

5. 今年的名义GDP增加了,说明(　　)。

A. 今年的物价上涨了　　　　　　B. 今年的物价和产出都增加了

C. 今年的产出增加了　　　　　　D. 不能确定

二、简答题

1. 如果甲乙两国合并成一个国家,对GDP总和会有什么影响(假定两国产出不变)?
2. 说明在证券市场买债券和股票不能看作是经济学意义上的投资活动的原因。

三、计算题

1. 假定一国有下列国民收入统计资料:(单位:万美元)

国内生产总值:4 800　　　总投资:800　　　净投资:300

消费:3 000　　　政府购买:960　　　政府预算盈余:30

试计算:

(1)国内生产净值;(2)净出口;(3)政府税收减去转移支付后的收入;(4)个人可支配收入;(5)个人储蓄。

2. 假设国内生产总值是5 000,个人可支配收入是4 100,政府预算赤字是200,消费是3 800,贸易赤字是100(单位:万元),试计算:

(1)储蓄;(2)投资;(3)政府支出。

3. 某经济社会在某时期发生了以下活动:

(1)一银矿公司支付7.5万美元工资给矿工开采了50万磅银卖给一银器制造商,售价10万美元。

(2)银器制造商支付5万美元工资给工人造一批项链卖给消费者,售价40万美元。

a. 用最终产品生产法计算GDP;

b. 每个生产阶段生产了多少价值?用增值法计算GDP。

c. 在生产活动中赚得的工资、利润共计分别为多少?用收入法计算GDP。

第十三章 凯恩斯简单国民收入决定理论

本章知识结构图

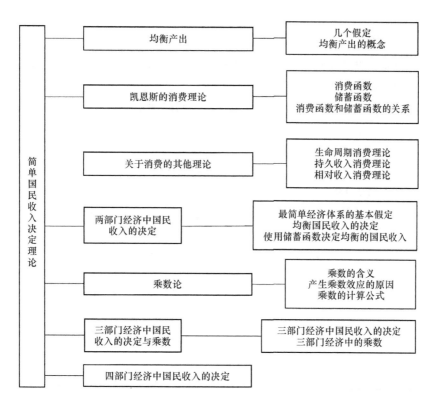

学习目的与要求

【目的与要求】通过本章的学习,应当掌握凯恩斯的消费理论和其他消费理论,掌握两部门、三部门、四部门经济中国民收入的决定,掌握投资乘数等乘数的概念。

【重点与难点】凯恩斯的消费理论,两部门、三部门、四部门经济中国民收入的决定,乘数原理。

第一节 均衡产出

一、几个假定

说明一个国家的生产或收入如何决定,要从最简单的经济关系开始。为此,需要先作些假定。

(1) 一是两部门经济的假设。在一个只有家庭部门与厂商部门的两部门经济也就是经济关系最简单的经济社会中,家庭部门的经济行为是消费与储蓄,厂商部门的经济行为是投资与生产,厂商的投资是不随利率与产量变动的自主投资。

(2) 二是假定折旧与公司未分配利润都为零,从而使得 GDP,NDP,NI,PI 在数量上都相等。

(3) 三是在价格粘性的条件下,社会总需求的变动只会引起社会产量的变动,从而使社会总供求相等,价格总水平则不发生变动。这也就是所谓的凯恩斯定律。凯恩斯的巨著《就业利息与货币通论》产生的背景是 1929—1933 年的资本主义世界大萧条,资源大量闲置,产品大量积压,工人大批失业。此时,社会总需求的增加,或者使闲置资源得到利用从而生产增加,就业也有所增加,或者使积压产品售出,但产品成本和产品价格基本保持不变。

二、均衡产出的概念

均衡产出是指与总需求相等的产出。均衡产出条件下,经济社会总收入刚好等于所有居民和全体厂商想要有的消费支出与投资支出。这就是说,企业的产量以至于整个社会的产量一定稳定在社会对产品的需求的水平上。由于两部门经济中的总需求只包括居民的消费需求和厂商的投资需求,因此,均衡产出用公式就表示为

$$y = c + i$$

其中,y,c,i 分别表示实际产出、实际消费与实际投资。同时,c 和 i 分别代表居民、厂商实际想要有的消费与投资,即意愿消费和意愿投资的数量,而不是国民收入构成公式中实际发生的消费与投资。因为企业的产量如果比市场的需求量多出一部分,这部分产量就成为企业的非意愿存货投资或非计划存货投资。在国民收入核算中,这部分存货投资是投资支出的一部分,但不是计划投资,故国民收入核算中的实际产出就等于计划支出与非计划存货投资之和,但在国民收入决定理论中,由于均衡产出是指与计划支出相等的产出,故在均衡产出水平上,计划支出和计划产出正好相等,非计划存货投资也就等于零。当国民经济处于均衡收入水平上时,实际收入一定与计划支出量相等。若用 E 代表总支出,y 代表总收入,则经济均衡条件就是 $E = y$。$E = y$ 也表示总支出即总需求决定总收入。这一关系可以用图 13-1 来表示。

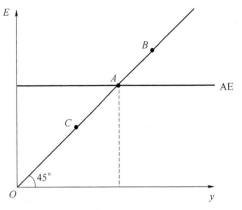

图 13-1 支出决定收入

图中的横轴表示总收入,纵轴表示总支出。45°线上的任何一点都表示总支出与总收入相等。假定总支出即包括总消费与总投资的总需求为 100,图中的 A 点表示总支出与总收入相等的均衡点,表明生产总额正好等于总需求;B 点表示总收入大于总支出,非计划存货投资大于零,产生库存,企业就要削减生产,直到总供求相等的 A 点表示的 100 为止,实现总供求相等。反之,C 点表示总收入小于总支出,社会生产额小于社会需求量,企业就要增加生产,也是到总供求相等的 A 点表示的 100 为止,实现总供求相等。当然,总支出即总需求变化了,总收入也就相应发生变化。

由于计划支出用 $E = c + i$ 表示,生产创造的总收入等于计划消费与计划储蓄之和,即

$y=c+s$,所以均衡产出的条件就是 $E=y$,即 $i=s$。这表示计划投资等于计划储蓄。当计划投资与计划储蓄相等时,国民收入就达到均衡状态。从均衡产出的概念可以看出,经济社会的总产量或总收入取决于总需求水平。

第二节 凯恩斯的消费理论

一、消费函数

在现实生活中,影响各个家庭消费的因素很多,有家庭收入水平、商品价格水平、利率水平、社会的收入分配状况、消费者的偏好、家庭财产状况、可提供的消费信贷状况、消费者的年龄构成以及社会的各种制度、风俗习惯等。但是,凯恩斯认为,这些因素中最有决定意义的是家庭收入。并且,在收入和消费的关系方面,存在着一条基本的心理规律,即"我们可以具有很大的信心来使用一条基本心理规律。该规律为:在一般情况下,平均说来,当人们收入增加时,他们的消费也会增加,但消费的增加不像收入增加得那样多。"消费和收入之间的这种关系就是凯恩斯所说的消费函数或消费倾向。如果把这种关系用公式表示出来,就是:$c=c(y)$。

我们以某个家庭的消费函数为例加以说明(如表 13-1 所示)。表中的数字表明:当该家庭收入为 9 000 元时,消费为 9 110 元。这意味着是借贷消费,或者消费它以前的储蓄。当收入为 10 000 元时,消费为 10 000 元,收支平衡。当收入逐渐增加到 11 000 元、12 000 元、13 000 元、14 000 元和 15 000 元时,消费依次增加到 10 850 元、11 600 元、12 240 元、12 830 元和 13 360 元。由此可以看出,家庭收入增加时,消费也会随之增加,但增加得越来越少。表 13-1 中,收入依次增加 1 000 元时,消费依次增加 890 元、850 元、750 元、640 元、590 元和 530 元。增加的消费与增加的收入之比,也就是每增加的 1 单位收入中用于增加的消费部分所占的比率,这称作边际消费倾向。表 13-1 中的第三列就是边际消费倾向(MPC)。边际消费倾向可以用公式表示为:MPC$=\Delta c/\Delta y$,或者 $b=\Delta c/\Delta y$。当收入增量和消费增量都极小时,也可以写为:MPC$=\mathrm{d}c/\mathrm{d}y$。

表 13-1 某个家庭的消费函数 元

	(1) 收入(y)	(2) 消费(c)	(3) 边际消费倾向(MPC)	(4) 平均消费倾向(APC)
A	9 000	9 110		1.01
			0.89	
B	10 000	10 000		1.00
			0.85	
C	11 000	10 850		0.98
			0.75	
D	12 000	11 600		0.97
			0.64	
E	13 000	12 240		0.94
			0.59	
F	14 000	12 830		0.92
			0.53	
G	15 000	13 360		0.89

表 13-1 中的第四列是平均消费倾向,指任意一个收入水平上的消费支出在收入中所占的比率。平均消费倾向的公式是:APC=c/y。

根据表 13-1,可以大致上画出一条消费曲线,如图 13-2 所示。横轴表示收入 y,纵轴表示消费 c,45°线上任一点到纵轴和横轴的垂直距离都相等,表示收入全部用于消费。$c=c(y)$ 曲线是消费曲线,表示消费和收入之间的函数关系。E 点是消费曲线和 45°线的交点,它表示这时的消费支出和收入相等。E 点左方消费曲线上的点,表示消费大于收入,E 点右方消费曲线上的点,表示消费小于收入。随着消费曲线向右延伸,这条曲线和 45°线的距离越来越大,表示消费随收入增加而增加,但增加的幅度越来越小于收入增加的幅度。消费曲线上任意一点的斜率,就是与这一点相对应的边际消费倾向,而消费曲线上任意一点与原点相连而成的射线的斜率,则是与这一点相对应的平均消费倾向。从图 13-2 上消费曲线的形状可以知道,随着这条曲线向右延伸,曲线上各点的斜率越来越小,说明边际消费倾向递减,同时消费曲线上各点与原点连线的斜率也越来越小,说明平均消费倾向也递减,但平均消费倾向始终大于边际消费倾向,这和前面表 13-1 中的数据也是一致的。由于消费增量只是收入增量的一部分,所以,边际消费倾向总是大于零和小于 1,但平均消费倾向则可能大于 1、等于 1,或小于 1,因为消费可能大于、等于或小于收入。如果消费和收入之间存在线性关系,则边际消费倾向就是一个常数,消费函数就可以表示为 $c=c_0+by$。

c_0 为自发消费部分,它表示即使收入为零时,消费者通过举债或使用其原先的储蓄也必须要进行的消费;b 为边际消费倾向;b 和 y 的乘积表示随收入变动所引起的消费,即引致消费。所以,$c=c_0+by$ 的经济含义就是:总消费等于自发消费与引致消费之和。例如,$c_0=300$,$b=0.75$,则 $c=300+0.75y$。这表示,当收入增加 1 单位时,其中就有 75% 用于增加消费,所以,只要知道 y 就可算出全部消费支出量。

当消费和收入之间呈线性关系时,消费函数就是一条向右上方倾斜的直线,消费函数上每一点的斜率都相等,并且大于 0 而小于 1(如图 13-3 所示)。

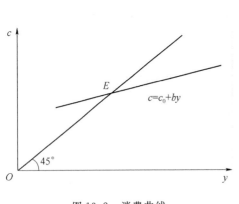

图 13-2 消费曲线

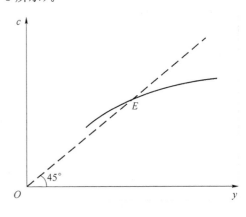

图 13-3 线性消费函数

当消费函数为线性时,更容易看出 APC>MPC,因为消费函数上任意一点与原点相连所形成的射线的斜率都大于消费曲线的斜率。

【专栏一】中美边际消费倾向之比较

据估算,美国的边际消费倾向现在约为 0.68,中国的边际消费倾向约为 0.48。也许这种估算不一定十分准确,但是一个不争的事实是,中国的边际消费倾向低于美国。为什么中美边际消费倾向有这种差别呢?

一些人认为,这种差别在于中美两国的消费观念不同,美国人崇尚享受,今天敢花明天的钱,中国人有节俭的传统,一分钱要掰成两半花。但在经济学家看来,这并不是最重要的。消费观念属于伦理道德范畴,由经济基础决定,不同的消费观来自不同的经济基础。还要用经济与制度因素来解释中美边际消费倾向的这种差别。美国是一个成熟的市场经济国家,经济总体上是稳定的;美国的社会保障体系较为完善,覆盖面广而且水平较高。而我国正在从计划经济转向市场经济,社会保障体系还没有完全建立起来。

二、储蓄函数

储蓄函数是与消费函数相联系的概念。储蓄是收入中没有被消费的部分。由于消费随收入增加而增加的比率是递减的,可以想到储蓄随收入增加而增加的比率是递增的。储蓄与收入的这种数量关系就是储蓄函数,其公式是:

$$s=s(y)$$

根据前面表13-1列出的某个家庭的消费函数表中的数据,可以在表13-2中列出储蓄函数的数字。

表 13-2　某个家庭的储蓄函数表　　　　　　　　　　　　元

	(1) 收入 (y)	(2) 消费 (c)	(3) 储蓄 (s)	(4) 边际储蓄倾向 (MPS)	(5) 平均储蓄倾向 (APS)
A	9 000	9 110	−110		−0.01
				0.11	
B	10 000	10 000	0		0
				0.15	
C	11 000	10 850	150		0.01
				0.25	
D	12 000	11 600	400		0.03
				0.36	
E	13 000	12 240	760		0.06
				0.41	
F	14 000	12 830	1 170		0.08
				0.47	
G	15 000	13 360	1 640		0.11

根据表13-2,可画出储蓄曲线的图形(如图13-4所示)。在图上,$s=s(y)$曲线表示储蓄和收入之间的函数关系。E点是储蓄曲线和横轴交点,表示消费和收入相等,即收支平衡,E点右方有正储蓄,E点左方有负储蓄。随着储蓄曲线向右延伸,它和横轴的距离越来越大,表示储蓄随收入而增加,且增加的幅度越来越大。

储蓄曲线上任意一点的斜率就是边际储蓄倾向,它是该点上的储蓄增量对收入增量的比率,其公式是:MPS=$\Delta s/\Delta y$。如果收入与储蓄增量都极小时,可写成:MPS=ds/dy。这也就是储蓄曲线上任意一点的斜率。

储蓄曲线上任意一点与原点相连而形成的射线的斜率,则是平均储蓄倾向(APS)。平均储蓄倾向是指任意

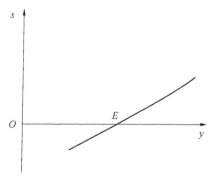

图 13-4　储蓄曲线

一个收入水平上的储蓄在收入中所占的比率,其公式是:
$$APS = s/y$$

表 13-2 中所列的某个家庭的储蓄函数表和储蓄曲线图所表示的储蓄与收入的关系是非线性的。如果二者成线性关系,消费曲线和储蓄曲线就都是一条直线,那么,由于 $s=y-c$,而且 $c=a+by$。于是:$s=y-c=y-(c_0+by)=-c_0+(1-b)y$。这就是线性储蓄函数的方程式。线性储蓄函数的图形如图 13-5 所示。

三、消费函数和储蓄函数的关系

由于储蓄被定义为收入和消费之差,因此,消费函数和储蓄函数的关系表现出以下几点。

第一,消费函数和储蓄函数互补,两者之和等于总收入。从公式上看:$c=c_0+by$ 而 $s=-c_0+(1-b)y$,所以,$c+s=y$。这种关系可以在图 13-6 中表示出来。图 13-6 中,当收入为 y_0 时,消费支出等于收入,储蓄为 0,在 A 点左方,消费曲线 c 位于 45°线之上,表明消费大于收入,因此,储蓄曲线 s 相对应的部分位于横轴下方;在 A 点右方,消费曲线 c 位于 45°线之下,因此,储蓄曲线 s 位于横轴上方。

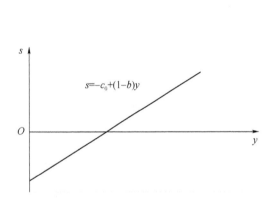

图 13-5　线性储蓄函数

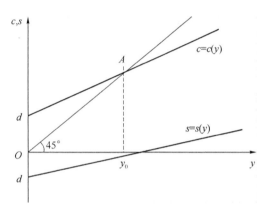

图 13-6　消费曲线与储蓄曲线的关系

第二,APC 和 MPC 都随收入增加而递减,但 APC>MPC,而 APS 和 MPS 都随收入增加而递增,但 APS<MPS。

第三,APC 和 APS 之和恒等于 1,MPC 和 MPS 之和也恒等于 1。对此,可以证明如下:因为 $y=c+s$,所以 $y/y=c/y+s/y$,即 APC+APS=1。再看 MPC 和 MPS 的情况:因为 $y=c+s$,所以 $\Delta y=\Delta c+\Delta s$,$\Delta y/\Delta y=\Delta c/\Delta y+\Delta s/\Delta y$,即 MPC+MPS=1。

根据以上特点,消费函数和储蓄函数只要有一个被确定,另一个就会随之被确定,当消费函数已知时,就可求出储蓄函数;当储蓄函数已知时,也可求出消费函数。

第三节　关于消费的其他理论

一、生命周期消费理论

生命周期消费理论由美国经济学家弗朗科·莫迪利安尼提出。生命周期消费理论认为,人们会在相当长时期的跨度内计划自己的消费开支,以便于在整个生命周期内实现消费的最佳配置。从个人一生的时间发展顺序看,一个人年轻时的收入较少,但具有消费的冲动、消费的精力等消费条件,此时的消费会超过收入;进入中年后,收入会逐步增加,收入大于消费,其收入实力既可以偿还年轻时的债务,又可以为今后的老年时代进行积累;退休之后步入老年,收入减少,消费又会超过收入,形成负储蓄。

生命周期消费理论还得出另外一个结论:整个社会不同年龄段人群的比例会影响总消费与总储蓄。例如,社会中的年轻人与老年人所占比例大,则社会的消费倾向就较高、储蓄倾向就较低;中年人比例大,则社会的储蓄倾向较高、消费倾向较低。生命周期消费理论也分析了其他一些影响消费与储蓄的因素,如高遗产税率会促使人们减少欲留给后代的遗产从而增加消费,而低的遗产税率则对人们的储蓄产生激励、对消费产生抑制,健全的社会保障体系等会使储蓄减少等。

显然,生命周期消费理论与凯恩斯的消费理论是不一样的,生命周期消费理论强调或注重长时期甚至是一生的生活消费,人们对自己一生的消费做出计划,以达到整个生命周期的最大满足;凯恩斯的消费理论则把一定时期的消费与该时期的可支配收入联系起来,是短期分析。

二、持久收入消费理论

美国经济学家米尔顿·弗里德曼的持久收入消费理论认为,消费者的现期收入不是消费的主要决定因素,消费的主要决定因素是消费者的持久收入。持久收入是指消费者能够预计到的、较为固定的长期收入。可以运用加权平均方法来计算出持久收入,所用权数的大小由时间的久远性决定,离现在越近,权数越大,离现在越远,权数越小。

当前收入的短期边际消费倾向低的原因是,在短期内,如果消费者的收入增多,消费者却不能确信收入的增加会一直持续下去,故而不会立即增加消费;相反,如果消费者的收入减少,消费者也不能断定收入会持续减少,故消费者也不会马上减少消费。当然,如果消费者能够判定收入的增多或减少的变动是持久的,其消费最终就会调整到与变化后的收入相对应的水平上。

如果一个人认为自己的事业很有前途,这项事业将来会有更大发展,今后他会挣到更多的钱,他就会在当前不多的暂时收入之外借债消费。又如,经济繁荣时期,居民的收入水平提高,由于不能断定今后的收入会持续增长,故居民基本上按照持久收入来消费,消费不会增加太多,所以,经济繁荣时期的消费倾向低于长期平均消费倾向。反之,经济萧条时期,消费者不会减少太多的消费,此时消费倾向是高的,高于长期平均消费倾向。

以上所述的持久收入消费理论与生命周期消费理论既有区别又有相同之处。二者的区别在于分析的侧重点不同,持久收入消费理论主要从消费者个人对自己收入的预测方面来分析消费,生命周期消费理论偏重对储蓄动机的分析,并在此基础上分析了包括工作收入与储蓄在内的财富对消费的影响。由于都认为单个消费者是前向预期决策者,即单个消费者对今后的收入状况进行预测,从而决定自己的消费,因此,这两个理论在以下三个方面是相同的。

第一,消费既与当期收入有关,又主要与一生的收入或持久收入相联系,当期收入特别是持久收入是消费者消费决策的依据。

第二,经济繁荣时期或经济萧条时期的暂时性收入变化,只对消费产生较小的影响,暂时性收入的边际消费倾向很小甚至接近于零,而持久收入的边际消费倾向则接近于1。

第三,如果政府的税收政策是临时性的,就不会对消费产生什么影响,消费变化就很小;持久性的税收政策才会影响持久收入，从而影响个人消费。

三、相对收入消费理论

相对收入消费理论由美国经济学家杜森贝利创立，这一理论因认为消费习惯和消费者周围的消费水平决定消费者的消费、当期消费是相对地被决定的而得名。这一理论的基本观点是：长期内，消费与收入保持较为固定的比率，故而长期消费曲线是从原点出发的直线；短期内，消费随收入的增加而增加但难以随收入的减少而减少，故短期消费曲线是具有正截距的曲线。

对保持高水平收入的人来说，消费水平会随着自己收入的增加而增加，增加消费是容易的；当收入减少时，因较高的消费水平所形成的消费习惯使消费具有惯性，降低消费水平就有一定的难度，不太容易把消费水平降下来，消费者几乎会继续在原有的消费水平上进行消费。这就是说，消费容易随着收入的增加而增加，但难以随收入的减少而减少。仅就短期而言，在经济波动的过程中，低收入者收入水平提高时，其消费会增加至高收入者的消费水平，但收入减少时，消费的减少则相当有限。因而，短期消费曲线与长期消费曲线是不同的。

相对收入消费理论的核心在于消费者的消费容易随收入的增加而增加，但不易随收入的减少而减少，这就是所谓的消费量"上去容易下来难"的"棘轮效应"。

另外，相对收入消费理论还论述了消费方面的"示范效应"，即消费者的消费受到周围人们消费水平的影响，特别是低收入者因攀比心理、提高社会相对地位的愿望等因素而使自身的消费处于和收入不相称的较高水平，在社会收入增多的情况下自然就提高了短期消费水平。

第四节　两部门经济中国民收入的决定

一、最简单经济体系的基本假定

在整个宏观经济体系中包括了两个子系统，即商品和劳务运行的市场和货币及金融产品运行的市场，前者简称为产品市场，后者简称为货币市场。国民收入的决定同时受到产品市场和货币市场运行的影响，为了便于理解，这里有以下假定。

第一，各种资源没有得到充分利用，因此，总供给可以适应总需求的增加而增加，也就是不考虑总供给对国民收入决定的影响。

第二，价格水平是既定的。

第三，利息率水平既定，这也就是说，不考虑利息率变动对国民收入水平的影响。

第四，投资水平既定，即在总需求中只考虑消费对国民收入的影响。

第五，假定不存在国际部门，只研究封闭经济系统。

二、均衡国民收入的决定

国民收入的核算中的恒等式既衡量了国民收入的总量水平，又揭示了它的内部结构。但是，恒等式本身没有也不可能解释决定国民收入的过程和原因。为了说明国民收入的决定，就需要把国民收入恒等式发展为国民收入均衡式。

国民收入核算中的恒等式：

$$GDP \equiv c+i+g+(x-m) \equiv c+s+t$$

由此：
$$GDP \equiv c+i+g+(x-m), \qquad c+i+g+(x-m) \equiv c+s+t$$

这一恒等式是一种事后的恒等关系，即在一年的生产与消费之后，从国民收入核算表中所反映出来的恒等关系。这里的需求是一种实现的需求，它并不总等于人们意愿的或者说事前计划的需求。

事实上，实现需求可以分解为四个部门的支出，即实现的消费、投资、政府购买和净出口；同样的，也可以把意愿需求分解为四个部分，即意愿的消费、投资、政府购买和净出口。已经假定，简单国民收入决定理论研究的是由需求不足引起的低于充分就业经济。在这种经济中由于需求相对不足，除了企业部门外，其余三个部门在"买"的方面非常自由：愿意买就可以买，不愿意买就可以不买，从而其意愿购买即意愿需求支出都等于其各自相应的实现支出。于是有如下关系：

意愿消费＝实现消费＝c，意愿政府购买＝实现政府购买＝g，意愿净出口＝实现净出口＝$x-m$

企业部门所以例外是因为它固然能够"愿意买就可以买"，但却不能"不愿意买就可以不买"；它卖不出去的产品，不得不自己"买进来"，成为非计划的存货增加部分。因此，企业部门的意愿支出（投资需求）不一定等于其实现支出（投资需求），只有在非计划存货增量等于零时，企业部门的意愿投资才等于其实现投资，从而意愿需求等于实现需求，此时国民收入处于所谓"均衡"状态。

可见，国民收入核算的恒等关系的投资是实现投资，从而总需求是实现需求，而国民收入均衡关系的投资是意愿投资，从而总需求是意愿需求。为了便于使用，我们仍用 I 表示意愿投资，并用 Y 表示国民收入。于是就可得出国民收入两个均衡公式为

$$y=c+i+g+(x-m), \qquad i+g+(x-m)=s+t$$

总需求与总供给相等时的国民收入是均衡的国民收入。当不考虑总供给这一因素时，均衡的国民收入水平就是由总需求决定的。如前所述，国民收入均衡公式为

$$y=c+i+g+(x-m)$$

或
$$i+g+(x-m)=s+t$$

这反映了整个四部门的经济情况。显然，一开始就分析四部门模型比较困难，因此，要尽可能把它简化。首先，我们假定不存在国际部门，只研究封闭经济系统。该假定意味着出口 x 与进口 m 都等于零。于是，均衡公式成为

$$y=c+i+g, \qquad i+g=s+t$$

如果再假定不存在政府部门，只研究两部门经济时经济系统，则政府购买 G 与税收 T 也都等于零。均衡公式进一步简化为

$$y=c+i, \qquad i=s$$

这就是两部门的国民收入均衡公式。我们分析就从这种简单的两部门模型开始。首先讨论国民收入和变动的基本原理，然后加入政府因素分析三部门经济。在两部门模型中，无论哪个国民收入均衡式都只包含两个因素：或者是 c 及 i，或者是 s 及 i。在两部门经济模型中，计划支出由消费和投资构成，即 $y=c+i$。由于假定计划净投资是一个固定的量，即投资 i 是一个常数 i_0。这样，只要把收入恒等式和消费函数结合起来就可以求出均衡的国民收入：

$$y=c+i_0 \text{（收入恒等式）}, \qquad c=c_0+by \text{（消费函数）}$$

求解上述联立方程，就可以得到均衡的国民收入：$y=(c_0+i_0)/(1-b)$。

可见，在两部门经济模型中，如果知道了消费函数和投资量，就可得均衡的国民收入。假

定消费函数 $c=1\,000+0.8y$,自发的计划投资始终为 600 亿元,那么,均衡的国民收入就是:$y=(1\,000+600)/(1-0.8)=8\,000$ 亿元。

均衡国民收入的决定也可以用图形来表示。如图 13-7 所示,用消费曲线加投资曲线和 45°线相交的交点可以决定均衡的国民收入。

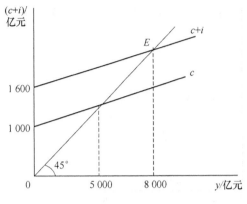

图 13-7 消费加投资决定国民收入

图 13-7 中横轴表示收入,纵轴表示消费加投资。在消费曲线 c 上加投资曲线 i 就可得到消费投资曲线 $c+i_0$,这条曲线也是总支出曲线。由于投资被假定为始终等于 600 亿元的自发投资,因此,消费曲线加投资曲线所形成的总支出曲线与消费曲线相平行,二者之间的垂直距离等于 600 亿元投资,总支出线和 45°线相交于 E 点,E 点决定的收入水平就是均衡国民收入 8 000 亿元,这时,家庭意愿的消费支出与企业意愿的投资支出的总和,正好等于国民收入(即产量)。如果经济离开了这个均衡点,企业的销售量就会大于或小于它们的产量,从而被迫进行存货负投资或存货投资,也就是说,会出现意外的存货减少或增加,这就会引起生产的扩大或收缩,直至回到均衡点为止。

三、使用储蓄函数决定均衡的国民收入

上面使用消费函数决定均衡国民收入的方法,也就是使用总支出等于总收入(总供给)来决定均衡收入的方法。除此之外,还可以用计划投资等于计划储蓄的方法来求出均衡的国民收入。

计划投资等于计划储蓄,即 $i=y-c=s$,而储蓄函数为 $s=-a+(1-b)y$,这两个式子组成的联立方程是:

$$i=y-c=s \quad \text{(投资等于储蓄)}, \qquad s=-a+(1-b)y \quad \text{(储蓄函数)}$$

求解该联立方程,同样可以得到均衡的国民收入:$y=(a+i)/(1-b)$。

这种用计划投资等于计划储蓄的方法决定的均衡国民收入,也可用图 13-8 来表示。

图 13-8 中横轴表示收入,纵轴表示储蓄和投资,s 代表储蓄曲线,i 代表投资曲线,由于投资是不随收入而变化的自发投资,所以,投资曲线与横轴平行,二者之间的距离始终等于一个固定的数值。投资曲线与储蓄曲线相交于 E 点,与 E 点对应的收入就是均衡国民收入。如果实际产量小于均衡国民收入水平,就表明投资大于储蓄,社会生产供不应求。企业存货意外地减少,会使企业扩大生产,从而使国民收入水平向右移动,直至达到均衡的国民收入水平为止。相反,如果实际产量大于均衡国民收入水平,则表明投资小于储蓄,社会上产量供过于求,企业存货会意外地增加。在这种情况下,企业会减少生产,从而使国民收入水平向左移动,直至达到均衡国民收入为止。只有在均衡国民收入水平上,企业生产才会最终稳定下来。

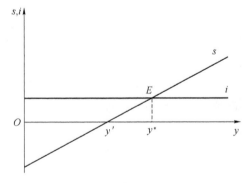

图 13-8 储蓄等于投资决定收入

以上两种决定均衡国民收入的方法,其实是从同一种关系中引申出来的,因为储蓄函数本来就是从消费函数中派生出来的。因而,无论使用消费函数,还是使用储蓄函数,求出的均衡国民收入都是一样的。

第五节 乘 数 论

一、乘数的含义

在短期中,当我们不考虑总供给时,均衡产出取决于总需求即意愿总支出。总需求增加,均衡产出增加;总需求减少,均衡产出减少。但重要的是总需求的变动与所引起的均衡产出的变动是不是相同?经济学家用乘数原理说明总需求变动与均衡产出变动之间的关系,并强调一元支出的变动会导致产出的多倍变动。支出增加所引起的均衡产出增加的倍数称乘数。用 ΔAD 表示总需求增加量,用 Δy 表示均衡产出增加量,则乘数为:$k=\Delta y/\Delta AD$。

总需求由不同部分组成,乘数因此也就为不同乘数,例如,如果是总需求中的投资增加,则为投资乘数等。

二、产生乘数效应的原因

为什么总需求变动所引起的均衡产出的变动大于原来总需求的变动?乘数效应产生的主要根源在于国民经济各部门是相互联系的。以投资乘数为例,某一部门的一笔投资不仅会增加本部门的收入,而且会产生对其他部门的需求,从而增加其他部门的收入和投资,于是引起国民经济各部门的连锁反应,最终使国民收入成倍增长。投资乘数的原因可用图13-9来表示。

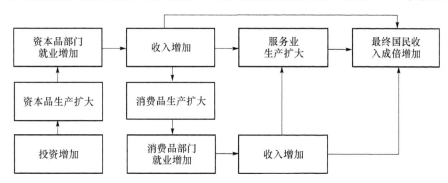

图 13-9 投资乘数的形成过程

投资乘数的形成过程可以进一步理解为:当某一部门投资增加时,首先引起对资本品需求的扩大,这会导致资本品部门生产和就业的扩大,就业增加直接促使国民收入增加;就业和收入增加的同时,对消费品和服务的需求随之增加,使消费品生产部门就业和服务业也随之扩大,于是引起收入的更大幅度增长。

三、乘数的计算公式

可以用一个例子来说明乘数的计算公式。假定某部门增加1 000万元投资,并假定整个社会的边际消费倾向为0.8。当这1 000万元用来购置投资品时,则生产投资品的厂商会增加

1 000万元的收入。这是1 000万元投资所造成的社会收入的第一次增加。

由于该社会的边际消费倾向被假定为0.8,则1 000万元的收入增量中就会由800万元用于购买消费品,这样消费品的生产厂商就会得到800万元的收入增量。这笔800万元的收入是该社会收入的第二次增加。

当这个过程一直持续下去时,可以得到第3次、第4次、…、第n次的收入增量值。这个过程,如表13-3所示。

表13-3 投资变动对产出的影响

次数	每次收入增加量		收入总增量()	
	计算式	数值	计算式	数值
第1次	Δi	1 000	Δi	1 000
第2次	$b\Delta i$	800	$(1+b)\Delta i$	1 800
第3次	$b^2\Delta i$	640	$(1+b+b^2)\Delta i$	2 440
第4次	$b^3\Delta i$	512	$(1+b+b^2+b^3)\Delta i$	2 952
⋮	⋮	⋮	⋮	⋮
第n次	$b^{n-1}\Delta i$	⋮	$(1+b+b^2+b^3+\cdots+b^n)\Delta i$	5 000

表13-3的第1栏表明收入增加的次数,第3栏表明收入每次增加的数量,第4栏用代数式表明收入总增量,第5栏表示收入总增量,其中代表边际消费倾向,代表投资增量。由表13-3可知,投资增加1 000万元,最终导致国民收入增加了5 000万元,也就是说投资乘数为5。

由于第n次时的收入总增量 $\Delta y=(1+b+b^2+b^3+\cdots+b^n)\Delta i$,当等比级数中n趋向无穷大时,有 $\Delta y=\Delta y/(1-b)$。所以乘数计算公式为

$$k=\Delta y/\Delta i=1/(1-b)=1/(1-MPC)=1/MPS$$

可见,乘数是1减去边际消费倾向的倒数。由于边际消费倾向与边际储蓄倾向的和恒等于1,所以乘数也是边际储蓄倾向(MPS)的倒数。

由此可以得出:边际消费倾向越大,乘数越大,既定投资增加引起的均衡产出增加也越大;反之,边际消费倾向越小,乘数越小,既定投资增加所引起的均衡产出增加越小。若 Δi 为负数,均衡产出就会按值下降。但边际消费倾向一定大于0而小于1,所以乘数一定是一个大于1的正数,即投资变动所引起的均衡产出的变动一定大于最初投资的变动。该例子用投资的初始变动说明乘数,消费的初始变动同样具有乘数效应。

乘数原理反映了现代经济的一般特征,即由于各经济部门的相互关联性,某一部门投资支出的增加必然会引起其他经济部门的连锁反应,从而导致均衡产出成倍的增加。但是,乘数的作用也要具备一定的条件。基本条件是经济中要有闲置的资源,即没有实现充分就业。只有这样,投资的增加才会充分动员这些闲置资源,使均衡产出大幅度增长。否则,投资增加只会促使需求拉动型通货膨胀的发生。此外还应该注意的是,乘数效应是一把"双刃剑",乘数的作用,即可以使国民经济迅速走向繁荣和高涨,也可以使国民经济加速衰退和萧条。可以说投资乘数作用的存在使得投资波动成为经济波动的主要动因。

【专栏二】一把"双刃剑"

乘数反映了国民经济各部门之间存在着密切的联系。如建筑业增加投资100万元,它不仅会使本部门收入增加,而且会在其他部门引起连锁反应,从而使这些部门的支出与收入也增加,在边际消费倾向为80%时,在乘数的作用下最终使国民收入增加5倍,使国民收入增加

500万元。为什么会有这种倍数关系,让我们举一例来说明。

例如,你花了50元去买了5千克苹果,这样卖水果的小贩收到50元后,留下20%即50×20%＝10元去储蓄,拿其余的80%即50×80%＝40元去购买其他商品,这40元又会成为其他人的收益。假如这个小贩把40元用去购买蔬菜,这又使菜农收益增加了40元。菜农用20%即40×20%＝8元去储蓄,其余40×80%＝32元去买大米,这样,卖大米的农户又会增加32元的收益。如此连续循环下去,社会最后的收益上升到250元,其计算方法是：50＋50×80%＋50×80%×80%＋50×80%×80%×80%…＝50×(1＋80%＋80%×80%＋80%×80%×80%＋…＝50×[1/(1－80%)]＝250元。

250元是最初需求增加量50元的5倍,这就是乘数效应的结果。但乘数的作用是双重的,如果上述例子的相反会使国民收入减少250元。即当自发总需求增加时,所引起的国民收入的增加要大于最初自发总需求的增加；当自发总需求减少时,所引起的国民收入的减少也要大于最初自发总需求的减少。所以,经济学家形象地把乘数称为一把"双刃的剑"。

第六节 三部门经济中国民收入的决定与乘数

一、三部门经济中国民收入的决定

在有政府参与其中的三部门经济模型中,从总支出的角度看,国民收入包括消费、投资和政府支出,而从总收入角度看,则包括消费、储蓄和税收。不过,这里的税收是净税收,即从总税收中减去政府转移支付以后所得到的净纳税额。所以,加入政府部门后的均衡国民收入应该是计划的消费、投资和政府支出的总和,它也是同计划的消费、储蓄和净税收的总和相等时的国民收入,即：

$$c+i+g=c+s+t$$

消去等式两边 c,可以得到： $$i+g=s+t$$

这就是三部门经济模型中宏观均衡的条件。

一般说来,税收有两种情况：一种是定量税,即税收量不随收入而变动,用 t 来代表；另一种是比例税,即随收入增加而增加的税收量。如果按一定税率从收入中征税,我们可用 $t=t(y)$ 来表示。在这两种情况下,所得到的均衡国民收入是不相同的。

假设消费函数为 $c=100+0.75y_d$,y_d 表示可支配收入,定量税收为 $t=80$,投资为 $i=100$,政府购买支出为 $g=200$。根据这些条件,先求出可支配收入 $y_d=y-t=y-80$,然后根据消费函数求出储蓄函数 $s=y_d-c=y-80-100-0.75(y-80)=-100+0.25(y-80)=0.25y-120$,最后将 i,g,s 和 t 代入经济均衡的条件 $i+g=s+t$,可以得到：$100+200=0.25y-120+80$,得到 $y=1\,360$,即均衡国民收入为 $1\,360$。

如果其他条件不变,把税收从定量税改为比例税,税率 $t=0.2$,则税收 $t(y)=0.2y$,于是可支配收入 $y_d=y-t(y)=y-0.2y=0.8y$,在这种情况下,储蓄为 $s=-a+(1-b)y_d=-100+(1-0.75)0.8y=-100+0.2y$,得到：$100+200=-100+0.2y+0.2y$,解得：$y=1\,000$。即均衡国民收入为 $1\,000$。可见,如果把根据定量税求出的均衡国民收入写作 y_1,把根据比例税求得的均衡国民收入写做 y_2,y_1 显然大于 y_2。这种情况可用图13-10表示出来。

$y_1>y_2$ 是因为 $s+t(y)$ 线的斜率大于 $s+t$ 线的斜率。但 $i+g$ 线是一条与横轴相平行的直线,因此,E 点必定位于 E' 点的右方,这决定了 $y_1>y_2$。为什么 $s+t(y)$ 线的斜率较大呢?

因为这条线意味着储蓄和税收会随着收入的增加而增加,而在 $s+t$ 线上,税收不随收入增加而增加。

不过,在求税收直接作用下的均衡国民收入时,如果采用的是比例税,则税率的改变会改变 $s+t(y)$ 线的斜率。这一情况可以通过图 13-11 表示出来。

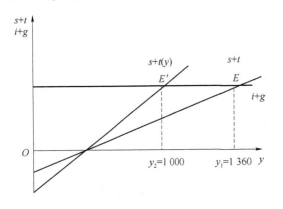

图 13-10　三部门经济中均衡国民收入的决定　　图 13-11　税率变动使 $s+t(y)$ 线斜率改变

如果采用定量税 t,则税收量变动只会使 $s+t$ 线平行移动,即改变 $s+t$ 线的截距。

【专栏三】战争与经济

"大炮一响,黄金万两"。震惊世界的"9·11"之后,美英两国对阿富汗发动了军事打击。战争对经济产生了一些积极影响:不少人希望美国军火商能得到大量的坦克和飞机订单,通过军事支出的增加,引起总需求的增加,就业情况也会因许多人应征上前线而得到缓解,美国股市乃至经济借此一扫晦气。

专家分析认为,此次战争对美国经济的影响与越战和海湾战争不同。20 世纪 60 年代末期,联邦政府的巨额国防开支和非国防开支,使本来已很强劲的私营部门总需求进一步增强,并积聚了很大的通货膨胀压力,这种压力在整个 70 年代也未能得到充分缓解。此后一直到 80 年代末,大部分经济决策的主要任务就是抑制通货膨胀。相反,海湾战争却引发了一次经济衰退,这是"沙漠盾牌行动"初期消费者信心急剧下降所导致的结果。但由于当时军队所需的大部分物资并不是依靠投资在未来实现的,所以并没有产生通货膨胀。

但阿富汗战争同以往迥异。首先,不太可能像海湾战争那样动用大规模地面部队。更重要的是,这场对抗隐蔽敌人的战争将主要通过非常规手段进行,与此相关的国防资源大多是军备库存中所没有的,需要新的开支计划,这对经济中的总需求产生积极的影响。

二、三部门经济中的乘数

当经济中加入政府部门以后,政府支出、税收和政府转移支付的变动,同样都具有乘数效应,因为政府支出、税收、转移支付等都会影响消费。

由于三部门经济中总支出为: $y=c+i+g=a+b(y-t)+i+g$,这里,t 是定量税。在这样情况下,均衡的国民收入为

$$y=\frac{a+i+g-bt}{1-b}$$

通过这个公式,就可以求出上述几个乘数。

1. 政府购买支出乘数

政府购买支出乘数是指国民收入变动对引起这种变动的政府购买支出变动的比率。如果以 Δg 表示政府支出变动,以 Δy 表示国民收入变动,以 k_g 表示政府购买支出乘数,则政府购买支出乘数就可以表示为以下形式:

$$k_g = \Delta y/\Delta g = 1/(1-b)$$

这个式子中的 b 仍代表边际消费倾向。我们可以发现支出乘数和投资乘数是相等的。这可以作如下理解:

在 $y=(a+i+g-bt)/(1-b)$ 的公式中,如果其他条件不变,只有政府购买支出 g 发生变动,那么,政府购买支出从 g_0 变为 g_1 时的国民收入就分别是:

$$y_0 = (a_0+i_0+g_0-bt_0)/(1-b), \quad y_1 = (a_0+i_0+g_1-bt_0)/(1-b)$$

$$y_1 - y_0 = \Delta y = (g_1-g_0)/(1-b) = \Delta g/(1-b)$$

所以得到: $\quad k_g = \Delta y/\Delta g = 1/(1-b)$

由此可见,k_g 为正值时,它等于 1 减边际消费倾向的倒数。

2. 税收乘数

税收乘数指国民收入变动对税收变动的比率。税收乘数有两种:一种是税率变动对总国民收入的影响;另一种是税收绝对量变动对总国民收入的影响,即定量税对总国民收入的影响。我们首先讨论后一种税收乘数,即定量税对总国民收入的影响。

假定在 $y=(a+i+g-bt)/(1-b)$ 的式子中,只有税收 t 发生变动。这样当税收分别为 t_0 和 t_1 时的国民收入分别是:

$$y_0 = (a_0+i_0+g_0-bt_0)/(1-b), \quad y_1-y_0 = \Delta y = (-bt_1+bt_0)/(1-b) = -b\Delta t/(1-b)$$

所以得到: $\quad k_t = \Delta y/\Delta t = -b/(1-b)$

其中 k_t 为税收乘数。税收乘数为负值,表示国民收入随税收增加而减少,随税收减少而增加。因为税收增加时,人们的可支配收入会减少,从而使消费相应减少,于是,税收变动和总支出变动方向就是相反的。税收乘数等于边际消费倾向对 1 减边际消费向之比,或边际消费倾向对边际储蓄倾向之比。

3. 政府转移支付乘数

政府转移支付乘数指国民收入变动对政府转移支付变动的比率。政府转移支付增加会增加人们的可支配收入,因而消费会增加,最终会导致总支出增加和国民收入的增加。因而政府转移支付乘数为正值。如果用 k_{tr} 表示政府转移支付乘数,则政府转移支付乘数可以表示为

$$k_{tr} = b/(1-b)$$

这是因为,有了政府转移支付后,$y_d = y-t+t_r$ 因此:

$$y = c+i+g = a+b(y-t+t_r)+i+g$$

所以: $$y = \frac{a+i+g-bt+bt_r}{1-b}$$

在其他条件不变,只有 t_r 变动时,转移支付为 t_{r0} 和 t_{r1} 时的国民收入分别为

$$y_0 = (a_0+i_0+g_0-bt_0+bt_{r0})/(1-b), \quad y_0 = (a_0+i_0+g_0-bt_0+bt_{r1})/(1-b)$$

$$y_1-y_0 = \Delta y = (-bt_{r0}+bt_{r1})/(1-b) = b\Delta t_r/(1-b)$$

所以得到: $\quad k_{tr} = \Delta y/\Delta t_r = b/(1-b)$

可见,政府转移支付乘数也等于边际消费倾向对 1 减边际消费倾向之比,或边际消费倾向

对边际储蓄倾向之比,其绝对值和税收乘数相同,但符号相反。

比较一下政府支出乘数、税收乘数和转移支付乘数,就可以看到,政府支出乘数大于税收乘数和转移支付乘数。因为政府支出(这里专指政府购买)增加 1 元时,一开始就会使总支出(即总需求)增加 1 元,但是,减税 1 元,却只能使居民的可支配收入增加 1 元,这 1 元中又只有一部分(在上面的例子中是 80 分)用于增加消费,另一部分(20 分)增加了储蓄。所以,减税 t 元只使总需求增加了 80 分,由于总产出(或者说总收入)由总支出(即总需求)决定,因而,减税 1 元对国民收入变化的影响没有增加政府购买支出 1 元对国民收入变化的影响大。

由于政府购买支出乘数大于税收乘数,以及政府转移支付乘数,所以,西方学者认为,改变政府购买水平的变化对宏观经济活动的效果要大于改变税收和转移支付的效果。改变政府购买水平是财政政策中最有效的手段。

同时,由于政府购买乘数大于税收乘数,所以。当政府购买和税收各自增加相同的数量时,也会使国民收入增加,不过,其增加的幅度要小得多。这就是所谓平衡预算乘数的作用。

4. 平衡预算乘数

平衡预算乘数指政府收入和支出同时以相等的数量增加或减少时,国民收入变动对政府收支变动的比率。例如,政府购买和税收同时增加 200 亿元时,从政府预算来看是平衡的,但国民收入增加了 200 亿元,即收入增加了一个与政府支出和税收变动相等的数量。这种情况可以用公式来表示。如果我们用 Δy 代表政府支出和税收各增加同一数量时国民收入的变动量,那么,它就可以表示为以下形式:

$$\Delta y = k_g \Delta g + k_t \Delta t$$

由于假定了 $\Delta g = \Delta t$,所以: $\Delta y = (\Delta g - b \Delta g)/(1-b) = \Delta g$

于是: $\Delta y / \Delta g = \Delta y / \Delta t = 1 = k_b$

乘数理论在凯恩斯的经济理论中占有重要的地位。借助于乘数理论,凯恩斯说明了作为总需求中最重要部分的投资和政府支出,对于一国经济的增长和就业具有成倍增加的巨大作用。

第七节　四部门经济中国民收入的决定

四部门经济是开放经济,国家之间通过对外贸易等形式与其他国家建立了经济联系。所以,一个国家均衡的国民收入不仅取决于国内的消费、投资、政府购买支出,还取决于其净出口,即:

$$y = c + i + g + (x - m)$$

把上式中的各个组成部分进行分解: $c = \alpha + \beta y_d$,$y_d = y - t + t_r$。其中,t 为总税收,t_r 为政府转移支付;$t = t_0 + t_y$,其中,t_0 为定量税,t_y 为比例税收量。$i = \bar{i}$,表示假定投资既定;$g = \bar{g}$,表示假定政府购买既定;$t_r = \bar{t_r}$,表示假定政府转移支付既定;$x = \bar{x}$,表示假定出口既定。$m = m_0 + \theta y$,其中,m_0 为自发进口,即不受国民收入变化影响的进口,θ 为边际进口倾向,$\theta = \dfrac{\Delta m}{\Delta y}$,$\theta_y$ 为引致进口。经整理,得到四部门经济的均衡的国民收入:

$$y = \frac{1}{1 - \beta(1-t) + \theta}(\alpha + \bar{i} + \bar{g} - \beta t_0 + \beta t_r + \bar{x} - m_0)$$

本 章 小 结

1. 与总需求相等的产出称为均衡产出,或者说均衡的国民收入。在均衡产出水平上,计划或意愿的投资一定等于计划或意愿的储蓄。

2. 消费与收入的依存关系称为消费函数和消费倾向,消费倾向有边际消费倾向和平均消费倾向之分。相应的,储蓄倾向也有边际和平均之分。

3. 相对收入消费理论、生命周期消费理论和永久收入消费理论,是对凯恩斯消费理论的补充和发展。

4. 乘数理论在凯恩斯的经济理论中占有重要的地位。

关 键 概 念

均衡产出　消费函数　边际消费倾向　平均消费倾向　边际储蓄倾向　平均储蓄倾向　投资乘数　政府支出乘数　税收乘数　政府转移支付乘数　平衡预算乘数

【思考与练习】

一、单选题

1. 引致消费取决于:(　　)。
   A. 自发消费　　　　　　　　　　　B. 边际储蓄倾向
   C. 收入和边际消费倾向　　　　　　D. 收入
2. 在以下几种情况下,投资乘数最大的是(　　)。
   A. 边际消费倾向为 0.6　　　　　　B. 边际消费倾向为 0.4
   C. 边际消费倾向为 0.75　　　　　　D. 边际消费倾向为 0.2
3. 在两部门经济中,当投资增加 100 万元时,国民收入增加了 1 000 万元,那么此时的边际消费倾向为(　　)。
   A. 100%　　　　B. 10%　　　　C. 90%　　　　D. 20%
4. 如果平均储蓄倾向为负,那么(　　)。
   A. 平均消费倾向等于 1　　　　　　B. 平均消费倾向大于 1
   C. 平均消费倾向和边际储蓄倾向之和小于 1　　D. 平均消费倾向小于 1
5. 如果政府支出乘数为 8,在其他条件不变时(税收为定量税),税收乘数为(　　)。
   A. −6　　　　　B. −8　　　　　C. −7　　　　　D. −5

二、讨论与思考题

1. 能否说边际消费倾向和平均消费倾向都总是大于零而小于 1?
2. 一些西方经济学家常断言,将一部分国民收入从富者转给贫者,将会提高总收入水平,你认为他们的理由是什么?
3. 税收、政府购买和转移支付这三者对总支出的影响方式有何区别?

三、计算题

1. 假设某经济社会的消费函数为 $C=100+0.8y$,投资为 50(单位:10 亿美元)。试求:
   (1) 求均衡收入、消费和储蓄。
   (2) 如果当时实际产出(即收入)为 800,试求企业非意愿存货积累为多少?
   (3) 若投资增至 100,试求增加的收入。

(4) 若消费函数变为 $C=100+0.9y$，投资仍为 50，收入和储蓄各为多少？投资增至 100 时收入增加多少？

(5) 消费函数变动后，乘数有何变化？

2. 假设某经济社会的消费函数为 $C=100+0.8Y_D$，意愿投资 $I=50$，政府购买性支出 $G=200$，政府转移支付 $TR=62.5$（单位：10 亿美元），直接税 $T=250$，试求：

(1) 均衡收入。

(2) 投资乘数，政府支出乘数，税收乘数，转移支付乘数及平衡预算乘数。

(3) 假定该社会达到充分就业所需要的国民收入为 1 200，试问：

①用增加政府购买；②或减少税收；③或增加政府购买和税收同一数额（以便实现预算平衡）实现充分就业，各需要多少数额？（均不考虑货币市场作用，即不考虑货币需求变动对利率从而对投资和消费的影响）。

第十四章 产品市场与货币市场的一般均衡

本章知识结构图

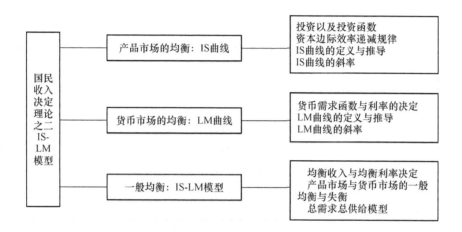

学习目的与要求

【目的与要求】通过本章的学习,了解货币需求、货币供给,了解保持产品市场、货币市场均衡,收入和利率之间的关系。理解货币市场均衡、产品市场均衡的条件,理解 LM 曲线的三个区域。掌握 IS 关系和 LM 关系同时得到满足的收入和利率。

【重点与难点】重点是投资函数、IS 曲线、LM 曲线;难点是资本边际效率,凯恩斯陷阱、IS-LM 模型及其应用。

第一节 投资的决定

一、资本边际效率

现实经济社会中的投资含义很多,本章所分析的投资是指资本的形成,即社会实际资本的增加,包括厂房、设备、新住宅的增加等,不包括有价证券。从价值形态讲,投资就是增加厂房、设备所投入的货币量。

1. 现值公式

假定本金为 100 美元,年利息率为 5%,则:第 1 年本利之和为 $100\times(1+5\%)=105$,第 2 年本利之和为 $105\times(1+5\%)=100\times(1+5\%)^2=110.25$,第 3 年本利之和为:$110.25\times(1+$

5%)=100×(1+5%)³=115.76,依此可类推以后各年的本利之和。

如果以 r 表示利率,R_0 表示本金,R_1,R_2,R_3,…,R_n 分别表示第 1 年,第 2 年,第 3 年,…,第 n 年本利之和,则各年本利之和为

$$R_1 = R_0(1+r)$$
$$R_2 = R_1(1+r) = R_0(1+r)^2$$
$$R_3 = R_2(1+r) = R_0(1+r)^3$$
$$\vdots$$
$$R_n = R_0(1+r)^n$$

现在将以上的问题逆向分析,即已知利率 r 和各年的本利之和,利用以上公式求本金。仍使用以上具体数字为例。已知 1 年后的本利之和 R_1 为 105 美元,利率 r 为 5%,则可以求得本金 R_0:

$$R_0 = R_1/(1+r) = 105/(1+5\%) = 100 \text{ 美元}$$

上式求出的 100 美元就是在利率为 5% 时,1 年后所获得的本利之和的现值。以同样的方法,可以求出以后各年本利之和的现值,这些现值都是 100 美元。从以上例子中,可以得出现值的一般公式:

$$R_0 = R_n/(1+r)^n$$

2. 资本边际效率的概念及其公式

利用现值可以说明资本边际效率(MEC)。假定某企业花费 50 000 美元购买一台设备,该设备使用期为 5 年,5 年后该设备损耗完毕;再假定除设备外,生产所需的人工、原材料等成本不作考虑;以后 5 年里各年的预期收益分别为 12 000 美元、14 400 美元、17 280 美元、20 736 美元、24 883.2 美元,这些预期收益是预期毛收益。

如果贴现率为 20% 时,则 5 年内各年预期收益的现值之和正好等于 50 000 美元,即:

$$R = \frac{R_1}{(1+r)} + \frac{R_2}{(1+r)^2} + \frac{R_3}{(1+r)^3} + \cdots + \frac{R_n}{(1+r)^n}$$
$$= \frac{12\,000}{(1+20\%)} + \frac{14\,400}{(1+20\%)^2} + \frac{17\,280}{(1+20\%)^3} + \frac{20\,736}{(1+20\%)^4} + \frac{24\,883.2}{(1+20\%)^5}$$
$$= 10\,000 + 10\,000 + 10\,000 + 10\,000 + 10\,000 = 50\,000 \text{ 美元}$$

上例中,20% 的贴现率表明了一个投资项目每年的收益必须按照固定的 20% 的速度增长,才能实现预期的收益,故贴现率也代表投资的预期收益率。

因此,资本边际效率是一种贴现率,这种贴现率(也代表投资的预期收益率)使一项资本品的使用期内各个预期收益的现值之和正好等于该资本品的供给价格或重置成本。

显然,作为预期收益率的资本边际效率如果大于市场利率,就值得投资;反之,如果资本边际效率小于市场利率,就不值得投资。在资本边际效率既定的条件下,市场利率越低,投资的预期收益率相对而言也就会越高,投资就越多;而市场利率越高,投资的预期收益率相对而言也就会越低,投资就越少。因此,与资本边际效率相等的市场利率是企业投资的最低参考界限,所以,可将资本边际效率与投资的反方向变动关系表现为市场利率与投资量的反方向变动关系。资本边际效率与投资量的反方向变动关系可用图 14-1 表示。

图 14-1 中,横轴表示投资量,纵轴表示资本边际效率或利率,MEC 为资本边际效率曲线。资本边际效率曲线向右下方倾斜,表示投资量与利率之间存在反方向变动关

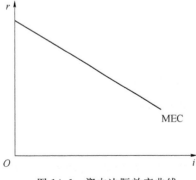

图 14-1 资本边际效率曲线

系,即利率越高,投资量越小;利率越低,投资量越大。

二、投资边际效率

以上对资本边际效率曲线的分析,仅仅涉及一个企业的投资活动,分析的是一个企业的投资受利率影响的状况,并没有把这一企业的投资活动与其他企业的投资活动联系在一起。实际上,所有企业的投资都会受到利率的影响,如果把一个企业的投资活动纳入到所有企业都参与的整个社会范围内,在此条件下的某一特殊企业的投资与利率的数量关系会发生一些变化,从而该企业的资本边际效率曲线也就发生位置的移动。例如,当市场利率下降时,如果经济社会中的每个企业都增加投资,就会增加对资本品的需求,从而推动资本品的价格上升。资本品价格的上升,表现在资本边际效率式中,就是资本品供给价格 R 增大,在预期收益 R_1,R_2,R_3, $\cdots,R_n$ 不变的假定下,必然要求资本边际效率 r 减少,以保持等号两边的相等。由于资本品供给价格的上升而缩小后的资本边际效率就称为投资边际效率(MEI)。图 14-2 中,r_i 就是投资边际效率。很明显,投资边际效率 r_i 是资本边际效率 r_c 的一部分,是缩小后的资本边际效率,资本边际效率 r_c 的缩小量是 $r_c r_i$。

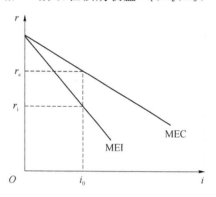

图 14-2 资本边际效率曲线 MEC 与投资边际效率曲线 MEI

从图 14-2 中可以看到,MEI 曲线与 MEC 曲线一样,都表现出了投资与利率之间的反方向变动关系。由于 MEI<MEC,故 MEI 曲线比 MEC 曲线陡峭。同时,MEI 曲线表示的利率变动对投资变动的影响小于 MEC 曲线表示的利率变动对投资变动的影响。由于投资边际效率的分析更符合经济的现实,所以,更准确地表示投资与利率关系的曲线是 MEI 曲线。于是,就用 MEI 曲线表示投资与利率的关系,即用 MEI 曲线表示投资曲线,以后所涉及到的投资曲线,就是指 MEI 曲线。

三、投资函数

投资依赖于多个因素,其中包括利率 i 和预期等。一般来说,利率越高,投资越少。这是因为,当利率上升时,利息成本增加,使企业的利润下降甚至亏损,从而投资减少。投资与利率之间的反方向变动关系就是投资函数(investment function),投资函数可表达为

$$i = e - dr$$

其中,e 为自发投资,即不受利率影响的投资;d 是投资对利率变动的反应程度,表示利率变动一定幅度时投资的变动程度,可称 d 为利率对投资需求的影响系数或投资的利率弹性,可简单表达为:$d = \Delta i / \Delta r$;r 为实际利率,即名义利率与通货膨胀率的差额;dr 为引致投资,即受利率影响的投资。上式表明,投资是自发投资与引致投资之和,且投资与利率之间成反方向变动关系。

第二节 IS 曲线

一、IS 曲线的概念与推导

产品市场的均衡要求 $Y = C + I$,并且 $S = I$。我们假定投资是利率的函数,消费及储蓄是

收入的函数。可以用方程组说明产品市场：
$$C=C(Y)=a+bY; \quad I=I(r)=e-dr; \quad Y=C(Y)+I(r)$$
则均衡收入公式就变为：$Y=(a+e-dr)/(1-b)$，或者 $r=(a+e)/d-(1-b)/d \cdot Y$。

上述公式实际上反映了利率（r）与国民收入（Y）之间的反方向变动关系。描述这种函数关系的曲线就称为 IS 曲线。公式中，a 为自主性消费支出，即与收入无关的消费；e 为自主性投资支出，即与利率无关的投资；r 为利率；d 为投资的利率弹性，即利率每增（减）1% 投资将减少（增加）的程度，利率与投资之间是逆函数关系。一旦消费函数与投资函数给定，市场上任一给定的利率都会有一个相应的国民收入与之相对应。

假设投资函数 $I=1\,250-250r$，消费函数 $C=500+0.5Y$，根据 $Y=C+I$ 可得：
$$Y=(a+e-dr)/(1-b)=(500+1\,250-250r)/(1-0.5)=3\,500-500r$$

当 $r=1$ 时，$Y_1=3\,000$；当 $r=2$ 时，$Y_2=2\,500$；当 $r=3$ 时，$Y_3=2\,000$；当 $r=4$ 时，$Y_4=1\,500$；当 $r=5$ 时，$Y_5=1\,000$……

由此得到一条 IS 曲线，如图 14-3 所示。横轴代表收入，纵轴代表利率，向右下方倾斜的曲线就是 IS 曲线。IS 曲线是表示在投资与储蓄相等的产品市场均衡条件下，利率与收入组合点的轨迹。IS 曲线上任何一点都代表一定的利率与收入的组合，在任何一个组合点上，投资与储蓄都相等，即产品市场

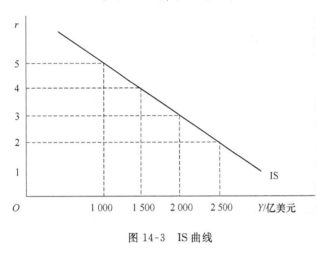

图 14-3　IS 曲线

是均衡的，故把这条曲线称作 IS 曲线。

二、IS 曲线的斜率

一条向下倾斜的 IS 曲线的陡峭程度描述一定的利率变化导致多大的收入变化，即收入对利率的敏感程度。

在均衡收入公式 $r=(a+e)/d-(1-b)/d \cdot Y$ 中，Y 前面的系数就是 IS 曲线的斜率。由于收入是利率的减函数，故 IS 曲线的斜率为负。显然，IS 曲线的斜率既取决于 b，也取决于 d。

b 是边际消费倾向。如果 b 较大，意味着投资乘数就大，即投资较小的变动会引起收入较大的增加，因而 IS 曲线就较平缓，表明 IS 曲线的斜率就小。反之，b 较小，IS 曲线的斜率就大。所以，IS 曲线的斜率与 b 成反比。

d 是投资对利率变动的反应程度，表示利率变动一定幅度时投资的变动程度。如果 d 较大，表示投资对利率反应比较敏感，即利率较小的变动引起投资较大的变动，进而引起收入的更多增加，IS 曲线就较平缓，IS 曲线的斜率就小。反之，d 较小，IS 曲线的斜率就大。所以，IS 曲线的斜率与 d 成反比。

另外，在三部门经济中，由于存在政府购买性支出与税收，消费是个人可支配收入的函数，即 $C=a+b(1-t) \cdot Y$，则 IS 曲线的斜率就变为：$[1-b(1-t)]/d$。

在 b 和 d 既定时，t 越小，投资乘数就越大，收入增加就越多，IS 曲线就越平缓，于是 IS 曲线的斜率就越小。反之，t 越大，IS 曲线的斜率就大。因此，IS 曲线的斜率与 t 成正比。

三、IS 曲线的移动

IS 曲线主要受以下因素影响进而发生移动。

1. 投资变动的影响

无论自发投资的变动,还是引致投资的变动,都会使投资需求发生变化。如果投资需求增加,会使得收入增多,IS 曲线就会向右移动。IS 曲线向右移动的幅度等于投资乘数与投资增量之积。相反,如果投资需求减少,收入会减少,IS 曲线就向左移动,移动幅度为投资乘数与投资增量之积。

2. 储蓄变动的影响

如果储蓄增加,表明消费减少,会使收入减少,IS 曲线就向左移动,移动幅度为投资乘数与储蓄增量之积。反之,储蓄减少,IS 曲线就向右移动。

3. 政府购买支出变动的影响

政府购买支出最终是要转化为消费与投资的。政府购买支出增加,会使消费与投资增加,进而增多国民收入,因此,IS 曲线就向右移动,移动幅度为政府购买支出乘数与政府购买支出增量之积,即移动幅度 $\Delta y = k_g \cdot \Delta g$。反之,政府购买支出减少,IS 曲线就向左移动。

4. 税收变动的影响

政府增加税收,会使消费与投资减少,从而使收入减少,IS 曲线就向左移动,移动幅度为税收乘数与税收增量之积,即移动幅度 $\Delta y = -k_T \cdot \Delta T$。税收减少,IS 曲线则向右移动。

四、偏离 IS 曲线的点

组成 IS 曲线的点是使产品市场均衡的收入利率组合。偏离 IS 曲线必定意味着产品市场不均衡。问题是,在 IS 曲线的左侧或右侧,产品市场是供过于求还是供不应求呢?如图 14-4 所示,在 IS 曲线右侧的 T 处,产品市场供过于求,即 $Y>$AE。这是因为,在同一利率水平上,IS 曲线上相应的点所代表的均衡产出水平 Y_0 小于这一产出水平。类似可以说明,落在 IS 曲线左侧的点代表的是产品市场上供不应求的产出水平。

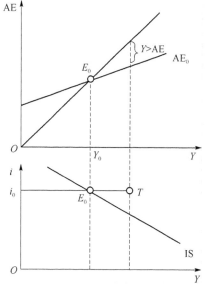

图 14-4 偏离 IS 曲线的点

第三节 利率的决定

一、货币的供求

宏观经济学的奠基人凯恩斯认为,利率是由货币的供给量与货币的需求量决定的。由于货币的实际供给量是由代表国家对金融运行进行管理的中央银行控制的,因而,实际供给量是一个外生变量,在分析利率决定时,只需分析货币的需求就可以了。

二、货币需求理论

货币的需求是指个人与企业在不同条件下出于各种考虑而产生的对货币的需要。对货币的需求本质上是对流动性的需求,即持有可随时用作支付手段的资产,以满足随时出现的需要。按照支付的可预见程度,人们持有货币的动机分为:交易动机、审慎动机和投机动机。

1. 交易动机

交易动机(transaction motive)是指个人与企业为了正常的交易活动而需要货币的动机。例如,个人购买消费品需要货币,企业购买生产要素也需要货币。出于交易动机而持有的货币数量依赖于收入水平和把其他财产转换为货币的交易成本。收入水平越高,日常支出越多,平均来说需要的货币越多。然而,持有货币(现钞和活期存款)的成本是持有债券可以挣到的利息。假如可以随时以很低的交易成本把债券变成货币,那么,只是在需要支付的时候才把债券转换为货币,平均来说人们的货币持有量就可以减少。

2. 谨慎动机或预防性动机

谨慎动机或预防性动机(precautionary motive)是指为预防诸如事故、疾病、失业等意外事件而持有一部分货币的动机。交易动机下的货币交易需求主要用于即时支出,预防性动机下的货币需求则用于以后的支出。货币的预防性需求产生于个人今后收入与支出的不确定性,其量的多少尽管取决于个人的预期与判断,但从全社会来看,出于预防性动机的货币需求仍然取决于收入,其量的多少与收入成正比。

3. 投机动机

投机动机(speculative motive)是指人们为了抓住有利的购买有价证券的机会而持有货币的动机。假定财富的形式有两种,一种是货币,另一种是有价证券。人们在货币与有价证券之间进行选择以确定保留财富的形式。对货币与有价证券进行选择,就是利用利率与有价证券价格的变化进行投机。有价证券的价格与有价证券的收益成正比,与利率成反比,即:有价证券价格=有价证券收益/利率。

可见,有价证券的价格会随着利率的变化而变化,人们对有价证券和货币的选择也就随利率的变化而变化。市场利率越高,则意味着有价证券的价格越低,当预计有价证券的价格不会再降低而是将要上升时,人们就会抓住有利的机会,用货币低价买进有价证券,以便今后证券价格升高后高价卖出,于是,人们手中出于投机动机而持有的货币量就会减少。相反,市场利率越低,则意味着有价证券的价格越高,当预计有价证券的价格再也不会上升而将要下降时,人们就会抓住时机将手中的有价证券卖出,于是,人们手中出于投机动机而持有的货币量就会增加。由此可见,对货币的投机需求取决于利率,其需求量与利率成反比。

三、货币需求函数

1. 货币的交易需求函数

由于出于交易动机与预防性动机的货币需求量都取决于收入,则可以把出于交易动机与预防性动机的货币需求量统称为货币的交易需求量,并用 L_1 来表示,用 y 表示实际收入,那么货币的交易需求量与收入的关系可表示为:$L_1=f(y)$。具体表达式为:$L_1=ky$。式中的 k 为货币的交易需求量对实际收入的反应程度,也可称作货币需求的收入弹性。$L_1=ky$ 式反映出货币的交易需求量与实际收入的同方向变动关系。

2. 货币的投机需求函数

货币的投机需求取决于利率,如果用 L_2 表示货币的投机需求,用 r 表示利率,则货币的投机需求与利率的关系可表示为:$L_2=f(r)$。具体表达式为:$L_2=-hr$。式中的 h 为货币的投机需求量对实际利率的反应程度,可以称作货币需求的利率弹性。$L_2=-hr$ 式反映出货币的投机需求量与实际利率的反方向变动关系。

3. 货币的需求函数

对货币的总需求就是对货币的交易需求与对货币的投机需求之和,因此,货币的需求函数 L 就表示为:$L=L_1+L_2=ky-hr$。

4. 货币需求曲线

货币需求函数可用图 14-5 表示。图 14-5(a)中的横轴表示货币需求量或货币供给量,纵轴表示利率。L_1 为货币的交易需求曲线,由于 L_1 取决于收入,与利率无关,故其是一条垂线。L_2 为货币的投机需求曲线,它最初向右下方倾斜,表示货币的投机需求量随利率的下降而增加,即货币的投机需求与利率成反方向变动关系;货币投机需求曲线的右下端为水平状,在这一区段,即使货币供给增加,利率也不会降低。图 14-5(b)中的曲线 L 为包括货币的交易需求与投机需求在内的货币需求曲线,其上的任何一点表示的货币需求量都是相应的货币交易需求量与投机需求量之和。L 曲线向右下方倾斜,表示货币需求量与利率的反方向变动关系,即利率上升时,货币需求量减少,利率下降时,货币需求量增多。

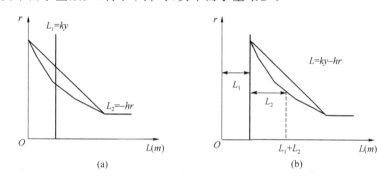

图 14-5 货币需求曲线

四、均衡利率的决定

1. 均衡利率的决定

商业银行与公众之间的货币供求关系称为货币市场。货币供给是一个存量概念,是指一个经济社会在某一时点上所保持的不属于政府与银行的现金与银行活期存款的总和。货币供给量是指实际的货币供给量。如果用 M,m,P 分别表示名义的货币供给量、实际的货币供给量、价格指数,三者的关系为:$m=M/P$。

由于货币供给量是一个国家或中央银行来调节的,因而是一个外生变量,与利率无关,因此,货币供给曲线是一条垂直于横轴的直线。在图 14-6 中,作为垂线的货币供给曲线 M_s 与向右下方倾斜的货币需求曲线 L 在 E 点相交。货币供给 M_s 等于货币需求 M_d 的状况称为货币市场的均衡,对应于货币市场均衡状态的利率称为均衡利率,如图 14-6 中的 i_e 表达。

向下倾斜的货币需求曲线代表着公众在不同利率水平上的货币需求,实际上是利率与流动性的各种组合。均衡利率代表着公众保持流动性所愿意接受的机会成本。如果实际利率高于均衡利率,公众就会放弃一部分流动性资产,减少货币需求,反之亦然。均衡利率是当货币供给一定时公众基于流动性需要所愿意接受的利率,是实际利率变化的内在趋势。

2. 货币供给变动与均衡利率

货币供给的变动会使均衡利率发生变动。在几何图形上,货币供给的变动表现为 M_s 曲线的左右移动,图14-7假定货币供给由 M_s 增至 M_s',当货币需求曲线不变时,均衡利率由 i_1 降至 i_0。同理可理解货币供给由 M_s' 减至 M_s 对均衡利率的影响。

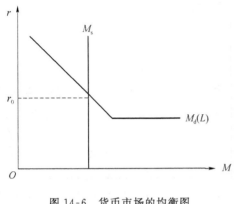

图14-6 货币市场的均衡图

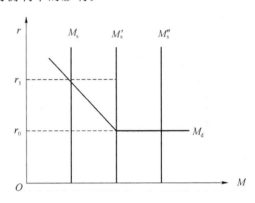

图14-7 均衡利率的变动

不变的货币需求曲线是假定总收入不变,相应地,公众愿意保持的流动性不变。在这种情况下,除非使利率下降,货币供给不能增加。假定中央银行在 i_1 的利率水平上增加货币供给,使 M_s 增至 M_s'。在这个利率水平上,公众会将超过流动性需要的货币用于购买证券,使证券价格上涨,证券收益率或利率下降。由于利率下降公众愿意保留更多的货币。当收入一定时,货币供给影响利率的机制可以概括为如图14-8所示。

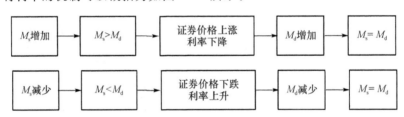

图14-8 货币供给影响利率的机制

不过,在流动性陷阱里,利率已低到不足以补偿放弃流动性所带来的风险。货币需求比例于货币供给的增加而增加,货币供给的增加不能使利率进一步下降。如图14-7中 M_s' 增至 M_s'',利率仍为 i_0。

3. 收入变动与均衡利率

货币需求曲线会因收入的变动而上下移动。当货币供给 M_s 一定时,由于收入增加而向上移动的货币需求曲线 M_d 会使均衡利率上升。图14-9显示,当总收入由 Y_1 增至 Y_2 时,由于 M_s 不变,利率由 i_0 升至 i_1。

收入变动对利率的影响也是通过证券市场实现的。收入增加会导致公众需要更多的交易媒介。但货币供给固定不变,公众只好出售有价证券以增加必要

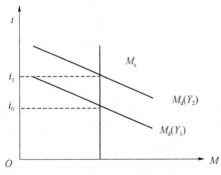

图14-9 收入变动对均衡利率的影响

的交易货币量。这使证券价格下降利率上升。同理可理解收入下降对利率的影响。

五、流动偏好陷阱

在分析投机动机时,可看到利率会影响人们对有价证券和货币的选择。当利率非常低时,人们认为利率不会再降低而只能上升,或者说有价证券的价格不会再上升而只会跌落,因而会将所持有的有价证券售出来换成货币,即使手中又另外新增了货币,也决不肯再去购买有价证券,以免证券价格下跌而遭受损失,即人们不管有多少货币都会持在手中,这种情况称作"凯恩斯陷阱",也叫"流动偏好陷阱"。流动偏好是指人们持有货币的偏好,即人们愿意以货币形式保留财富,而不愿以有价证券形式保留财富的心理。对货币产生偏好,是因为货币流动性很强,货币随时可以用于交易、应付不测、投机等,故把人们对货币的偏好就称为流动偏好。利率极低时,人们不论有多少货币,都要留在手中而不会去购买有价证券,流动偏好趋于无限大,此时,即使银行增加货币供给,也不会使利率下降。

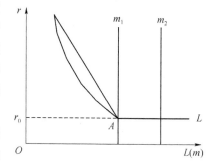

图 14-10 流动偏好陷阱

图 14-10 中,货币供给曲线 m_1 与货币需求曲线 L 相交于 A 点,由此决定的均衡利率为 r_0。由于货币需求曲线 L 上的 A 点之右呈现水平状,当货币供给增加、货币供给曲线由 m_1 右移至 m_2 时,利率并没有降低,仍然是 r_0。货币需求曲线 L 上 A 点之右的水平区段,就是"流动偏好陷阱"。

【专栏一】詹姆斯·托宾

詹姆斯·托宾

詹姆斯·托宾 1918 年出生于美国伊利诺斯州。1935 年 9 月,托宾进入哈佛大学学习,四年后获经济学学士学位,1940 年又获得硕士学位,在哈佛的 6 年期间,托宾受到了约瑟夫·熊彼特、爱德华·张伯伦、瓦西里·里昂惕夫等著名经济学家的指导。1941 年,美国参加第二次世界大战后,托宾以经济学专家的身份在政府任职,先后在物价管理署、战时生产局工作。珍珠港事件后应征入美国海军服役,先在哥伦比亚大学进行了 90 天军训,后任驱逐舰指挥官,随舰到达大西洋和地中海,并参加了进攻北非和法国南部以及意大利战役。退役时获海军预备役上尉军衔。

1946 年,托宾离开部队返回哈佛大学经济系,攻读经济学博士学位。1947 年,他以一篇关于消费函数的理论和统计的论文获得博士学位。同年成为副研究员,他利用副研究员的薪金补习他在战时失去接触的经济学,特别是经济计量学,参加写作了《美国商业信条》,并且在《经济学与统计学评论》上发表了名为《流动偏好与货币政策》的文章。1949 年他到英国剑桥大学应用经济系当访问学者。

1950 年以后,托宾就一直在耶鲁大学从事教学和研究工作。1955 年升为经济系教授。同年,原来设在芝加哥大学的柯立芝经济研究委员会迁移到耶鲁大学,并更名为柯立芝基金会。在 1955—1961 年和 1964—1965 年期间,托宾担任基金会的主席职务。在托宾担任基金会负责人期间,曾帮助过许多年轻的经济学家。他对其他经济学家的无私帮助,赢得了同事们对他的喜爱,正像他的辉煌成就赢得了大家对他的尊重一样。托宾获得 1981 年诺贝尔经济学奖,瑞典皇家科学委员会授予他诺贝尔经济学奖的理由是:托宾的贡献涵盖经济研究的多个领域,在诸如经济学方法(econometric methods)、风险理论(risk theory)等内容迥异的方面均卓有建树,尤其是在对家庭和企业行为(household and firm behaviour)以及在宏观经济学纯理论和经济政策的应用分析方面独辟蹊径。经济学界对他尊重反映在对他宽厚、谦和的绅士风度的赞许。诺贝尔奖得主中很少有人能得到这样真挚美好的评价。托宾是中国人民的朋友。2000年4月,近150名美国经济学家(其中包括15位诺贝尔经济学奖得主)发表《致美国人民的公开信》,敦促美国国会给予中国永久正常贸易关系(PNTR)地位,支持中国加入世界贸易组织,其中就有白发苍苍的托宾。

詹姆斯·托宾的主要著作有:《美国企业准则》《国家经济政策》《经济学论文集:总体经济学》《十年后的新经济学》《计量经济学论文集:消费与计量经济学》《货币、信贷与资本》等。

第四节　LM 曲线

一、LM 曲线的概念与推导

货币供给用 m 表示,货币需求为 $L=L_1+L_2=ky-hr$,则货币市场的均衡条件就是 $m=L$,即:$m=ky-hr$。

从上式可知,m 一定时,L_1 与 L_2 是此消彼长的关系。货币的交易需求 L_1 随收入的增加而增加,货币的投机需求 L_2 随利率的上升而减少。因此,国民收入的增加使货币的交易需求增加时,利率必须相应提高,从而使货币的投机需求减少,货币市场才能保持均衡。相反,收入减少时,利率须相应下降,以使货币市场均衡。

表示货币市场均衡条件的还可写为:$y=\dfrac{h}{k}r+\dfrac{m}{k}$,或 $r=\dfrac{k}{h}y-\dfrac{m}{h}$。

下面用例子来说明货币市场的均衡。

假定货币的交易需求函数 $L_1=0.5y$,货币的投机需求函数 $L_2=1\,000-250r$,货币供给量 $m=1\,250$,例子中的单位为亿美元。货币市场均衡时,$m=L=L_1+L_2$,即:$1\,250=0.5y+1\,000-250r$,整理得:$y=500+500r$。

当 $r=1$ 时,$y=1\,000$;当 $r=2$ 时,$y=1\,500$;当 $r=3$ 时,$y=2\,000$;当 $r=4$ 时,$y=2\,500$;当 $r=5$ 时,$y=3\,000$,……将这些点在坐标图上描出来,即为 LM 曲线。如图 14-11 所示。图中的横轴代表收入,纵轴代表利率,向右上方倾斜的曲线就是 LM 曲线。LM 曲线是表示货币供给与货币需求相等的货币市场均衡条件下,利率与收入组合点的轨迹。从图 14-11 中可以看到,LM 曲线上任何一点都代表一定的利率与收入的组合,在任何一个组合点上,货币供给与货币需求都相等,即货币市场是均衡的,故把

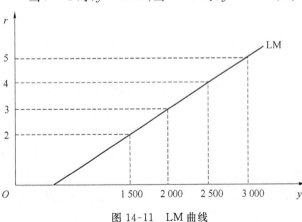

图 14-11　LM 曲线

这条曲线称作 LM 曲线。

二、LM 曲线的斜率

1. LM 曲线的斜率

公式 $r=k\cdot y/h-m/h$ 中,等号右边的变量 y 前面的系数 k/h 就是 LM 曲线的斜率。

显然,LM 曲线的斜率取决于 k 与 h,即取决于货币的交易需求对实际收入的反应程度 k 与货币的投机需求对实际利率的反应程度 h,LM 曲线的斜率与 k 成正比,与 h 成反比。在 h 为定值时,k 值越大,表示货币的交易需求对实际收入的敏感程度越高,一定的货币交易需求量仅需更少的收入来支持,故 LM 曲线就陡峭;反之,k 值越小,LM 曲线就越平缓。在 k 为定值时,h 值越大,表示货币的投机需求对实际利率的敏感程度越高,一定的利率水平能支持更多的货币投机需求量,货币的交易需求量相应增加,从而使国民收入量增加,LM 曲线就较平缓;相反,h 值越小,LM 曲线就越陡峭。

2. LM 曲线的三个区域

根据 LM 曲线斜率的大小,可将 LM 曲线分成三个区域,图 14-12 表现了 LM 曲线的三个区域。

货币投机需求曲线上,有一段水平区域,这表示利率极低时货币的投机需求呈现无限大的状况,这一段就是"凯恩斯陷阱"。从"凯恩斯陷阱"中可以推导出水平状的 LM 曲线,LM 曲线上水平状的区域称作"凯恩斯区域"或"萧条区域"。在"凯恩斯区域",LM 曲线的斜率为零。"凯恩斯区域"的利率非常低,在既定的利率水平上,公众打算持有任意数量的货币。设想公众相信利率已经低得不可能再低,这等于说人们坚信利率将会上升,从而债券和其他资产价格将会下降,所以人们持有货币的投机动机极为强烈,打算持有任意数量的货币。此时,政府采用扩张性货币政策,使

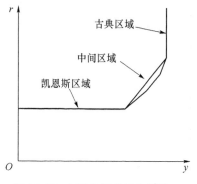

图 14-12 LM 曲线的三个区域

货币供给增加,LM 曲线表现为向右移动,可利率并不能再降低,从而收入也不会增加,所以,货币政策无效。相反,如果政府采用扩张性财政政策,IS 曲线就向右移动,收入会在利率没有变化的情况下增加,因此,财政政策有效。

同样,当利率非常高时,人们不会为投机而持有货币,货币投机需求则为零,货币需求全部为货币的交易需求,LM 曲线就呈现垂直形状。此时实行扩张性财政政策,IS 曲线表现为向右移动,这只能使利率提高,而收入并不能增加,故财政政策无效。如果实行扩张性货币政策,LM 曲线向右移动,会使利率下降,从而提高收入水平,所以货币政策是有效的。这一结论符合"古典学派"以及基本上以"古典学派"理论为基础的货币主义观点,因而,LM 曲线呈垂直状态的这一区域被称为"古典区域"。

LM 曲线上的凯恩斯区域与古典区域之间的区域为"中间区域",中间区域的斜率大于零。在中间区域,财政政策与货币政策都有一些效果,效果大小取决于 LM 曲线的倾斜程度,LM 曲线越平缓,财政政策的效果就越大;LM 曲线越陡峭,货币政策的效果就越大。

三、LM 曲线的移动

当决定 LM 曲线的因素发生变动时,LM 曲线的位置会发生变动。

1. LM 曲线与货币供给量成同方向变动关系

比如,假定货币需求不变,货币供给量增加时,LM 曲线就向右移动,会促使利率下降,从而刺激包括消费与投资在内的总需求,国民收入因此而增加。相反,货币供给量减少时,LM 曲线就向左移动,利率上升,消费与投资减少,从而使国民收入减少。

2. LM 曲线与货币交易需求曲线成同方向变动关系

比如,其他因素不变,货币交易需求曲线右移,即货币交易需求减少,LM 曲线会右移,因为完成同量交易所需的货币量减少,即同量货币可以完成更多收入的交易了。反之,货币交易需求增加,LM 曲线就向左移动。

3. LM 曲线与货币投机需求量成反方向变动关系

其他因素不变,如果货币投机需求量增加,则会相应减少货币的交易需求量,国民收入因此减少,故 LM 曲线左移。相反,货币投机需求量减少,LM 曲线会右移。

四、偏离 LM 曲线的点

在 LM 曲线上,货币市场均衡。偏离 LM 曲线,货币市场肯定不均衡。问题是货币市场是供过于求还是供不应求。利率的调整方向是上升还是下降。

如图 14-13 所示,收入利率组合 S 落在了 LM 曲线的上方,那么,这意味着当前利率高于了与收入水平 Y_0 相应的均衡利率。由于货币需求随利率上升而减少,而货币供给固定不变,所以当利率高于均衡利率时,货币需求量小于货币供给量,即货币市场供过于求,有利率下降的调整趋势。

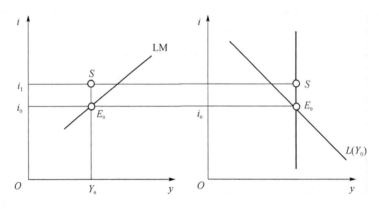

图 14-13 偏离 LM 曲线的点

第五节 IS-LM 分析

IS-LM 模型是建立在 IS 曲线与 LM 曲线分析之上的,是当代宏观经济学广泛运用的一种分析工具。它既可用于说明凯恩斯主义的理论体系,也可用于作为对产品市场和货币市场均衡进行分析的有效工具。

一、产品市场与货币市场同时均衡的利率与收入

IS 曲线表示产品市场达到均衡,即在储蓄等于投资的条件下,利率与国民收入之间的反

向关系;LM 曲线表示货币市场达到均衡,即在货币需求等于货币供给的条件下,利率与国民收入之间的正向关系。因此把 IS 曲线与 LM 曲线结合在一起,得出图 14-14,即著名的 IS-LM 模型。该模型将 i,y,s,I,M_s,M_d 6 个经济变量集于一图,简明直观地反映了货币市场和产品市场之间的关系。可以简单地理解为:货币市场决定均衡利率,均衡利率通过投资需求相应地决定了产品市场的均衡产出。

两个市场同时均衡的利率与收入可以通过联立 IS 曲线方程与 LM 曲线方程而求解得到。

在图 14-14 中,IS 曲线与 LM 曲线相交于 E 点,E 点代表的利率 3% 和收入 2 000 亿美元是产品市场与货币市场同时实现均衡的利率与收入。此时,产品市场上,投资 $i=1\,250-250\times 3=500$ 亿美元,储蓄 $s=-500+0.5y=-500+0.5$

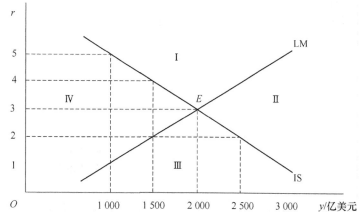

图 14-14 产品市场与货币市场的一般均衡

$\times 2\,000=500$ 亿美元,投资与储蓄相等,产品市场实现了均衡。与此同时,在货币市场上,货币的需求 $L=L_1+L_2=0.5y+1\,000-250r=0.5\times 2\,000+1\,000-250\times 3=1\,250$ 亿美元,货币市场也实现了均衡。所以,在 E 点上,产品市场与货币市场同时实现了均衡。

图 14-14 中 E 点之外的任何地方都没有同时实现两个市场的均衡。IS 曲线与 LM 曲线上,分别有 $i=s,L=M$;IS 曲线与 LM 曲线之外的点,i 与 s,L 与 M 都不相等。相交的 IS 曲线与 LM 曲线,把坐标平面分成四个区域:Ⅰ区域、Ⅱ区域、Ⅲ区域、Ⅳ区域,每个区域中,产品市场与货币市场都处于非均衡状态。四个区域的非均衡状态可用表 14-1 表示。

表 14-1 产品市场与货币市场的非均衡

区域	产品市场的非均衡	货币市场的非均衡
Ⅰ	$i<s$ 有超额产品供给	$L<M$ 有超额货币供给
Ⅱ	$i<s$ 有超额产品供给	$L>M$ 有超额货币需求
Ⅲ	$i>s$ 有超额产品需求	$L>M$ 有超额货币需求
Ⅳ	$i>s$ 有超额产品需求	$L<M$ 有超额货币供给

四个区域中存在着不同的非均衡状态,经过调整,非均衡状态会逐步地趋向均衡。IS 的不均衡会导致收入变动:$i>s$ 会导致收入增加,$i<s$ 会导致收入减少;LM 的不均衡会导致利率变动:$L>M$ 会导致利率上升,$L<M$ 会导致利率下降。这种调整最终使经济趋向于均衡利率与均衡收入。

二、均衡收入与均衡利率的变动

IS 曲线与 LM 曲线的交点表示产品市场与货币市场同时实现了均衡,但这一均衡并不一定是充分就业的均衡。如图 14-15 所示,IS 曲线与 LM 曲线相交于 E 点,均衡利率与均衡收

入分别是 r_e, y_e, 但充分就业的收入是 y_f, 均衡收入低于充分就业的收入, 即 $y_e < y_f$。此时, 需要政府运用财政政策、货币政策来调整, 以实现充分就业。如果政府运用或增支, 或减税, 或增支减税双管齐下的扩张性财政政策, IS 曲线会向右移动至 IS′ 的位置, 与 LM 曲线相交于 E′ 点, 均衡收入就增至 y_f, 从而实现充分就业的收入水平。政府也可以运用扩张性货币政策, 即增加货币供给量, LM 曲线会向右移动至 LM′ 的位置, 与 IS 曲线相交于 E″ 点, 均衡收入也能增至 y_f, 同样可以达到充分就业的收入水平。

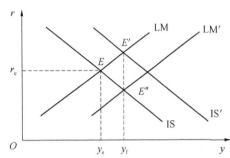

图 14-15　均衡收入与均衡利率的决定

从图 14-15 中也可以看到, IS 曲线和 LM 曲线的移动, 会改变利率与收入水平。如在 LM 曲线不变假定下, IS 曲线向右移动, 会使利率上升, 收入增加。这是因为 IS 曲线右移是或消费, 或投资, 或政府支出增加的结果, 即总支出或总需求增加, 这会使得生产与收入增加, 从而增加对货币的交易需求。在货币供给不变的情况下, 人们只能通过出售有价证券获取货币, 以用于交易所需。这样, 在有价证券供给增多的情况下, 有价证券价格下降, 亦即利率上升。用同样的道理, 也可以说明 LM 曲线不变而 IS 曲线向左移动时, 收入减少, 利率下降的状况。

当然, 在 IS 曲线不变时, LM 曲线的移动也会引起利率与收入的变化。例如, 假定在 IS 曲线不变, LM 曲线向右移动, 利率会下降, 收入会增加。这是因为 LM 曲线向右移动, 或者是货币需求不变而货币供给增加的结果, 或者是货币供给不变而货币需求减少的结果。在 IS 曲线不变, 即产品市场供求不变的情况下, LM 曲线的向右移动, 意味着货币供给大于货币需求, 利率必然下降。利率的下降, 会刺激消费与投资的增加, 从而使收入增加。相反, IS 曲线不变, LM 曲线向左移动后, 收入会减少, 利率会上升。

另外, IS 曲线与 LM 曲线同时移动时, 收入与利率也会发生变化, 其变化取决于两条曲线的最终交点。

本 章 小 结

1. 投资是指资本的形成, 即社会实际资本的增加, 包括厂房、设备、新住宅的增加等, 不包括有价证券。

2. 资本边际效率是一种贴现率, 这种贴现率(也代表投资的预期收益率)使一项资本品的使用期内各个预期收益的现值之和正好等于该资本品的供给价格或重置成本。

3. IS 曲线上任何一点都代表一定的利率与收入的组合, 在任何一个组合点上, 投资与储蓄都相等, 即产品市场是均衡的, 故把这条曲线称作 IS 曲线。

4. 当利率非常低时, 人们认为利率不会再降低而只能上升, 或者说有价证券的价格不会再上升而只会跌落, 因而不管有多少货币都会持在手中, 这种情况称作"凯恩斯陷阱"。

5. LM 曲线是使得货币市场处于均衡的收入与均衡利息率的不同组合描述出来的一条曲线。换句话说, 在 LM 曲线上, 每一点都表示收入与利息率的组合, 这些组合点恰好使得货币市场处于均衡。

6. 两个市场同时均衡的利率与收入可以通过联立 IS 曲线方程与 LM 曲线方程而求解得到。

关键概念

投资　资本边际效率　投资函数　IS 曲线　货币需求　货币供给　凯恩斯陷阱　LM 曲线　IS-LM 模型

【思考与练习】

一、单选题

1. 政府支出增加 1 美元将（　　）。
   A. 使计划支出曲线向下移动 1 美元　　B. 使 IS 曲线向右移动 1 美元
   C. 移动 LM 曲线　　D. 以上都对

2. 税收的减少将（　　）。
   A. 使计划支出曲线向上移动并使 IS 曲线向左移动
   B. 使计划支出曲线向上移动并使 IS 曲线向右移动
   C. 使计划支出曲线向下移动并使 IS 曲线向左移动
   D. 使计划支出曲线向下移动并使 IS 曲线向右移动

3. 下面关于 LM 曲线的叙述正确的是（　　）。
   A. LM 曲线向上倾斜，并且是在收入水平给定的条件下画出的
   B. LM 曲线向下倾斜，并且价格的增加将使其向上移动
   C. LM 曲线向上倾斜，并且是在实际货币供给给定的条件下画出的
   D. 沿着 LM 曲线，实际支出等于计划支出

4. 在 IS 曲线和 LM 曲线的交点，（　　）。
   A. 实际支出等于计划支出
   B. 实际货币供给等于实际货币需求
   C. y 值和 r 值同时满足产品市场均衡和货币市场均衡
   D. 以上都对

5. IS 曲线表示：（　　）。
   A. 收入＞支出均衡　　B. 总供给和总需求均衡
   C. 储蓄＞投资　　D. 以上都对

6. 利率和收入的组合点出现在 IS 曲线右上方，LM 曲线的左上方的区域中，则表示（　　）。
   A. 投资小于储蓄，且货币需求小于货币供给
   B. 投资小于储蓄，且货币供给小于货币需求
   C. 投资大于储蓄，且货币需求小于货币供给
   D. 投资大于储蓄，且货币需求大于货币供给

二、判断题

1. IS 曲线是描述产品市场达到均衡时，国民收入与价格之间关系的曲线。
2. 消费增加，IS 曲线向右下方移动。
3. LM 曲线是描述产品市场达到均衡时，国民收入与利率之间关系的曲线。

4. LM 曲线是描述货币市场达到均衡时,国民收入与价格之间关系的曲线。

5. 货币供给增加,LM 曲线向右下方移动。

6. 自发总需求增加,使国民收入减少,利率上升。

7. 按照凯恩斯的货币需求,如果利率上升,货币需求将减少。

三、计算题

1. 已知:$Md/P=0.3y+100-15r$,$Ms=1\,000$,$P=1$,求当 Ms 增加到 $1\,090$ 时,LM 曲线移动多少?

2. 已知:$C=100+0.7(y-T)$,$I=900-25r$,$G=100$,$T=100$,$Md/P=0.2y+100-50r$,$Ms=500$,$P=1$,求均衡的 y 和 r。

3. 假定某经济中消费函数为 $C=0.8(1-t)y$,税率为 $t=0.25$,投资函数为 $I=900-50r$,政府购买 $G=800$,货币需求为 $L=0.25y-62.5r$,实际货币供给为 500。

试求:(1)IS 曲线;(2)LM 曲线;(3)两个市场同时均衡时的利率和收入。

四、简答题

1. 什么是货币需求?人们需要货币的动机有哪些?

2. 简述 IS-LM 模型。

3. 运用 IS-LM 模型分析产品市场和货币市场失衡的调整过程。

总需求与总供给

本章知识结构图

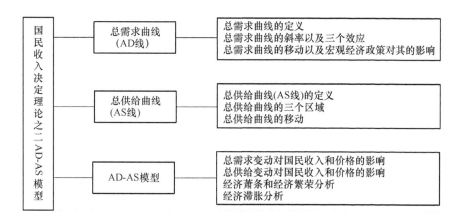

学习目的与要求

【目的与要求】通过本章的学习,应当掌握总需求曲线的含义,总需求曲线的斜率;掌握总需求曲线三个效应,理解总供给曲线(AS 线)的定义及其三个区域;掌握 AD-AS 模型。

【重点与难点】重点是总需求曲线、总供给曲线、AD-AS 模型、两个缺口;难点是总需求曲线的三个效应、总供给曲线三个区域、总需求和总供给变动对国民收入和价格的影响。

第一节 总需求与 AD 曲线

迄今为止,我们一直假定价格水平既定不变。在这一章里,我们将放松假设条件,即价格水平变化时国民收入均衡值如何决定,并用总需求-总供给模型理解均衡产出和价格水平的决定和变动。为此,我们将在第十四章 IS-LM 模型基础上,假定在任意给定的价格水平上有效需求或意愿总支出如何决定产出,并说明价格的变化对总需求量的影响,推导出总需求曲线(aggregate demand curve,AD),从总量生产函数推导出总供给曲线(aggregate supply curve, AS),然后把两者结合在一起,考察整个经济的一般均衡状态,从而说明产出和价格水平的同时决定。

一、总需求函数

总需求是经济社会对产品和劳务的需求总量,这一需求总量通常以产出水平来表示。总需求一般由消费需求(C)、投资需求(I)、政府需求(G)和国外需求(X)构成,其中国外需求由国际经济环境决定,而政府需求主要是一个政策变量,因此消费需求和投资需求是决定总需求量的基本因素。当然,推动总需求的力量除了价格水平、人们的收入水平、人们对未来的预期等因素外,还包括税收、政府购买,以及货币供给等政策变量的变动。

总需求受许多因素的影响,在这里,我们重点分析总需求与物价水平之间的关系。总需求函数是产品市场和货币市场同时达到均衡时的一般价格水平 P 与国民收入 y 之间的依存关系。总需求函数可以表示为:$y=f(P)$。

总需求函数表示在其他条件不变的情况下,当一般价格水平 P 提高时,均衡国民收入 y 就减少;当一般价格水平 P 下降时,均衡国民收入 y 就增加,二者的变动方向相反。

二、总需求曲线

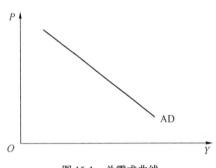

图 15-1 总需求曲线

总需求曲线 是在保持产品和货币市场同时均衡时产出水平和价格水平之间的关系。如图 15-1 所示,总需求曲线的纵坐标为价格水平,横坐标为产出水平,它表示的是使得产品市场和货币市场均衡的价格水平和收入水平组合所形成的曲线。

如果假设其他因素不变,总需求曲线就是表示物价水平与总需求量之间的关系。总需求与物价水平之间是一种反方向的变动关系,物价水平上升,总需求量减少;物价水平下降,总需求量增加。

总需求曲线之所以向右下方倾斜是因为在货币供给量不变时,价格下降,导致 LM 曲线向右下方移动,市场的利率下降,投资水平增加,国民收入增加;反之亦然。如图 15-2 所示,当价格为 P_1 时,LM 曲线为 LM_1,产品市场和货币市场同时均衡的国民收入为 Y_1;当市场价格下降为 P_2 时,LM 曲线向右下方移动,移至 LM_2,产品市场和货币市场同时均衡的国民收入增加为 Y_2。即价格下降,国民收入增加。

三、总需求曲线形成的原因分析

经济中总需求包括居民的消费需求、企业的投资需求、政府购买和净出口。政府的需求是由政府的政策决定的,与物价水平无关。消费、投资和净出口都与物价水平相关。为什么总需求曲线向右下方倾斜?经济学从财产效应、利率效应和汇率效应三个方面做出了解释。

1. 财产效应

财产效应是指金融资产代表的价值

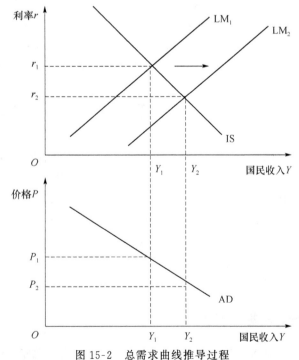

图 15-2 总需求曲线推导过程

与物价按相反的方向发生变动,且这一变动会影响居民的消费支出,从而影响总需求。如果物价上涨,居民持有的等量金融资产如货币、债券、股票等代表的价值会相应下降,居民因此相对变穷了,其消费支出会随之下降,总需求亦随之减少。反之,如果物价下跌,等量金融资产代表更多的价值,居民变富了,消费支出和总需求会随之增加。可见,财产效应就是物价变动影响总需求的机制。可概括为如图 15-3 所示。

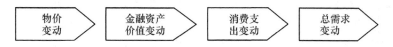

图 15-3　财产效应

2. 利率效应

利率效应说明物价水平如何通过对利率的影响来影响投资。货币分为名义货币与实际货币,名义货币用货币单位表示;实际货币用货币的购买力表示,这两种与物价水平相关:实际货币=名义货币/物价水平。

这表示,在名义货币既定时,物价水平越低,实际货币越多;物价水平越高,实际货币越少。经济中的利率是由货币需求与货币供给决定的,货币需求与货币供给的变动都会影响利率,利率变动影响投资。这样,利率效应可概括为如图 15-4 所示。

图 15-4　利率效应

3. 汇率效应

在开放经济中,物价变动所引起的利率变动不仅影响投资,而且通过汇率的变动影响净出口。在外汇市场上,汇率由外汇市场上本国货币的供求决定。当利率下降时,资本流出,外汇市场上对本国货币的需求减少,本国货币贬值,汇率下降;反之,当利率上升时,资本流入,外汇市场上对本国货币的需求增加,本国货币升值,汇率上升,汇率的变动影响净出口。这样汇率效应可概括为如图 15-5 所示。

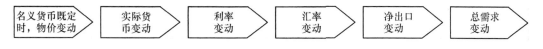

图 15-5　汇率效应

这样,物价水平下降,消费增加、投资增加、净出口增加,从而总需求增加。物价水平与总需求反方向变动。

在同一物价水平上,总需求会因其他因素的影响而发生变化,这在图形上表现为 AD 曲线的左右平行移动。总需求各个组成部分的相加,如在消费需求上加上投资需求就表现为 AD 线向右移动。后面所说的财政政策和货币政策都是使 AD 线左右移动的政策。

【专栏一】罗伯特·蒙代尔

罗伯特·蒙代尔(Robert A. Mundell)1932 年出生于美国,曾就读于英属哥伦比亚大学和伦敦经济学院,于麻省理工学院(MIT)获得哲学博士学位。在 1961 年任职于国际货币基金组织(IMF)前曾在斯坦福大学和约翰霍普金斯大学高级国际研究院 Bologna(意大利)中心任教。1966—1971 年,他是芝加哥大学的经济学教授和《政治经济期刊》的编辑;他还是瑞士日内瓦的国际研究研究生院的国际经济学暑期教授。1974年起执教于哥伦比亚大学。现为美国哥伦比亚大学(Columbia University)教授、女娲亚太基金会国际资深顾问、世界品牌实验室(World Brand Lab)主席、1999年诺贝尔经济学奖获得者、"最优货币区理论"的奠基人,被誉为"欧元之父"。

蒙代尔教授发表了大量有关国际经济学理论的著作和论文,他系统地描述了什么是标准的国际宏观经济学模型;蒙代尔教授是货币和财政政策相结合理论的开拓者;他改写了通货膨胀和利息理论;蒙代尔教授与其他经济学家一起,共同倡导利用货币方法来解决支付平衡;此外,他还是供应学派的倡导者之一。蒙代尔教授撰写了大量关于国际货币制度史的文章,对于欧元的创立起了重要的作用。此外,他撰写了大量关于"转型"经济学的文章。1997年,蒙代尔教授参与创立了《Zagreb经济学杂志》。2005年,以蒙代尔教授命名的《蒙代尔》杂志(*The Mundell*)出版。蒙代尔教授自1999年开始担任全球领先的战略咨询机构——世界经理人集团(World Executive Group)的董事会主席。2006年受聘为首都经济贸易大学兼职教授。代表作品:《国际货币制度:冲突和改革》《人类与经济学》《国际经济学》等。

四、总需求曲线的移动

当投资增加或储蓄减少导致 IS 曲线向右上方移动,总需求曲线向右上方平行移动,如图 15-6 所示。

如图 15-7 所示,当价格水平之外的因素带来 IS-LM 模型中均衡收入变化时,表现为 AD 曲线的水平移动。

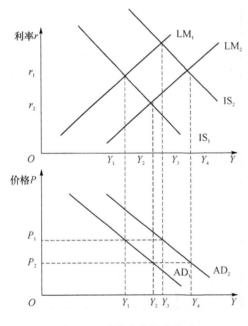

图 15-6　总需求曲线的移动

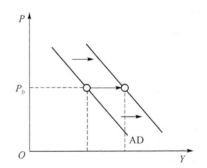

图 15-7　AD 曲线的水平移动

如图 15-8(a)所示,在任何给定的价格水平 P_0 上,当政府购买支出增加时,IS 曲线向右移动,新 IS 曲线和 LM(P_0) 所决定的均衡产出增加。如图 15-8(b)所示,给定价格 P_0 情况下的收入增加,即从 E_0 水平移动到 E_1 就意味着 AD 曲线向右平移。类似,当转移支付 TR 增加、定量税 T_0 减少或 NX 增加时,AD 向右平移,即 AD 增加。

如图 15-9(a)所示,在任何给定的价格水平 P_0 上,当名义货币供给 M 增加时,实际货币供给(M/P_0)增加,带来利率下降的趋势,使 LM 曲线向右下平移,从而使 Y 增加。如图 15-9(b)所示,价格水平保持不变情况下的收入增加意味着 AD 曲线向右平移,即 AD 增加。类似,当贸易条件得到改善时,净出口的增加导致总需求增加,即 AD 曲线向右平移。所以,财政政策、货币政策和贸易政策都意味着 AD 的变动,统称总需求管理政策。

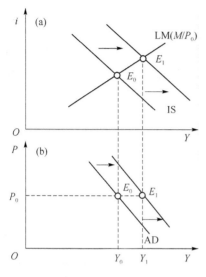

图 15-8 政府购买支出增加

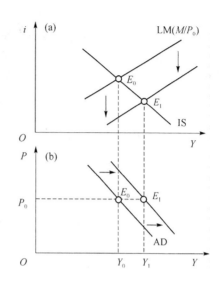

图 15-9 名义货币供给 M 增加

【专栏二】谁推动了 20 世纪 90 年代美国的总需求?

克林顿总统把 1996 年美国经济的明显回升和活跃归功于自己,但分析家们则认为应归功于消费者。在 1996 年的大部分时间里,美国人慷慨地支出于住房、汽车、电冰箱和外出吃饭,这使在 1 月看来有停滞危险的经济扩张又得以持续下去。劳工部估算,经济增长创造了 23.9 万个就业机会,远远大于预期的水平,失业率为 5.3%,是六年来的最低水平。经济增长如此之迅速,消费者的无节制支出使总需求增加是主要力量。

第二节 总供给与 AS 曲线

【专栏三】石油对总供给的冲击

石油是现代经济社会的一种重要的投入品,而世界大部分石油来自中东国家。当某个事件导致中东地区的石油供给减少时,世界石油价格上升。各国生产汽车、轮胎和许多其他产品的企业的成本会增加,结果总供给曲线向左移动,引起滞胀。

20 世纪 70 年代,有大量石油储藏的国家作为欧佩克成员走到了一起,企图减少产量以提高石油价格。1973 年到 1975 年,石油价格几乎翻了一番。世界石油进口国都经历了同时出现的通货膨胀和衰退。在美国,按 CPI 衡量的通货膨胀率几十年来第一次超过了 10%。失业率从 1973 年的 4.9% 上升到 1975 年的 8.5%。

在几年后,几乎完全相同的事又发生了。20 世纪 70 年代末期,欧佩克国家再一次限制石油的供给以提高价格。从 1978 年到 1981 年,石油价格翻了一番还多,结果又出现了滞胀。

世界石油市场也可对总供给产生有利的影响。1986年欧佩克成员之间爆发了争执。成员国违背石油生产的协议。在世界市场上,价格下降了一半左右。石油价格的下降减少了各国企业的成本,这又使总供给曲线向右移动。结果,美国经济经历了滞胀的反面:产量迅速增长,失业减少,而通货膨胀率达到了多年来的最低水平。

一、定义

总供给(aggregate supply)是经济社会的总产量(或总产出),它描述了经济社会的基本资源用于生产时可能有的产量。一般而言,总供给主要是由生产性投入(最重要的是劳动与资本)的数量和这些投入组合的效率(即社会的技术)决定的。总供给受许多因素的影响,在这里,我们重点分析总供给与物价水平之间的关系。

总供给函数(aggregate supply function)是指总供给(或总产出)和价格水平之间的关系。在以价格为纵坐标,总产出(或总收入)为横坐标的坐标系中,总供给函数的几何表示为总供给曲线。

总供给曲线(aggregate supply curve)是表明在物品市场和货币市场同时达到均衡时,总供给与价格之间关系的曲线。即在某种价格水平时整个社会的厂商所愿意供给的产品总量。所有厂商所愿意供给的产品总量取决于它们在提供这些产品时所得到的价格,以及它们在生产这些产品时所必须支付的劳动与其他生产要素的费用。因此,总供给曲线反映了要素市场(特别是劳动市场)与产品市场的状态。

但与总需求曲线不同的是,我们要区分长期总供给曲线与短期总供给曲线,这两种曲线所表示的总供给与物价水平的关系不同。长期总供给曲线是一条垂直线,表示在长期中,物价水平与总供给无关,如图15-10所示。

总供给是一个经济的总产量,在长期中决定一个经济总产量的是制度、资源和技术,这些因素都与货币量的大小、物价水平的高低无关。物价水平的变动并不影响总供给,在制度为既定时,资源和技术决定总供给曲线的位置,这时的总供给就是潜在GDP。当资源增加或技术进步时,潜在GDP,即总供给增加,总供给曲线向右平行移动。如果自然灾害和战争引起资源减少,潜在GDP,即总供给也会减少,总供给曲线向左移动。

与物价水平相关的是短期总供给。短期总供给曲线向右上方倾斜,表示在短期中,物价水平与总供给量同方向变动,即物价水平上升,短期总供给增加,物价水平下降,短期总供给减少,如图15-11所示。

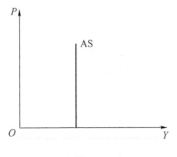

图15-10 长期总供给曲线

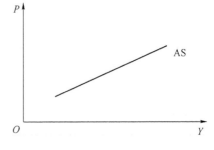

图15-11 短期总供给曲线

二、总供给曲线的推导

产出水平 Y 依赖于要素数量和技术水平。这一依赖关系被称作总生产函数,记作:$Y=$

$F(K,N)=F(\overline{K},N)$。其中，N 代表就业水平，K 代表资本数量。

在短期和中期收入决定模型中，我们假设技术水平、资本数量和其他要素情况不变，从而产出水平 Y 完全取决于劳动就业水平 N，记作：$Y=F(N)$。

一般情况下，这一关系如图 15-12 所示，产出水平随着就业水平增加而增加，但是边际产量递减规律使得产出的增加会越来越慢，所以图 15-12 中描述生产函数的曲线是向左上凸出的。

在产出水平 Y 完全取决于就业水平 N 的情况下，总供给所描述的产出水平与价格水平 P 之间的关系基本上是劳动就业水平 N 与价格水平 P 之间的关系。因此，要说明价格水平 P 的变化如何影响产出 Y，我们就要说明价格水平 P 的变化如何影响劳动就业水平 N。下面，我们学习不同流派的总供给理论。

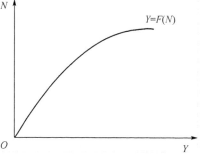

图 15-12 生产函数曲线

三、凯恩斯总供给曲线

凯恩斯总供给曲线的假设条件有：第一，货币工资 W 和价格 P 具有刚性，不能调整。即货币工资不会轻易变动。提出背景：经济大萧条，劳动力和资本大量闲置，存在大量失业人口和生产能力。当产量增加时，对劳动的需求增加，但是货币工资和价格水平均不发生变化。第二，凯恩斯研究的是短期的情况：没有时间来调整货币工资和价格。凯恩斯主义总供给曲线是一条水平的总供给曲线，这表明，在既定的价格水平时，厂商愿意供给社会所需求的任何数量产品。凯恩斯的总供给曲线是一条水平线，水平的总供给曲线表明，在现行的价格水平下，企业愿意供给任何有需求的产品数量。

凯恩斯认为，之所以存在这种情况是因为当社会上存在较为严重的失业时，厂商可以在现行工资水平之下得到他们所需要的任何数量的劳动力。当仅仅把工资作为生产成本时，这就意味着生产成本不会随产量的变动而变动，从而价格水平也就不会随产量的变动而变动。厂商愿意在现行价格之下供给任何数量的产品。隐含在凯恩斯主义总供给曲线背后的思想是，由于存在着失业，企业可以在现行工资下获得他们需要的任意数量的劳动力。他们生产的平均成本因此被假定为不随产量水平的变化而变化。这样，在现行价格水平上，企业愿意供给任意所需求的产品数量。

应该指出的是，这种情况仅仅存在于失业较为严重时，例如，20 世纪 30 年代大危机时期的情况，因此，它仅仅是一种特例。凯恩斯提出这种观点与他的理论产生于 30 年代大危机时期和运用了短期分析方法是相关的。

四、古典总供给曲线

如果说凯恩斯主义总供给曲线显示的是一种极端情形，那么如图 15-13 所示的所谓古典总供给曲线则是另外一种极端情形。

如图 15-13 所示，古典总供给线（classical supply curve）是一条位于充分就业产量水平上的垂线。这表明，无论价格水平如何变动，总供给量都是固定不变的。

古典总供给曲线基于下面的假定。

劳动市场总是处于充分就业的均衡状态。保证这个状态总是得到实现的是货币工资或名义工资的迅速调整,从而实际工资和就业水平不受影响。货币工资的迅速调整的背后是充分的信息和工资充分自由浮动。货币工资具有完全的伸缩性,它随劳动供求关系的变化而变化。当劳动市场存在超额劳动供给时,货币工资就会下降。反之,当劳动市场存在超额劳动需求时,货币工资就会提高。简单地说,在古典总供给理论的假定下,劳动市场的运行毫无摩擦,总能维护劳动力的充分就业。既然在劳动市场,在工资的灵活调整下充分就业的状态总能被维持,因此,无论价格水平如何变化,经济中的产量总是与劳动力充分就业下的产量即潜在产量相对应,这也就是说,因为全部劳动力都得到了就业,即使价格水平再上升,产量也无法增加,即国民收入已经实现了充分就业,无法再增加了,故而总供给曲线

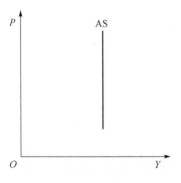

图 15-13 古典总供给线

是一条与价格水平无关的垂直线。

根据微观经济学关于劳动市场的描述,劳动需求表明竞争的厂商愿意支付的最高货币工资等于劳动的边际产品价值,即 $W = VMP = P_0 \times MP_N = P_0 f(N)$。劳动供给表明劳动者愿意接受的最低货币工资等于价格水平乘以劳动者愿意接受的实际工资 $g(N)$,即 $W = P_0 g(N)$。

值得强调的是,这个模型假定了信息是完美的,所以厂商计算愿意支付的货币工资和劳动者计算愿意接受的货币工资时都使用的是真实价格水平 P_0。在这种情况下,劳动供求决定均衡货币工资 W_0 和充分就业的就业水平 N_0,从而决定充分就业的产出水平。

在一个有完美信息和无阻力的世界上,当价格水平上升时,劳动市场上的双方都充分认识到真实价格水平的上升,从而都做出充分的调整,均衡货币工资的上升将等于价格水平的上升,从而实际工资不变,就业水平和产出不变,这意味着总供给曲线是垂直的。如图15-14 所示,假如价格水平上升 10%,那么,厂商愿意支付的工资上升 10%,即需求向上平移 10%;同时,劳动者也知道面包的价格上升了 10%,他们将要求货币工资上升 10%,即劳动供给线向上平移 10%。结果,均衡货币工资正好上升 10%,但实际工资不变,且就业水平不变。

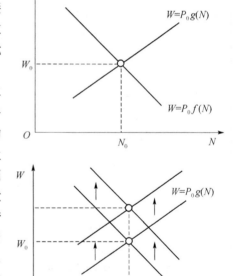

图 15-14 劳动市场工资的变动

值得指出的是,虽然垂直的总供给曲线所依赖的假设,即货币工资具有完全的伸缩性受到凯恩斯及其追随者们的指责,但现在大多数西方学者都认为,这条垂直的总供给曲线可以作为长期的总供给曲线。于是,垂直的总供给曲线在宏观经济学中又被称为长期总供给曲线。

五、正常的总供给曲线

对于总供给,西方学者大都同意存在总供给曲线的说法,但是对于总供给曲线的形状,却

有着不同的看法。水平的总供给曲线和垂直的总供给曲线都被认为是极端的情形。凯恩斯主义总供给曲线所根据的假设是,当存在失业时,工资变动不大或根本不能变(即工资具有刚性),从而失业会持续一段时期。古典总供给曲线所根据的假设是,工资具有完全的伸缩性,可以适应劳动供求关系的变动而迅速变动,从而通过工资的调节可以使劳动市场总处于充分就业的均衡状态。

以上两种特殊的总供给曲线的差别在于所根据的假设不同。这两种情况实际上都不多见,所以,正常的总供给曲线介于这两种特例之间,是一条向右上方倾斜的线。

总供给水平与价格水平同方向变动反映了产品市场与要素市场的状况。具体来说,当物品市场上价格上升时,厂商可以为生产要素支付更高的报酬,从而就可以使用更多的生产要素,生产更多的产品。

短期总供给曲线为什么向上倾斜?经济学家主要使用粘性理论解释。

1. 粘性工资理论

粘性工资是由凯恩斯主义者提出的,指工资的变动慢于劳动供求的变动。引起粘性工资的原因很多,其中一个较为重要的是工资合约理论,这种理论认为,由于劳动的供求双方都有一定的垄断势力,工资是由工人和企业之间的劳动协议决定的。工人和企业签订的工资合约决定了工人的名义工资水平,而且,双方都同意在合约期内,工资水平是固定的,不随市场劳动供求关系的变动而变动。工人和企业都同意接受这种在一定时期内固定名义工资的做法是因为这样对双方都有利。工人希望自己的工资和收入水平稳定,不希望在劳动供大于求时工资水平下降,为此他们就不得不放弃在劳动供小于求时提高工资的机会。企业希望自己的生产成本稳定,而工资是成本的主要部分。如果劳动市场供小于求时,工资上升,就会增加生产成本,为此他们就不得不放弃在劳动供大于求时降低工资的机会。这样,合约中规定的工资在合同期内不随劳动供求变动而变动,只有在合约期满签订新合约时,新合约的工资水平才会反映当时劳动市场供求状况。但在新合约中,工资水平又不随劳动供求而变动,形成工资变动慢于劳动供求变动的工资粘性。如图 15-15 所示。

图 15-15 粘性工资理论

2. 粘性价格理论

粘性价格指价格的变动慢于物品市场供求和物价水平的变动。引起粘性价格的原因很多,其中有代表性的是菜单成本理论。菜单成本指餐馆在更改饭菜的价格时,印刷新菜单所需要的费用。菜单成本理论说明了,与餐馆一样,所有企业在改变自己的价格时都要付出费用,都有类似菜单成本的成本。因此,企业并不随物品市场供求关系和物价水平的变动而随时调整自己的价格,一般企业通常是在 1~2 年调整一次自己的产品价格,使得价格的变动慢于物品市场供求关系和物价水平的变动,形成粘性价格。如图 15-16 所示。

图 15-16 粘性价格理论

3. 货币幻觉

由于工人们都具有"货币幻觉"(money illusion),即只看到货币的票面价值而不关注货币的实际购买力,所以他们会抵抗在价格不变情况下的货币工资下降,却不会抵抗货币工资不变情况下的价格水平提高。实际上,这两种情况都会造成实际工资的下降。正是由于存在着"货币幻觉",所以工人们会对相同的后果,采取迥然不同的态度。"货币幻觉"存在的直接效果是,厂商可以在现行工资水平上获得他们所需要的劳动力数量。因而,他们的平均生产成本被假定为不随产出水平的变化而变化。这样,厂商就愿意按现行价格水平提供社会所需的产品数量。

粘性工资、粘性价格、货币幻觉是短期中会出现的现象,这就解释了物价水平与总供给在短期中同方向变动的原因。在长期中,工资由劳动供求决定,不存在粘性;物价由物品市场的供求关系决定,各个企业都会调整自己产品的价格,也不存在粘性;因此,长期中,物价水平的变动并不影响总供给。

应当指出的是,在短期中,总供给的增加是有限的,并不能随物价水平的上升而无限地增加。因为一个经济的资源是有限的。在经济高涨时期,经济会出现超充分就业,即实际 GDP 大于潜在 GDP,这是资源的超充分利用引起的(劳动力加班工作、设备的过分使用),但这种超充分利用也有一个极限。当经济达到这个极限时,无论物价水平如何上升,总供给都不会增加了。

短期总供给曲线也会移动。在长期中,当资源增加技术进步,长期总供给增加,长期总供给曲线向右移动时,短期总供给曲线也向右移动,表示在短期中,当物价水平不变时,总供给也增加了。

将上述三段线连接起来,便构成了总供给曲线 AS,如图 15-17 所示。

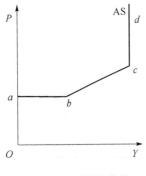

图 15-17 总供给曲线

六、总供给曲线的移动

供给量增加是沿着同一条供给曲线向右下方移动,供给量减少是向左上方移动;供给的增加是整个供给曲线向右移动,供给减少是整个供给曲线向左上方移动。

与总需求曲线的移动相比,使总供给曲线移动的因素相对来说比较复杂,如自然的和人为的灾祸、技术变动、工资率的变化和生产能力的变动等因素发生和变化都会引起总供给曲线变动。

第三节 AD-AS 模型

一、均衡产出和潜在产出

1. 均衡产出

总供求模型就是从总需求和总供给这两个方面来说明 GDP 和物价水平的决定,如图 15-18 所示。我们用一条总需求线 AD 概括产品市场和货币市场的情况,其中包括人们的消费、投资态度、政府的财政收支、对外贸易的情况、货币市场上的供求等。我们用一条总供给线 AS 概括劳动市场和其他要素市场的情况。两者结合起来,即两者的交点代表整个经济的一般均衡状态,相应决定既定条件下的均衡产出水平和价格水平。

在市场经济里,企业只愿意生产卖得出去的产出。如果生产出来的东西卖不出去,企业就会减少供给。如果生产满足不了社会需要,买方之间的竞争就会使企业增加供给。由总需求决定并等于总需求的总产出称为均衡产出,图 15-18 对应 E 点 Y_0 即为均衡产出。AD 和 AS 的交点意味着多个市场

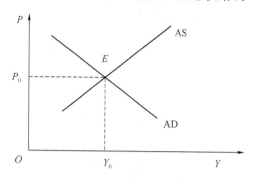

图 15-18　总供求模型

即产品市场、货币市场和劳动市场的同时均衡,从而也意味着产出、利率、货币工资率、实际工资和就业水平的同时决定。均衡产出是市场经济的内在趋势。

显然,均衡产出会因总供求曲线的移动而移动。当 AS 一定时,AD 线向右移动,会使 Y 增加;AD 线向左移动,会使 Y 下降。同理可想象 AS 线移动时对 Y 的影响。

2. 衰退缺口和膨胀缺口

总需求曲线的移动会使均衡产出增加或减少。这表明由总需求决定的均衡产出可以是任意水平上的产出,它不一定等于潜在产出。经济学称均衡产出 Y_0 低于潜在产出 Y_f 的差额为衰退缺口,如图 15-19 所示;均衡产出高于潜在产出的差额为膨胀缺口,如图 15-20 所示。

衰退缺口的经济含义是,一个社会因为总需求太少能生产却少生产。由于产出和就业之间存在一一对应关系,衰退缺口就是产出下降和失业率上升,是谓繁荣中的贫困,就实际 GDP 而言,均衡产出不能超过潜在产出。所以膨胀缺口就是在不变产出水平上的物价上涨,或者说,膨胀缺口就是等量的实际 GDP 表现为更多的名义 GDP。政府宏观调控的经常性任务就是要消灭这两种缺口,使均衡产出稳定在潜在的产出水平上。

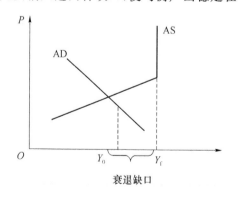

图 15-19　衰退缺口

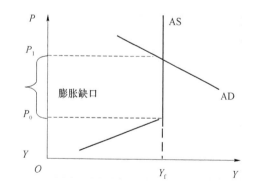

图 15-20　膨胀缺口

【专栏四】人民币不贬值的影响——总供求模型的分析

1997 年,东南亚一些国家爆发金融危机。这些国家的货币竞相贬值,一泻千里。这时,我国政府郑重宣布人民币不贬值。人民币不贬值维护了我国经济稳定的局面,坚定了国内外对我国经济的信心,也有利于吸引投资。但也要看到人民币不贬值对国内经济带来的不利影响。

像人民币不贬值这样影响宏观经济的事件几乎每天都在发生,应如何分析这些事件的影

响呢？影响宏观经济状况的是总需求和总供给。所有事件都是通过对总需求或总供给的影响来影响宏观经济状况的。用总供求模型分析某个事件对宏观经济的影响时，首先看这件事是影响总需求，还是总供给，或者两者都影响，人民币不贬值影响总需求，因为它影响出口；其次，看对总需求或总供给产生了什么影响，即是增加了还是减少了总需求或总供给，人民币不贬值使总需求减少。我国的出口结构和出口对象与东南亚国家相同，当东南亚国家货币贬值而我国货币不贬值时，我国的货币就升值了，我国出口的物品价格竞争力减弱，出口减少，总需求减少。最后看这种总需求或总供给的变动如何影响 GDP 和物价水平，总需求减少引起 GDP 减少，物价水平下降，这将使东南亚金融危机后在我国出现经济增长率放慢和物价总水平下降。

二、均衡产出和价格水平的变化

一条 AD 曲线和一条 AS 曲线决定一个均衡状态。当 AD 或 AS 背后的决定因素发生变化时，AD 或 AS 移动，均衡产出和价格水平变化。例如，当消费支出因为消费者的乐观而增加时，如图 15-21 所示，AD 增加，短期内，经济从 E_0 移动到 E_1 产出增加，价格水平上升。

三、需求管理政策

根据总需求分析，财政政策、货币政策和贸易政策都是需求管理政策。要增加总需求，政府可以采取扩张的财政政策、货币政策或鼓励出口。

四、供给的变动及其决定因素

如图 15-22 所示，当总供给减少时，均衡产出减少，且价格水平上升。哪些因素会导致总供给减少呢？根据总供给分析，一条总供给曲线描述的是给定技术水平和其他资源状况，价格变化如何影响就业和产出，或产出变化如何影响价格水平。一定价格水平上，劳动市场的就业水平取决于需求和供给。在给定技术水平的情况下，就业水平尤其依赖于劳动供给。劳动供给的决定因素如下。

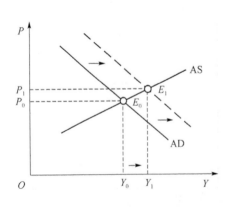

图 15-21　AD 增加，均衡变化

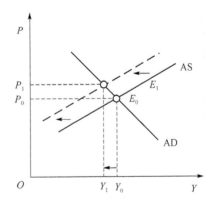

图 15-22　AD 减少，均衡变化

（1）习俗。如果一个社会的习俗是崇尚劳动的,那么,劳动供给较多。如果劳动者的时间有劳动之外的其他用途,如闲暇和宗教活动,那么,劳动供给较少。如按照习俗和法规,一个社会中的成年人必须每天拿出 1 个小时的时间祈祷,那么,劳动供给减少。

（2）劳动人口的规模。劳动人口规模越大,劳动供给越多。不过,短期内,有关移民的法规变化对一个地区的劳动供给是有影响的。不难想象,如果中国香港特区取消大陆居民在香港就业的限制,香港劳动市场上的供给会发生什么变化。

（3）对价格水平的预期。当劳动者预期的价格水平上升时,要求的货币工资就会提高,劳动供给减少。

（4）劳动法规。当一个社会用劳动法强制厂商给劳动者提高工资或提供优越的劳动条件时,厂商的成本上升,对劳动的需求减少,就业减少。类似,在合法工会的力量强大的情况下,工资上升较快,就业会减少。

在劳动市场条件相同的情况下,厂商的产出水平如何还要看其他要素的情况。如果其他要素价格上升了,那么,产出将会减少,即总供给减少。例如,2007 年,石油和铁矿石等原材料价格大上升,使我国经济在总供给方面受到巨大压力。地震、台风和洪涝等自然灾害会破坏生产条件,从而使总供给减少。

还有,微观资源配置制度的改善使总供给增加。经济制度的改革能够大大提高人们的生产积极性,提高管理水平及微观层面的资源配置效率,从而提高整个经济的生产力和产出水平。

本 章 小 结

1. 总供给和总需求模型是用来表明产出与价格两者之间均衡水平的。

2. 总供给曲线 AS 表明,在各个价格水平上,企业愿意供给的实际产出数量。总供给与物价水平之间的关系称总供给函数。以总产出对物价水平的反映不同,总供给函数区分为长期总供给函数与短期总供给函数。由于工资和价格粘性,短期 AS 与物价水平同方向变化。

3. 总需求曲线 AD 表示在各个价格水平上,消费和资本市场处于均衡时的产出水平。总需求曲线可以由简单的收入决定模型导出。由于财产效应、利率效应和汇率效应,AD 与物价水平成反方向变动,这一关系称为总需求函数。

4. 总供给曲线可以分为三种状态:凯恩斯情形、古典情形和常规情形。凯恩斯总供给曲线是水平的,它意味着企业在现有价格水平上愿意供给所需数量的商品。古典总供给曲线是垂直的,它表示的是充分就业条件下的总供给状态。常规形态的总供给曲线是向右上方倾斜的,它表明随着价格的上升,厂商所提供的供给数量会不断提高。

5. 由总需求决定并等于总需求的总产出称为均衡产出。均衡产出低于潜在产出的差额称为衰退缺口,均衡产出高于潜在产出的差额称为膨胀缺口。政府的首要任务是要消灭这两种缺口。

6. 总需求的扩张会使 AD 向右上方移动,投入品价格的突然上升会导致总供给曲线向左上方移动,其结果会导致产量的减少与价格的上涨。

关 键 概 念

总需求　总供给　潜在产出　利率效应　衰退缺口　膨胀缺口　均衡产出

【思考与练习】

一、单选题

1. 总需求曲线向右下方倾斜是由于(　　)。
   A. 价格水平上升时,投资会减少　　B. 价格水平上升时,消费会减少
   C. 价格水平上升时,净出口会减少　　D. 以上几个因素都有

2. 当(　　)时,总需求曲线更平缓。
   A. 投资支出对利率变化比较敏感　　B. 支出乘数较小
   C. 货币需求对利率变化较敏感　　D. 货币供给量较大

3. 总需求曲线(　　)。
   A. 当其他条件不变,政府支出减少时会右移
   B. 当其他条件不变,价格水平上升时会左移
   C. 当其他条件不变,税收减少时会左移
   D. 当其他条件不变,名义货币供给增加时会右移

4. 总供给曲线是(　　)。
   A. 一条向下倾斜的曲线　　B. 一条垂直线或向上倾斜的曲线
   C. 一条垂直线或向下倾斜的曲线　　D. 始终向上倾斜的曲线

5. 总供给曲线右移可能是因为(　　)。
   A. 其他情况不变而厂商对劳动需求增加　　B. 其他情况不变而所得税增加
   C. 其他情况不变而原材料涨价　　D. 其他情况不变而劳动生产率下降

6. 如果经济实现了充分就业,总供给曲线为正斜率,那么减税会使(　　)。
   A. 价格水平上升,实际产出增加　　B. 价格水平上升,但不影响实际产出
   C. 实际产出增加,但不影响价格水平　　D. 名义工资和实际工资都上升

二、判断题

1. 当一般价格水平变动时,由于各产品之间的相对价格保持不变,因此居民不会减少对各产品的需求,总需求水平也保持不变。
2. 财政政策能够影响总需求曲线的位置,货币政策不能影响总需求曲线的位置。
3. 在其他条件不变时,任何影响 IS 曲线位置的因素变化,都会影响总需求曲线的位置。
4. 在长期总供给水平,由于生产要素等得到了充分利用,因此经济中不存在失业。
5. 当经济达到长期均衡时,总产出等于充分就业产出,失业率为自然失业率。

三、计算题

1. 如果总供给曲线为 $Y_s=500$,总需求曲线为 $Y_d=600-50P$,试求:

（1）供求均衡点；

（2）总需求上升10%之后新的供求均衡点。

2. 假定某经济社会的总需求函数为 $P=80-2y/3$；总供给函数为古典学派总供给曲线形式，即可表示为 $y=y_f=60$，求：

（1）经济均衡时的价格水平；

（2）如果保持价格水平不变，而总需求函数变动为 $P=100-2y/3$，将会产生什么后果？

四、简答题

1. 说明总需求曲线为什么向右下方倾斜。

2. 降低工资对总需求和总供给有何影响？

第十六章 失业与通货膨胀

本章知识结构图

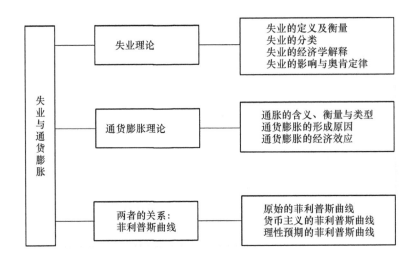

学习目的与要求

【目的与要求】通过本章的学习,应当掌握通货膨胀的类型、形成原因、经济效应和反通货膨胀的对策,了解失业的类型、失业的影响和降低失业率的对策,掌握菲利普斯曲线的概念与政策含义。

【重点与难点】通货膨胀的形成原因,失业的类型与降低失业率的对策,菲利普斯曲线。

第一节 失业理论

一、失业的定义及衡量

失业分为广义失业和狭义失业。广义失业是指现有可用的一切生产要素(包括劳动、资本、土地、企业家才能、技术、信息等)没有得到充分利用的状态。狭义失业是指只有作为生产要素的劳动没有得到充分利用的状态。本章所提到的失业指狭义的失业。

失业(unemployment)是指有劳动能力、愿意接受现行工资水平但仍然找不到工作的现象。所有那些未曾受雇或未能按当时通行的实际工资率找到工作的、有劳动能力的人都是失业者。失业人口与就业人口之和就是劳动人口,失业人口占劳动人口的比重即为失业率。失业率＝(失业人口/劳动人口)×100%。用 N 代表劳动人口，E 代表就业人口，U 代表失业人口，那么有：$N=E+U$，失业率为 U/N。

【专栏一】关于衡量失业的一些概念

劳动人口是指在法定年龄范围内（如 16～60 岁），有劳动能力，并正在积极寻找工作的人。

失业（unemployment）是指有劳动能力并且想工作的人找不到工作的情况，即指劳动的完全闲置状态。在美国，失业者是指那些失去工作，而且属于以下三种情况之一者：第一，寻找工作达四周的人；第二，暂时被解雇正在等待恢复工作的人；第三，正等待在四周之内到新工作岗位报到的人。

最常用的失业状况衡量标准是失业率。各国估算失业率的方法也不相同。在美国是由劳工统计局采用抽样调查的方法，通过与 55 000 户进行详谈而估计出失业数字，并在每个月的第一个星期五发布前一个月的失业率估计数字。

年失业率取决于该年中有失业经历的人数，以及他们失业时间的平均长度。年失业率的公式为：

年失业率＝该年度有失业经历的人占劳动力总数的比例 × $\dfrac{失业的平均周数}{52\ 周}$

除了失业率之外还可以用其他指标来反映失业与就业状况。

就业增长率（accession rate），或称雇用率（hiring rate），指某一时期内增雇的职工人数在就业总人数中所占的百分比。它表明了就业增长或失业减少的情况。

离职率（separation rate），或称解雇率（layoff rate），指某一时期内退职、解雇以及退休的总人数在就业总人数中所占的百分比，它表明了就业减少或失业增加的情况。

由于劳动流动性大，这两个比率都较高，从美国来看，这两个比率每月都在 3% 以上。这两个指标还可以反映经济周期的状况，就业增长率提高表明经济正走向繁荣，离职率提高表明经济已走向衰退。因此，国民经济研究所（NERB）在研究经济周期状况时很重视这两个指标。

L 代表离职率，f 代表就职率，如果劳动市场处地稳定状态，则有 $fU=lE$，又因为 $E=N-U$，上式可以变为：$fU=l(N-U)$。解得：$U/N=1/(l+f)$。

失业持续时间（duration of spells of unemployment）指失业者连续失业的时间。这一指标可以反映劳动力流动情况，即失业变动情况。在失业率既定的情况下，失业持续时间越短，说明劳动力流动越大，即流入与流出失业池的速度越快。

二、失业的分类

1. 自愿失业与非自愿失业

根据劳动人口主观是否愿意接受现行工资水平标准，可划分为自愿失业与非自愿失业。

自愿失业是指工人所要求的实际工资超过其边际生产率，或者说不愿意接受现行的工作条件和收入水平而未被雇用从而造成的失业。由于这种失业是由于劳动人口主观不愿意就业而造成的，所以被称为自愿失业，这种失业无法通过经济手段和政策来消除，因此不是经济学所研究的范围。

非自愿失业的概念是凯恩斯提出来的，是指有劳动能力，愿意接受收现行工资水平但仍然找不到工作的现象。这种失业是由于客观原因所造成的，因而可以通过经济手段和政策来消除。经济学中的所讲的失业是指非自愿失业。

2. 摩擦性失业、结构性失业、季节性失业和周期性失业

根据失业原因，宏观经济学通常将失业划分为四种类型：摩擦性失业、结构性失业、季节性失业和周期性失业。

摩擦性失业是劳动者正常流动过程产生的失业。这种失业在性质上是过渡性或短期性的。像人们换工作或找新的工作便是这种失业的例子。工作机会和寻找工作的人的匹配在经济中并不总是顺利地发生，结果是一些人找不到工作。摩擦性失业在任何时期都存在，但对任何个人或家庭来说是过渡性的，因此这种失业存在是正常的，不被认为是严重的经济问题。

结构性失业是由于经济结构调整对劳动力需求发生了变化，而与此同时，劳动者的知识结构、技能、产业、地区分布等方面却没有作出相应的调整，劳动力的供给和需求不匹配所引起的失业。在存在失业的同时，也存在劳动力供给不足。在特定市场中，劳动力的需求相对较低可能由于以下原因。一是技术变化。尽管技术被人为能减少成本，扩大整个社会生产能力，但它可能也会对某些特定市场（或产业）带来灾难性的影响。二是消费者偏好的变化。消费者产品偏好的改变在某些地区扩大了生产，增加了就业，但在其他地区减少了生产和就业。三是劳动力的不流动性。这种不流动性延长了由于技术变化或消费者偏好改变而造成的失业时间。工作机会的减少应引起失业者流动，但不流动性却没有使这种情况发生。此外，不适当的政府政策也会影响结构性失业。如政府为保护某种行业的政策，在短期内有利于减少失业，但从长期看，这种经济政策会降低受保护的行业的竞争力，从而失去同国外竞争者相抗衡的能力最终加重结构性失业。

季节性失业是指某些行业的生产具有受季节变化影响而引起的失业，如农业工人在收获期充分就业，但一年中却有几个月无事可做。其他如建筑业、捕鱼业、旅游业、农产品加工业等也都如此。季节性失业的存在与充分就业并不矛盾。

周期性失业是指经济周期中的衰退或萧条时，因社会总需求下降而造成的失业。经济增长具有周期性，当经济增长处于高涨阶段时，就业量增加，失业量减少；经济增长处于下降阶段时，就业量减少而失业量增加。按照凯恩斯的说法，当实际的总需求小于充分就业的总需求时，消费疲软，市场不旺，造成企业投资减少从而减少雇佣人员而形成周期性失业。通货紧缩时期的失业也可看作是周期性失业。

【专栏二】关于隐藏性失业概念

所谓隐藏性失业是指表面上有工作，但实际上对产出并没有作出贡献的人，即有"职"无"工"的人，也就是说，这些工作人员的边际生产力为零。当经济中减少就业人员而产出水平没有下降时，即存在着隐藏性失业。美国著名经济学家阿瑟·刘易斯曾指出，发展中国家的农业部门存在着严重的隐藏性失业。

3. 自然失业率

失业率随着就业量的提高而下降，但失业率从来不会降到零。在社会经济发展正常的条件下，仍然存在着失业，此时的失业率称作自然失业率，与自然失业率相对应的就业量称作潜在就业量。如果存在的失业率是自然失业率，那么就业量就是潜在就业量。只存在自然失业率的就业状况，也就是充分就业。

自然失业率(natural rate of unemployment)是指经济中消灭了周期性失业以后的失业率，即摩擦性失业和结构失业占劳动人口的比重。

充分就业是当一个国家经济的现实失业率等于自然失业率（4%～6%）时，我们就说这个国家已经实现了充分就业。与充分就业相对应的产出称为潜在的GDP，又称充分就业的

GDP,它是指一国国民经济达到充分就业时的总产量,是与自然失业率相对应的 GDP 水平。

三、失业的经济学解释

1. 古典经济学对失业的解释

按照古典经济学的劳动供求理论,失业率的变化将对实际工资率发生影响。

在市场出清的均衡状态下,劳动市场的供求双方在(W^*, N_E)点上达成均衡。就业者都是愿意接受均衡工资水平W^*、数量为(ON_E)的人,失业者都是不愿意接受均衡工资水平W^*、数量为$(N_E N^*)$的人,他们是自愿失业者,如图 16-1(a)所示。

在非市场出清的非均衡状态下,情况就变得有些复杂。第一,假设为市场出清,劳动市场的供求双方在(W^*, N_E)点上达成均衡;第二,劳工组织干预使市场非出清,劳动的价格是W^{**}而且是高于W^*,且具有刚性,劳动的市场供给为N_2,劳动的市场需求为$N_1(N_2 > N_1)$,劳动的市场供给过剩,失业者都是愿意接受工资水平W^{**}、数量为$(N_1 N_2)$的人,他们是非自愿失业者。自愿失业者的数量为$N_2 N^*$,如图 16-1(b)所示。

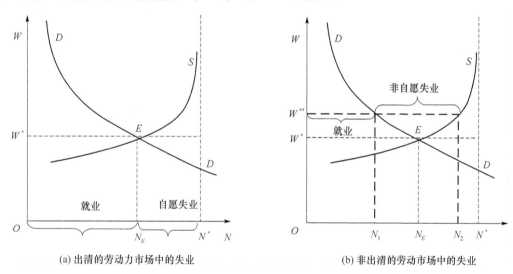

(a) 出清的劳动力市场中的失业　　　　　(b) 非出清的劳动力市场中的失业

图 16-1　劳动力市场中的失业

然而,从美国 20 世纪 80 年代以来的失业率与实际工资率的统计看,失业率的波动较大,而实际工资率的变化较小。在劳动市场上,劳动供给曲线比较稳定,虽然劳动需求曲线发生了移动,但实际工资率并不发生相应的变化。

那么,为什么在劳动需求曲线发生移动情况下,实际工资率并不随之降低?经济学者提出了各种理论加以解释,其中工资刚性理论和效率工资理论影响较大。

(1) 工资刚性。工资刚性理论认为,工资率具有粘性的特征,失业率并不会随劳动需求的变动作出充分调整。对工资刚性存在的原因,有三种主要解释。

劳动工资合同阻止了工资率降低。在一些行业中,由于工会的力量,往往可能签订较有利的工资合同。这些合同通常附加工资随生活费上涨而增加的条款,在经济衰退时期工资率并不随之削减。尽管宏观上看合同签订是彼此错开的,每个月都会有新的合同产生,但相对固定的合同期的确减缓了工资率调整的进程。虽然工会合同说法不能完全解释工资刚性,但是在一些行业中仍可看作是影响工资率相对稳定的重要因素。

隐含合同论(implicit contract)。这种理论认为,除正式合同外,雇主与雇员之间可能达成工资率相对固定,不随经济波动调整的默契。这种默契被称为隐含合同,有别于正式合同。据说,工人一般是回避风险的,愿意为一个可支付稳定工资的厂商工作。隐含合同意味着工资率将不随劳动市场供求波动而变化。在经济不景气时,公司可能支付给工人高于市场一般水平的工资。作为回报,在经济高涨时,工人也只能留在该企业,接受低于其他公司的工资率。

"局内人-局外人"理论(insider-outsider theory)。所谓"局内人"是指那些在特定企业工作的人,而"局外人"是那些想到该企业工作的人。这种理论认为,每个企业都需要一支受过特殊培训的劳动力队伍,而对新雇员(局外人)的培训通常是由在职工人(局内人)来完成的。在职工人担心培训了新工人,他们与企业讨价还价时地位就降低了,因而并不愿意与企业持合作态度。另外,如果企业对新雇员实行低工资,经培训后的雇员就可能被出高工资的企业"挖走"。因此,企业只能通过向新老雇员支付相同的报酬来解决这一矛盾。由此,"局内人-局外人"理论就解释了为什么存在较高失业率情形下,企业仍给新雇员支付较高工资的现象。

此外,政府普遍制定的最低工资法,也被认为是造成工资向下刚性的原因。

(2) 效率工资理论。效率工资理论(efficiency wage theory)认为,在一定限度内,企业通过支付给工人比劳动市场出清时更高的工资率,可以促使劳动生产率的提高,获得更多的利润。首先,较高的工资率可以保障劳动队伍的质量。在经济衰退时期,企业对劳动的需求降低,若削减工资水平,最有可能离去的往往是最好的雇员。较高的工资率是维持高质量劳动队伍稳定的重要条件。其次,工资率会影响劳动者的努力程度。雇主通常并不可能完全监督工人行为,工资就构成了工人偷懒被发现因而被解雇的机会成本。工资率越高,机会成本越高,因此,较高的工资有利于减少偷懒的倾向。最后,工资影响劳动流动率。雇员离职的比率,称为劳动流动率(labor turnover rate)。降低工资率会使工人辞职的比率增加,特别是熟练工辞职率的上升。企业发现,尽管在经济衰退期削减工资会减少直接劳动成本,但这些节省并不足以抵消培训费用或雇佣新熟练工成本的增加。

企业间的效率工资可能是不一样的。一般地说,效率工资取决于两个因素:其他企业支付的工资与失业率水平。如果其他企业支付的工资较低,该企业也不需要支付过高的工资。因为对工人来说,被开除的成本增加了,这将使工人在不太高的工资下努力工作。同样,如果社会失业率增加,企业也不会以过高的工资诱使人们工作。换个角度说,效率工资理论表明,社会上没有哪个企业愿意率先降低工资,这样做只会降低士气,最好的雇员被其他企业吸引走。因此,社会工资的调整过程是缓慢的。

2. 凯恩斯的失业理论

凯恩斯认为,产生失业的原因是有效需求不足。有效需求是由消费需求与投资需求构成的。资本主义社会存在三大基本心理规律,即心理上的消费倾向、心理上的灵活偏好、心理上对资本未来收益之预期,这三大心理因素导致需求随收入的增加而递减,导致经济存在消费需求不足和投资需求不足,从而形成失业。

(1) "边际消费倾向递减规律"。凯恩斯认为,随着收入的增加,消费也增加,但在增加的收入量中,用于消费的部分所占的比例越来越少,结果导致消费需求不足。

(2) "资本边际效率递减规律"。资本边际效率是指资本家增加一笔投资时预期的利润率。资本边际效率是由成本(供给价格)和预期收益这两个因素决定的。凯恩斯认为,一方面,由于增添的资本设备的成本(供给价格)将随着投资的增加而上升;另一方面,随着投资的增加,资本设备预期的收益将下降,从而随着投资增加,预期利润率下降,对投资的吸引力减少,投资者对未来也将失去信心，这就引起对投资品需求的不足，即投资不足。

资本边际效率递减是使投资需求不足的一个重要因素。但投资不仅仅取决于资本边际效率，还取决于利息率。即投资取决于利润率与利息率的差额。如果利润率大于利息率，厂商就越愿意投资，投资就会增加；如果利润率越接近于利息率，厂商不愿意投资，就会形成投资需求不足。因此，尽管资本边际效率是递减的，利润率下降，但只要利息率比利润率下降得更大，则投资仍可增加。但凯恩斯认为，由于人们心理上的灵活偏好，使利息率不能无限地下降，从而导致了投资需求不足。

（3）流动偏好。指人们想以货币形式保持其一部分财富的愿望。人们之所以希望以货币形式经常保持一部分财富在手中，主要是为了应付日常的交易支出，或是为了应付意外突发事件的支出，或是为了抓住有利的投机机会。利息就是人们在某一特定时期内放弃这种流动偏好的报酬。利息率的高低是由货币的供求决定的。货币的供给数量是由中央银行的政策决定的，货币的需求取决于人们的灵活偏好。凯恩斯主义认为，中央银行通过调整货币政策，增加货币的供给量，可以在一定程度上降低利息率。但中央银行通过增加货币数量来降低利息率有一定限度，因为它受到灵活偏好的制约，当利息率降低到较低水平时，人们宁可把货币保存在手中而不愿意储蓄，这时，无论中央银行如何增加货币供给量都不能使利息率再降低。正是由于灵活偏好的作用阻碍了利息率的下降，从而在资本边际效率递减的共同作用下，导致了投资需求的不足。

四、失业的影响与奥肯定律

1. 失业的经济影响

（1）失业对家庭的影响。失业增加使失业者的家庭收入和消费受到消极影响。失业后，家庭收入急剧下降，消费支出也随之下降。

（2）对厂商的影响。失业增加后，厂商产品的销售市场萎缩，有效需求下降。于是产出降低，生产能力闲置，利润率开始下降。厂商面临如此境况，就减少投资需求，减少新生产能力的形成。

（3）对国民经济的影响。失业增加后，由于家庭消费减少和厂商投资下降，使整个国民经济的增长受到抑制。

（4）对个人的影响。劳动是一种寿命不因闲置而延长的社会资源，劳动的闲置意味着这部分社会资源的永久性散失；失业者承受了非常大的心理压力，如不能尽快解决，会导致心理变态并引起行为变态；失业中断了边干边学的进程，在技术进步快速发展的今天，失业者很容易成为技术上的落伍者。

2. 失业的社会影响

失业会导致个人的安全感与尊严受损，会导致家庭关系紧张，会导致生活水平下降和疾病增多，失业还会导致犯罪增多和社会秩序的混乱。

3. 奥肯定律

失业给社会和个人都会带来损失。这里我们要讨论失业所引起的经济损失，即由于失业存在而引起的产量减少。表明失业与产量之间关系的是"奥肯定律"。美国经济学家奥肯（Arthur Okun）20世纪60年代在美国总统经济顾问委员会工作期间提出了一条经验规律，用以说明失业率与实际国民收入增长率之间的关系。奥肯发现，随着经济从萧条中逐渐恢复，产出增加的比例大于就业增加的比例。这种失业与国民收入之间的关系，后来被称为"奥肯定

律"(Okun's law)。奥肯定律可用公式表达为

$$u = \bar{\mu} - \alpha[(y - \bar{y})/\bar{y}]$$

其中，u 为实际失业率，$\bar{\mu}$ 为自然失业率，y 为实际 GNP，$\bar{y}$ 为潜在 GNP，α 为参数，表示失业率与实际 GNP 变动之间的程度。该式稍作修改可用来说明失业率与实际 GNP 增长率之间的关系：

$$u_t - u_{t-1} = -\alpha(y_t - y_{t-1})$$

其中，下标分别代表第 t 年与第 $t-1$ 年的失业率和实际 GNP 增长率。上式说明失业率与实际 GNP 增长率之间反方向变动，即失业率下降，实际 GNP 增长率增加。奥肯当时对美国经济的估算 α 值为 2.5~3.0，即实际失业率增加 1%，实际 GNP 增长率将下降 2.5%~3%，反之亦然。当经济趋于充分就业时，这一关系要弱得多，α 值只有 0.76。经济学者认为，α 值仅是一个经验性的估计值，考察的年份不同，失业的类型不同 α 值将有所不同。除失业率分析外，奥肯定律还可用来估算潜在 GNP，并为计算实际 GNP 与潜在 GNP 之间的"缺口"提供了一种方法。例如，假定某一时期的 GNP 等于潜在 GNP，失业率为 4%，当 GNP 下降 4% 时，使现期的 GNP 为潜在 GNP 的 96%，那么失业率就会上升 2%，即由原来的 4% 上升为 6%。

奥肯定律揭示了失业与经济增长之间的内在关系，失业的变动引起经济增长的变动，同样，经济增长的变动也引起失业的相应变动。从失业增加引起经济增长减少的角度看，奥肯定律其实说明了失业对经济带来的损失。

【专栏三】面对失业政府采取什么样的对策？

失业不仅是一个严重的经济问题，它造成人力资源的浪费，生产设备的闲置和当事人收入的损失；失业是一个严重的社会问题，它既使个人与家庭生活水平下降，又使家庭关系与其他人际关系受到损害，并给社会带来不稳定因素。应从以下几个方面着手。

第一，要充分发挥市场经济对资源配置的优化作用，必须保证生产要素的自由流动，而劳动力要素更是首当其冲。改革户籍制度，建立城乡统一的劳动力大市场；鼓励劳动力在不同区域间的自由流动，及时满足不同区域在不同时期对各种劳动力的特定需求，进而解决劳动力供求失衡的结构性矛盾，实现其在全国范围内的最优配置，不断丰富就业机会和拓宽劳动者的选择范围。

第二，减少农村隐形失业。我国农业长期以来只重视农产品的生产过程，而忽视农产品的深加工以及市场营销环节，进而造成农业生产的盲目性和农民收入的不确定性。要调整农业内部生产结构，延伸农业产业链，加快形成科研、生产、加工、销售一体化，加强农产品供需之间的紧密联系，鼓励工商企业投资发展农产品的加工和营销，产生一批专门性的、专业化的加工和销售企业，进一步推广公司加农户的生产经营模式，从而开辟农业、农村新的经济增长点，促进农村经济发展。

第三，不仅要在数量上控制人口增长，更要在质量上改善我国劳动力供给状况。要加强基础教育和职业技术培训，提高劳动者素质，以增强其就业能力，减少结构性失业和摩擦性失业，同时提高在职职工和后备劳动力的素质。加强职业教育和技术培训。在此可以借鉴国外的做法：在日本，主要通过函授形式提高工人的技术水平，合格者发给"技能工"证书；德国把职业培训看作是经济发展的柱石和民族生存的基础，采取企业为主、学校为辅的培训方式。

第四，为加快就业信息的流转，减少摩擦性失业，要建立更多公益性的就业服务机构，同时加强劳动力市场中介组织的建设和管理，通过举办经常性的招聘会以及在报纸、电视和网络等各种媒体上的信息公布，及时、全面、便捷地向劳动者提供各种就业信息，增加其就业机会，还

要注意使信息获取的费用控制在广大劳动者的心理和经济承受范围之内。

第五,加快建立和完善多层次的失业保障制度。以避免人们对一旦失业所面临的经济状况的恶化做出过分消极的心理预期,同时消除不必要的心理恐慌而造成对消费和社会有效需求的抑制作用。

还要通过结构调整培育长期的就业增长点,开拓新的就业空间。注重扶持中小企业的发展,大力发展第三产业,充分发挥其大量吸纳劳动力的重要作用。

第二节 通货膨胀理论

一、通货膨胀的含义、衡量与类型

1. 通货膨胀(inflation)的含义

通货膨胀是指物价水平在一定时期内持续的、普遍的上升过程,或者说货币实际购买力在一定时期内持续的下降过程。

【专栏四】关于通货膨胀的定义

关于通货膨胀的定义在西方经济学界各式各样。

一种最常见的定义是把通货膨胀作为物价水平的普遍上升。J.托宾认为:"通货膨胀是指物品与劳务货币价格的普遍上升。"D.莱德勒和M.帕金认为:"通货膨胀是一个价格持续上升的过程,也等于说,是一个货币价值持续贬值的过程。"P.萨缪尔森和W.诺德豪斯的《经济学》的教科书也持类似的观点。他们说:"当物价水平普遍上升时,通货膨胀就产生了……被我们称为通货膨胀的正是这种物价的普遍上升趋势。"

另一种定义是把通货膨胀视为货币量膨胀,是"过多的货币追逐相对不足的商品和劳务"。F.哈耶克认为:"通货膨胀一词的原意是指货币数量的过度增长,这种增长会合乎规律地导致物价的上涨。"H.赫兹里特认为:"通货膨胀这个词原来只用于货币量。意思是货币量膨胀、扩大、过度增长。"M.弗里德曼认为:"无论何时何地大规模的通货膨胀总是货币现象。"

除上述"价格派"和"货币派"外,M.布朗芬布伦纳和F.霍尔兹曼从四个方面对通货膨胀下了定义。其一,"通货膨胀是一种普遍的过度需求形式,在这种形式下,过多量的货币追求过少量的商品。"其二,"通货膨胀是不论以总量计算还是以人均计算的货币存量和货币收入的大量增长。"其三"通货膨胀是一个具有附加特征或条件的价格总水平上升。这些附加条件是:非完全理性预期;通过成本导致价格的再上涨;它不增加就业和真实产量;它快于'安全'率;它产生于货币方面;它由减去间接税和补贴之后的净价格来测度;是不可逆的。"其四,"通货膨胀是货币对外价值的下跌,是以汇率,以黄金价格来衡量,或者在官方价格下,对黄金和外汇的过度需求。"

在西方经济学中,对通货膨胀的含义无论怎样规定,一般来说,通货膨胀总是同物价上涨和货币贬值联系在一起的,通货膨胀的必然结果是物价上涨,货币购买力下降,所以,一个最一般的争议最小的定义是:通货膨胀是"一般物价水平持续的、相当大的上涨"。

人们普遍接受的通货膨胀的含义有以下几点值得注意。

(1) 物价上涨是指一般物价水平的普遍上涨。所谓一般物价水平是指包括所有商品和劳务价格在内的总物价水平,某些商品如牛肉或房租等价格上涨,并不就是通货膨胀。因为一些商品价格上涨,而另一些商品的价格可能下降,二者相互抵消。只有各种商品和劳务的价格普遍上升,才能使货币的购买力降低。

(2) 物价上涨的形式可以是公开的,也可以是隐蔽的。如通过降低产品质量、凭证供应等价格管制措施,表面上看来物价并未上涨,但如果放松价格管制,物价就会普遍上涨,因此这是一种隐蔽性通货膨胀。

(3) 理解通货膨胀的含义还有时间维度问题。一个季节的物价上涨 2% 可以不算通货膨胀,但如继续上升到一年为 8%,显然是通货膨胀,假如某一季度的物价上升 2%,而下一季度却退回去了,则前一季度能算通货膨胀吗? 当然不能,通货膨胀必然是指总物价水平"不断地"或"持续地"上涨,季节性、偶然性或暂时性的价格上涨都不能称为通货膨胀。

2. 通货膨胀的衡量

衡量通货膨胀的指标是物价指数。物价指数是表明商品价格从一个时期到下一个时期变动程度的指数。物价指数一般采用加权平均的方式,是基于德国统计学家(Pascke)1874 年提出的加权体系公式形成的,即根据某种商品在总支出中所占的比重来确定其价格的加权数的大小。物价指数的计算公式如下:

$$物价指数 = \frac{\sum P_t Q_t}{\sum P_0 Q_t} \times 100\%$$

其中,P_0,P_t 是基期和本期的价格水平,Q_t 是本期的商品量(注:上式中采用的是报告期加权平均法,计算物价指数还有一种方式,即采用基期加权法,即用基期的商品量作为权数来计算物价指数)。

根据计算物价指数时包括的产品和劳务种类的不同,可以计算出三种主要的物价指数。

(1) 消费者价格指数(Consumer Price Index,CPI),也称零售物价指数或生活费用指数,是衡量各个时期内居民家庭和个人消费的商品和劳务的价格平均变化程度的指标。这是与居民生活最为密切的物价指数,因为这个指标最能衡量居民货币的实际购买力水平。

$$CPI = \frac{一组固定商品按当期价格计算的价值}{一组固定商品按基期价格计算的价值} \times 100\%$$

(2) 生产者物价指数(Producer Price Index,PPI)又称批发物价指数,是反映不同时期批发市场上多种商品价格平均变动程度的指标。其计算公式与 CPI 公式相同。

(3) GDP 折算指数是衡量一国经济不同时期内所生产的最终产品和劳务的价格总水平变化程度的经济指标。它等于用当期价格计算的国内生产总值除以用基期价格计算的国内生产总值,再乘以 100%。

根据物价指数计算出一定期内物价上升或下降的精确幅度,也就是通常所说的通货膨胀率,所谓通货膨胀率是指从一个时期到另一个时期内价格水平变动的百分比。其计算公式为

$$通货膨胀率 = \frac{P_t - P_{t-1}}{P_{t-1}} \times 100\%$$

其中,P_t 和 P_{t-1} 分别为 t 时期和 $t-1$ 时期的价格水平。假定某国去年的物价水平为 102,今年的物价水平上升到 108,那么这一时期的通货膨胀率就为(108-102)/102=5.82%。

【专栏五】CPI 的作用与局限

CPI 是世界各国普遍编制的一种指数,它可以用于分析市场价格的基本动态,是政府制定物价政策和工资政策的重要依据。例如,在过去 12 个月,消费者物价指数上升 2.3%,那表示,生活成本比 12 个月前平均上升 2.3%。当生活成本提高,人们的金钱价值便随之下降。

也就是说,一年前收到的一张100元纸币,今日只可以买到价值97.70元的货品及服务。CPI尽管很重要,仍然存在其局限性。

第一,消费物价指数通常不考虑商品质量的重要改进,例如,一部能节约大量汽油的新型汽车,价格虽较旧式汽车较高一点,而节约汽油的结果不仅不降低汽车消费者的货币购买力甚至还对他有利。第二,消费物价指数无法计量新产量推销对消费者福利的增进。第三,消费物价指数是按一个典型的城市家庭预算所预定的若干市场商品计算出来的。它不能计量消费者如何在某种商品价格上涨时改用价格较低的替代品,如真正奶油价格快速上涨时改用人造奶油,所以消费物价指数的变动不一定就能正确反映消费者货币购买力的变动,也就不一定能适当反映通货膨胀的程度。

正因为消费物价指数有上述缺点,近年来有不少经济学家特别是美国经济学家宁愿采用国民生产总值价格指数为依据。这种指数是以一定年度的物价(在美国以1958年)为100算出来的。其优点是包括GNP中所有最终产品劳务项目,比较全面,因而也就能正确地表明一国的通货膨胀程度。

3. 通货膨胀的类型

按照不同的划分标准,西方经济学家把通货膨胀划分为不同的类别。

(1) 按物价上涨的速度和趋势可划分为爬行通货膨胀、温和通货膨胀、奔腾式(飞奔式通货膨胀)和恶性通货膨胀四种类型。

爬行通货膨胀,又称最佳通货膨胀,一般是物价上涨不超过2%～3%,同时不存在通货膨胀预期的状态。西方经济学认为爬行通货膨胀对经济发展和国民收入增加都有着积极的刺激作用,并且将它看作是实现充分就业的必要条件。

温和通货膨胀是指一般价格水平的上涨幅度在3%～10%间。目前许多国家都存在着这种温和型的通胀,它是一个危险信号,如不高度重视就有可能加速。

奔腾式或飞奔式通货膨胀是两位数的通货膨胀,即一般价格水平上涨幅度为10%～100%之间。对于这种通货膨胀,政府必须采取强有力政策措施加以控制,以免对一国经济和人民生活造成灾难性影响。

恶性通货膨胀,又称超级通货膨胀,是指一般物价的年上涨率为100%以上的通胀。发生这种通货膨胀时,物价持续飞涨,货币体系崩溃,正常经济秩序遭到破坏,经济濒于瓦解。

(2) 按通货膨胀形成的原因可以划分为需求拉上的通货膨胀、成本推进的通货膨胀和结构性通货膨胀三种类型,将在通货膨胀产生原因部分详细论述。

(3) 按对价格影响的性质差别可以划分为平衡的通货膨胀和非平衡的通货膨胀两种类型。

平衡的通货膨胀是指各种商品(包括生产要素)的价格以相同比例上升;非平衡的通货膨胀是指各种商品和生产要素的价格上涨幅度不相同。

(4) 按人们对通货膨胀的预期程度可以划分为可预期的通常膨胀和不可预期的通货膨胀两种类型。

可预期的通常膨胀又称为惯性通货膨胀,它是指一国政府、厂商和居民对未来某时期的通货膨胀可以在一定程度上加以预期到的通货膨胀;不可预期的通货膨胀是指物价上涨的速度超出人们的预料,或人们对未来时期的物价变化趋势无法预测,这种类型的通货膨胀在短期内对就业与产量有扩张效应。

(5) 按经济运行的市场化程度或通货膨胀的表现形式可以划分为公开性通货膨胀和隐蔽

性通货膨胀两种类型。

公开性通货膨胀又称开放性通货膨胀或物价型通货膨胀,它是指在市场机制充分运行条件下通货膨胀以物价上涨的形式公开表现出来;隐蔽性通货膨胀又称抑制性通货膨胀或短缺性通货膨胀,是指政府对价格进行某种形式的控制使物价同市场供求脱离关系。过度需求不会引起物价水平的上涨、或物价上涨有限而不足以反映过度需求的真实水平,在这种类型的通货膨胀中,通货膨胀不是以物价上涨而是以商品短缺和供应紧张等形式表现出来。

(6) 按与经济发展和经济增长的联系可以划分为恢复性通货膨胀、适应性通货膨胀和停滞膨胀。

恢复性通货膨胀是指在通货紧缩后经济萧条、物价过低的情况下,为了促进经济的恢复和发展,人为地增加货币供应量,使物价回升到正常水平所呈现的一种情况;适应性通货膨胀又称过渡性通货膨胀,是指与经济增长几乎同步的那种通货膨胀;停滞膨胀又称滞胀(stagflation),是指在经济增长停滞甚至衰退的同时所发生的一般物价水平上涨的情况。

二、通货膨胀的原因

形成通货膨胀的原因是多方面的。宏观经济主体及其行为、微观经济主体及其行为,都会从货币供给量、需求、供给、经济结构等方面促成通货膨胀。西方经济学中主要的通货膨胀理论分为两大派:需求论与供给论。即通常所说的"需求拉上论"和"成本推动论"。后来又出现了用需求与供给同时解释通货膨胀产生原因的混合通货膨胀理论,以及结构性通货膨胀理论。

1. 货币供给的增加形成通货膨胀

货币数量论在解释通货膨胀方面的基本思想是,每一次通货膨胀背后都有货币供给的迅速增长。

货币数量论者提出的交易方程是:

$$MV = Py$$

其中的 M,V,P,y 分别表示货币的供给量、货币的流通速度、商品价格水平和实际国民收入。等式的左边,是经济中的总支出;等式的右边,是名义收入。公式即:货币供给量×货币流通速度(总支出)=物价水平×实际收入(总收入)。货币数量论认为,在这个等式中,货币流通速度 V 和实际国民收入 y 在短期内都是常数,因此,物价水平 P 就随着货币供给量的变动而变动。当货币供给量增加时,物价水平就上升,形成通货膨胀。而货币供应量又是由中央银行决定的,因此,中央银行稳定了货币供应量,自然也就稳定了价格总水平,自然也就控制了通货膨胀的发生。而政府通过增加货币供应量引发物价总水平上涨,其目的之一就是筹措政府财政资金,这一现象被称为通货膨胀税。1775 年,美国政府就是运用增发钞票的方法解决了美国战争期间的部分开支,导致几年间黄金价格上涨了 100 倍之多。

【专栏六】通胀率与货币增长率的关系

对 $MV = P \times y$ 取自然对数,可得 $\ln M + \ln V = \ln P + \ln y$。再对上式两边求时间 t 的微分,$\frac{1}{M} \cdot \frac{dM}{dt} + \frac{1}{V} \cdot \frac{dV}{dT} = \frac{1}{P} \cdot \frac{dP}{dt} + \frac{1}{y} \cdot \frac{dy}{dt}$。设 $\frac{dM}{dt} = \dot{M}, \frac{dV}{dt} = \dot{V}, \frac{dP}{dt} = \dot{P}, \frac{dy}{dt} = \dot{y}$。进一步变形:$\frac{\dot{M}}{M} + \frac{\dot{V}}{V} = \frac{\dot{P}}{P} + \frac{\dot{y}}{y}$,记 $\pi = \frac{\dot{P}}{P}, \hat{m} = \frac{\dot{M}}{M}, \hat{v} = \frac{\dot{V}}{V}, \hat{y} = \frac{\dot{y}}{y}$,则有 $\pi = \hat{m} - \hat{y} + \hat{v}$。即:通胀率=货币增长率-产出增长率+流通速度变化率。V 不变且收入处于其潜在的水平上,则通货膨胀的产生主要

是货币供给增加的结果。即货币供给的增加是通货膨胀的基本原因。

2. "需求拉上"的通货膨胀

"需求拉上"通货膨胀论是西方经济学中出现得较早而且比较重要的一种理论,这一理论认为通货膨胀是由总需求的过度增长所引起的。即因为物品和劳务的需求超过按现行价格可以得到的供给,引起一般物价水平的上涨。换句话说,当消费者、企业、政府的总开支超过可得到的总供给时,"需求拉上"的通货膨胀就会发生。

凯恩斯主义学派根据凯恩斯的有效需求原理和流动偏好理论认为,货币数量的增加不会直接影响物价,而是首先使利息率降低,从而投资增加;投资增加通过乘数作用,又使消费增加,随着投资与消费增加,社会总需求便增加。

凯恩斯学派认为,社会总需求的增加,是否会引起物价上升和通货膨胀,还需视供给的情况而定。这里会出现三种情况。第一,如果社会上存在着丰富的还没有被利用的资源和大量失业,总供给弹性很大,这时即使货币量增加使总需求提高,但生产可以扩大,因而物价不会上涨;第二,在经济扩张到了一定阶段,以致有些资源和技术变得稀少的情况下,这时生产扩大会使工资和边际成本增加,物价水平将会上涨。但由于这时生产仍然有所扩大,致使物价上涨幅度将小于货币数量增加的幅度。这时货币量的增加,将部分引起生产和就业的增加,部分引起物价上涨,这被称为"半通货膨胀";第三,在达到充分就业的条件下,由货币供应量的增加而引起需求的增长,遇到了没有弹性的供给,物价将随着货币数量的增加而成比例上涨,这时便出现了真正的通货膨胀。

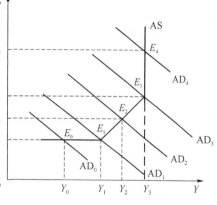

图 16-2 变动过程

其变动过程可用图 16-2 来表示。横轴代表国民收入,纵轴代表价格水平,AD 为总需求曲线,AS 为总供给曲线。当国民经济在 E_0 点达到均衡时,此时总供给曲线的弹性极大,处于上述第一种情况,在此情况下,如果货币供应量增加使总需求由 AD_0 增至 AD_1,国民收入由 Y_0 增至 Y_1,但价格水平并不上涨。此后,货币供应量继续增加,总需求进一步增至 AD_2、AD_3,国民收入相应增加至 Y_2 和 Y_3,而价格水平也相应提高至 P_2 和 P_3,国民经济处于上述第二种情况,即"半通货膨胀"状况。当国民收入增至 Y_3 时,经济已处于充分就业状况,此时,如果继续增加货币量使总需求增至 AD_4,导致价格水平上升至 P_4,而国民收入不再增加,形成真正的通货膨胀。

3. 成本推进的通货膨胀

自 20 世纪 50 年代后期以来,西方经济学界流行"成本推进"的通货膨胀论。即认为物价上涨和通货膨胀根源于供给或成本方面,即使总需求不变,但因生产成本增加,物价也被推动而上涨。西方经济学家将这种理论称为"新的通货膨胀"理论,它又可分为两类。

(1) 工资推进的通货膨胀论。这一理论认为,物价上涨的原因在于工资率的提高超过了劳动生产率的增长。西方经济学家认为,在不完全竞争的劳动市场上,由于存在着力量强大的工会,工会可以通过各种形式提高劳动市场的工资水平,并使工资的增长率超过生产的增长率。由于工资提高,引起产品成本增加,导致物价上涨,如此循环往复就造成了工资——物价"螺旋"上升。此外,原材料价格的上涨也同样引起"成本推进"的通货膨胀。

（2）利润推进式通货膨胀。这一理论认为通货膨胀产生的原因在于不完全竞争。在不完全竞争市场上，垄断企业利用它能操纵市场价格的权力，通过削减产量从而导致价格的上涨而形成的。

在总需求曲线不变的情况下，成本推动的通货膨胀可以用图 16-3 来说明。总需求是既定的，不发生变动，变动只出现在供给方面。当总供给曲线为 AS_1 时，这一总供给曲线和总需求曲线 AD 的交点 E_1 决定的总产量为 y_1，价格水平为 P_1。当总供给曲线由于成本提高而移到 AS_2 时，总供给曲线与总需求曲线的交点 E_2 决定的总产量为 y_2，价格水平为 P_2。这时，总产量比以前下降，而价格水平比以前上涨。当总供给曲线由于成本进一步提高而移动到 AS_3 时，总供给曲线和总需求曲线的交点 E_3 决定的总产量为 y_3，价格水平为 P_3。这时的总产量进一步下降，而价格水平进一步上涨。

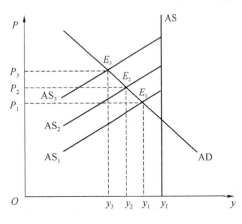

图 16-3　成本推动通货膨胀

在现实的经济生活中，纯粹由需求拉上或成本推进所引起的通货膨胀是不常见的。长期以来，现实的通货膨胀，大都是由需求与供给这两方面的因素共同起作用的结果，即所谓"拉中有推，推中有拉"。通货膨胀过程可能从一般的过度需求开始，过度需求引起物价上涨，从而促使工会要求提高工资率，这样成本推动力量就会发生作用，引起更大的通货膨胀。另外，通货膨胀也可以从成本推进开始，如在工会压力下提高工资或为了追逐利润而减少供给，但如果不存在需求和货币收入水平的增加，这种类型的通货膨胀将不会长久持续下去。因为在这种条件下，工资上升意味着产量减少和失业增加、终止成本推进的通货膨胀。因此，纯粹需求拉上的通货膨胀是不存在的，纯粹的成本推进也不可能产生持续的通货膨胀过程。在现实经济中大量存在的是需求与供给同时发生作用的混合型通货膨胀。

4. 结构性通货膨胀

结构性通货膨胀是指在没有需求拉动和成本推动的情况下，只是由于经济结构因素的变动，也会引起一般价格水平的持续上涨，这种原因导致的一般价格水平的持续上涨被称为结构性通货膨胀。

结构性通货膨胀是指由于社会经济中各部门结构性因素变动导致各经济部门之间发展不平衡而引起的通货膨胀。这种理论认为通货膨胀起因不在于需求增加或成本上升，而在于经济结构本身所具有的特点。社会可能从不同角度划分成许多部门，各个部门提高劳动生产率的速度各不相同。那些能够大量应用最新技术成果的部门劳动生产率提高得比较快。在其中工作的劳动者工资也增加得较快。但其他部门的工人要求按"公平原则"也提高工资，并形成巨大的社会压力，于是那些劳动生产率提高较慢，甚至没有提高的部门的劳动者工资也跟着提高了。这就使社会的货币增长率高于劳动生产率的增长率，从而形成通货膨胀。具体地说，这种类型的通货膨胀可以分为三种。一是需求转移型通货膨胀。即在总需求不变的情况下，由于消费者偏好的改变，一部分需求转移到其他生产部门，而劳动等其他各种生产要素却不能及时转移，这样需求增加部门的工资和产品价格上升，而需求减少部门的工资和产品价格具有一定的刚性，未必相应下降，因此物价总水平上涨。二是部门差异型通货膨胀。即产业部门和服务部门的劳动生产率、价格弹性、收入弹性等是不相同的，但两部门的货币工资增长率却趋向同一,加上价格和工资的刚性,就引起了物价全面上涨。三是所谓的输入型通货膨胀,也称斯堪的纳维亚小国型通货膨胀。对于北欧一些开放经济的小国来说,经济结构可以分为"开放部门"(生产出口产品)和"隐蔽部门"(不生产出口产品)两大部分。因为在国际贸易中,小国一般是国际市场价格的接受者,世界通货膨胀会通过一系列机制传递到小国的开放经济部门,首先引起开放部门的物价上涨,然后又引起隐蔽部门的物价上涨,进而导致全面通货膨胀。

5. 预期和通货膨胀惯性

在实际中,一旦形成通货膨胀,便会持续一般时期,这种现象被称为通货膨胀惯性,对通货膨胀惯性的一种解释是人们会对通货膨胀作出相应预期。

预期是人们对未来经济变量作出一种估计,预期往往会根据过去的通货膨胀的经验和对未来经济形势的判断,做出对未来通货膨胀走势的判断和估计,从而形成对通胀的预期。

预期对人们经济行为有重要的影响,人们对通货膨胀的预期会导致通货膨胀具有惯性,如人们预期的通胀率为10%,在订立有关合同时,厂商会要求价格上涨10%,而工人与厂商签订合同中也会要求增加10%的工资,这样,在其他条件不变的情况下,每单位产品的成本会增加10%,从而通货膨胀率按10%持续下去,必然形成通货膨胀惯性。

三、通货膨胀的经济效应

通货膨胀对经济的影响在很大程度上取决于人们是否可以预期。如果人们预期的通货膨胀率与实际发生的通货膨胀率一致,这种通货膨胀就是可预期的。如果人们预期的通货膨胀率与实际发生的不一致,这种通货膨胀就是不可预期的。

1. 可预期的通货膨胀的经济效应

(1) 皮鞋成本。当人们持有现金时要放弃把钱存在银行的利息,这是持有现金的机会成本。通货膨胀引起名义利率上升,持有现金的机会成本增加,从而人们减少现金持有量。现金减少了,人们去银行的次数多了,把资源用于去银行的成本称为皮鞋成本。在经历了超速通货膨胀的国家中,这种成本很大。

(2) 菜单成本。大多数企业并不是每天改变他们产品的价格。研究表明,典型的美国企业大约一年改变一次自己产品的价格。企业不经常改变价格是因为改变价格有菜单成本。菜单成本包括印刷新清单和目录的成本、把这些新价格表和目录送给中间商和顾客的成本、为新价格作广告的成本、决定新价格的成本等。高通货膨胀使企业成本迅速增加,一年调整一次价格已不现实,企业更经常地变动价格以便与经济中所有其他物价保持一致,增加了企业承担的菜单成本。

(3) 通货膨胀税。通货膨胀发生时,如果实行工资指数化,即随通货膨胀率调整名义工资,会产生通货膨胀税。因为这时起征点和税率都是按名义工资调整的。例如,起征点为1 000元,1 000元以上部分按10%征所得税。名义工资为1 000元时不交税。如果发生了通货膨胀,通货膨胀率为10%,名义工资调整为1 100元,这时超过1 000元的100元征10%的税。即10元,工人的实际工资减少了,这10元被政府以通货膨胀的形式拿走了,称为通货膨胀税。

(4) 相对价格变动引起资源配置失误。通货膨胀使各企业价格变动不同,引起相对价格变动,市场经济依靠相对价格来配置稀缺资源,消费者通过比较各种物品与服务的质量与价格决定购买什么,通过这种决策,他们决定了稀缺的生产要素如何在个人和企业中配置。当通货膨胀扭曲了相对价格时,消费者的决策也被扭曲了,市场也就不能把稀缺资源配置到最好的用处中。

皮鞋成本和菜单成本是一种资源浪费,把本来用于生产的资源用于对付通货膨胀,通货膨胀税不利于激励,降低了效率,相对价格变动使价格扭曲,不利于价格的正常作用发挥。当然,可预期的通货膨胀尽管有这些不利影响,不过人们可以根据通货膨胀预期值调整自己的经济行为,减轻这些影响。

2. 不可预期的通货膨胀的特殊成本:任意的财富再分配

不可预期的通货膨胀除了上述不利影响加剧外还引起人们之间任意分配财富。在债权人与债务人之间,当实际的通货膨胀率高于预期时,债权人受害而债务人受益,当实际的通货膨胀率低于预期时,债务人受害而债权人受益。因为利率是根据名义利率确定的,实际利率等于名义利率减通货膨胀率。在名义利率既定时,实际的通货膨胀率高于预期的使实际利率下降;实际的通货膨胀率低于预期的使实际利率上升。在工人与企业之间,实际的通货膨胀率高于预期时使实际工资下降,工人受害而企业受益。实际的通货膨胀率低于预期时使实际工资增加,工人受益而企业受害。这种影响使经济中不确定性增大,投资风险增大,投资与生产最终减少。

在个别时期,通货膨胀也有某些暂时好处,例如,通货膨胀使工人实际工资下降,企业实际利润增加会暂时刺激经济。通货膨胀也会在税法不变的情况下使政府税收增加。也有个别国家(如以色列)在高速通货膨胀时仍然保持了高增长。但从整体上看,通货膨胀,特别是加速的、不稳定的、不可预期的通货膨胀对经济是不利的。而且,通货膨胀一旦开始,就会由于对通货膨胀的预期或由于通货膨胀本身的惯性而持续,甚至加剧。这时治理通货膨胀的代价要远远大于当初从通货膨胀中得到的利益。

【专栏七】通货膨胀财富分配效应

1880年到1896年,美国物价水平下降了23%,这个事件是没有预期到的,并引起重大的财富再分配。美国西部地区大部分农民成了债务人。他们的债权人是东部的银行家。当物价水平下降时,引起这些债务实际价值上升,这就以损害农民利益为代价富了银行。

根据当时人民党政治家的看法,解决农民问题的方法是允许自由铸造银币。在这个时期,美国采用金本位。黄金的数量决定了货币供给,从而决定了物价水平。自由铸造银币的倡导者想把银和金一样作为货币。如果采用了这个建议,就增加了货币供给,使物价上升,并减少农民债务的实际负担。

围绕着银币的争论达到了白热化,而且,这是19世纪90年代政治的中心问题。虽然人民党在关于自由银币铸造的争论中失败了,但他们最终得到了货币扩张和他们想要的通货膨胀。1898年探矿者在阿拉斯加的克隆迪克河附近发现了金矿,从加拿大和南非运来的金矿也增加了。因此,美国和其他采用金本位的国家货币供给和物价水平开始上升。在15年内,美国的物价回到了19世纪80年代所达到的水平,农民也能更好地应付他们的债务了。

第三节　失业与通货膨胀的关系——菲利普斯曲线

菲利普斯曲线是一个十分重要的概念,它的发展大致经历了三个阶段。第一阶段是菲利普斯和加拿大经济学家利普西(R. Lipsey)发现通货膨胀率和失业率之间存在一种稳定的负相关系后提出了该曲线的原始模型。第二阶段是货币主义者弗里德曼和费尔普斯根据自然失业率假说,提出了附加预期的菲利普斯曲线模型,解释短期菲利普斯曲线与长期菲利普斯曲线之间的根本区别。第三阶段主要是理性预期学派经济学家对菲利普斯曲线的否认,提出失业率和通货膨胀率之间根本不存在有规律的替代关系。

一、原始的菲利普斯曲线

菲利普斯 1958 年在研究英国 1861—1913 年工资变化率与失业率的实际资料时发现这两个变量之间存在着非线性的负相关关系。在此基础之上他断定,1913—1957 年货币工资变化率和失业率的关系也可以用同样的负相关关系函数进行解释。

从图 16-4 中可以看出,当失业率从 U_1 降到 U_2 时,货币工资增长率从 OW / W_1 上升到 OW / W_2。

菲利普斯所提出的这种关系尽管从经验统计中得到了证实,并受到重视,但却缺乏一种理论来解释这种关系。加拿大经济学家利普西在 1960 年发表的《1862—1957 年英国失业和货币工资率变化率之间的关系:一种进一步分析》中提出了过度需求模型(excess-demand model),从单个劳动市场的供求关系中推导出菲利普斯曲线,给这一曲线以理论上的解释。这一模型的基本思想是:工资的增长可以用劳动市场上存在的过度需求来解释,而失业率则是衡量过度需求的一个指标。从而就把货币工资的变动率与失业率之间的变动联系起来。

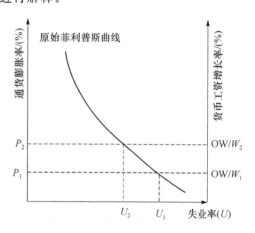

图 16-4 原始的菲利普斯曲线

萨缪尔森和索洛在 1960 年发表的《达到并维持稳定的价格水平问题:反通货膨胀政策的分析》一文中对菲利普斯曲线作出了重要发展。首先,原来的菲利普斯曲线是表示失业率与货币工资率之间交替关系的。萨缪尔森和索洛的发展则用这条曲线来表示失业率与通货膨胀率之间的交替关系。这就是说,决定价格的原则是成本加值法,即在成本的基础之上加一个固定比率的利润。当短期中,工资是唯一的成本时,工资增加也就会相应地提高价格水平,这样,工资和价格水平之间就有一种固定比率的关系,从而就可以用通货膨胀率来代替工资率。这种由于工资率增加而引起的通货膨胀就是以前所分析的成本推进的通货膨胀。其次,他们使菲利普斯曲线成为决策的工具。这就是说,由于失业率与通货膨胀率之间存在交替关系,所以在进行决策时,就可以以高失业率换取低通货膨胀率,或者以高通货膨胀率换取低失业率。决策者可以运用菲利普斯曲线进行相机抉择。正如他们所说的,决策人所面临的是"一个在不同失业水平和价格决定之间的选择菜单"。这样,就使菲利普斯曲线得到了广泛的运用。

二、货币主义的菲利普斯曲线

从 20 世纪 60 年代后期开始,货币主义经济学家弗里德曼和费尔普斯对菲利普斯曲线所表示的失业率与通货膨胀率之间的交替关系提出了疑问。第一,菲利普斯曲线是一条稳定的关系曲线吗?第二,在长期中失业与通货膨胀之间存在着菲利普斯曲线所表示的交替关系吗?他们批评菲利普斯曲线忽视了通货膨胀预期作用。这样,他们提出了附加预期的菲利普斯曲线,说明了短期菲利普斯曲线与长期菲利普斯曲线的不同。

1. 附加预期的菲利普斯曲线

货币主义者认为,自20世纪70年代以来,菲利普斯曲线所描述的失业与通货膨胀的交替关系发生了新的变化,即菲利普斯曲线向右上方移动了,这种情况被称为"菲利普斯曲线恶化"。这就是说,现在必须用更高的通货膨胀率才能使失业率维持在某一水平,或者说,必须用更高的失业率才能使通货膨胀率与失业率降到原先的"社会可接受程度"即"临界点"之内。于是不得不提高"临界点",以便在新的菲利普斯曲线下调节通货膨胀与失业的水平,如图16-5所示。

原来的菲利普斯曲线 PC_1 位于社会可接受程度之内,即位于图上阴影部分为"临界点"以下的安全范围。但当菲利普斯曲线从 PC_1 移到 PC_2 以后,PC_2 不通过原来的安全范围,此时无论政府采取什么样的政策措施,都不能将失业率与通货膨胀率下降到图16-5上阴影部分所表示的安全范围。于是只得提高"临界点"。图上的虚线框表示提高"临界点"以后的安全范围。因此,向右上方移动的菲利普斯曲线是对西方国家高通货膨胀率与高失业率同时并存局面的反应。

为什么菲利普斯曲线会向右上方移动呢?货币主义认为,原来的菲利普斯曲线 PC_1 反映的是通货膨胀预期为零的失业率与通货膨胀率之间的交替关系,如果通货膨胀连年上升,特别是政府利用菲利普斯曲线进行相机抉择,用高通货膨胀换取低失业率的话,就会形成一种通货膨胀预期。如果通货膨胀被预期到了,工人就会要求提高货币工资避免生活水平受通货膨胀侵蚀,如果人们预期到通货膨胀会以4%的速度增加,那么,当货币工资率上升7%时,人们会认为实际工资率只上升3%。因此,如果以往货币工资率上涨6%便能使失业率降到3%的话,那么现在达到3%的失业率必须使货币工资率上涨10%,即以往的货币工资上涨率6%加上4%的通货膨胀预期。

按预期扩大的菲利普斯曲线依然表示失业率与通货膨胀率之间的交替关系。只不过现在的交替关系表现为用更高的通货膨胀率来换取一定的失业率。

2. 长期菲利普斯曲线

长期菲利普斯曲线表示在通货膨胀完全可以预期,失业率为自然失业率情况之下失业率与通货膨胀率的关系。弗里德曼认为菲利普斯曲线所描述的通货膨胀率与失业率之间的交替关系只是一种短期现象,长期中并不存在。长期内,菲利普斯曲线变为一条垂直线或正相关曲线,不论通货膨胀率上升多少都不能使失业率降下来,甚至失业率与通货膨胀率成同方向变化,即通货膨胀率越高,失业率越高,如图16-6所示。

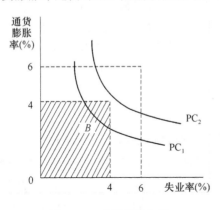

图16-5 菲利普斯曲线

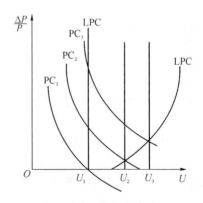

图16-6 长期菲利普斯曲线

U_1 为自然失业率，PC_1，PC_2，PC_3 为三条短期菲利普斯曲线，当自然失业率为一固定水平 U_1 时，长期菲利普斯曲线是一条经过 U_1 的垂直线。由于人为因素的干扰，使市场机制失灵，那么就会使自然失业率从 U_1 增长到 U_2，U_3 等。它们与各条长期菲利普斯曲线的交点连接起来，就形成了一条向右上方倾斜的、具有正斜率的长期菲利普斯曲线，它反映了政府调节措施失灵的"滞胀"现象。

在长期中，政府连续实行扩大需求的政策，会使实际产出与潜在产出的差距越来越小，最终等于零，这时增加货币投放刺激需求，并不能提高总产出和降低失业率，而只是刺激通货膨胀率的上升。长期菲利普斯曲线的政策含义是：要想使刺激需求的政策产生积极效应，就必须提高供给和潜在产出能力。

三、理性预期的菲利普斯曲线

理性预期学派认为自然失业率假设与适应性预期是不一致的。他们要把自然失业率的菲利普斯曲线和理性预期结合起来进行分析，他们认为，失业并不取决于通货膨胀而是取决于经济中的随机冲击，实际失业率围绕自然失业率的波动并不是由通货膨胀系统地引起的，而是由随机冲击所引起的。这样，失业与通货膨胀就不存在那种稳定的交替关系了。无论短期还是长期中都是这样。因此，无论在短期还是长期，政府都不可能利用通货膨胀率与预期通货膨胀率的差异来系统地影响失业率。如果货币供给增长率的变动是规则的，公众可以完全预期到，那么，货币供给的增加将提高通货膨胀预期，同时推移菲利普斯曲线，使实际通货膨胀率上升而不会降低失业率。如果货币供给增长率的变动是不规则的，公众无法完全预期到，那么，这就属于影响失业率变动的随机冲击之一。但这种情况下，并不是失业与通货膨胀有稳定的交替关系，而是随机冲击的作用，其他随机冲击也会发生类似的作用。即使在短期中，失业和通货膨胀也不存在稳定的交替关系，从而也就无法作为一种政策工具。

本 章 小 结

1. 失业是指凡符合法定条件，愿意工作而没有工作，并正在寻找工作的劳动者。失业率是失业人数占劳动力总数的百分比。
2. 失业的分类：自然失业和周期性失业。
3. 奥肯定律是宏观经济学中最可靠的经验规律之一，即每降低1%的失业率，实际国民生产总值就会提高2.5%～3%。奥肯定律表明：失业率与实际国民收入增长率成反方向变动关系。
4. 通货膨胀的基本含义是整个物价水平普遍而持续的上升。
5. 通货膨胀的形成原因。
6. 菲利普斯曲线的基本含义：反映的是失业与通货膨胀之间成反方向变动关系的曲线。

关 键 概 念

失业　奥肯定律　自然失业率　通货膨胀　菲利普斯曲线　结构性失业　摩擦性失业
周期性失业

【思考与练习】

一、单选题

1. 未预期到通货膨胀会使财富发生如下转移（　　）。
   A. 从年轻一代到上一代　　　　B. 从穷人到富人
   C. 从债权人到债务人　　　　　D. 以上都不对
2. 结构性通货膨胀的主要原因有（　　）。
   A. 需求结构的变化加上不易改变的工资和价格
   B. 使价格上升的过度需求
   C. 生产成本的增加
   D. 大型企业的垄断
3. 成本推动型通货膨胀是指（　　）。
   A. 工会和厂商把工资和产品的价格定在超出它们应有的价值水平上
   B. 由于过多的政府支出所引起的价格上涨
   C. 由于超额的总需求引起的价格上涨
   D. 由于商品价格上涨而不是实际交易量的增加而引起的销售额的增加
4. "滞胀"是指（　　）。
   A. 产出和一般物价水平的同时上涨
   B. 产出和一般物价水平的同时下降
   C. 一般物价水平上升，同时实际产出和就业下降
   D. 一般物价水平下降，同时实际产出和就业增加
5. 菲利普斯曲线说明（　　）。
   A. 通货膨胀导致失业　　　　　B. 通货膨胀是由行业工会引起的
   C. 通货膨胀率与失业率之间呈负相关　　D. 通货膨胀率与失业率之间呈正相关

二、判断题

1. 需求拉上型通货膨胀和成本推进型通货膨胀实质上是同样的概念，因为都造成货币工资和物价的上涨。
2. 如果通货膨胀率相当稳定，而且人们可以完全预期，那么通货膨胀对经济的影响就很小。
3. 弗里德曼认为，从长期看，通货膨胀和失业之间不存在一种替代关系。
4. 货币政策对付需求拉上通货膨胀会比对付成本推进通货膨胀更为有效。
5. 通货膨胀发生时，退休金领取者，借款人和工资领取者是仅有的受害人。

三、计算题

1. 若价格水平在 1984 年为 107.9，1985 年为 111.5，1986 年为 114.5，试问 1985 年和 1986 年通货膨胀率各是多少？如果人们以前两年通货膨胀率的平均值作为第三年通货膨胀的预期值，计算 1987 年的预期通货膨胀率。如果 1987 年的利率为 6%，计算该年的实际利率。
2. 假设某经济社会某一时期有 1.9 亿成年人，其中 1.2 亿人有工作，0.1 亿人在寻找工

作,0.45亿人没工作但也没在找工作。试求:(1)劳动力人数;(2)劳动率参与率;(3)失业率。

四、问答题

1. 通货膨胀的经济效应有哪些?
2. 说明短期菲利普斯曲线与长期菲利普斯曲线的关系。
3. 利用 AD-AS 模型说明需求拉上的通货膨胀。

宏观经济政策理论与实践

本章知识结构图

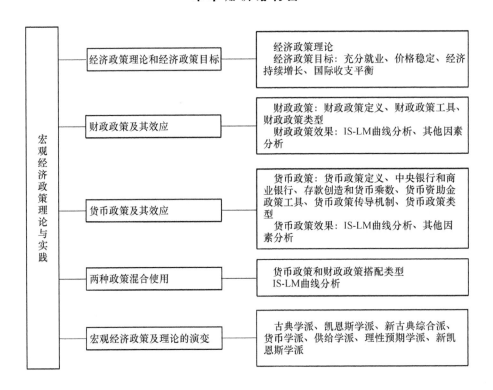

学习目的与要求

【目的与要求】通过本章的学习,应当掌握经济政策的理论和经济政策的目标、财政政策和货币政策的工具、类型、货币政策的传导机制;掌握使用 IS-LM 曲线分析财政政策和货币政策的有效性;了解银行体系、存款创造以及货币乘数的有关知识、财政政策和货币政策的混合使用以及宏观经济政策理论演变;能够结合经济形势提出适当的经济政策。

【重点与难点】财政政策和货币政策有效性分析;货币乘数;财政政策和货币政策的混合使用。

第一节 经济政策理论和经济政策目标

在前面的学习中我们了解到宏观经济学关心整体经济的结构、表现和行为。宏观经济学家主要关心的是分析并且试图去理解主要经济总趋势的潜在决定因素,它涉及商品和劳务的总产出(GDP)、失业、通货膨胀和国际贸易。而更为重要的是,宏观经济学分析试图理解 GDP 的短期波动(也称为经济周期)的起因和影响,以及预测 GDP 的长期走势(也称为经济增长)。因此,一个具有成功的宏观经济管理的经济应具有低失业率和低通货膨胀率,以及稳定持续的经济增长。要达到这样的经济状态,宏观经济管理者除了要具有敏锐的经济观察力之外,还需要具有调控经济的手段,也就是我们本章所要学习的内容——宏观经济政策。

一、经济政策理论

经济政策来源于经济分析,经济政策制定者的决策影响一国每位国民的生活和福利。西方经济学家认为,经济政策是指国家或政府为了增进社会经济福利而制定的解决经济问题的指导原则和措施。它是政府为了达到一定的经济目的而对经济活动进行的有意识的干预。

经济政策理论是经济理论的一个分支,与经济学的分析方法一样,经济政策理论同样分为经济政策的规范理论和经济政策的实证理论。经济政策的规范理论探讨决策者应该如何行动这一重要问题。如政府应当多干预经济还是少干预经济?如果政府决定干预,实现政策目标的最佳手段是什么?经济政策的实证理论研究决策者实际是如何行动的。实证理论经济学家试图解释经济决策者为什么会这样做,并从各种角度研究一个国家内部和比较不同国家间的决策行为。

我们在学习过程中,一般遵循从基本的经济分析入手,应用经济政策规范理论分析在特定状况下应当使用的经济政策,再讨论使用这种经济政策后可能得到的效果,并从已有的经济政策实施案例分析中进一步修正经济政策规范理论。

二、经济政策目标

上面已经讲到,经济政策是政府为了达到一定的经济目的而对经济活动进行的有意识的干预,这里的经济目的也就是经济政策目标。一般认为宏观经济学中经济政策的目标有以下四种:一是充分就业;二是价格稳定;三是经济持续增长;四是国际收支平衡。宏观经济政策即是为了达到这些目标而制定的手段和措施。下面我们分别就对这四项宏观经济政策目标进行逐一解释。

1. 充分就业

上一章我们学习了失业的有关概念,了解了失业的经济学解释,失业的种类以及失业的成本等概念,这里就不再重复。需要强调的是,奥肯法则说明,失业的成本是巨大的。因此,降低失业率,实现充分就业就成为宏观经济政策的首要目标。那么,什么是充分就业呢?凯恩斯认为充分就业就是不存在非自愿失业,即在经济体系中只存在摩擦性失业和自愿失业时,我们就可以认为该经济体达到了充分就业状态。而货币主义针对凯恩斯的这一说法提出了新的观点,认为经济体中只有"自然失业率"时就可以认为达到充分就业状态。自然失业率即指在没有货币因素干扰的情况下,总需求与总供给处于均衡状态时的失业率。尽管不同的学者对充分就业有着不同的看法,但他们都认为充分就业并不是百分百就业率或者零失业率。大多数经济学家认为存在 4%~6% 的失业率是正常的,可以认为此时处于充分就业状态。

2. 价格稳定

稳定的价格或者说维持一个较小的通货膨胀率是宏观经济政策的第二个目标。价格稳定是指价格总水平的稳定,是一个宏观的概念。衡量价格的主要经济指标是我们前面所学到的价格指数。价格指数是表明若干种商品价格水平的指数,可以用一篮子需要考量的商品价格在一定时期内的变动情况来表示。常用的价格指数有消费价格指数(CPI)、批发价格指数(PPI)以及国内生产总值平减指数(或者称作国内生产总值消胀指数,GDP deflator)三种。分别是以不同的商品价格作为参考对象进行计算得出。之所以价格稳定作为宏观经济政策的目标之一是因为通货膨胀对经济有不良影响。为了控制通货膨胀对经济的冲击,西方国家就将价格稳定作为宏观经济政策的另一目标。这里需要注意的是,价格稳定并不表示每种商品的价格固定不变,而是指价格指数的相对稳定,即不出现通货膨胀。但实践表明,不出现通货膨胀的经济体很少存在,通货膨胀很难消除,因此,大部分国家都可以忍受一般的、轻微的通货膨胀,并将此看作是基本的、正常的经济现象。

3. 经济持续增长

均衡增长是宏观经济政策的第三个目标。首先,经济增长是指在一个特定的时期内经济社会所生产的人均产量和人均收入的持续增长。通常用一定时期内实际国内生产总值年均增长率来衡量。经济增长决定着国民的福利水平并与失业紧密相连。如何维持一个较高的经济增长率以实现充分就业,是大多数国家宏观经济政策所追求的目标之一。

4. 国际收支平衡

在经济全球一体化的大背景下,任何一个国家的经济行为都与其他国家有着千丝万缕的联系,随着国际间经济交往的密切,如何平衡国际收支也成为一国宏观经济政策的重要目标之一。国际收支对现代开放性经济国家是至关重要的。大部分经济学家都认为,一国的国际收支状况不仅反映了这个国家的对外经济交往情况,还反映出该国经济的稳定程度。当一国国际收支处于失衡状态时,就必然会对国内经济形成冲击,从而影响该国国内就业水平、价格水平及经济增长。

西方经济学家认为,要实现上面的四大政策目标,就必须相互配合、协调一致地使用各种政策手段。如果财政当局与货币当局的政策手段和目标相互冲突,就达不到理想的经济效果,甚至可能离政策目标越来越远。其次,政府在制定目标时,不能追求单一目标,而应该综合考虑,否则会带来经济和政治上的副作用。因为经济政策目标相互之间不但会存在互补性,也存在一定的冲击,如充分就业与价格稳定间就存在着两难选择。此外,还要考虑到政策本身的协调和对时机的把握程度。上述这些都影响到政策的有效性,即关系到政府经济目标实现的可能性和实现的程度。因此,政府在制定经济目标和经济政策时应该作整体的宏观战略考虑和安排。

第二节　财政政策及其效应

一、财政政策

1. 财政政策定义

财政政策是国家干预经济的主要政策之一。财政政策的一般定义是:为促进就业水平提高,减轻经济波动,防止通货膨胀,实现稳定增长而对政府支出、收入和借债水平所进行的选择,或对政府收入和支出水平所做的决策。

财政政策贯穿于财政工作的全过程,体现在收入、支出、预算平衡和国家债务等各个方面。因此,财政政策是由支出政策、税收政策、预算平衡政策、国债政策等构成的一个完整的政策体系。财政政策运用得当,就可以保证经济的持续、稳定、协调发展,财政政策运用失当,就会引起经济的失衡和波动。

2. 财政政策工具

财政政策工具,是财政政策主体所选择的用以达到政策目标的各种财政手段,主要有预算、购买性支出、转移支付、税收以及国债。

(1) 预算政策

预算是国家财政收入与财政支出的年度预定计划。预算包括中央预算和地方预算。预算政策作为一种财政政策工具,主要通过年度预算的预先制定和在执行中的收支追加追减变动,来实现其调节功能。

预算的调节功能主要体现在财政收支规模和收支差额上。预算通过对国民收入的集中性分配与再分配,可以决定民间部门的可支配收入规模,可以决定政府的生产性投资规模和消费总额,可以影响经济中的货币流量,从而对整个社会的总需求以及总需求和总供给的关系,产生重大影响。

预算政策可以采用三种形态来实现调节作用,即赤字预算、盈余预算和平衡预算。赤字预算体现的是一种扩张性财政政策,盈余预算体现的是一种紧缩性财政政策,平衡预算体现的是一种中性财政政策。盈余预算在总需求膨胀时,可以对总需求膨胀起到有效的抑制作用;赤字预算在有效需求不足的时,可以对总需求的增长起到刺激作用;平衡预算在总需求和总供给相适应时,可以维持总需求的稳定增长。

一般认为,预算政策表明了一国的施政方针和国民生计状况,所以,其目标在于提高充分就业水平,稳定物价,促进经济增长以及约束政府的不必要支出和提高政府效率。

(2) 购买支出政策

购买支出是政府利用国家资金购买和劳务的支出。由于购买支出是决定国民收入大小的主要因素之一,其规模直接关系到社会总需求的增减。政府购买支出增加,将直接增加个人的收入;个人收入增加的一部分将用于消费,使社会消费总量增加。这种消费量的增加,又可引起国民收入的增加,继而进一步增加消费数额。如果政府购买支出减少,将出现相反效果。政府购买支出的增减,所引起的消费的增减,其数量要比原来的政府支出增减数量更大,大小程度取决于乘数。

根据凯恩斯学派的"需求管理"政策,购买支出的规模对社会总需求以及总需求与总供给的平衡起着重要的调节作用。当社会总需求明显超过总供给,通货膨胀压力过大时,政府可以采取减少购买支出的政策,减少需求;当社会总供给大大高于总需求,资源不能充分利用时,政府可以实行扩大购买支出的政策,增加需求。所以,经济学家认为,政府的购买支出政策是实现反经济周期、合理配置资源、稳定物价的强有力的工具。

从最终用途来看,政府的购买支出可分为政府投资和政府消费。政府投资政策也称为财政投资政策,是政府支出政策的重要组成部分。政府投资有以下特点:投资规模大;投资方向主要是基础设施、公用事业、经济的"瓶颈"部门;投资目标主要在于提高经济运行的整体效率,而不在于盈利性；投资的资金来源是国债和税收收入。政府通过投资政策，可以扩大或缩小社会总需求，可以调整产业结构、资源结构、技术结构、劳动力结构以及国民经济部门间的比例关系，可以改善社会投资环境，刺激私人投资。政府消费是由政府为了维持国防、科教文卫事业等一般行政以及其他政府活动所进行的物资、劳务的购买支出所构成。政府通过消费政策，可以直接增加或减少社会的总需求，可以引导私人生产的发展方向，可以调节经济周期波动。从对社会消费规模的影响上来看，政府消费比政府投资对消费的影响力更大、更直接。

(3) 转移支付政策

转移支付是政府把以税收形式筹集上来的一部分财政资金转移到社会福利和财政补贴等费用的支付上。转移支付的作用在于给企业和家庭提供购买力，使其有能力在市场上购买商品和劳务。按用途不同，转移支付可分为社会保障和社会福利费用支付以及财政补贴这两类。在发达国家的预算中，社会保障和社会福利支出占很大比例，财政补贴的份额很小。因此，在经济学中，对转移支付的讨论一般都是指前一类支付。

在转移支付政策中，社会福利支付实际上是将高收入阶层的一部分收入转移到低收入阶层，以促进公平分配，这部分支出具有自动稳定器的功能，我们将在下一节进行讨论。

财政补贴作为转移性支付的另一种形式分为两类：生产性补贴和消费性补贴。这两种补贴的调节效应有所不同。消费性补贴主要是对日常生活用品的价格补贴，其作用在于直接增加消费者的可支配收入，鼓励消费者增加消费需求。生产性补贴主要是对生产者的特定生产投资活动的补贴，如生产资料价格补贴、投资补贴、利息补贴等，其作用等同于对生产者实施的减税政策，可直接增加生产者的收入，从而提高生产者的投资和供给能力。经济学家认为，在有效需求不同时，主要增加消费性补贴；在总供给不足时，主要增加生产性补贴，这样就可以在一定程度上缓和供求矛盾。

(4) 税收政策

税收作为一种政策工具，它具有形式上的强制性、无偿性和固定性特征，这些特征使税收调节具有权威性。税收的目的在于强迫家庭和企业把他们的购买力或者对资源的控制权嫁给政府，供政府直接使用或转移给他人。税收减少了纳税人的可支配收入和财富。税收政策作为财政政策的一个有力工具，主要用来实现经济稳定目标、资源合理配置目标和收入公平分配目标。

税收作为调节手段，一方面调节社会总供给和总需求的关系，另一方面调节收入分配关系。调节总供求关系是通过两个过程实现的：一是自动稳定器功能，二是相机抉择功能。前者是在既定税收制度和政策下，受经济的内在发展规律支配；后者是政府根据经济形势的发展变化，有目的的调整税收制度和政策。如在经济繁荣时期，国民收入增加，相应的税收收入会随之自动增加，相对地减少了个人可支配收入，在一定程度上减轻了需求过旺的压力；此时，如果总需求和总供给的缺口仍然很大，政府则要采取相机抉择的税收政策，采用各种手段增加税收收入，进一步减少总需求。在经济萧条时期，税收收入会自动减少，相对地增加了个人的可支配收入，在一定程度上缓解了有效需求不足的矛盾，有利于经济复苏；如果此时经济依然不景气，政府可进一步采取税收措施，减少税收收入，进一步增加总需求。

税收调节收入分配关系主要是通过累进所得税制和财产税制和财产税制实现。经济学家认为，收入再分配的最直接方法是推行高额累进税和高比例财产税，即对那些高收入者和富有者的收入与财富征税,另外还可以为低收入家庭提供补助。

【专栏一】税收政策与拉弗曲线

"拉弗曲线"理论是由"供给学派"的代表人物、美国南加利福尼亚商学研究院教授阿瑟·拉弗提出的。该理论之所以被称为"供给学派"是因为它主张以大幅度减税来刺激供给从而刺激经济活动。"拉弗曲线"的基本含义是:税收并不是随着税率的增高在增高,当税率高过一定点后,税收的总额不仅不会增加,反而还会下降。因为决定税收的因素,不仅要看税率的高低,还要看课税的基础即经济主体收入的大小。过高的税率会削弱经济主体的经济活动积极性,因为税率过高会导致企业只有微利甚至无利,企业便会心灰意冷,纷纷缩减生产,使企业收入降低,从而削减了课税的基础,使税源萎缩,最终导致税收总额的减少。极端地,当税率达到100%时,就会造成无人愿意投资和工作,政府税收也将降为零。后来,"拉弗曲线"理论得到了美国前总统罗纳德·里根的支持。在1980年的总统竞选中,里根将拉弗所提出的"拉弗曲线"理论作为"里根经济复兴计划"的重要理论之一,并以此提出一套以减少税收、减少政府开支为主要内容的经济纲领。里根执政后,其减税的幅度,在美国的历史上实为罕见,对改善当时的"滞胀"起到了一定的作用。

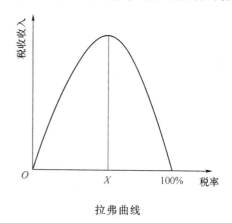

拉弗曲线

(5) 国债

作为一种财政信用形式,国债最初是用来弥补财政赤字的,随着信用制度的发展,国债已成为调节货币供求、协调财政与金融关系的重要政策手段。国债的调节作用,主要体现为一下三种效应:一是"挤出效应"。即由于国债的发行,使民间部门的投资或者消费资金的减少,从而对民间的部门的投资和消费起到调节作用。二是"货币效应"。即国债发行引起货币供求变动。它一方面可能使部分"潜在货币"变为现实流通货币,另一方面可能把存于民间部门的货币转到政府部门,或由于中央银行购买国债增加货币的投放。由国债发型所带来的一系列变动都被称为"货币效应"。三是"收入效应",不论是以未来年度增加税收还是以发行新债来偿还,国债持有者在国债到期时,不仅收回本金而且得到利息报偿。而政府发行国债主要用于社会公共需要,这样,在一般纳税人和国债持有者之间就产生了收入转移问题。此外国债带来的收入与负担问题,不仅影响当代人,而且还存在着所谓"代际"收入与负担的转移问题。

政府可以通过调整国债规模,选择购买对象,区分国债偿还期限,制定不同国债利率等来实现财政政策的目标。在现代信用经济条件下,国债的市场操作是沟通财政政策与货币政策的主要载体,通过国债的市场操作,可以协调两大政策体系的不同功能。一方面,可以淡化赤字的通货膨胀后果,因为国债的市场融资比政府直接向央行透支,对挤出货币的变动影响小;另一方面,可以增加中央银行灵活调节货币供应的能力。

3. 财政政策的类型

(1) 自动稳定的财政政策和相机抉择的财政政策

根据调节经济周期的作用来划分,财政政策可以分为自动稳定的财政政策和相机抉择的财政政策。

自动稳定的财政政策,是指这种政策本身具有内在的调节功能,能够根据经济波动情况,无须借助外力而自动地发挥稳定作用,即能够在经济高涨时自动抑制通货膨胀,防止经济过热;在经济衰退时自动减轻萧条而无须政府采取任何行动,具有熨平经济波动的效果。我们也把这种具有自动稳定功能的政策手段称为自动稳定器。在财政政策工具中,税收和转移支付具有自动稳定器功能。

首先来看税收。当经济衰退时,国民产出水平下降,个人收入减少;在税率不变的情况下,政府税收会自动减少,留给人们的可支配收入会少减少,从而使消费和需求也少下降。尤其是在实行累进税的情况下,经济衰退使纳税人的收入自动进入较低纳税档次,政府税收下降的幅度会超过收入下降的幅度,从而可起到抑制衰退的作用。反之,当经济繁荣时,人们收入自动增加,税收会随个人收入增加而增加,可支配收入也就会少增加,从而消费和需求也少增加。在实行累进税的情况下,繁荣使纳税人自动进入较高的纳税档次,政府税收上升的幅度会超过收入上升的幅度,从而起到抑制通货膨胀的作用。

其次来看转移支付。这里的转移支付主要是指社会保障类支出以及社会福利费的支付。当经济出现衰退与萧条时,失业增加,符合救济条件的人数很多,失业救济和其他社会福利开支就会相应增加,这样就可以抑制人们收入特别是可支配收入的下降,进而抑制消费需求的下降。当经济繁荣时,失业人数减少,失业救济和其他福利费支出也会自然减少,从而抑制可支配收入和消费的增长。

相机抉择的财政政策,意味着这种政策本身不具有内在的调节功能,需要借助外力才能对经济产生调节作用。一般来说,这种政策是政府利用本身财力有意识干预经济运行的行为。例如政府根据当时的经济情况采用不同的财政政策来消除通货膨胀缺口或者通货紧缩缺口。相机抉择的财政政策也分为两类:汲水政策和补偿政策。汲水政策,从字面意思来理解,这种政策犹如水泵里缺水不能吸进地下水,需要注入少许引水,以恢复抽出地下水的功能。汲水政策是对付经济波动的财政政策,是在经济萧条时靠付出一定数额的公共投资使经济自动恢复其活力的政策。补偿政策是指政府有意识地从当时经济状态的反方向调节景气变动幅度的财政政策,以达到稳定经济波动的目的。在经济繁荣时期,为了减少通货膨胀因素,政府通过增收减支等政策以抑制和减少社会有效需求;而在经济萧条时期,为了减少通货紧缩因素,政府则通过增支减收等政策来增加消费和投资需求,谋求整个社会经济有效需求的增加。

虽然汲水政策和补偿政策都是政府有意识的干预政策,但其区别是明显的:一是汲水政策只借助于公共投资以补偿民间投资的减退,是医治经济萧条的处方,而补偿政策是一种全面的干预政策,它不仅在使经济从萧条走向繁荣中得到运用,而且还可运用于控制经济过度繁荣;二是汲水政策的实现工具主要是公共投资,而补偿政策的载体不仅包括公共投资,还有所得税、消费税、转移支付、财政补偿等;三是汲水政策的公共投资不能是超额的,而补偿政策的财政收支可以超额增长;四是汲水政策的调节对象是民间投资,而补偿政策的调节对象是社会经济的有效需求。

(2)扩张性、紧缩性和中性的财政政策

根据调节国民经济总量的不同功能,财政政策可以分为扩张性财政政策、紧缩性财政政策和中性财政政策。

扩张性财政政策,是指通过财政收支规模的变动来增加和刺激社会总需求,在总需求不足时,通过扩张性的财政政策使总需求与总供给的差额缩小以达到平衡。扩张性财政政策的载体主要是增加财政支出和减少税收,两者相比,前者的扩张效应更大一些。财政支出是社会总需求的直接构成因素,财政支出规模的扩大会直接增加总需求,减税政策可以增加民间的可支配收入,在财政支出规模不变的情况下,也可以扩大社会总需求。在增加支出与减税并举的情况下,有可能导致财政赤字,因此扩张性财政政策等同于赤字财政政策。

紧缩性财政政策,是指通过财政收支规模的变动来减少和抑制总需求,在国民经济已出现总需求过旺的情况下,通过紧缩性财政政策可以消除通货膨胀,达到供求平衡。实施紧缩性财政政策的手段主要是减少财政支出和增加税收。减少支出可以降低政府的消费需求和投资需求。所以,无论是减少支出还是增加税收,都具有减少和抑制社会总需求的效应。在减少支出和增加税收并举的情况下,有可能导致财政盈余,因此紧缩性财政政策等同于盈余财政政策。

中性财政政策,是指财政收支活动对社会总需求的影响保持中性,既不产生扩张效应,也不产生紧缩效应。在一般情况下,中性财政政策要求财政收支保持平衡。但预算收支平衡财政政策并不等同于中性财政政策。因为通过支出结构的调整和税收政策调整,同样可以对经济发挥调节作用,而且平衡预算本身也具有乘数效应。

二、财政政策效应

财政政策效应或者有效性是指使用财政政策工具对总需求的影响,如果增加政府开支或者减少税收能够使国民收入有较大增加,则财政政策较为有效;反之,政策效果小。下面我们将通过前面学过的 IS-LM 模型来分析财政政策的效果。

1. 财政政策有效性——IS-LM 模型分析

通过前面的学习我们知道,在 IS-LM 模型中,政府支出增加或者税收减少,会使得 IS 曲线向右移动,反之则向左移动。表面上看,扩张性的财政政策能增加国民收入,紧缩性的财政政策能减少国民收入,事实上,财政政策的效果会因 IS-LM 曲线的斜率不同而有所差别。下面我们将分三种情况进行分析。

(1) LM 曲线斜率不变

在 LM 曲线斜率不变的情况下,财政政策的有效性就取决于 IS 曲线的斜率。即在给定的 LM 曲线下,政府收支变化使 IS 曲线变动从而对国民收入变动产生的影响。

显然,我们可以发现,在 LM 曲线不变时,IS 曲线斜率的绝对值越大,即 IS 曲线越陡峭,则移动 IS 曲线时国民收入的变化就越大,财政政策的效果就越大;反之,IS 曲线越平坦,则 IS 曲线移动时国民收入的变化就越小,财政政策的效果就越小。

图 17-1 和图 17-2 中,假定 LM 曲线即货币市场均衡情况完全相同,并且初始均衡收入 y 和利率 r 也完全相同,政府实行一项扩张性财政政策,如增加政府支出或者减少税收,假定增加的支出是相等的。则会使 IS 曲线从 IS_1 向右移动至 IS_2,移动的距离都为 E_1E_3,我们可以看出,一笔政府支出能带来若干倍国民收入的增加。从图上来看,收入应该从 y_1 增加到 y_3。但事实上收入是不可能增加到 y_3,这是因为如果收入要增加到 y_3,利率必须不变,但这是不可能的,由于 IS 曲线向右上方移动时,国民收入增加了,因而对货币的交易需求增加了,而货币供给不变,人们用于投机需求的货币减少,利率会上升。我们可以发现,无论 IS 曲线的斜率如何,只要 LM 曲线是倾斜的,政府开支的增加都会使得均衡利率上升,利率的上升抑制了私人投资,这也就是所谓的"挤出效应",即政府支出的增加所引起的私人消费或投资降低的效果。因此,新的均衡点只能处于 E_2,收入不可能增加到 y_3 而只能增加到 y_2。

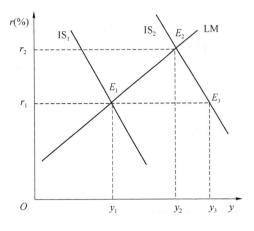
图 17-1　财政政策效果大

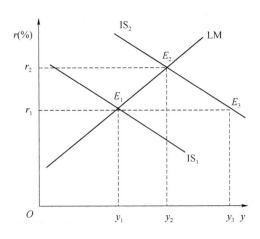
图 17-2　财政政策效果小

从图中我们还可知道,图 17-1 的 IS 曲线斜率的绝对值要大于图 17-2 的 IS 曲线斜率的绝对值,也即为前者要比后者更为陡峭。通过前面的学习我们知道,IS 曲线的斜率大小主要由投资的利率系数所决定,IS 曲线越平坦,表示投资的利率系数越大,即利率变动一定幅度所引起的投资变动的幅度越大。如果投资对利率变动的反应较为敏感,扩张性的财政政策就会挤占更多的私人投资,从而使得国民收入增加较少,财政政策效果越小。图中 y_2,y_3 就表示为挤出效应所减少的国民收入,可以看到图 17-1 的挤出效应较小,因而财政政策更为有效。

(2) IS 曲线斜率不变

我们来看另一种情况,当 IS 曲线斜率不变时,财政政策的效果又随着 LM 曲线斜率的不同而不同。LM 曲线斜率越大,即 LM 曲线越陡峭,则移动 IS 曲线时收入的变化就越小,即财政政策效果就越小,反之,LM 曲线越平坦,则财政政策的效果就越大。如图 17-3 和图 17-4 所示,可以看出,图 17-3 中的 LM 曲线斜率大于图 17-4 中的 LM 曲线斜率,换一种说法,前者的 LM 曲线更陡峭,这时,如果政府购买支出增加相同数额,那么从图上可以看出,后者的政策效果更大,即在相同规模的政府购买或者减税的财政政策下,具有较为平缓的 LM 曲线带来的政策效果更为明显。这是因为,在这种情况下,相同的政府购买支出或减税在 LM 曲线较为平缓时比 LM 曲线较为陡峭时利率升高的幅度要小,也就是在 LM 曲线斜率较小时挤出效应也较小。

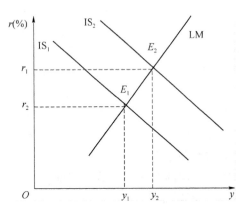
图 17-3　财政政策效果小

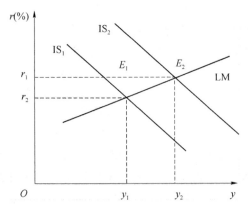
图 17-4　财政政策效果大

（3）凯恩斯极端

凯恩斯极端是指 LM 曲线水平同时 IS 曲线垂直的情况,这时财政政策完全有效而货币政策完全无效。凯恩斯认为,当利率较低,而投资对利率不敏感时,只有财政政策才能对克服萧条、增加就业和收入产生效果,在这种情况下,财政政策非常有效而货币政策无效。这是由于 LM 为水平线意味着当利率降到非常低的时候,货币需求的利率弹性为无穷大。这样,持有货币而不购买债券的利息损失是极小的,而购买债券的资本损失风险极大。因此,政府要想通过增加货币供给来降低利率进而刺激投资的是不可能有效的。但此时如果政府要通过增加支出或者减税的财政政策来增加总需求则十分有效,并且不会产生"挤出效应"。

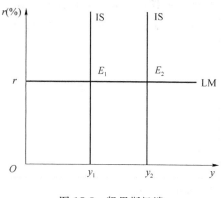

图 17-5 凯恩斯极端

从上面的分析我们可以得出以下结论:IS 曲线越陡峭,LM 曲线越平缓,财政政策就更为有效。

2. 财政政策有效性——其他因素

财政政策的实施效果,除了与上面我们所学习的 IS 曲线和 LM 曲线斜率有关以外,还与其他因素有着密切关系。如政策时滞,即政策从制定到获得主要的或全部的效果所经历的时间。所有政策都有时滞,财政政策也不例外,以相机抉择的财政政策来说,具有认识时滞、行动时滞、决策时滞、执行时滞和效果时滞。认识时值是指从经济现象发生变化到决策者对这种需要调整的变化有所认识所经过的时间。认识时滞的长短主要取决于行政部门所掌握信息和准确预测的能力。行动时滞指财政当局在决定采用何种政策之前对经济问题调查所耗费的时间。这两种时滞属于内部时滞,属于财政当局实施政策之前所占用的时间。这两种时滞的长短,一方面取决于财政当局收集资料和研究形势所花费的时间和行动的效率;另一方面取决于财政政策实施所要达到的政治与经济目的,如果是多目标,还需要对政策目标的优先顺序进行选择。外部时滞是指从财政当局实施财政政策之后到对经济体系产生影响的时间。这主要包含决策时滞,指财政当局将分析结果提交立法机构审议通过所占用的时间;执行时滞,指政府议案在立法机构通过交付有关单位付诸实施所经历的时间;效果时滞,指从政策正式实施到对经济产生影响所需要的时间。这三种时滞直接影响社会经济活动,成为外部时滞。政策时滞对宏观经济政策的实施效果有很大影响,对于相机抉择的财政政策,如果在经济衰退时期想要采取扩张性的财政政策以刺激经济,若财政当局未准确预测或判定经济走向,又或者决策时滞和执行时滞较长,很有可能在经济已经走出衰退才开始实施,结果与当初的刺激经济的目的恰好相反,在这种情况下,政策反而是无效的。除了政策时滞之外,公众的预期和政治因素等方面也对财政政策效果有很大影响。

【专栏二】凯恩斯的"挖坑"理论——扩张性的财政政策

凯恩斯在 1936 年所写的《通论》曾经提出一个非常著名的"挖坑"理论:雇两百人挖坑,再雇两百人把坑填上,这叫创造就业机会。雇两百人挖坑时,需要发两百个铁锹;当发放铁锹时,生产铁锹的企业开工了,生产钢铁的企业也开始生产了;当他发铁锹时还得给工人发工资,这时食品消费也增加了。等他再雇两百人把坑填上时,还得发两百把铁锹,还得发工资,继续促进生产铁锹的企业和生产钢铁的企业生产产品,并同时促进食品开支。也就是说,当一国经济萧条时,政府应该对经济进行干预,用这只"看得见的手",通过发国债的方式把经济拉起来,让经济从萧条中摆脱出来。凯恩斯的理论也的确使西方国家走出经济危机。"二战"以后,西方几乎所有国家都开始对经济进行宏观调控,凯恩斯因此被誉为资本主义的"救星"以及"战后繁荣之父"。

第三节　货币政策及其效应

一、货币政策

1. 货币政策定义

所谓货币政策,是指一国政府为了实现一定的宏观经济目标所制定的关于调整货币供应的以及通过货币供应量来调节利率进而影响投资和整个经济的行为。货币政策不像财政政策直接影响总需求的规模,而是通过利率间接影响总需求。

2. 中央银行和商业银行

要了解货币政策,就必须了解银行制度和存款创造以及货币供给的原理。目前,大部分国家的金融机构都包含两大类:中央银行和金融中介机构。

中央银行是一国最高金融当局,管理全国的金融活动,实施货币政策来影响经济。中央银行一般来讲有以下三种职能:

第一,中央银行是发行的银行,即垄断银行券的发行权,成为全国唯一的现钞发行机构。

第二,中央银行是银行的银行,即中央银行也具有银行的固有业务特征,只不过业务对象不是一般企业和个人而是商业银行和其他金融机构。作为银行的银行,其具体职能表现在以下三个方面:一是集中存款准备;二是作为商业银行的最终贷款人;三是组织全国的清算。

第三,中央银行是国家的银行,即中央银行代表国家贯彻执行财政金融政策,代理国库收支以及为国家提供各种金融服务。

以我国的中央银行——中国人民银行为例,其具有以下具体职能:

依法制定和执行货币政策;按照规定监督和管理银行间同业拆借市场、债券市场、外汇市场和黄金市场;防范系统性金融风险,维护国家金融稳定;确定人民币汇率政策,维护合理的人民币汇率水平,实施外汇管理,持有、管理和经营国家外汇储备合黄金储备;发行人民币,管理人民币流通;管理国库;会同有关部门制定支付结算规则,维护支付、清算系统地正常运行;制定和组织实施金融业综合统计制度,负责数据汇总和宏观经济分析与预测;组织协调国家反洗钱工作,指导、部署金融业反洗钱工作,承担反洗钱的资金检测职责;管理信贷征信业,推动建立社会信用体系;作为国家的中央银行,从事有关国际金融活动;按照有关规定从事金融业务活动;承担国务院交办的其他事项。

除了中央银行之外,金融中介机构中最主要的是商业银行,其他还有信用协会、保险公司等。其中商业银行的主要业务是负债业务、资产业务和中间业务三类。其中,吸收存款是主要的负债业务。这里的存款包含活期存款、定期存款和储蓄存款。资产业务主要包含放款和投资两类。放款业务是为企业提供短期贷款,包含票据贴现、抵押贷款等。投资业务就是购买有价证券以取得收入。中间业务即代为客户办理支付事项和其他委托事项,从中收取手续费的业务。

3. 存款创造和货币乘数

(1) 准备金制度

为了进一步讨论存款的创造过程,我们还有必要明确一下几个概念:活期存款(D):指事先不用通知就可以直接提取的银行存款。活期存款是最重要的货币,因为通过活期存款可以创造出更多的货币。虽然活期存款可以随时提取,但很少会出现所有储户在同一时间取走全部存款的现象。因此,银行可以把绝大部分存款用来从事贷款或者购买短期债券等盈利活动,只需要留下一部分存款作为应付提款所需要的准备金即可,这就是存款准备金(R),指银行经常保留的供支付存款提取用的一定金额。在现代银行制度中,这种准备金在存款中应占的最小比例是由政府(具体由中央银行代表)决定的,也就是法定存款准备金率(r):法定存款准备金与活期存款的固定比例叫做法定存款准备金率,即 $r_d = RR/D$。按法定存款准备金率提取的准备金就称为法定存款准备金(RR)。

(2) 存款创造原理和货币供给乘数

存款创造指的是一种金融现象,即一笔存款在银行体系内流转,会转化成数倍的银行存款。这里的存款就是我们上面所提到的活期存款。究竟存款在银行体系内是如何创造的?我们通过一个例子来说明:假定银行客户将所有货币收入都以活期存款形式存入银行,法定准备金率为20%。在这种情况下,甲客户将100万元存入自己的A银行账户,银行系统就因此增加了100万元。A银行按法定准备金率保留20万元作为准备金存入中央银行,其余80万元全部贷出,假定是借给一家公司购买机器,机器制造厂乙得到这笔从甲银行开来的支票又全部存入与自己有往来的B银行,B银行得到80万元支票存款后拿出16万元作为法定准备金存入中央银行,然后再贷出64万元,得到这笔贷款的丙厂商又会把它存入与自己有往来的C银行,C银行留下其中的12.8万元作为准备金存入中央银行,其余51.2万元贷出。由此不断存贷下去,那么各个银行的贷款和存款的总和如表17-1所示。

表 17-1 银行体系存款创造举例

存款人	银行存款(万元)	银行贷款(万元)	存款准备金(万元)
甲	100	80	20
乙	80	64	16
丙	64	51.2	12.8
⋮	⋮	⋮	⋮
合计	500	400	100

从我们上面的叙述和表格中列举的数字可以知道,银行体系内新增的活期存款、贷款以及存款准备金都是一个无穷几何级数。其计算方法如下:

新增存款:$100 + 80 + 64 + 51.2 + \cdots$

$= 100 \times (1 + 0.8^1 + 0.8^2 + 0.8^3 + \cdots + 0.8^{n-1})$

$= 100/(1 - 0.8) = 500$ 万元

新增贷款:$80 + 64 + 51.2 + \cdots$

$= 100 \times (0.8 + 0.8^1 + 0.8^2 + 0.8^3 + \cdots + 0.8^n)$

$= 400$ 万元

一般来说,我们用 ΔD 来代表商业银行体系内的新增活期存款总额;ΔR 代表商业银行体系内最初的存款,也称为原始存款;r 代表法定准备金率,那么我们有如下关系式:

$$\Delta D = \Delta R(1/r)$$

在这个式子当中,我们称 $1/r$ 为货币供给乘数,即商业银行新增活期存款总额与原始存款增量的比率,其经济含义是商业银行体系每增加一元原始存款将使活期存款总和扩大为这笔原始存款的 $1/r$ 倍。如果我们用 k 来表示货币供给乘数,则 $k=1/r$,也就是法定准备金率的倒数。

从上面的分析可知,货币供给不能只考虑货币当局开始投放的货币量,而必须更为重视派生存款,即由货币供给乘数作用而增加的货币供给量。根据上面的关系式我们知道,除了起初的货币投放量,货币供给量或者派生存款主要与法定存款准备金率有关,法定准备金率越大,乘数越小,法定准备金率越小,乘数越大。这是因为,法定准备金率越大,商业银行吸收的存款中用于贷款的份额就越小,而下一轮转化为存款再贷出的规模会进一步减少。当然,这里的原始存款增量也可以为负数,即减少货币供给或存款,这时,整个银行体系的活期存款总额会收缩。

在现实生活中,货币供给乘数还受到很多因素的影响。第一,客户会从活期存款账户支出一部分现金。即客户取现会使活期存款减少,准备金也相应减少。我们将现金支付总额与存款总额的比率成为现金漏损率,用 c 表示。同样,现金漏损率对活期存款总额也具有乘数效应。第二,各商业银行虽然不愿保持超额准备金,但总会出现各种各样使得商业银行存有超额准备金的情况。超额准备金与存款总额的比率成为超额准备金率,我们用 e 表示。那么在现实生活中的货币供给乘数应为:

$$k=1/(r+c+e)$$

相应地,我们将 $k=1/r$ 称为简单货币供给乘数。在我们后面的学习中,为了分析简便,货币供给乘数均指简单货币供给乘数。

4. 货币政策工具

货币政策工具分为一般性货币政策工具和选择性货币政策工具。一般性政策工具有再贴现率、公开市场业务和法定准备金率三种;选择性货币政策工具有直接信用控制和间接信用控制。在这里我们主要学习一般性货币政策工具,对选择性货币政策工具只做简单介绍。

(1)再贴现率

这是美国中央银行最早运用的货币政策工具。"贴现"原指企业把未到期的商业票据卖给商业银行来换取资金。"再贴现"本指商业银行把商业票据出售给当地的联邦储备银行也就是美国的中央银行,联邦储备银行按贴现率扣除一定利息后再把所贷款项加到商业银行准备金账户上作为增加的准备金。再贴现率指的是中央银行对商业银行及其他金融机构的放贷利率。现在西方国家一般把中央银行给商业银行的贷款叫贴现,变动再贴现率也被称为贴现政策,指货币当局(中央银行)通过变动自己对商业银行所持票据再贴现的再贴现率来影响贷款的数量和基础货币量的政策。再贴现率变动影响商业银行贷款数量的机制如下:当中央银行提高再贴现率,使之高于市场利率时,商业银行向中央银行借款或再贴现的资金成本上升,这就必然减少向中央银行借款或再贴现,这使商业银行的准备金相应缩减。如果准备金不足,商业银行就只能收缩对客户的贷款和投资规模,从而也就缩减了市场的货币供应量。随着市场货币供应量的缩减,银根紧俏,市场利率也相应上升,社会对货币的需求也就相对减少。而当中央银行降低再贴现利率,使其低于市场利率时,商业银行向中央银行借款或再贴现的资金成本降低,这就必然增加其向中央银行的借款或再贴现,商业银行的准备金相应增加,这就必然会使其扩大对客户的贷款和投资规模,从而导致市场货币供给量的增加。随着市场货币供给量的增加,银根松动,筹资较易,市场利率相应降低,社会对货币的需求也会相应增加。但如果存在过高的利润预期或商业银行对经营前景毫无信心等更强烈的因素,则再贴现率的变动所产生的货币供应量变化的效果是十分有限的。除此之外,变动再贴现率的货币政策工具不能使中央银行有足够的主动权,商业银行是否愿意到中央银行申请再贴现,数额多少,都与商业银行有关,中央银行无法控制。如果商业银行可以从其他渠道筹措资金而不需中央银行再贴现,此项工具便不能起到应有效果。

(2) 法定准备率

法定准备率是指中央银行规定的商业银行等存款机构的准备金在存款中的比率。中央银行如果认为需要增加货币供给,就可以降低法定准备率,使所有的存款机构对每一笔客户的存款只要留出更少的准备金,换另一种说法,就是使每一块钱都可以支撑更多的存款,就等于增加了银行的准备金,反之,提高法定准备率相当于减少了银行的准备金。法定准备率通常被认为是货币政策的最猛烈的工具之一,其政策效果表现在以下几个方面:一是法定准备率由于是通过货币乘数影响货币供给,因此即使准备率调整的幅度很小,也会引起货币供应量的巨大波动;二是即使存款准备率维持不变,但其本身也在很大程度上制约了商业银行体系创造派生存款的能力;三是即使商业银行等存款机构持有超额准备金,法定准备金的调整也会产生效果,即相应地调整了超额准备金的数额。法定准备率作为政策工具来调整货币供给也有一定的局限性,这是因为变动法定准备率的效果较为强烈,对整个经济和社会心理预期都会产生显著的影响,因此它不宜作为中央银行日常调控货币供给的工具。同时,存款准备金对各类银行和不同种类存款的影响不一致,因而很难把握变动准备率带来的货币政策的实施效果。

(3) 公开市场业务

公开市场业务是目前中央银行控制货币供给最重要也是最常用的工具。公开市场业务是指中央银行在金融市场上公开买卖政府债券以控制货币供给和利率的政策行为。当中央银行在公开市场上购买政府债券时,商业银行和其他存款机构的准备金将增加,当中央银行售出政府债券时,准备金的变动就会引起货币供给按乘数成倍变动。同时,中央银行买卖政府债券的行为,也会引起债券市场上需求和供给的变动,因而影响到债券价格以及市场利率。当中央银行要购买债券时,对债券的市场需求增加,债券价格上升,而利率会下降。

同再贴现率和法定准备率这两种政策工具相比,公开市场业务具有明显的优越性。这是由于中央银行能够运用公开市场业务,影响商业银行准备金,从而直接影响货币供应量;公开市场业务还能够使中央银行随时根据金融市场的变化,进行经常性、连续性的操作,自由决定买卖债券的数量、时间和方向,而且中央银行即使有时会出现某些政策失误,也可以及时纠正;通过公开市场业务,中央银行可以主动出击,不会像贴现政策那样,处于被动地位;公开市场业务的规模和方向可以灵活安排,中央银行可以对货币供应量进行微调,而不像存款准备金的变动那样对货币供应产生剧烈的波动。如果中央银行希望大量变动货币供给,就可以根据改变量的规模来决定买进或卖出政府债券的数量;如果希望少量变动货币供给,就可以买卖少量的政府债券。

以上三大货币政策工具通常需要相互配合使用。如中央银行在公开市场中出售政府债券使市场利率上升后,再贴现率必须相应提高,以防止商业银行增加贴现,这也会导致商业银行为避免亏损提高对客户的贷款利率。

除了以上所介绍的一般性货币政策工具外,还可以有选择地对某些特殊领域的信用加以调节和影响的措施,称为选择性货币政策工具。如道义劝告(moral suasion),指的是中央银行利用其声望和地位,对商业银行和其他金融机构发出通告、指示或与各金融机构的负责人举行面谈,劝告其遵守政府政策并自动采取贯彻政策的相应措施。又如规定存款最高利率限制,用来防止银行用抬高利率的办法相互竞争来吸收存款和为谋取高利而进行的高风险存贷行为。

5. 货币政策传导机制

通过变化货币供给来影响产出和物价水平的途径称为货币政策传导机制。货币政策传导机制包含相互联系的两个问题:一是货币供给如何影响总需求;二是总需求的变动如何影响产出和物价水平。大多数经济学家在第一个问题上都有一致结论,就是中央银行增加货币供给会刺激总需求,减少货币供给会抑制总需求,而对第二个问题,不同经济学家对货币供给影响总需求的途径不同,因此得出的结论也不同。在这里,我们主要介绍早期的货币政策传导机制,分别为凯恩斯学派的货币传导机制理论和早期货币学派的传导机制理论。

(1) 凯恩斯学派的货币政策传导机制理论

凯恩斯学派的货币政策传导机制理论也可以称为利率效应,其最初的思路可以归纳如下:通过货币供给 M 的增减影响利率 r,利率的变化则通过对资本边际效益的影响使得投资 I 以乘数方式增减,进而影响总支出 E 和总收入 Y。如果用符号来表示凯恩斯学派的货币政策传导机制理论则如图 17-6 所示。

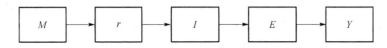

图 17-6 凯恩斯学派货币政策传导机制理论图

在这个传导机制发挥作用的过程中,主要环节是利率:货币供应量的调整首先影响利率的上升或下降,然后才使投资以及支出发生变化。凯恩斯学派的货币政策传导机制强调利率的作用,也就是货币供给能够通过利率影响总需求,必须具备两个条件:一是利率能够随货币供给的增加而下降。如果利率低到持有货币的机会成本几乎为零时,也就是出现流动性陷阱时,增加货币供给就不会使得利率下降,那么总需求也不会增加。二是投资需求对利率变化有较大弹性。如果企业对投资前景的预期较为悲观,即使利率下降,投资也未必增加。在这种情况下,增加货币供给就不能增加总需求。凯恩斯认为,一方面,利率下降有一个下限,资本边际效率下降;另一方面,他认为企业投资更多的依靠"动物性冲动",即投资与利率的关系并不明显。所以,凯恩斯学派对增加货币供给刺激总需求呈怀疑态度,认为只有财政政策才能刺激总需求。

(2) 货币学派的货币政策传导机制理论

与凯恩斯学派不同,货币学派认为,利率在货币政策传导机制中不起重要作用。他们更强调货币供应量在整个传导机制上的直接效果。货币学派将非人力资产分为股票、公债、私人债券、货币和实物资产五种形式。当物价水平一定时,增加货币供给意味着货币代表的财富增加。这是因为货币供给增加的证券价格上涨时证券代表的财富增加。财富增加会刺激消费,从而增加总需求。增加货币供给会增加等量金融资产代表的财富,从而刺激总需求。因此,货币政策的传导机制不是通过利率间接地影响投资和收入,而是通过财富变动直接影响支出和收入。相对于利率效应,货币学派的货币政策传导机制强调货币供给的变动影响的是消费而不是投资。货币政策影响总需求的过程是直接和迅速的,无须通过利率来传导。

除了以上两种货币政策传导机制理论外,还有托宾的 q 理论、信贷传导机制理论等。

6. 货币政策类型

与财政政策相同,根据调节国民经济总量的不同功能,货币政策可以分为扩张性的货币政策、紧缩性的货币政策和中性的货币政策。

扩张性的货币政策是指货币供应量超过经济过程中对货币的实际需要量,其主要功能是刺激社会总需求的增长。如在公开市场上买入国债,相当于投放了一笔货币,增加了货币供应量;或者降低法定准备率,这些都是扩张性的货币政策。

紧缩性的货币政策是指货币供应量小于货币的实际需要量,其主要功能是抑制社会总需求的增长。如在公开市场中卖出国债,回笼一部分基础货币,相当于减少了货币供应量;或者提高法定准备率,这些都是紧缩性的货币政策。

中性的货币政策是指货币供应量大体上等于货币需要量,对社会总需求和总供给的对比状况不产生影响。

二、货币政策效果

货币政策的效果或者有效性指的是变动货币供给量的政策对总需求的影响,假定增加货币供给能使国民收入有较大增加,则货币政策较为有效;反之,则政策效果小或者并非十分有效。

1. 货币政策的有效性——IS-LM 曲线分析

与财政政策一样,货币政策的有效性同样取决于 IS 曲线和 LM 曲线的斜率。我们这里也分两种情况进行讨论。

(1) LM 曲线斜率不变

当 LM 曲线斜率不变时,IS 曲线越平坦,由于货币政策导致的货币供给量的变化而引起的 LM 曲线的移动对国民收入的影响就越大,货币政策有效;反之,IS 曲线越陡峭,就说明 LM 曲线移动对国民收入变动的影响就越小,货币政策效果小。

如图 17-7 和图 17-8 所示,图 17-8 中的 IS 曲线较为平坦,当货币供给使 LM 曲线从 LM_1 向右移动到 LM_2 时,当 IS 曲线较为平坦时,国民收入增加较多,即货币政策较为有效;当 IS 曲线较为陡峭时,国民收入增加较少,即货币政策效果较小。这是因为,IS 曲线较为陡峭时,表示投资的利率系数较小,也就是说投资对利率变动的敏感程度较小,因此,LM 曲线由于货币增加而向右移动时使利率下降,而投资不会增加很多,因此国民收入也不会有较大地增加;反之,当 IS 曲线较为平缓时,表示投资的利率系数较大,即投资对利率变化较为敏感,因此当货币供给增加使得利率下降时,投资和收入会增加较多。

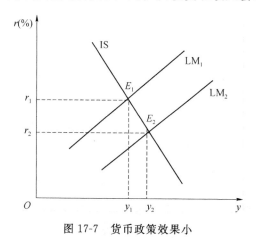

图 17-7 货币政策效果小

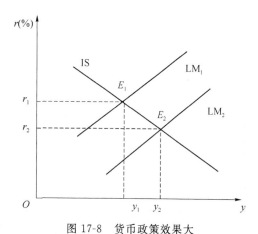

图 17-8 货币政策效果大

（2）IS 曲线斜率不变

当 IS 曲线斜率不变时，LM 曲线越平坦，货币政策效果就越小；反之，LM 曲线越陡峭，货币政策就更为有效。在图 17-9 和图 17-10 中，LM 曲线都向右移动了相同的距离，但由于斜率不同，对产出的影响也不同，这是因为，当 LM 曲线较为平坦时，说明货币需求受利率的影响较大，即利率稍微变动就会使货币需求大幅变动，因而货币供给量变动对利率变动的作用较小，因此增加货币供给量的货币政策就不会对投资和国民收入有较大影响；反之，如果 LM 曲线较为陡峭，说明货币需求受利率的影响较小，即货币供给增加会使利率下降较多，因而投资和国民收入增加较多，货币政策较为有效。

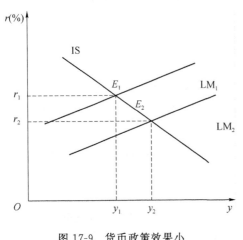

图 17-9 货币政策效果小

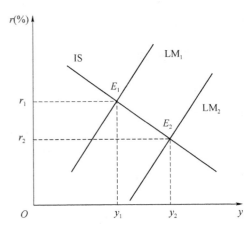

图 17-10 货币政策效果大

总之，扩张的货币政策如果能使利率下降过多，并且利率下降能够对投资起较大的刺激作用，货币政策就较为有效，否则货币政策效果便不明显。

（3）古典主义极端情况

图 17-11 是古典主义的极端情况，在这种情况下，LM 曲线垂直，在这种情况下货币政策完全有效而财政政策无效。如果 LM 曲线是垂直的，则增加货币供给的货币政策能最大程度的发挥作用。这是因为一方面 LM 曲线垂直，说明货币需求的利率系数为零，即利率已经高到人们持有货币的成本极大，并且认为债券价格只涨不跌，从而导致人们不再愿意持有货币。而这时如果政府推行扩张性财政政策，私人部门没有闲置资金，那么只有减少同等规模的投资才能给予政府相应的款项，因此，在这样的情况下，政府支出的增加必然带来等量的私人投资的减少，"挤出效应"是完全的。另一方面，IS 曲线是水平的，意味着投资需求的利率系数为无限大，利率的微小变动会导致投资的巨大变化。而此时，货币政策完全有效，是因为当货币供给增加使利率下降时，会使得投资大幅地增加，进而使得国民收入大幅增加。这种情况之所以称为古典主义极端，是因为古典

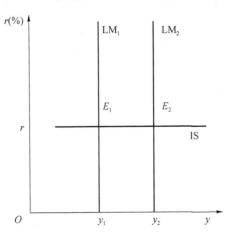

图 17-11 古典主义极端

学派认为货币需求只与产出水平有关,而同利率水平关系不大,因而货币需求的利率系数极小。即古典学派认为 LM 曲线是一条垂直线。货币供应量的任何变动都会对产出有极大影响。货币政策是唯一有效的政策。

从上面的分析我们可以得出结论:IS 曲线越平坦,LM 曲线越陡峭,货币政策就更为有效。

西方经济学家认为,古典主义极端和凯恩斯主义极端在现实中都是极少见到的,常见的状态是 LM 曲线向上倾斜,IS 曲线向下倾斜。因此,无论是财政政策还是货币政策,都可以对经济起到一定的稳定作用。在衰退时期,多使用财政政策,而在通货膨胀较为严重的时期,应多使用货币政策。

2. 货币政策有效性——其他因素

与财政政策相同,政策时滞也是影响着货币政策效应的重要因素。货币政策也存在内部时滞和外部时滞。如果货币政策可能产生的大部分效应较快地有所表现,那么货币当局就可根据期初的预测值,考察政策生效的状况,并对政策的取向和力度作必要的调整,从而能使政策更好地实现预期的目标。如果政策的效果将在一个较长的时间后才会产生,在这个期间内,经济形势会发生很大变化,那么货币政策的预期效应就很难实现,效果可能就不明显。

货币流通速度也会影响货币政策有效性,对货币流通速度的估算出现偏差或者并未预料到货币流动速度的变化都会使得货币政策的效果受到严重影响,甚至与当初的政策目标相反。

在存在流动性陷阱的情况下,在经济衰退时期实行扩张性货币政策可能效果不明显。因为在经济衰退时厂商对经济前景普遍悲观,即使中央银行增加货币供给量降低利率,投资者也不愿意增加贷款;银行为了安全起见,也不肯轻易贷款。因此,货币政策的刺激经济的效果不佳。

在对成本推动型的通货膨胀来看,货币政策的效果也不明显,这是因为物价上涨如果是由于工资上涨超过劳动生产率的上涨幅度引起的,则中央银行向通过控制货币供给来抑制通货膨胀就比较困难。

除了上述因素之外,还有公众的预期、政策的透明度及其他政治因素等都会影响到货币政策的实施效果。

【专栏三】货币政策——美联储 2001 年的多次降息

20 世纪 90 年代美国经济在克林顿政府时代经历了长达 8 年高涨以后,从 2000 年下半年开始出现衰退迹象。国内生产总值增长率下降;制造业存货从 2000 年 4 月开始连续 9 个月增加,而制造业活动指数和纳斯达克综合股票价格指数则逐月连续下降。

在这样的形势下,美国央行——联邦储备系统连续采取行动:2001 年 1 月 3 日,把联邦基金利率即银行拆借存款准备金的利率从 6.5% 降到 6.0%,1 月 3 日和 4 日把贴现率从 6.0% 降到 5.75%,再从 5.7% 降到 5.5%;1 月 5 日,又实行临时性公开市场操作的政策,3 天内净买进 55 亿美元政府债券、联邦机构证券和抵押贷款证券,以扩张货币供给。1 月 31 日,再把联邦基金利率从 6.0% 降到 5.5%,把贴现率从 5.5% 降到 5.0%。

联储的行动在股票市场上迅速得到了反映。1 月初联储宣布降息后,道—琼斯 30 种工业股票平均价格指数当天上升 299.60 点,纳斯达克综合指数当天也上升 324.83 点。1 月底再次宣布降低贴现率后,股票市场反映就不及月初那样强烈。但人们还是预料,在联储调控下,美国经济有可能避免衰退。

但正如基本理论所说,扩张的货币政策在反衰退方面作用有限。联储几次降息并未能有效刺激经济。这使联储不得不再次降息,从 2001 年年初到 6 月底,联储 6 次降低利息,降幅达

2.75个百分点。分析家们普遍认为,在美联储如此大幅降息动作刺激下,从2000年下半年开始进入疲软状态的美国经济在当年下半年应当出现明显好转。但事实并非如此,美国六、七月经济继续处于低增长甚至停滞状态。尤其使人不安的是,制造业的衰退开始波及其他部门。造成这样疲软的原因,一是企业投资下滑。由于绝大多数企业盈利状况没有改善,不得不裁员,投资继续减少。二是美国经济疲软波及其他国家,日本经济恢复无望,欧洲经济开始放缓,拉美和亚洲一些国家形势仍旧恶化,再加上美元坚挺,美国出口受到严重打击。三是华尔街股市萎靡不振,失业上升,使消费支出增势减缓。正是在这样的背景下,美联储8月21日再次宣布降息,累计降低利率3个百分点,使利率达到了1994年春以来的最低水平。

这次降息,表明了格林斯潘为首的美联储决心运用利率杠杆促使美国经济走出疲软困境。1991年,为了促使经济走出衰退阴影,美联储曾一口气降息9次。这次从2001年1月到8月,又一次连续降息7次,力度可说不小。

自从20世纪50年代以来,联邦储备系统一直就是这样对美国经济进行调节:在经济趋于高涨时,实行适当的收缩,以防止经济过热;在经济趋于衰退时,实行适当扩张,以防止经济过冷。自2003年以来,美国经济逐渐走出衰退,消费者信心逐步恢复,企业盈利能力增强,需求逐步上升,加上国际原油价格大幅上涨,物价水平开始上升。这样,联储认为,可以逐渐调整刺激性货币政策,转而采取加息的紧缩性货币政策。

第四节 两种政策的混合使用

在前面章节中我们了解到,财政政策与货币政策都可以对经济进行调控,如果经济处于萧条状态,政府既可以采用扩张性的财政政策,也可以使用扩张性的货币政策,还可以两种政策结合起来使用。这是因为,这两种政策在应对不同经济问题时,各有所长。一般而言,在经济疲软的形势下,要想通过扩张的宏观经济政策克服需求不足,以促使经济走出困境,货币政策不如财政政策,政府支出增加可以直接增加投资,再同时增加财政性社会保障和社会福利支出所引起的消费支出对扭转经济发展趋势起着关键作用。但是,在经济过热的形势下,要想通过紧缩的宏观经济政策抑制需求过旺,来克服通货膨胀,财政政策不如货币政策,这是因为,财政政策一般而言都是刚性的,不仅难以绝对压缩,甚至增幅都很难减少,并且税收政策和支出政策都需要通过立法程序,时间较长。如果搭配使用,便可以取长补短。

根据财政政策和货币政策分类,我们可以将这两种政策的混合使用分为以下四种形式:

第一,扩张性的财政政策和扩张性的货币政策,也可称为"双松"政策。扩张性的财政政策指采取增加政府支出和减少税收来扩大社会总需求;扩张性的货币政策是指通过降低法定准备率,降低再贴现率以及通过公开市场业务买进政府债券来增加货币供给规模。显然,这两种政策的使用必然会使得社会总需求扩大。在社会总需求严重不足,生产能力和社会资源并未充分利用的情况下,利用这种政策配合,可以刺激经济增长,扩大就业,但可能带来通货膨胀的风险。

第二,紧缩性的财政政策和紧缩性的货币政策,也可称为"双紧"政策。紧缩性的财政政策是指采取减少政府支出和增加税收来减少社会总需求;紧缩性的货币政策是指通过提高法定准备率,提高再贴现率以及通过公开市场业务卖出政府债券来回笼货币供给。与"双松"政策恰恰相反,这两种政策必然会遏制社会总需求的膨胀,但也可能会带来经济停滞的后果。

第三,扩张性的财政政策和紧缩性的货币政策。扩张性的财政政策可以刺激需求,对于克服经济萧条较为有效;而紧缩性的货币政策可以避免过高的通货膨胀率。因此这种政策组合的效应是在保持经济适度增长的同时,尽可能的避免高的通货膨胀,但长期使用这种政策组合会累积巨额的财政赤字。

第四,紧缩性的财政政策和扩张性的货币政策。紧缩性的财政政策可以抑制社会总需求,防止经济过旺和通货膨胀;扩张性的货币政策在于保持经济的适度增长。因此,这种政策组合的效应就是在控制通货膨胀的同时保持适度的经济增长。但过于宽松的货币政策也难以控制通货膨胀。

下面我们通过 IS-LM 模型来对这两种政策的混合使用做一个直观地分析。

如图 17-12 所示,假定经济处于图中所示的 E_1 点,收入为 y_1,利率为 r_0,而充分就业的收入为 y_0。为了达到充分就业状态,政府可以采用扩张性的财政政策,使得 IS 曲线向右移动,国民收入增加的同时利率上升;政府也可以采用扩张性的货币政策使 LM 曲线向右移动,国民收入增加的同时利率下降,这两种政策都可以使得国民收入达到充分就业的收入水平 y_3,但我们发现,不管是采用扩张性的货币政策还是扩张性的财政政策,利率均会发生大幅的下降或上升。如果政府既要想使得国

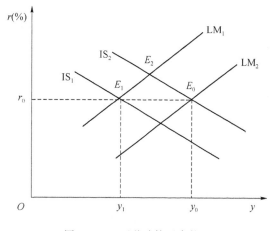

图 17-12 两种政策混合使用

民收入达到充分就业水平 y_0 同时又不想让利率有大幅波动,可以同时采取扩张性的财政政策和扩张性的货币政策。图 17-12 所示的财政政策与货币政策的配合恰好使得最终均衡利率依然为 r_0,而产出达到充分就业产出。

第五节 宏观经济政策及理论的演变

宏观经济学在许多方面是颇有争议的,而且争议的焦点主要集中于对宏观经济形势的判断和对宏观经济中出现的问题如何解决,由此形成了许多学派。尤其是在政府治理经济方面的作用,各学派之间的分歧更大。一部分经济学家认为,政府如果实行"无为而治",充分发挥市场经济的作用,减少政府不必要的干预,宏观经济会自我运行得更好。另一部分经济学家则持相反观点,认为政府在经济的作用是不可或缺的,听任市场经济的自发波动会使宏观经济的目标难以达到。谁都不否定市场经济和政府的作用,但每当出现一个宏观经济问题时,总是有两派意见,一派强调市场的作用,另一派强调政府的作用。至于谈及政府的干预时,对政府应当在多大程度上干预,在什么时候干预,以及实行什么样的政策等诸多方面,在经济学家间又争论不休。在这里我们对宏观经济理论和政策的演变作一简单介绍。

早在 19 世纪,经济学家对经济的长期增长持着一种悲观的态度,以马尔萨斯的人口论为代表,认为人口是以几何级数增长,而国民产出则以算术级数增长,生产力存在的收益递减的会抵消技术进步和新资源以及原材料的发现所得到的益处。在此情况下,政府最好是实行自由放任的政策,鼓励企业的发展,让"看不见的手"发挥作用,主张扩大国际贸易,扩大市场,增

加就业机会,实现国民产出的增长。

到了20世纪,各资本主义国家的经济得到了很大的发展,国际贸易逐渐兴旺发达,在此情况下,经济学家更主张政府实行自由放任的政策,当时大多数政治家、经济学家和企业家都相信市场经济的魅力,把资本主义经济描绘成一架精妙的机器,它会把社会稀缺资源引导到社会最有利的用途上去,会实现经济的长期增长,就业不会成为一个严重的社会问题,政府不必多此一举,干预经济。政府所要做的事就是不要过多发行货币,以免引起通货膨胀。古典学派经济学家就对依靠市场经济达到充分就业的要求坚信不疑,认为任何非均衡的失业现象是摩擦性的,经过一定时期的调整,终将消失。在第一次世界大战之前,由于资本主义世界的失业不是很严重,所以,在这个时期,古典学派的观点是占主流地位的。

到了20世纪30年代,资本主义经济发生了前所未有的大萧条。工人失业率骤然上升,上升到了两位数,英国在1932—1933年的失业率达到了22%,工厂的开工率普遍不足,国民产出明显下降,出现了严重的通货紧缩,美国华尔街股市崩溃,国际贸易额大幅下降。此次大危机被看作是政府纵容自由放任的结果,同时促进了凯恩斯主义的需求管理思想迅速登上历史舞台。

按照凯恩斯的理论,在资本主义自由放任的条件下,由消费需求和投资需求构成的有效需求,不足以实现充分就业,也就是认为资本主义的通常状态是有效需求不足。有效需求不足是由于边际消费倾向、资本边际效率和流动性偏好这三个基本心理因素的作用所造成的,所以市场机制不能使总需求与总供给在充分就业水平上达到均衡,因此必然会造成萧条和失业。因此,政府应当调节经济来维持经济的稳定,其政策手段就是调节需求。凯恩斯认为,可以使用财政政策来促使总需求的扩大,以达到充分就业的目的。在经济萧条时期,政府应当不再固守财政预算平衡的政策,实行财政支出大于财政收入,换言之,要减少财政收入(税收),增加财政支出,也就是实行财政赤字,以扩大总需求,让乘数效应发挥作用,达到增加国民收入的目的。凯恩斯认为在经济萧条时期,扩张性的货币政策不如财政政策有效。因为增加货币供应会有相当数量的资金用于金融资产的投机,而增加政府支出会直接增加对实物资产的投资,从而带动国民经济的增长。同时,美国的凯恩斯主义者还将凯恩斯主义的学说和传统的古典经济学结合起来形成了"新古典综合派"并在战后20多年间占据了西方经济学界的支配地位。他们试图弥补和纠正凯恩斯经济学的不足,在许多方面使凯恩斯经济学得到了补充和发展。尤其是希克斯的IS-LM模型分析更是成为研究宏观经济政策效果的重要分析工具。菲利普斯曲线则提供了对失业和通货膨胀做选择的总需求管理的根据,强调要按照经济风向选择相机抉择的财政政策和货币政策对总需求加以调节,减少经济的波动。

到了20世纪70年代中期,西方国家经济出现了"滞胀",即通货膨胀和失业同时并存的局面。凯恩斯学派和新古典综合派在理论上无法解释这种现象。这是因为,根据凯恩斯的理论,当失业存在时,产量或国民收入的增加不会带来物价上涨,即便是上涨,也是轻微的,不会出现通货膨胀。只有实现充分就业之后,通货膨胀才会出现。也就是说失业和通货膨胀上不可能同时存在的。因此,"滞胀"的出现使得凯恩斯的理论受到了严重的打击,同时也没有消除"滞胀"的举措。理论和政策上的无能使新古典综合派受到以美国芝加哥大学教授弗里德曼为代表的货币学派的强烈攻击。他以古典货币数量论为基础,适当吸收现代经济学的观点,对经济中出现的滞胀现象作了独特的分析。货币主义的核心内容是说明价格水平与货币供应数量存在着直接的因果关系。弗里德曼分析了美国上价格水平和货币供应数量的关系后,得出结论,即通货膨胀总是一种货币现象。如果长期的货币供应的增长速度超过国民产出潜在的增长速度,通货膨胀则不可避免。他们主张政府要对货币供应实行严格的控制,即主张确定货币控制目标。温和的、公开的货币供应目标会有助于减少人们对通货膨胀的预期率。除对货币供应实行严格的控制外,根据货币主义者的建议,政府应尽可能减少对经济的干预,限制工会的垄断权力,以排除人为的障碍,使市场经济能够正常的运作,发挥市场的效率。但是,凯恩斯主义者依旧认为国家干预是有效的,并对货币主义者的观点从两方面进行批判:一是过分依仗市场的力量,认为只要把企业和工人都推向市场就会解决问题;二是把通货膨胀、失业率上升和经济萧条等复杂的经济现象简单地归为货币供应的控制问题。凯恩斯主义者认为,现实的市场不是完全竞争市场,市场的不完全性使"看不见的手"不能发挥应有的作用,不会导致资源配置的最佳化。市场供应和需求条件的变化往往反映短期的投机情况,不能正确反映长期的成本和效益的真实情况。

在"滞胀"阶段同时受到追捧的还有供给学派,他们把经济分析的着眼点放在刺激生产也就是供给方面,认为不是需求决定供给,而是供给会创造需求,而刺激供给的主要手段是降低税率,因为累进税制的高税率政策会挫伤企业主的经营积极性,使储蓄率和投资率下降,使生产和就业停止,导致"滞胀"。只有大幅削减税收,提高个人收入和企业利润,促进储蓄和投资,刺激工人工作和企业的经营积极性,才能提高生产率,与此同时扩充税基,使得税收增加,赤字减少,这时通货膨胀也会消失。

除了货币主义和供给学派之外,理性预期学派也是反对凯恩斯主义需求管理政策的学派之一,他们强调"理性预期"对经济行为和经济政策的影响与作用,并形成了新古典宏观经济学,其代表人物有卢卡斯和萨金特等。理性预期指人们可以根据过去、现在和将来一切可能获得信息做出的预期。理性预期学派认为,经济人是根据理性预期做出经济决策的,而市场运作的结果是使市场得以出清的供求平衡,因此,政策是无效的。也就是说所有宏观经济政策都不会产生所期望的效果。他们认为预期是理性的,具有理性预期的人会预料到政府的政策所造成的后果,从而会采取相应的对策,抵消政策的效果。

20世纪80年代前后,凯恩斯主义的追随者他们认真对待各反对学派对凯恩斯主义的批评,对凯恩斯主义进行深刻反省,吸纳并融合个学派的精华和有用的观点,根据经济形势的变化不断丰富和完善理论,引入了微观经济学基础,形成了一个新的学派——新凯恩斯主义经济学。新凯恩斯主义坚持了原凯恩斯主义的非市场出清假设,认为在出现需求冲击或者供给冲击后,工资和价格不能迅速调整到使市场出清的状态;缓慢的工资和价格调整使经济恢复正常产量还要经历一个相当长的过程。在此过程中,经济仍将处于非均衡状态,即使存在理性预期,政府干预经济的政策依然会起到积极作用。

2008年,始于美国次贷危机引发了全球性的金融危机,使自由主义经济思潮受到了极大的打击。"有效市场"的观点又开始受到抛弃。事实证明,自由的市场并不能发出合理的配置经济资源的价格信号。为了挽救美国经济,奥巴马政府采取了一系列非同寻常的干预政策并取得了一定效果。经过这场危机,凯恩斯主义的国家干预观点又重新占据了历史舞台。

回顾整个宏观经济政策和理论的演变,我们不难发现,宏观经济理论和政策在不同的历史阶段都会有相应的变化,以适应新出现的问题,我们还可以预见,在未来,宏观经济政策和理论还会不断地变化发展,能够更好地解释经济现象,更好地为经济服务。

【专栏四】我国的供给侧结构性改革

改革开放三十多年来,中国经济持续高速增长,成功步入中等收入国家行列,已成为名副其实的经济大国。但随着人口红利衰减、"中等收入陷阱"风险累积、国际经济格局深刻调整等一系列内因与外因的作用,经济发展正进入"新常态"。

2015年以来,我国经济进入了一个新阶段,主要经济指标之间的联动性出现背离,经济增长持续下行与CPI持续低位运行,居民收入有所增加而企业利润率下降,消费上升而投资下降等。根据传统宏观经济学理论,当前我国出现的这种情况既不是传统意义上的滞胀,也非标准形态的通缩。与此同时,宏观调控层面货币政策持续加大力度而效果不彰,投资拉动上急而下徐,旧经济疲态显露而以"互联网+"为依托的新经济生机勃勃,东北经济危机加重而一些原来缺乏优势的西部省区异军突起……可谓是"几家欢乐几家愁"。简言之,中国经济的结构性分化正趋于明显。为适应这种变化,在正视传统的需求管理还有一定优化提升空间的同时,迫切需要改善供给侧环境、优化供给侧机制,通过改革制度供给,大力激发微观经济主体活力,增强我国经济长期稳定发展的新动力。在2016年1月26日召开的中央财经领导小组第十二次会议上,习近平总书记首先提出了供给侧结构性改革的概念,并强调供给侧结构性改革的根本目的是提高社会生产力水平,落实好以人民为中心的发展思想。

供给侧结构性改革旨在调整经济结构,使要素实现最优配置,提升经济增长的质量和数量。其含义是:用改革的办法推进结构调整,减少无效和低端供给,扩大有效和中高端供给,增强供给结构对需求变化的适应性和灵活性,提高全要素生产率,使供给体系更好适应需求结构变化。需求侧改革主要有投资、消费、出口三驾马车,供给侧则有劳动力、土地、资本、制度创造、创新等要素。

供给侧结构性改革,就是从提高供给质量出发,用改革的办法推进结构调整,矫正要素配置扭曲,扩大有效供给,提高供给结构对需求变化的适应性和灵活性,提高全要素生产率,更好满足广大人民群众的需要,促进经济社会持续健康发展。

供给侧结构性改革,就是用增量改革促存量调整,在增加投资过程中优化投资结构、产业结构开源疏流,在经济可持续高速增长的基础上实现经济可持续发展与人民生活水平不断提高;就是优化产权结构,国进民进、政府宏观调控与民间活力相互促进;就是优化投融资结构,促进资源整合,实现资源优化配置与优化再生;就是优化产业结构、提高产业质量,优化产品结构、提升产品质量;就是优化分配结构,实现公平分配,使消费成为生产力;就是优化流通结构,节省交易成本,提高有效经济总量;就是优化消费结构,实现消费品不断升级,不断提高人民生活品质,实现创新—协调—绿色—开放—共享的发展。

本 章 小 结

1. 经济政策是指国家或政府为了增进社会经济福利而制定的解决经济问题的指导原则和措施。它是政府为了达到一定的经济目的而对经济活动进行的有意识的干预。经济政策要达到以下目标:充分就业、价格稳定、经济持续增长、国际收支平衡。

2. 财政政策指为促进就业水平提高,减轻经济波动,防止通货膨胀,实现稳定增长而对政府支出、收入和借债水平所进行的选择,或对政府收入和支出水平所做的决策。财政政策工具包括预算、购买性支出、转移支付、税收以及国债。

3. 在财政政策工具中,税收和转移支付具有自动稳定器功能。

4. 挤出效应是指政府支出的增加所引起的私人消费或投资降低的效果。

5. IS曲线越陡峭,LM曲线越平缓,财政政策更为有效。

6. 货币政策是指一国政府为了实现一定的宏观经济目标所制定的关于调整货币供应的

以及通过货币供应量来调节利率进而影响投资和整个经济的行为。一般性货币政策工具包含:再贴现率、公开市场业务和法定准备金率。

7. 通过变化货币供给来影响产出和物价水平的途径称为货币政策传导机制。凯恩斯学派的货币政策传导机制理论和货币学派的货币政策传导机制理论。

8. IS 曲线越平坦,LM 曲线越陡峭,货币政策更为有效。

9. 财政政策和货币政策的混合使用。

关 键 概 念

经济政策　财政政策　财政政策工具　自动稳定器　挤出效应　货币政策
货币政策工具　货币政策传导机制

【思考与练习】

一、单选题

1. 扩张性财政政策对经济的影响是(　　)。
   A. 缓和了经济萧条但增加了政府债务　　B. 缓和了萧条也减轻了政府债务
   C. 加剧了通货膨胀但减轻了政府债务　　D. 缓和了通货膨胀但增加了政府债务
2. 下列哪种情况下财政政策更为有效(　　)。
   A. IS 曲线陡峭,LM 曲线平缓　　B. IS 曲线陡峭,LM 曲线陡峭
   C. IS 曲线平缓,LM 曲线平缓　　D. IS 曲线平缓,LM 曲线陡峭
3. 中央银行在公开市场卖出政府债券是企图(　　)。
   A. 收集一笔资金帮助政府弥补财政赤字
   B. 减少商业银行在中央银行的存款
   C. 减少流通中基础货币以紧缩货币供给
   D. 通过买卖债券获取差价利益
4. 下列情况中增加货币供给不会影响均衡收入是(　　)。
   A. LM 陡峭而 IS 平缓　　B. LM 垂直而 IS 陡峭
   C. LM 平缓而 IS 垂直　　D. LM 和 IS 一样平缓
5. 下列哪种情况下货币政策更为有效(　　)。
   A. IS 曲线陡峭,LM 曲线平缓　　B. IS 曲线陡峭,LM 曲线陡峭
   C. IS 曲线平缓,LM 曲线平缓　　D. IS 曲线平缓,LM 曲线陡峭

二、简答题

1. 什么是自动稳定器?财政政策中哪些工具具有自动稳定器的作用?简要说明。
2. 中央银行的货币政策工具主要有那些?
3. 举例说明什么是存款创造。
4. 什么是公开市场操作?这一货币政策工具有哪些优点?

三、计算题

1. 假设 LM 方程为 $y=500+25r$(货币需求 $L=0.20y-5r$,货币供给 M 为 100)。(单位:

美元）

(1) 计算：① 当 IS 为 $y=950-50r$（消费 $C=40+0.8y_d$，投资 $I=140-10r$，税收 $T=50$，政府支出 $G=50$）；② 当 IS 为 $y=800-25r$ 时的均衡收入、利率和投资。

(2) 政府支出从 50 增加到 80 时，重新计算第(1)问中的①和②中的均衡收入和利率？

(3) 说明政府支出从 50 增加到 80 时，为什么(1)和(2)中收入的增加有所不同。

2．某两部门经济中，假定货币需求为 $L=0.2y-4r$，货币供给为 200，消费为 $C=100+0.8y$，投资 $I=150$。（单位：美元）

求(1) 求 IS 和 LM 方程。

(2) 求均衡收入、利率、消费和投资。

(3) 若货币供给增加 20，而货币需求不变，收入、利率、投资和消费有什么变化？

(4) 为什么货币供给增加后收入不变而利率下降？

四、论述题

1．论述凯恩斯学派和货币主义学派的货币政策传导机制理论。

2．你认为应当怎样正确认识西方经济学家关于财政政策和货币政策效果的理论？这些理论对制定我国的宏观经济调控的政策有无借鉴意义？

五、作图分析题

1．作图表示凯恩斯极端和古典主义极端，并加以评论。

2．假定经济起初处于充分就业状态，现在政府要改变总需求构成，增加私人投资而减少消费支出，但不改变总需求水平，试问应当实行一种什么样的混合政策？并用 IS-LM 图形表示这一政策建议。

经济增长

本章知识结构图

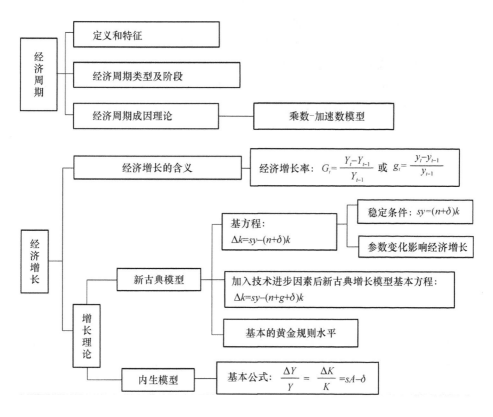

学习目的与要求

【目的与要求】通过本章的学习,应当掌握经济增长的含义,衡量标准;掌握凯恩斯经济周期理论,理解不同学派对经济周期的不同解释;掌握经济周期的特征、类型。

【重点与难点】重点是经济增长理论、经济周期成因理论中的乘数-加速模型;难点是运用这些经济理论解释现实经济周期和经济增长问题。

第一节 经济周期概述

保证经济持续稳定增长,避免经济在发展过程中出现过大的波动,是政府宏观经济政策的长期目标之一。现代经济学把经济增长与经济波动作为一个独立的研究领域,一方面对造成经济波动的成因、性质以及解决方法进行了全面的研究;另一方面深入探讨了经济增长的源泉,提出了各种各样的经济增长模型。

一、经济周期的含义

经济发展不是一成不变的,总是收到内外部因素的干扰而起起伏伏。经济的波动是一种常见的经济现象。所谓经济波动,是指国民经济中的许多重要变量(如国民收入、投资和储蓄、物价水平、利润率、利息率、就业量等),每年均不是按相同的幅度增长,而是在一定时期内呈现出波浪式的上升与下降。为避免经济过大波动对经济发展造成的损失,通过对产生经济波动的原因、波动的幅度、波动的特征、持续的时间等进行研究,经济学家试图找到各种应对经济波动的方法,这样就形成了各种各样的经济周期理论。

经济周期(Business Cycle),又称商业周期或商业循环,它是指国民经济表现出的有规律的扩张与收缩相互交替的运动过程。这种波动以主要的宏观经济变量,如就业率、物价水平、总产量等普遍的扩张或收缩为基本特征。现代经济分析把经济周期分为四个阶段:繁荣(boom)、衰退(recession)、萧条(depression)、复苏(recovery)。其中繁荣与萧条是两个主要阶段,衰退与复苏是两个过渡性阶段,如图18-1所示。

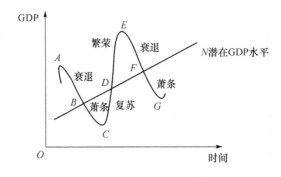

图 18-1 经济周期

图 18-1 中纵轴代表国民收入,横轴代表时间(通常为年份),向右上方倾斜的虚线 N 代表潜在 GDP 水平线。A 为顶峰,$A—B$ 为衰退,$B—C$ 为萧条,C 为谷底,$C—D$ 为复苏,$D—E$ 为繁荣,E 为顶峰,从 A 到 E 即为一个周期。$A—C$,即衰退与萧条,就是收缩阶段,$C—E$,即复苏与繁荣,就是扩张阶段;收缩阶段总的经济趋势是下降,扩张阶段的经济趋势是上升。

1. 繁荣

繁荣是经济周期的波峰。此时的经济处于高水平时期生产迅速增加,消费旺盛,就业增加,投资增加,信用扩张,产量扩大,价格水平上升,社会总产出逐渐达到最高水平。在繁荣时期,由于工资、利润的持续增加使人们对未来的经济形式非常乐观,消费与投资因而也维持较高水平。由于新的生产能力的形成需要一段较长的时间,面对总需求的不断扩张,供给能力总是感到不足,厂商会更加加大投资力度。所以经济处于长期的扩张状态。繁荣阶段不可能长期保持下去,因为繁荣时期所现有生产设备已经得到充分利用,而劳动力特别是技术熟练劳动力已感缺乏。生产所需要的主要原材料也开始感到供应不足。由于这些原因,增产的困难越来越大。这时只有增加投资,扩大生产能力才能扩大产量。而投资建设需要时间,生产的增加满足不了需求的增长,价格不断上涨,生产要素需求的急剧增长促使要素成本上升,但由于商品价格也同时上涨,企业生产仍有较为丰厚利润可图。由于经济前景看好,投资量可能超过现有销售水平。

2. 衰退

衰退是经济运行达到顶峰后,经济开始向下滑坡。当经济规模扩张到一定程度之后,现有生产设备已充分利用,劳动力特别是技术熟练劳动力已感缺乏,主要原材料也开始感到供应不足,生产要素的价格上涨很快,成本不断上升,利润空间越来越小,致使企业投资进一步减少,相应地,社会收入也不断减少;另外,在繁荣阶段形成的巨大的生产能力开始发生作用,厂商存货不断增加。所有这些原因迫使厂商不得不缩小生产规模,并相应地减少对劳工的雇佣,社会总产出水平因此开始下降。衰退情节严重时,大量生产能力闲置起来,磨损设备暂不需添补重置,就可应付生产的需要。

3. 萧条

萧条是指经济运行低于正常水平并且还在继续下降的阶段。由于厂商不断缩小生产规模,劳动力失业率高,产品物价持续下跌,工资与利润水平整体下降,公众消费水平下降,总需求水平低于正常水平,企业生产能力大量闲置,存货积压,利润低甚至亏损,企业对前景缺乏信心,不冒新投资的风险。产品相对过剩,社会上存在大量的闲置资源。股票的价格一般都会普遍下跌,由于对贷款的需求减少,利率一般也会下降,实际GDP下降很快。

4. 复苏

复苏是指经过萧条阶段使经济达到最低点之后的反弹阶段。促使复苏的因素多种多样,例如,大批机器过多年磨损需要更换,由于长期低水平的生产使厂商积压的存货大量减少需要补充,企业订单增加;企业开始增加投资,于是就业开始增加,产量逐渐扩大,经济便进入复苏阶段。就业、收入和消费支出均得到增加,使生产销售增加,随之利润增加;政府采取相应的财政政策或货币政策刺激经济的增长。经济前景看好,投资的乐观主义代替了萧条时的悲观主义。由于需求增加,生产的顺利扩大基本上是由萧条时闲置的生产能力和解雇后又返回工厂的工人所完成。这一阶段的生产和销售逐渐回升,就业增加,价格有所上涨,整个经济呈现上升的势头。随着就业与生产的继续扩大,价格上升,经济又走向繁荣阶段,开始了又一个经济循环。

二、经济周期的分类

尽管宏观经济运行呈现周期性的波动,但这种波动并不是完全有规则地简单重复。经济学家在对经济周期进行研究时,根据一个经济周期的长短将经济周期分成不同的类型。

1. 短周期

短周期或短波,又称基钦周期(Kitchin Cycle),是指长度平均约40个月的经济周期。短周期由美国经济学家约瑟夫·基钦(Joseph Kitchin)在1923年发表的《经济因素中的周期和倾向》中提出的。基钦将经济周期分成两大类,即大周期和小周期,而一个大周期则包括两个或三个小周期。小周期平均持续40个月,两个或几个小周期形成一个大周期。基钦在研究美国和英国1890—1922年的利率、物价、生产和就业等统计资料时发现,这种周期产生的原因是因为存货的变动引起的,厂商生产过多时就会形成存货,从而减少投资,而存货减少到一定程度时又会增加投资,从而形成经济的波动。这种因为存货的变动引起的2~4年的短期调整也称为"存货"周期。

2. 中周期

中周期或中波,又称朱格拉周期(Juglar Cycle),是指长度平均为8~10年的经济周期。朱格拉周期是由法国经济学家克里门特·朱格拉(Clement Juglar)于1860年《论法国、英国和美国的商业危机以及发生周期》一书中提出的。朱格拉认识到经济活动中波浪般的变动,提出了市场经济存在着9~10年的周期波动。他把这种周期分为三个时期:繁荣、危机、清偿。他认为周期波动是经济运行过程中自发的现象,与人民的行为、储蓄习惯以及他们对可利用的资本与信用的运用方式有直接联系,在某种程度内这种周期波动是可以被预见或采取某种措施缓和的,但并非可以完全抑制的。美国经济学家A.汉森则把这种周期称为"主要经济周期"并重新分析了美国1795—1937年的统计资料,认为这些年间共17个朱格拉周期,其平均长度为8.35年。

3. 中长周期

中长周期,又称库兹涅茨周期(Kuznets Cycle),平均长度为15~25年。它是俄裔美籍经济学家、1974年诺贝尔经济学奖金获得者西蒙·库兹涅茨(Simon Kuznets)根据美国及其他国家的经济发展资料,提出了一种为期15~25年,平均长度为20年左右的经济周期。由于该周期主要是以建筑业的兴旺和衰落这一周期性波动现象为标志进行划分的,所以也被称为"建筑周期"。

4. 长周期

前苏联经济学家康德拉捷夫(Nikolai D. Kondratieff)在1925年发表《经济生活中的长波》论文中提出了著名的"长波理论",又称康德拉捷夫周期(Kondratieff Cycle)。他认为经济生活中有一种平均长度为50年左右的长期循环。他通过研究美国、英国、法国等主要资本主义国家1780—1920年经济运行状况,发现从18世纪末期以后,资本主义国家共经历了三个长周期:第一个长周期从1789年到1849年,上升部分为25年,下降部分35年,共60年;第二个长周期从1849年到1896年,上升部分为24年,下降部分为23年,共47年;第三个长周期从1896年起,上升部分为24年,1920年以后又进入下降期。这种长达50~60年的长周期被称为康德拉捷夫周期。

5. 熊彼特周期

熊彼特周期是以技术创新为基础研究经济周期运动的理论。1936年,美籍奥地利经济学家熊彼特在他的两卷本《经济周期》(1939年版)中对前三种经济周期作了高度综合与概括。他认为前三种周期尽管划分方法不一样,但并不矛盾。每个长周期中套有中周期,每个中周期中套有短周期。每个长周期包括6个中周期,每个中周期包括3个短周期。短周期约为40个月,中周期为9~10年。熊彼特以重大的科技创新为标志,划分了三个长周期,周期为48~60年。第一个周期,从18世纪到1842年是"产业革命时期";第二个周期,1842—1897年是"蒸汽和钢铁时期";第三个周期,1897年以后是"电气、化学和汽车时期"。

三、经济周期的成因

经济学家力图寻找引起产生经济周期的原因。自19世纪中期至今提出的经济周期理论有几十种之多,这些理论总体上可以分为外部因素理论和内部因素理论:外部因素理论(也称外生论)认为,经济周期的根源在于经济体系之外的某些因素的变动;内部因素理论(也称内生论)是在经济体系之内寻找经济周期自发运动的因素,认为经济波动是经济活动本身的规律,任何一次扩张都孕育着新的衰退和收缩,任何一次收缩都孕育着新的复苏与扩张。

1. 纯货币周期理论

英国经济学家霍特里用货币因素来解释经济周期。他认为,经济周期是一种纯货币现象。经济周期性波动完全由于银行体系交替地扩大和紧缩信用造成的。由于厂商的资本主要来自银行贷款,所以当银行体系降低利率、扩大信用时,厂商会增加银行借款,从而增加向生产者的订货。这样就引起生产扩张和收入增加,而收入增加又引起对商品需求增加和物价上升,经济进入繁荣阶段。但当银行扩大信用的能力达到极限后,银行被迫转向紧缩信用时,厂商得不到贷款而减少订货,进而出现产品过剩,经济陷入萧条。该理论认为其他非货币因素仅仅会引起局部萧条,但货币因素,并且只有货币因素能够引起普遍萧条。

2. 投资过度周期理论

这种理论用生产资料的投资过热来解释经济周期。投资过度是生产资本品部门的发展超过生产消费品部门的发展。经济扩张时期,资本品增长速度快于消费品;经济衰退时期,资本品下降速度也快于消费品。正是资本品投资的波动引起整个经济的波动。这种理论认为,新产品开发、新技术使用、新市场开拓以及货币发行过多等,都会引起投资增加,进而带动经济繁荣。这种繁荣首先表现在对投资品(即生产资料)需求的增加和投资品价格的上升。进而更刺激对资本品的投资,从而造成了经济扩张。当投资扩张到一定程度后,导致生产要素紧张,货币资金不足,然后引起资本品需求下降,出现资本品生产过剩,经济进入萧条。

3. 创新周期理论

熊彼特提出的用技术创新来解释经济周期的理论。创新是指对生产要素的重新组合,例如,采用新技术、新企业组织形式、开发新产品、开辟新市场等。这种理论首先用创新来解释繁荣和衰退,创新提高了生产效率,为创新者带来了盈利,引起其他企业仿效,形成创新浪潮。由于创新是不均匀的过程,有高潮和低谷,所以经济也出现了周期波动。创新浪潮使银行信用扩大,对资本品的需求增加,引起经济繁荣。随着创新的普及,盈利机会的消失,银行信用紧缩,对资本品的需求减少,这引起经济衰退。直至另一次创新出现,经济再次繁荣。

4. 消费不足周期理论

这种理论历史悠久,主要用于解释经济周期危机阶段的出现以及生产过剩的原因。早期代表人物是英国经济学家马尔萨斯和法国经济学家西斯蒙第。这种理论认为,经济危机是因为社会对消费品的需求赶不上消费品的增长,而消费品需求不足又引起对资本品需求不足,进而使整个经济出现生产过剩性危机。消费不足的根源则主要是由于国民收入分配不平等所造成的。因为富人的边际消费倾向低于穷人,当收入分配过于不均,导致为数较少的富人占有了大量的社会财富,就会存在富人储蓄过度而穷人购买力不足的现象,从而导致了经济的萧条。

5. 心理周期理论

英国经济学家庇古和凯恩斯强调公众心理反应的周期变化对经济周期各个阶段形成的决定影响。这种理论认为,预期对人们的经济行为有着决定性作用,心理上乐观与悲观预期的交替引起了经济周期中繁荣与萧条的交替。当任何一种原因刺激了投资活动,引起高涨后,人们对未来预期的乐观程度一般总超过在合理的经济考虑下应有的程度。这就导致过多的投资,形成经济过度繁荣。但当人们觉察到这种过度乐观情绪造成的错误后,又会形成过分悲观的预期。由此过度减少投资,引起经济萧条。凯恩斯认为,萧条的产生是由于资本边际效率的突然崩溃,而造成这种崩溃的正是人们对未来的悲观预期。

6. 太阳黑子周期理论

这种理论用太阳黑子来解释经济周期,由英国经济学家杰文斯父子提出并加以论证。这种理论用长期中太阳黑子活动周期与经济周期基本吻合的资料来证明这种理论:太阳黑子的活动对农业生产影响很大,而农业生产的状况又会影响工业,进而波及整个经济。太阳黑子的周期性决定了经济的周期性:太阳黑子活动频繁就使农业生产减产,农业的减产影响到工业、商业、工资、购买力、投资等方面,从而引起整个经济萧条。相反,太阳黑子活动的减少则使农业丰收,整个经济趋于繁荣。现代经济学家认为,太阳黑子对农业的影响是非常有限的。而农业生产对整个经济的影响更是非常有限的。

7. 政治周期理论

波兰经济学家卡莱茨基等人提出政府交替运用紧缩性和扩张性财政、货币政策调节经济，而带来经济周期性变化的理论。该理论认为，由于充分就业和物价稳定这两个目标之间存在很难协调的矛盾，所以政府企图维持经济稳定，但实际上却造成了经济不稳定。为了实现充分就业，政府实行扩张性财政政策和货币政策，结果带来财政赤字和通胀。于是，政府又不得不转而实行紧缩性财政政策和货币政策，从而引起经济衰退与停滞，这样政府又转而实行扩张性财政政策和货币政策，从而又引起通货膨胀。这就是国家干预经济所造成的新型的经济周期。

8. 实际经济周期理论

在20世纪70年代之前，几乎所有的经济学家都集中研究需求面冲击。1973—1974年的石油冲击使人们意识到实际的"供给面"冲击对产量的决定也相当重要。另外，如果经济主体基于其预期进行决策，则需求变化也依赖于预期生产函数的变动，则经济供给面的冲击就更加重要。实际经济周期理论尝试清晰描述经济主体面临的实际经济环境和各种冲击，即从供给冲击角度着手。

（1）经济周期波动不是市场机制自发调节产生的。因为市场机制无论在短期或长期而言都具有不确定性。经济周期波动的真正原因是实际发生的外生事件，例如，石油价格的变化、农业的歉收、自然灾害以及技术冲击等。最常见、最重要的原因是技术冲击。因而提出"技术冲击"是经济周期波动之源。

（2）经济周期波动不是实际国内生产总值对潜在国内生产总值的背离，而是潜在国内生产总值本身的变动，这种经济周期的变动随机而无规律，也是很难预测的。

（3）经济周期是供给冲击波动。实际经济周期理论需求冲击是扰乱经济的主要根源的观点，认为经济周期波动是供给冲击造成的。由于外在因素的变化引起厂商在生产品种和数量的变化，最后导致经济周期波动；而且市场会对这种供给冲击做出迅速而有效的反应。所以经济周期波动不是很重大的问题。

（4）政府应放弃对经济周期波动的干预。因为经济周期波动是外在原因引起的，又是无规律的，市场机制是完善的。所以，政府不应该运用经济政策干预经济波动，干预经济不仅不利于经济稳定，甚至会引起更大的波动。

【专栏一】约瑟夫·熊彼特小传

熊彼特（Joseph Alois Schumpeter，1883—1950年）经济学家，当代资产阶级经济学代表人物之一。

J. A. 熊彼特

熊彼特1883年出生于奥匈帝国摩拉维亚省（今捷克境内）特里希镇的一个织布厂主家庭。1901—1906年在维也纳大学攻读法学和社会学，1906年获法学博士学位，是E. von 柏姆-巴维克的门生，随后游学伦敦，求教于A. 马歇尔。1908年出版经济理论著作《经济学原理和方法》，奠定了他在奥地利青年经济学家中卓有才华的名声。1909年返回维也纳接受切尔诺维兹大学的教授职位。1910年成为格拉茨大学经济学教授。1912年出版成名作《经济发展理论》。1913—1914年，受聘为美国哥伦比亚大学客座教授，并被该校授以荣誉博士学位。1918年，曾一度出任由K. 考茨基、R. 希法亭等人领导的德国社会民主党"社会化委员会"的顾问。1919年，又曾短期出任由鲍威尔(1881—1938年)等人为首的奥地利社会民主党参加组成的奥国混合内阁的财政部部长。1921年,任私营皮达曼银行经理。1925—1932年,又从官场仕途回到学术界,赴德国任波恩大学经济学教授。1932年迁居美国,任哈佛大学经济学教授,直到逝世。1937—1941年,曾任"经济计量学会"会长,1948—1949年任"美国经济学协会"会长。他的著作有《经济发展理论》(1912年德文版,1934年英文修订版)、《经济周期:资本主义过程的理论、历史和统计分析》(1939年)、《资本主义、社会主义和民主主义》(1942年)、《从马克思到凯恩斯十大经济学家》(1951年,由生前所写传记评论汇集而成)、《经济分析史》(1954年)。约瑟夫·熊彼特是20世纪最伟大的经济学家。他凭借"创造性毁灭"的理论阐释了经济增长的真正根源——创新。管理大师德鲁克称他具备"永垂不朽的大智慧"。

第二节　乘数-加速数原理

一、加速原理

加速原理分析的是收入变化与投资变化之间的关系。

1. 自发投资和引致投资

在凯恩斯国民收入决定理论中,为了更为清晰地研究消费与储蓄对国民收入的影响,将投资假定为与国民收入无关的固定值,但现实情况却并非如此,投资与国民收入存在明显的正相关关系,一个国家的GDP水平越高,其投资规模也越大。所以投资与消费一样,可以分为自主投资与引致投资。投资函数可简单表示为

$$I = i_0 + vY \tag{18-1}$$

其中,i_0是自发投资(又称自动投资),是指与国民收入或消费变动无关的投资,而是由人口增长、技术进步、资源开发以及政府政策等方面外在因素的变化而引起的投资。

引致投资又称诱发投资,是指由收入或消费变动而引起的投资,引致投资与收入有关且与收入成同方向变动关系。这种投资取决于收入水平或消费需求。

v为资本-产量比率,表示每生产一个单位价值的产量需要的投资量,如果以k代表资本存量,Y代表产量水平,则有:

$$v = k/Y \tag{18-2}$$

2. 加速数

从资本-产量比率中可看到,在技术不变的条件下,如果要使收入增加,就必须按资本-产量比率相应地增加资本量。资本-产量比率决定了资本增量与产量增量的比率。由于每生产一个单位价值的产量需要的投资量往往大于一个单位,所以资本-产量比率v总是大于1。通常将资本增量等于投资,所以,把投资增量与收入增量之比称作加速数,即:

$$加速数 = 资本增量/产量增量 = 投资/收入增量 \tag{18-3}$$

若以a代表加速数,ΔK表示资本增量,ΔY表示收入增量,则上述公式可表示如下:

$$a = \Delta K/\Delta Y \tag{18-4}$$

加速原理是关于收入水平或消费需求的变动会引起投资量变动的经济理论。其基本内容是:收入或消费的变动,要求生产部门增加商品的供给量,如果生产部门的生产能力已经得到充分利用,增加产生就要相应地增加资本存量,就要有新的投资追加到生产中去。所以,加速原理的中心思想就是当国民收入变动时,会导致投资量相应地发生若干倍的变化。这个倍数就是加速数。

3．加速原理的特征

根据产量增长率和投资增长率的变化特点,可归纳出加速原理的一些基本特征。

（1）投资的变动取决于产量的变动率,而不是产量变动的绝对量。因此,投资是产量变动率或收入变动率的函数。

（2）投资变动率的幅度要大于产量或收入变动的幅度,产量微小的变化会引起投资的巨大波动。

（3）产量增长率如果放慢,则投资的增长率就会出现停止或下降。因此,产量增长的速度相对放慢也会引起经济的衰退。

（4）加速数是一把双刃剑,如果产量增长时,在加速数的作用下,投资的增长是加速的;反之,如果产量增长率下降或停止增长时,投资的减少也是加速的。

4．加速原理的假设条件

加速原理的作用以下述假设条件为前提。

（1）假设技术水平不变,资本-产量比率不变。从历史发展的观点来看,技术的进步从来没有停止过,因此,资本与产量的比率也是不断变化的。但是,加速原理的分析必须假定技术水平不变为前提,即假定产量增加同资本存量的增加保持同步增长。

（2）假设企业没有闲置的生产设备。加速原理的主要参数加速数是以固定的资本-产量比率为假定条件,要增加产量,必须增加资本存量,所以,一定要假设企业的设备已达到充分利用,那么,增加产量就要添置新的设备。当然,如果企业有闲置生产设备,需要增加产量时,企业只要动用闲置设备就行了,不必添置新设备,这样就不会增加净投资。

（3）假设社会上还有可利用而尚未利用的资源。这样为增加产出而增加的净投资,就能购买到新的设备。

二、经济周期

乘数原理描述的是投资的变动会引起国民收入水平成倍变动,而加速数原理描述的是国民收入水平的变动反过来会引起投资成倍变动。乘数-加速数模型又称"汉森-萨缪尔森模型",是将乘数与加速数结合在一起来解释经济中发生波动的内在原因。

1．乘数-加速数模型

乘数-加速数模型的基本方程如下：

$$Y_t = C_t + I_t + G_t \tag{18-5}$$

$$C_t = a + cY_{t-1} \tag{18-6}$$

$$I_t = I_0 + v(C_t - C_{t-1}) \tag{18-7}$$

其中,Y_t 为现期收入,Y_{t-1} 为上期收入;C_t 为现期消费,a 为自发消费,c 为边际消费倾向;I_t 为现期投资,I_0 为自发投资,v 为加速数;$I = v(Y_t - Y_{t-1})$ 为引致投资;G_t 为现期政府支出,设现期政府支出为即定。按照加速数的严格定义,式(18-7)应为 $I_t = I_0 + v(Y_t - Y_{t-1})$,因为将式(18-5)代入式(18-6)可得：$I_t = v(C_t - C_{t-1}) = vc(Y_{t-1} - Y_{t-2})$,同样是与国民收入的变动有关,这样也不影响我们将要得出的结论。

为了使问题更进一步简化,假设自发消费为10,自主投资为40,政府支出为10,都为不变的常数,初始状态的国民收入为100,边际消费倾向 c 为0.5,加速数 v 为2,可以根据上面三个公式推导出每期的国民收入。如表18-1所示。

表 18-1　乘数-加速数模型

时期 t	自发消费 a	引致消费 cY_{t-1}	自发投资 I_0	引致投资 $v(C_t-C_{t-1})$	政府支出 G_t	国民收入 Y
1	10	50	40	0	10	110
2	10	55	40	10	10	125
3	10	62.5	40	15	10	137.5
4	10	68.75	40	12.5	10	141.25
5	10	70.63	40	3.76	10	134.39
6	10	67.20	40	-6.86	10	120.34
7	10	60.17	40	-14.06	10	106.11
8	10	53.06	40	-14.23	10	98.83
9	10	49.42	40	-7.28	10	102.14
10	10	51.07	40	3.3	10	114.37
11	10	57.19	40	12.24	10	129.43

从表 18-1 可以看出,在乘数与加速数的共同作用下,国民收入出现了明显的波动。从第一期至第四期,经济处于扩张阶段,第四期达到顶峰。从第五期开始,国民收入开始减少,经济处于衰退阶段,一直至第八期的谷底。然后,国民收入又逐步增加,经济开始慢慢复苏。

2. 乘数-加速模型的基本思想

假定由于某种原因(如中央银行降低利率、创新或人们对未来预期的乐观等)引起投资增加,这种投资增加通过乘数效应使产出成倍增加,经济走向复苏。产出增加又通过加速效应使投资成倍增加。投资与产出通过乘数与加速数的作用相互加强,经济达到繁荣。

但产出的扩张并不是无限的,经济并不会这样一直持续繁荣下去。产出的增加总有一个极限,这个极限由一个经济拥有的资源和技术水平决定。产出的增加可以在短期内高于潜在产出水平,但这种状态并不能持久,但经济达到这种极限的顶点时,物价上升,经济过热。无论是由于资源的短缺,货币紧缩,还是由于人们对未来的预期转向悲观,迟早会发生投资减少。乘数和加速数的作用都是双向的,投资减少引起产出成倍减少,产出减少又引起投资成倍减少,这样,经济就进入衰退阶段。

同样,投资与产出通过乘数和加速数的反方向作用相互加强,经济衰退会进入萧条阶段,萧条(萧条又称谷底)阶段是经济活动处于最低水平的时期。

当然,产出的下降过程也不可能是无限的,经济不会一直衰退下去,或长期停留在谷底。全社会的总投资不可能为负数,极端地,当重置投资为零时,投资就碰到了下降的最低界限,只要投资停止下降,产出就会停止下降,在这个极低的产出水平上,一旦出现重置投资,产出就会开始新一轮的波动。这一过程可以简单地概括为如图 18-2 所示的过程。

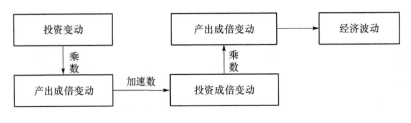

图 18-2 乘数-加速数作用过程

第三节 经济增长

国民经济长期发展问题是现代宏观经济学的重要内容。"二战"后,整个世界在经济上区分为发达国家和发展中国家。现代宏观经济学关于这一现象的研究形成了以发达国家的经验为背景的经济增长理论和以发展中国家的经验为背景的经济发展理论。前者与现代经济学的基本理论体系的联系比较密切,后者的联系比较松散。本章仅就经济增长的源泉、增长与波动、增长的前途等问题介绍现代经济学的有关理论。

一、经济增长

1. 经济增长的含义及特征

经济增长是指一个社会的潜在产出水平随着时间的推移而增加,或者说是一个社会的生产边界随着时间的推移向外扩张。在总供求模型中,经济增长表现为 AS 曲线随着时间的推移向外移动。1971 年美国著名经济学家西蒙·库兹涅茨(Simon Kuznets,1901—1985 年)根据他的经验统计给经济增长下了一个明确的定义:"一个国家的经济增长,可以定义为给居民提供种类日益繁多的经济产品的能力长期上升,这种不断增加的能力是建立在先进技术以及所需要的制度和思想意识之相应的调整的基础上的"[①]。这个定义有三层含义:(1) 经济增长是物质产品生产能力的提高,不断提高国民生活水平是经济增长的结果,也是经济增长的标志;(2) 经济增长是以技术进步为基础和源泉的;(3) 经济增长以制度创新和思想意识的不断调整为必要条件。

库兹涅茨还根据英国、法国、美国等 14 个国家近百年的经济增长统计分析总结了现代经济增长的六大特征。

(1) 人均产值和人口呈加速增长的趋势,但人均产值的增长率高于人口增长率。

(2) 由于技术进步的推动,生产率不断提高。

(3) 经济增长不断改变经济结构,如由农业转向非农业,由工业转向服务业,单个私人企业转向全国性或跨国公司等。

(4) 经济增长伴随着社会结构和意识形态的迅速改变,使传统的思想观念转变为增长、工业化、城市化、国际化等新意识。

(5) 经济增长不是一国的独特现象,而是在世界范围内迅速扩大,成为各国追求的目标。

(6) 世界各国经济增长不平衡,先进国家和落后国家之间人均产出水平有很大差异。

库兹涅茨对经济增长含义及特征的分析在当代经济学中有重要的影响。这一定义规定了

---

① 库兹涅茨:《现代经济的增长:发现和反映》,载《现代国外经济学论文选》第 2 辑,商务印书馆 1981 年版。

经济增长的内容、基础和条件,不仅包括量的因素,尤其是把制度、思想意识等社会条件的改变作为经济增长的重要方面。

【专栏二】不同的增长经历

如表 18-2 所示,按经济增长率从最快到最慢排列,日本在最上端,它的增长率为每年 2.82%。一百年前,日本并不是一个富国。日本的平均收入只比墨西哥略高一点,而且远远落后于阿根廷。但是,由于惊人的增长速度,日本今天是一个经济超级大国。平均收入只略低于美国。最下面是孟加拉国,在过去的一个世纪中,它的增长率仅仅是每年 0.78%。结果孟加拉国的普通居民仍生活在悲惨的贫困之中。

表 18-2 代表性国家不同的增长经历

国别	时期/年	期初人均实际 GDP/美元	期末人均实际 GDP/美元	年增长率/(%)
日本	1890—1997	1 196	23 400	2.82
巴西	1900—1997	619	6 240	2.41
墨西哥	1990—1997	922	8 120	2.27
德国	1870—1997	1 738	21 300	1.99
加拿大	1870—1997	1 890	21 860	1.95
中国	1900—1997	570	3 570	1.91
阿根廷	1900—1997	1 824	9 950	1.76
美国	1870—1997	3 188	28 740	1.75
印度尼西亚	1900—1997	708	3 450	1.65
印度	1990—1997	537	1 950	1.34
英国	1870—1997	3 826	20 520	1.33
巴基斯坦	1900—1997	587	1 590	1.03
孟加拉国	1900—1997	495	1 050	0.78

随着时间的推移,由于增长率的差别,按收入给各国排序会有变动。如表 18-2 所示,日本一直在上升,一直在下降的是英国。在 1870 年,英国是世界上最富的国家,平均收入比美国高 20%,约是加拿大的 2 倍。现在英国的平均收入大大低于这两个前殖民地的平均收入。

这些数据表明,世界上最富的国家并不能保证他们将来也是最富的,而世界上最穷的国家也不是注定永远处于贫穷状态。

2. 经济增长的衡量指标

一定时期内实际产出的年均增长率称为经济增长率,即报告期内新增产出与基期产出的比率。经济增长率有实际总产出增长率和人均实际产出增长率两种。实际总产出增长率反映一个社会总体经济实力的增加,通常用实际 GDP 增长率表示。分别用 Y_t 和 Y_b 表示报告期末年和基期的产出,g 代表经济增长率。若报告期仅为一年,则有:

$$g = \Delta Y/Y = (Y_t/Y_b - 1) \times 100\% \tag{18-8}$$

人均实际产出增长率反映一个社会生活水平的提高,通常用人均实际 GDP 表示。一般地,若报告期内产出与人口以相同的比率增长,则虽有产出增长却没有生活水平的提高。人均产出增长的条件是人口增长率小于总产出增长率。这一点对发展中国家具有特别重要的意义。

人均产量增长率：
$$g_t = (y_t - y_{t-1})/y_{t-1} \tag{18-9}$$

其中，Y_t 表示 t 时期内的总产量，Y_{t-1} 表示 $t-1$ 时期的总产量；y_t 表示 t 时期内的人均产量，y_{t-1} 表示 $t-1$ 时期的人均产量。

【专栏三】复利计算与70规则的魔力——增长率差异的重要性

很可能会有人认为增长率的差异是无关紧要的。如果一个国家的增长率为1%，而另一个国家的增长率为3%，2%的差别会引起什么结果呢？回答是巨大的差别。

考虑一个例子。假定两个大学毕业生贝克和哈利在20岁时找到了他们第一份年收入3万美元的工作。贝克生活在一个所有收入都按每年1%增长的经济中，而哈利生活在所有收入都按每年3%增长的经济中。简单明了的复利计算可以表明所发生的情况。40年后，当两人60岁时，贝克的收入一年为4.5万美元，而哈利的收入一年为9.8万美元。由于增长率2%的差异，在老年时哈利的收入是贝克的2倍多。

一个被称为70规则的古老拇指规律有助于理解增长率和复利计算的影响。根据70规则，如果某个变量每年按 x% 增长，则在将近 $70/x$ 年后该变量翻一番。在贝克的经济中，收入按每年1%增长，因此，收入翻一番需要70年左右的时间。在哈利的经济中，收入按每年3%增长，因此，翻一番需要70/3即23年。

许多年中复利计算的增长率会引起惊人的结果。可见，发展中国家要赶上发达国家，必须有比发达国家更高的经济增长率。对于发展中国家来说，促进经济增长具有更为紧迫的意义。

二、经济增长的源泉

所谓经济增长的源泉，也就是影响经济增长的因素，一个社会的经济增长，会受很多因素的影响，正确认识这些影响因素，对于认识现实的经济增长和制定促进经济增长的政策具有重要意义。关于经济增长因素的理论研究，比较重要的库兹涅茨、肯德里克、丹尼森等人的研究。

1. 劳动生产率

产出 Y 可以抽象为劳动量与劳动生产率的乘积。如用 L 表示劳动量，则有：
$$Y = L \times (Y/L) \tag{18-10}$$

劳动量 L 是指一定时期内就业人数与其工作时间的乘积。Y/L 即劳动生产率，指每一劳动小时提供的产出。对式(18-10)微分并同除以 Y 有：
$$g = dY/Y = g = \frac{dL}{L} + d\left(\frac{Y}{L}\right)\bigg/\frac{Y}{L} \tag{18-11}$$

即经济增长率可近似看成是劳动增长率同劳动生产率增长率之和。美国经济学家研究了美国1929—1982年的经济增长史，得出的结论是，产出增长率的1/3来自劳动投入的增加。而其余的2/3来自劳动生产率的提高。劳动生产率是经济增长的首要源泉。影响劳动生产率的主要因素有技术进步、资本存量、教育培训以及其他因素。各种因素对劳动生产率的贡献如表18-3所示。

表18-3 美国1929—1982年的劳动生产率因素[①]

技术进步	40%
资本存量	28%
教育培训	21%
其他因素	11%

---

① Edward F. Denison: Trend in American Economic Growth, 1929—1982, 转引自：James F. Ragan Jr & Lord B. Thomas Jr: Principles of Economics, p471.

2. 技术进步

如表 18-3 所示,技术进步是提高劳动生产率的首要因素。技术的进步包括知识的进步与运用、规模经济的实现,以及资源配置的改善。根据传统经济理论,随着资本量增加,资本的边际生产率是递减的,这就表现为利润率下降的趋势。但根据对统计资料的研究,并不存在这种趋势,其原因是在技术进步的条件下,资本的增加不是同样资本设备的数量增加,而是更先进的资本设备代替了陈旧的设备,是更多的人力资本提高了劳动者的素质。

3. 资本深化和人力资本

如表 18-3 所示,资本存量是影响劳动生产率的第二个重要因素。资本分为物质资本和人力资本。物质资本又称有形资本,指厂房、设备、存货、基础设施等资本存量。人力资本又称无形资本,指体现在劳动者身上的资本存量,如通过正规教育、在职培训和实践中所得到的知识、技能、经验和创业精神,通过提高营养水平而改善的健康状况,这些形成人力资本的支出称为人力资本投资。

劳动生产率的提高以资本存量的增加为前提。人均资本量的增加称为资本深化。资本深化也就是在报告期内资本增长率快于人口增长率。资本增长率是报告期内净投资 I 与基期资本存量 K 的比率,可记作 I/K。只有人均资本的增加,才有人均产量的提高。经验表明,包括对物质资本和人力资本的投资支出占 GDP 的比重与经济增长率呈正相关。

【专栏四】人力资本理论的四个里程碑

随着知识经济时代的来临,人力资本已上升到第一资源的重要位置。人力资本之所以为第一资源,是因为人是万物之灵,经济学关于人力资本理论的分析有四个里程碑。

第一里程碑:人的有用才能是经济增长的源泉。18 世纪英国经济学家亚当·斯密在《国富论》中,明确地把工人技能的增长视为社会经济进步和经济福利增长的源泉。他说:"在社会的固定资本中,可提供收入或利润的项目,除了物质资本外,还包括社会上一切人的有用才能。"

第二里程碑:人力资本是最重要的一种资本。19 世纪末,英国经济学家马歇尔第一个认识到,人力资本是最重要的一种资本。他在《经济学原理》一书中说:"所有的投资中,最有价值的是对人本身的投资。"20 世纪初,美国经济学家欧文·费雪在《资本与收入的本质》及《利率理论》中,第一次提出了完整的资本概念。他说:任何可以带来收益的东西(无论是有形的还是无形的)都可以称为资产,而这些资产的市场价格就是资本。

第三里程碑:人力资本投资收益高于物质资本。20 世纪 60 年代,美国经济学家 T.W.舒尔茨将研究推到了一个新的高峰。他明确指出:人力资本的收益高于物质资本。

第四里程碑:专业化人力资本才是经济增长的真正动力。20 世纪 80 年代以来,以罗默尔、卢卡斯为代表的人力资本学者提出了"新增长理论"。这种理论在古典经济学生产函数中加进了人力资本要素,故又称为"内生经济增长理论"。卢卡斯认为,"专业化的人力资本"才是促进经济增长的真正动力。

4. 资源重新配置效率

资源重新配置效率,即将资源从低生产效率的部门转移到生产效率高的部门。美国经济学家库兹涅茨运用统计分析方法,对各国经济增长进行比较,从各国经济增长的差异中探索影响经济增长的因素。库兹涅茨认为,推动经济增长的因素,除了知识存量的增加、劳动生产率的提高外,还有结构方面的变化,即资源重新配置。发达的资本主义国家在它们经济增长的历史过程中,经济结构转变迅速。从部门来看,先从农业活动转向非农业活动,再从工业活动转移到服务性行业。从生产单位的平均规模来看,是从家庭企业或独资企业发展到全国性,甚至跨国性的大公司。从劳动力在农业和非农业生产部门的分配来看,在美国,1870年全部劳动力的53.5%在农业部门,到1960年则降低到7%以下。在比利时,农业劳动力从1846年全部劳动力的51%减少到1961年的7.5%。以前要把农业劳动力降低50个百分点,需要经历许多世纪的时间,现在,在一个世纪中,农业劳动力占全部劳动力的百分数就减少了30～40个百分点,这主要是由于迅速的经济结构变化所引起的。库兹涅茨强调,发达国家经济增长时期的总体增长率和生产结构的转变速度都比它们在现代化以前高得多。

库兹涅茨把知识力量因素、生产因素与结构因素联系起来,以强调结构因素对经济增长的影响。库兹涅茨认为,不发达国家经济结构变动缓慢,结构因素对经济增长的影响比较小,主要表现在:不发达国家传统结构束缚被聚集在传统农业部门中的60%以上的劳动力,而传统的生产技术和生产组织方式阻碍了经济增长;同时,制造业结构不能满足现代经济对它提出的要求,需求结构变化缓慢,消费水平低,不能形成对经济增长的强有力刺激。

三、经济增长的前途

较高的经济增长率总意味着社会财富的增加,更多满足人们需要,社会福利增进,这是亚当·斯密(A. Smith)以来的传统信条。但在20世纪60年代,正当西方国家沉溺于高速经济增长之中时,高速增长的恶果已开始显露,其中最显著的问题是高经济增长率伴随着高人口增长率,同时,高经济增长率带来了环境严重污染、生态失衡、资源浪费和耗竭、人的精神危机加重等。针对这些问题,一些西方经济学家对经济增长的价值产生了怀疑,所以20世纪60年代后期就有经济学家提出要考虑经济增长的代价问题。

1. "反增长"论

1967年,英国经济学家米香(E. J. Mishan)出版了《经济增长的代价》一书,联系社会来考察经济增长的后果,认为物质财富的享受不是人类快乐的唯一源泉和目标,人类还需要有闲暇、文化娱乐、美丽的自然风光、幽静整洁的环境等,但经济增长却片面追求国民生产总值指标的增加,忽视了社会福利指标,使人类的居住环境、生存条件、社会福利遭到了破坏,从而为经济增长付出了巨大代价。这一代价使人们的生活质量大大下降,每个人的生活都毫无选择地受到损害。由此他得出结论,认为单纯的经济增长不能使人们享受美好生活,反而造成生活质量下降,因而这种经济增长是不值得的、令人怀疑的。这种观点被称为"反增长"论或"增长价值怀疑"论。

2. "零增长"论

米香提出"反增长"论之后,1968年,有30多位经济学家组成的罗马俱乐部专门讨论了人类目前的处境与发展前景问题,并委托美国经济学家梅多斯(D. H. Meadows)将讨论情况整理成书,以《增长的极限》为名于1972年出版。

书中指出影响经济增长的有人口增长、粮食供给、资本投资、环境污染和能源消耗五大因素,它们共同的特点都是按指数增长。梅多斯等人将五大因素联结为一个"反馈环路"并用计算机进行了数据运算,建立起一个"世界末日模型"。得出的结论是:1970年后,人口和工业将保持指数增长,但资源储量有限并日趋枯竭,逐渐成为增长的约束条件,从而使工业增长速度减慢;与此同时,环境污染也将严重阻碍经济增长;人口虽然也在增长,但由于粮食的短缺和医疗卫生条件恶化,死亡率将上升。使人口也停止增长。这样,在2100年之前,世界体系将面临崩溃。

要避免世界末日的来临,从1975年起停止人口增长;到1980年停止工业资本增长;工业品的单位物质消耗降到1970年的1/4;经济增长的重点由生产物质产品转向服务设施,等等。

总之,使主要的增长因素实现"零值"增长,因而这种理论被称为"零增长"或"增长的极限理论"。

零增长观点一经提出,就引起西方社会的广泛讨论,持有异议的观点认为:

(1) 实行一种阻止经济继续增长的决策是不容易的。用行政命令控制的方式本身不可取。政府不可能命令人们停止发明扩大生产力的方法,而且厂商冻结其产出水平也是无意义的,因为人们需求的变化会要求某些工业扩大生产,同时也会要求另一些工业紧缩生产。究竟哪些工业需扩大和哪些需紧缩,若由政府出面干预以达到零增长,这将是既浪费又挫伤人们情绪的方式。

(2) 零增长将严重损害在国内或国外消除贫困的努力。当前世界上大多数人口仍处在需要经济增长的状态中,发达国家又不甚愿意对发展中国家提供过多帮助。较少的增长意味着贫困延续。就改善一些发展中国家生活状况而言,经济增长是完全必要的。

(3) 零增长不容易对有效的环境保护提供资金。消除污染净化环境,每年需要大量费用,只有经济增长,才能获得这些资金。如果经济不增长,这些方案都无法实施。

总之,一些经济学家认为,零经济增长是不能实现的,也是不应实现的。

四、可持续发展

关于经济增长(Economic Growth),经济学家目前一般都同意有狭义和广义之分。狭义的经济增长是指一国在一定时期内生产的产品和服务总量的增长,即国内生产总值(GDP)或人均国内生产总值的增加,它是一个纯数量的概念。广义的经济增长近似于经济发展概念,除了经济总量的增长外,还包括由此引起的经济结构、技术结构、产业结构、就业结构、制度结构和收入分配结构等的进步和优化,更为重要的是国民生活质量的提高,它反映的是一个经济社会总体发展水平的综合性概念。

由此可见,广义的经济增长或经济发展不仅要考虑"量"的增长,更重要的是要考虑"质"的增长。经济增长是经济发展的动力和手段,是经济发展的前提和基础,是一切社会进步的首要条件。而经济发展则是经济增长的结果和目的,经济发展包括了经济增长。尽管经济增长是经济发展的必要的、先决条件,但经济增长并不自然、必然地带来经济发展。如果政策有失误,或体制不健全,就可能出现增长虽快而发展滞后,甚至"有增长而无发展"的情况。现代经济增长带来的环境污染、生态破坏、资源枯竭问题却引起了人们的高度重视。1987年世界环境和发展委员会在《我们共同的未来》的报告中首次提出"可持续发展"战略。

可持续发展被定义为既满足当代人的需要,又不对子孙后代发展能力造成损害的发展。其内涵包括以下三个方面。

(1) 生态持续。可持续发展建立在资源的可持续利用和良好的生态环境基础上,保持整个生命支撑系统的完整性,保护生物多样化,保护自然资源,保证以持续的方式利用资源,使人类的发展保持在地球的承载力之内,预防和控制环境破坏和污染,积极整治和恢复已遭破坏与污染的环境。

(2) 经济持续。可持续发展鼓励经济增长,它不仅注重增长数量,而且要求改善质量,优化配置,节约资源,降低消耗,减少废物,提高效率,增加效益,改变传统的生产方式和消费方式,实施清洁生产和文明消费。

(3) 社会持续。可持续发展以改善和提高人类的生活质量为目的,积极促进社会公正、安全、文明、健康发展。为此它强调要控制人口增长,提高人口质量;合理调节分配,消除两极分化、失业和不平等现象;大力发展教育、文化、卫生事业,提高人们的科学文化水平和健康水平,建立社会保障体系,保持社会稳定。

以上三个方面,生态持续是基础,经济持续是条件,社会持续是目的,三者互相依存,互相促进。人类共同目标应该是自然—经济—社会复合系统的持续、稳定、健康发展。

第四节 经济增长模型

一、哈罗德-多马模型

20世纪50年代,英国经济学家哈罗德与美国经济学家罗马先后提出了基本相同的增长模型,所以,一般把他们的理论模型称为哈罗德-多马模型。其特征是将凯恩斯的 $S=I$ 这一均衡条件运用于经济增长分析,认为经济的增长首先依赖于投资,投资不仅仅只是起到增加总需求的作用,而且还能起到增加总供给的作用。

1. 模型的基本假设

哈罗德-多马模型有四个基本假设:①经济社会生产单一产品;②只有劳动和资本两种生产要素,且不能相互替代;③在一定时期内技术水平不变,故资本-产量比率不变,规模报酬也不变;④在边际消费倾向不变的条件下,储蓄率不变。

在这些假定基础上,哈罗德-多马经济增长模型集中考察了社会再生产过程中的几个变量以及它们之间的相互关系,提出了一个国家在长期内实现经济稳定的、均衡增长所需具备的条件。

2. 经济增长模型

设资本-产出比为一常数,则产出增长多少,就需要资本相应地增长多少。这一条件可以表述为

$$\Delta Y/Y = I/K, \text{或 } g = I/K$$

上式也可写成:
$$I = gK$$

在 $S=I$ 的两边同除以 Y 并代入 $I=gK$,有:

$$S/Y = I/Y = g(K/Y) \tag{18-12}$$

公式左边的 S/Y 是储蓄占产出的比重,称为储蓄率,用 s 表示。公式右边的 K/Y 是资本-产出比,用 v 表示,则有:

$$s = gv \quad \text{或} \quad g = s/v \tag{18-13}$$

从该模型的推导过程可看出,$g=s/v$ 是 $S=I$ 均衡条件在经济增长过程中的表现形式。哈罗德-多马模型是凯恩斯主义的长期化和动态化。

3. 模型的含义

$g=s/v$ 就是哈罗德-多马模型的基本公式,它说明:第一,经济增长率与储蓄率成正比,储蓄率越高,经济增长率也越高。第二,经济增长率与资本-产量比率成反比,即资本-产量比率越高,经济增长率越低。

该模型最大的特点在于其中的三个变量是彼此独立地决定的。储蓄率 s 取决于一个社会的储蓄倾向。资本-产出比 v 取决于技术条件且假定为常数,亦即技术条件或劳动生产率不变。当劳动生产率不变时,产出增长率 g 等于劳动力增长率。这种等于劳动增长率的产出增长率 g 称为自然增长率。当劳动生产率增长率为0时,必然有等于劳动力增长率的产出增长

率。根据 $dY/Y=dL/L+d(Y/L)/(Y/L)$，若 $d(Y/L)/(Y/L)=0$。则 $dY/Y=dL/L$，用 n 表示劳动力增长率 dL/L，则自然增长率的哈罗德条件 $s=gv$ 也可表述为 $s=nv$。

s,v 和 g 彼此独立地决定意味着 $s=gv$ 是十分偶然的。不仅如此,还可得出经济增长率是剧烈波动的结论。假定资本-产出比 $v=4$，产出增长率 g 或 n 为 2%，则实现均衡增长的储蓄率 s 应为 2%×4=8%。如果实际发生了储蓄率 $s=10\%$，即有 $s>gv$，因为 g 和 v 不能变动，这样过剩的生产能力就会以 2% 的比率年复一年的持续下去。即在劳动生产率不变的条件下,一旦出现 $s>gv$，自然增长率将伴随着无限增长的产品或资本过剩。同理,实际发生的储蓄率 $s=6\%$，即 $s<gv$，不断增长的劳动力就得不到相应的追加资本。随着劳动力的不断增加,失业将无限上升。

根据 $s=nv$，哈罗德-多马模型实际上反映的是经济增长过程中资本和劳动力之间的关系。哈罗德关于这一关系的基本结论是:①在私人市场经济中没有任何内在的因素使资本和劳动按不变的资本-产出比均衡增长;②一旦出现资本过剩或劳动过剩,它将无限地持续下去,只有政府实行积极的财政政策和货币政策,才能保证 $s=nv$ 的实现。所以,哈罗德-多马模型不仅理论基础是凯恩斯主义的,其政策主张也是凯恩斯主义的,即只有国家干预才能保证经济增长的稳定性。

二、新古典模型

哈罗德-多马模型作为一种早期的经济增长理论,虽然具有简单明确的特点,但模型关于劳动和资本不可相互替代以及不存在技术进步的假设在一定程度上限制了其对现实的解释力。此外,由模型所形成的均衡增长路径很难存在及经济难以自我趋向于均衡增长路径的结论也与第二次世界大战后欧美国家的经济发展经验事实不符。为此,一些经济学家开始进行理论突破,试图找到一个新的经济增长解释模型。美国经济学家罗伯特·索洛(Robert Solow)在 1956 年发表了论文《经济增长的一个理论》,在批评哈罗德-多马模型的基础上提出了新的增长理论模型。随后英国经济学斯旺等也在他们的经济理论中提出了与索洛基本相同的论点。以后又由美国经济学家萨缪森与英国经济学家米德加以补充与修正,被称为新古典经济增长模型。这一模型强调了经济增长取决于三个要素:劳动增长率、资本增长率和技术进步率。在生产中,劳动与资本的比例是可以变动的。在经济增长中,劳动和资本的比例可以通过市场机制来调节。如果劳动的价格低于资本的价格,就可以使用多用劳动少用资本的劳动密集型方法来实现增长;如果资本的相对价格低于劳动的价格,就可以使用多用资本少用劳动的资本密集型方法来实现增长。市场调节,即劳动与资本价格的变动,可以通过调节劳动与资本的比率来实现经济的稳定增长,比起哈罗德增长模型,稳定的增长取决于合意的储蓄率 nv 与实际储蓄率 gv 的相等的条件现实得多。

1. 经济增长模型

新古典经济增长模型的假设条件有:①经济社会只生产一种单一产品,这种产品可以用于消费也可用于投资;②规模报酬不变,但存在一种生产要素边际收益递减规律;③储蓄 S 是国民收入 Y 的函数,即 $S=sY$，s 为该社会的储蓄率;只有劳动和资本两种生产要素,两种生产要素可以相互替代,即劳动与资本的配合比率是可变的;④在经济增长的过程中存在技术进步。

很明显,新古典经济增长模型的假设条件与哈罗德-多马模型相比,改变了技术不变与资本-劳动比率不变两个条件,使得假设条件变得较为宽松,缩小了与现实生活的差距,更能合理地解释现实中的经济增长情况。

由于生产中投入劳动与资本两种生产要素,所以生产函数可以表示为:$Y=f(L,K)$,则人均产量 $y=\dfrac{Y}{L}=f(1,\dfrac{K}{L})$,用 $k=\dfrac{K}{L}$ 表示人均资本拥有量,则可以得到人均生产函数 $y=f(k)$,这一生产函数表示人均产量取决于人均资本量,人均资本量的增加会使人均产量增加,但是,由于报酬递减规律,人均产量会以递减的速度增长。

总投资 I 等于资本存量的变化(净投资)ΔK 和折旧 d 之和。如果假设折旧是资本存量 K 的一个固定比例 δK,则有 $I=\Delta K+\delta K$。根据凯恩斯的理论,经济均衡时,有 $I=S$,同时根据假设储蓄 S 是国民收入 Y 的函数,即 $S=sY$,因此有

$$sY=\Delta K+\delta K$$

对上式两边同除以劳动力数量 L,则有:

$$s\frac{Y}{L}=\frac{\Delta K}{L}+\delta\frac{K}{L} \tag{18-14}$$

其中,$y=Y/L$,$k=K/L$,人均净投资 $\Delta K/L$ 可以分为两部分,一是按不变的资本与劳动比例给新增加的劳动力配备的资本量,称为资本的广度化,如果用 $n=\Delta L/L$,则用于资本的广度化的投资为 nk,另一部分反映了人均资本的增量,即资本的深度化,用来说明技术的进步导致的资本与劳动的比例的变化,使人均的资本使用量发生了变化。用于资本的深度化可用 Δk 来表示,举个简单的例子,假设初始状态的资本存量为100,劳动量为10,则资本-劳动比率 $k=K/L=100/10=10$,如果投资增加44个单位,劳动力增加2个单位,则新增加的44个单位的投资可以分为两部分,一部分是按原来的资本与劳动的比例,为新增加的两个劳动力配备的20个单位的投资,剩余的24个单位的资本是因为资本与劳动的比例发生了变化,从10到12(144/12),因此人均资本量增加了2个单位,12个人总计增加了24个单位。

通过以上分析,式(18-14)就可变为

$$sy=\Delta k+(n+\delta)k \tag{18-15}$$

如果不考虑折旧,则有:

$$sy=\Delta k+nk \tag{18-16}$$

这就是基本的新古典经济增长模型,其中 sy 为人均储蓄额,nk 为新增劳动力配备的平均的资本,Δk 为人均资本的变化量。由此可以看出,按劳动平均的储蓄额一部分被用来为新增劳动力配备社会平均水平的资本,一部分被用来增加社会上每个劳动力的技术水平。

2. 经济稳定增长的条件

新古典经济增长模型认为,如果人均资本 k 变化,则根据生产函数 $y=f(k)$,人均产量也必然会发生变化,经济将不再稳定。所以,经济能够保持稳定增长的条件是人均资本 k 保持不变,即式(18-15)与式(18-16)中的 $\Delta k=0$。也就是说,要实现稳态,资本的深化就必须为零,即人均储蓄全部用于资本的广化或弥补折旧。所以稳态的条件是:

$$sy=(n+\delta)k \tag{18-17}$$

这种稳定增长的条件也可以用图18-3来加深理解,由于 $0<s<1$,故储蓄曲线 sy 与人均生产函数曲线 y 的形状相同;但位于人均生产函数曲线 y 的下方。资本广化曲线 $(n+\delta)k$ 是一条通过原点、向右上方倾斜的直线。

储蓄曲线 sy 与资本广化曲线 $(n+\delta)k$ 相交于点 E,所对应的人均资本为 k_0,人均储蓄为 sy_0,人均收入为 y_0,此时人均储蓄正好全部用来为增加的劳动力配置资本(nk)和替换旧的资本品(δk),人均资本没有变化,即 $\Delta k=0$。

从图 18-3 中可以看到,在 E 点左边 k_1 水平,sy 曲线高于 $(n+\delta)k$ 曲线,表明人均储蓄大于资本广化,即 $\Delta k>0$,存在着资本深化的可能,这时,人均资本有增多的趋势,人均资本 k_1 会逐步地增加,逐渐接近于 k_0。反之,在 E 点右边的 k_2 水平,人均储蓄小于资本广化,$\Delta k<0$,此时人均资本 k_2 有下降趋势。人均资本 k_2 的下降会一直持续到 k_0 为止。

以上论述表明,当经济偏离稳定状态时,无论是人均资本过多还是过少,经济都会在市场力量的作用下恢复到长期、稳定、均衡状态。这一点与哈罗德-多马经济增长模型是完全不一样的,因为哈罗德-多马模型认为均衡的可能性很小,而不均衡反而是一种常态。

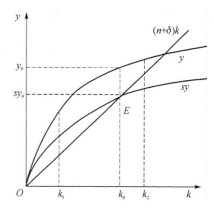

图 18-3 稳定增长

在不考虑折旧的条件下,当经济处于稳定增长的状态时,即满足 $sy=nk$ 时,此时可以证明经济增长率就是劳动力的增长率 n,将均衡条件 $sy=nk$ 两边同除以 $k=K/L$,可得:

$$s\frac{Y}{L} \cdot \frac{L}{K} = s\frac{Y}{K} = n \tag{18-18}$$

其中,Y/K 为资本生产率,也就是资本-产量比率 v 的倒数,代入式(18-18)可得经济增长率:

$$G = s/v = n \tag{18-19}$$

三、新剑桥模型

新古典增长模型受到英国经济学家罗宾逊和卡尔多等人的批评:一旦物质资本形成后,再改变生产方法(即用劳动替代资本)就很困难了,这有点类似于一团油泥可以捏成任意形状,但一旦某种形状的油泥烧成陶土之后,再改变它就很困难了。因此这一批评又形象地称为油泥-陶土模型。其结论是,资本-产出比 v 难以发生变化。

罗宾逊和卡尔多在批评新古典模型的基础上,提出用储蓄率 s 的变动来说明经济增长的内在稳定性,称为新剑桥增长模型。其基本内容是,储蓄率 s 可以看成是工资储蓄率(记做 $S_w=S/W_w$)和利润储蓄率(记做 $S_p=S/P$)之和,且后者高于前者,即有:

$$s = S_w + S_p,\text{且 } S_p > S_w$$

由此可以得出结论,利润占产出的比重(P/Y)越高,储蓄率 s 越高,反之亦然。因为:

$$P/Y = (K/Y) \cdot (P/Y) = vr \tag{18-20}$$

所以,当资本-产出比 v 一定时,储蓄率 s 是利润率 r 的增函数。

设有 $s>nv$,即资本过剩,预期利润率 r 就会下降,当资本产出比 v 一定时,r 下降造成利润占产出的比重 P/Y 下降和工资占产出的比重 W/Y 上升,储蓄率 s 随之下降,最终有 $s=nv$。同理,若有 $s<nv$,r 将上升,直至使 $s=nv$。

新剑桥增长模型把经济增长与收入分配结合起来,说明了经济增长中收入分配的变化趋势以及收入分配关系对经济增长的影响,即收入分配失调影响经济的稳定增长,要实现长期稳定的经济增长,必须调节收入分配的比例,而不是资本-产出比。

针对哈罗德-多马增长模型与新古典经济增长模型中认为社会储蓄倾向不变的观点,英国经济学家琼·罗宾逊、卡尔多与意大利经济学家帕森内蒂等人提出了一种储蓄倾向可变的经济增长模型,被称为新剑桥经济增长模型。这种理论认为,社会收入分配结构的变化会对储蓄率产生重要影响，从而影响到整个经济的增长速度。所以，政府可以通过改变社会收入分配结构来实现经济的长期稳定增长。

模型的基本假设条件：①社会成员分为利润收入者与工资收入者两个阶级。②利润收入者与工资收入者的储蓄倾向是不变的。③利润收入者的储蓄倾向大于工资收入者的储蓄倾向。④资本-产量比率不变。这样，新剑桥模型的基本公式就可以从哈罗德模型变形得到：

$$G = s/v = \left(s_p \cdot \frac{P}{Y} + s_w \cdot \frac{W}{Y}\right)/v \tag{18-21}$$

其中，s 为储蓄率；v 为资本-产量比率；P，W 分别为利润收入与工资收入，P/Y，W/Y 分别代表利润收入与工资收入占整个国民收入的比重；s_p 为利润收入者的储蓄倾向；s_w 为工资收入者的储蓄倾向。

由于假设社会成员分为利润收入者与工资收入者两个阶级，则有 $Y = P + W$，于是可变形为

$$P/Y + W/P = 1 \tag{18-22}$$

从式(18-22)可以看出，在资本-产量比率 v 不变的情况下，增长率取决于储蓄率，储蓄率越高则增长率越高。如果假设利润收入者的储蓄倾向 s_p、工资收入者的储蓄倾向也是固定不变的。储蓄率的大小就取决于 P/Y(或者 W/Y)，也就取决于国民收入分配的状况，即利润与工资在国民收入分配中所占的比例。因为假设利润收入者的储蓄倾向大于工资收入者的储蓄倾向；即 $s_p - s_w > 0$，所以利润在国民收入中所占的比例 P/Y 越大，则储蓄率越高。相反，工资在国民收入中所占的比例越大，则储蓄率越低，经济增长率也就越低。要提高增长率，就要改变国民收入的分配，使利润在国民收入中占更大的比例。因此，经济增长是以加剧收入分配的不平等为前提的。经济增长的结果，也必然加剧收入分配的不平等。这是新剑桥模型的重要结论。换一种说法，政府可以通过调整收入结构实现长期稳定的经济增长目标。

如果对前面所述的三个经济增长模型加以比较，就不难发现，其实三者出发点相同，只是三者的假设条件不一样而已，哈罗德-多马模型假设储蓄率 s 与资本-产量比率 v 都不变，通过对实际增长率、合意的增长率与自然增长率三个不同概念的比较来考察经济中长期稳定增长的条件；新古典经济模型是假设储蓄率 s 不变，资本-产量比率 v 是可变的，通过对其调整可以实现经济的稳定增长；而新剑桥增长模型则相反，假设资本-产量比率 v 不变，储蓄率 s 是可变的，通过改变收入分配结构调整储蓄率，达到经济稳定增长的目的。

四、内生增长模型

在内生经济增长理论出现以前，大多数经济学家意识到了生产技术对经济增长的重要性，但都是把技术进步作为一种外生变量，只是将其作为经济增长模型之外的一种因素简单加以分析。在此之后，由阿罗、罗默、卢卡斯等经济学家建立各自的把技术作为内生因素的经济增长模型，统称为内生经济增长理论或新经济增长理论，其模型也可统称为内生经济增长模型。下面对此作一些简单的介绍。

1. 阿罗的"干中学"模型

1962 年，美国经济学家阿罗(Kenneth J. Arrow)在《经济研究评论》杂志上发表了《干中学的经济含义》，这是最早用内生技术进步来解释经济增长的模型，这篇文章被经济学界看作是技术内生经济增长的先导之作。

阿罗认为，技术进步是厂商在生产中积累经验的结果(即干中学)，不仅进行投资的厂商可

以通过积累经验提高生产率,还会产生技术的溢出效应,其他厂商也可以通过学习提高生产率,将最终提高全社会所有其他厂商的生产率,无须进行专门的投资。这样,即使单个厂商的生产函数是规模报酬不变的,但整个社会的生产函数却可以是规模报酬递增的。

在阿罗模型中,技术进步被认为是传统产品生产的副产品,技术进步可以用积累的总投资来表示,积累的总投资包含于经济增长模型中,于是,学习、经验、技术进步也就变成了内生变量。相对于有形的生产要素的投入来说,学习与经验这些代表技术进步的因素就是无形的投入。在简化的阿罗模型中,总的生产函数就可以表示为

$$Y = f(K, A, L) \tag{18-23}$$

其中,知识技术用资本的总积累来表示,知识存量 $A = K^m (m<1)$,技术进步成为经济增长模型的内生变量。阿罗认为,由于存在技术溢出,不存在政府干预时的经济均衡状态只是一种社会次优状态、均衡的经济增长率将低于社会最优经济增长率。在此背景下,政府可以采取适当的政策提高经济增长率,使经济向着社会福利最大化逼近。

该模型的重要意义在于突破了传统经济增长理论的研究框架,提出了第一个内生经济增长模型,提供了研究经济增长理论的新思路。然而,阿罗的"干中学"模型也存在明显的缺陷,因为如果用积累的总投资表示技术进步,将技术进步看作是生产的副产品,那么就隐含着技术进步只是渐进式的,而事实上,人类发展的历史证明,往往是那些激进式的发明与创造更能带来经济的快速增长。其次,一些能促进技术进步的基础性研究并没有参与生产过程,也就不能通过其模型加以体现。由此可知,阿罗的干中学模型还不是一个标准的技术内生增长模型。

2. 罗默的知识溢出模型

保罗·罗默(Paul M. Romer)承袭了阿罗的干中学模型,并将之向前推进了一步。提出了以知识生产和知识溢出为基础的知识溢出模型,其"内生经济增长理论"主要思想最早体现在1983年的博士论文《外部因素、收益递增和无限增长条件下的动态竞争均衡》中,并发表在1986年的《政治经济学期刊》(*The Journal of Political Economy*)上。

与阿罗模型不同的是,罗默认为代表技术的知识像其他物品一样是由资本生产出来的,是厂商有意识投资的产物,所以是经济体系的内生变量。厂商之所以投资于知识的生产,其是为了追求新技术带来的高额利润。所以,对技术的基础性研究也可以产生长期的经济效益。

罗默的模型中,除了列入资本和劳动这两个生产要素以外,还有另外两个要素,人力资本与技术水平。模型中所列入的劳动是指非熟练劳动,而人力资本则指熟练劳动,人力资本用正式教育和在职培训等受教育的时间长度来表示,这样,就把知识或教育在经济增长中的作用考虑进去了。模型中所列入的技术水平这个要素,罗默认为它体现于物质产品之上,如新的设备、新的原材料等,它们表示技术创新的成果。换言之,知识的进步体现在两方面:一方面是体现于劳动者身上的熟练程度,它在模型中用人力资本来表示;另一方面是体现于新设备、新原材料等物质产品之上的技术先进性,它在模型中用技术水平表示出来。

罗默模型有最简单的形式为 $Y_i = f(X_i, K_i, K)$,假定 Y_i 为代表性厂商的产出,K_i 为单个厂商拥有的专业化知识,K 为所有厂商都可使用的一般性知识,代表人类社会的总的知识存量,X_i 为资本与劳动等有形生产要素投入的总和。该生产函数认为,单个厂商为了获得专利化技术必须付出一定的成本,因而,如果不考虑总的知识存量 K,单个厂商的规模报酬就是不变的。然而单个厂商所发明的知识技术具有溢出效应,其他厂商也可通过学习得到,这样总的知识存量 K 就会不断累积增加,所有厂商都会受益,所以如果考虑总的知识存量 K 对经济增长的影响,那么不管是单个厂商还是整个社会的生产,其规模报酬就是递增的。

3. 卢卡斯的人力资本溢出模型

人力资本的概念首先是由美国经济学家西奥多·舒尔茨(Schultz)提出的。他针对"技术决定论"的不足,提出用人力资本理论来补充和发展技术进步论。舒尔茨把资本分为常规资本和人力资本两种形式,认为人向其自身投资的数量是非常巨大的,人力资本就是用于增强人的体力、智力和技能方面的投资。但是,舒尔茨的人力资本概念比较一般化,卢卡斯在此基础上进行了更深一步的研究,并把人力资本作为解决经济增长内生化问题的一个重要原因,并取得了显著的成果。

在卢卡斯的人力资本溢出模型中,假定整个经济中存在两个部门。一个部门是消费品生产部门,另一个部门是人力资本生产部门。他用人力资本的溢出效应来解释技术进步,说明经济增长是人力资本不断积累的结果。工人的人力资本水平不仅影响自身的生产率,而且能够对整个社会的生产率产生影响这是该模型能够产生规模递增收益和政府政策增长效应的基础。

人力资本的增长率与人们用于积累人力资本的时间比例成线性函数关系,在卢卡斯的人力资本模型中,不需要依赖于外生力量来维持经济增长,人力资本的积累是经济增长的源泉。但是出于人力资本的外部效应,没有政府干预条件下的经济增长均衡将是一个社会次优水平,人力资本投资低于社会所需要的水平。

【专栏五】罗伯特·卢卡斯

罗伯特·卢卡斯

罗伯特·卢卡斯(Robert Lucas),美国人,1937年生于华盛顿的雅奇马。1955年,卢卡斯从西雅图的罗斯福公立学校高中毕业,获得了芝加哥奖学金,但芝加哥没有工学院,从而终止了他做工程师的梦想。他选修古代史序列,并且变成主修历史。卢卡斯由于获得了一项伍德罗·威尔逊博士奖学金,从而进入加州大学攻读历史专业研究生。在伯克莱,他选修了经济史课程,并旁听经济理论课。从那时起,他开始对经济学产生浓厚的兴趣。他决定改学经济学,并因此回到了芝加哥。1963年,卡内基工学院(现在的卡内基-梅隆大学)的工业管理研究生院提供给卢卡斯一个教职。在此期间,卢卡斯的经济动力学的全部观点逐渐成形。他的观点集中反映在1970年完成,1972年发表的《预期和货币中性》的文章中。这篇文章是他的代表作,货币中性是他获得诺贝尔经济学奖的演讲主题之一。1974年卢卡斯回芝加哥教书,1980年成为有突出贡献的教授。卢卡斯的著作主要包括:《理性预期与经济计量实践》(合作,1981年)、《经济周期理论研究》(1981年)、《经济周期模式》(1987年)、《经济动态学中的递归法》(1989年)。他的论文比较多,主要包括:《调整费用与供应理论》(1967年)、《经济计量政策评估:一项评论》(1975年)、《优化投资与理性预期》(1981年)、《有效就业保障简化模式中的效率与均等》(1995年)等。

卢卡斯是经济学天才。从20世纪70年代初起,他率先将理性预期假说成功地运用于宏观经济分析,开创并领导一个新的宏观经济学派——理性预期学派,或称新古典宏观经济学派。卢卡斯在宏观经济模型构造、计量方法、动态经济分析以及国际资本流动分析等方面都做出了卓越的贡献。为表彰他对"理性预期他假说的应用和发展"所作的贡献,1995年他被授予诺贝尔经济学奖。他的研究,"改变了宏观经济的分析,加深了人们对经济政策的理解",并为各国政府制定经济政策提供了崭新的思路。

本 章 小 结

1. 经济增长是指一个社会的潜在产出水平随着时间的推移而增加或者说是一个社会的生产边界随着时间的推移向外扩张。自工业革命以来,世界经济在波动中增长,增长包含着波动。

2. 索洛认为:经济增长过程中出现的资本过剩和劳动过剩,会通过自由价格机制和边际收益递减规律自发地消除。经济增长具有内在的长期稳定机制。

3. 一些西方经济学家对经济增长的价值产生了怀疑,提出要考虑经济增长的代价问题。反增长论认为单纯的经济增长不能使人们享受美好生活,反而造成生活质量下降,因而这种经济增长是不值得的、令人怀疑的。零增长论指出由于粮食缺少、资源枯竭和环境污染等问题之严重性相互反馈的结果,最后会出现"世界的末日"。

4. 可持续发展是既满足当代人的需要,又不对子孙后代发展能力造成损害的发展。

关 键 概 念

经济增长率　资本深化　人力资本　哈罗德-多马模型　反增长　可持续发展

【思考与练习】

一、单选题

1. 经济增长的最佳定义是(　　)。
A. 投资和资本量的增长
B. 因要素供给增加或生产率提高使潜在的国民收入有所提高
C. 实际国民收入在现存水平上有所提高
D. 人均货币收入的增长

2. 哈罗德的有保证的增长率是这样一种发展速度,它(　　)。
A. 使企业家满意其在过去已做出的正确决策,并准备继续以同样的发展速度经营
B. 使事前投资等于事前储蓄
C. 等于意愿的资本需求除以边际储蓄倾向
D. 以上说法均不正确

3. 在长期,最大可能实现的最大增长率为(　　)。
A. 有保证的增长率　　　　　　B. 自然增长率
C. 实际增长率　　　　　　　　D. 以上说法均不正确

4. 根据新古典模型,人口增长率的上升将(　　)。
A. 提高人均资本的稳定状态水平
B. 降低人均资本的稳定状态水平
C. 对人均资本的稳定状态水平没有影响

D. 如果 $\delta<n$ 则如 B 所述,如果 $\delta>n$ 则如 A 所述

5. 加速原理发生作用的条件是( )。

A. 投资的增加会导致国民收入的增加

B. 生产消费品需要有一定量的资本品,因而消费支出的增加会导致投资支出的增加

C. 投资的增加会导致消费支出的持续增加

D. 经济活动由衰退转向扩张时

二、判断题

1. 经济增长可表示为总产量的增长,不能表示为人均产量的增长。
2. 经济增长与经济发展的含义是相同的。
3. 增长核算方法把产出的增长分为两个不同的来源:生产要素的增加和技术进步。
4. 丹尼森把经济增长因素分为两大类:生产要素投入量和生产要素生产率。
5. 新古典增长模型的基本方程是: $\Delta K=sy-(n+\delta)$。
6. 新古典增长理论中的稳态条件是: $sy=(n+\delta)k$。

三、计算题

1. 在新古典增长模型中,人均生产函数为 $y=f(k)=2k-0.5k^2$,人均储蓄率为 0.3,设人口增长率为 3‰,求:(1)使经济均衡增长的 k 值;(2)黄金分割率所要求的人均资本量。

2. A:假设 MPC(边际消费倾向)=0.6,无引致投资。试求:

(1) 乘数值为多少?

(2) 投资增加 250 亿元,那么收入的总增加为多少?

(3) 如果自主消费、投资分别为 600 亿元和 900 亿元,那么均衡收入水平为多少?

B:仍假定 MPC=0.6,但现假定有引致投资,且 MPI(边际投资倾向)=0.2。试求:

(1) 乘数值为多少?

(2) 如果自主消费增长 250 亿元,那么收入将增长多少?

(3) 如果自主消费、投资分别为 600 亿元和 900 亿元,那么均衡收入水平为多少?

(4) 比较 A、B 部分的结果,它们有什么不同?

四、简答题

1. 经济波动为什么会有上限和下限?
2. 试述乘数—加速数模型是如何解释经济同期性波动的。

国际经济

本章知识结构图

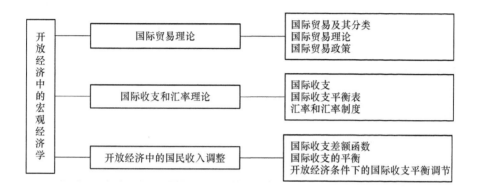

学习目的与要求

【目的与要求】通过本章的学习,了解关于国际贸易发生原因的有关理论。理解国际收支平衡表的编制原则和各个账户之间的关系。掌握汇率的决定原理,了解各种汇率政策。理解开放条件下的宏观经济均衡与不均衡。掌握内部均衡与外部均衡的政策选择。

【重点与难点】重点是国际贸易的有关理论、国际贸易和国际金融政策;难点是IS-LM-BP模型及其应用。

第一节 国际贸易

本书的上述各章是假定在封闭经济条件下,对宏观经济总量变动的考察。但当今世界各国的经济都是不同程度的开放经济,各国间存在着不同程度贸易和金融往来。一国的经济既会影响别国的经济,同时也收到别国经济的影响。本章介绍开放经济的一些基本知识,以便研究开放经济中国民收入的决定。

国际贸易是国与国之间物品和服务交易活动的总称,是国际经济关系的基础性内容。本国从外国购买的物品和服务称为进口,本国卖给外国的物品和服务称为出口。

一、国际贸易的理论基础

1. 重商主义关于国际贸易的观点

国际贸易理论要问答的基本问题之一是为什么要进行国际贸易。15—18世纪,随着西方世界的逐步兴起,国际贸易出现及规模不断扩大,讨论这个问题的文章和小册子逐渐增多,其主要内容及思想被后来人称为重商主义(mercantilism)。重商主义认为通过国际贸易中的多出口少进口,使当时作为支付手段的金银流入国内,从而使国家富强。这样他们认为政府或国王应该鼓励国际贸易,并且制定正确的国际贸易政策,也即奖励出口、限制进口来实现金银的流入和国家富强。根据重商主义观点,当某一时点金银数量一定时一国从国际贸易中获得利益,也即有金银流入;其他国就会在国际贸易中受损,也即有金银流出。国家富强在根本上是相互冲突的,没有能使参与国家同时受益的国际贸易。这些观点被后来解释国际贸易现象的新学说取代。

2. 绝对优势理论

1776 年,英国经济学家亚当·斯密(Adam Smith)发表了标志着经济学诞生的《国民财富的性质和原因的研究》一书,在书中斯密反对重商主义的国际贸易观点,他认为,"如果一件东西在购买时所费的代价比在家内生产时所费的小,就永远不会想要在家内生产"。因此,"如果外国能以比我们自己制造还便宜的商品供应我们,我们最好就用我们有利地使用自己的产业生产出来的物品的一部分向他们购买"。斯密提出绝对优势(absolute advantage)概念,并运用它解释自愿参与国际贸易的每个国家,都能从国际贸易中获得利益的经济现象,即回答了为什么要进行国际贸易的问题。亚当·斯密的绝对优势模型表明,参与国际贸易的各国分别在不同的商品上具有较高生产效率时,各国都能通过在具有绝对优势的商品生产上进行专业化生产并通过国际贸易获益。通过分工、专业化生产和国际贸易,资源在国家间实现有效配置,世界总产量增加,人们可消费的商品数量增加,参与国际贸易的各国都将获益。绝对优势理论的结论是:为了获得贸易利得,各国均应生产并出口具有绝对优势的产品,放弃生产并进口具有绝对劣势的产品。

3. 比较优势理论

绝对优势模型从根本上解决了重商主义关于国际贸易中国与国之间利益对立的矛盾,但是当一国在所有商品生产上都比另一国更有效率时,那是否会存在国际贸易?如果存在国际贸易,是否参与国际贸易的各国都将获益?比较优势理论从生产率的相对差异而不是绝对差异角度更进一步地解释了国际贸易产生的原因。1817 年,英国经济学家大卫·李嘉图(David Ricardo)的《政治经济学及赋税原理》发表,标志着传统国际贸易理论的确立,他在书中提出的比较优势原理成为传统国际贸易理论的核心,其后的国际贸易理论都是对比较优势原理的继承和发展。

我们通过对具体例子的分析来了解比较优势理论。我们沿用上面绝对优势理论中"两个国家、两种产品、一种要素"的假设。例如,本国和外国都生产汽车和粮食。如果本国把全部资源(劳动)用于生产自己消费的汽车和粮食,生产一辆汽车需要 1 万小时,生产 1 吨粮食需要 500 小时。本国的资源共 1 亿小时,生产汽车和粮食各用 5 000 万小时,生产汽车 5 000 辆,粮食 10 万吨。外国也把全部资源(劳动)用于生产自己消费的汽车和粮食。外国生产一辆汽车需要 9 000 小时,生产 1 吨粮食需要 300 小时。外国的资源共计 1.8 亿小时,生产汽车和粮食各用 9 000 万小时,生产汽车 1 万辆,粮食 30 万吨。如表 19-1 所示。

如果两国之间没有国际贸易,他们各自汽车和粮食的产量也就是消费量,消费受资源及生产可能性的限制。

表 19-1　比较优势说的两个国家、两种产品模型表（分工前）

国别	汽车		粮食	
	单位产品小时数/小时	总产量/辆	单位产品小时数/小时	总产量/万吨
本国	10 000	5 000	500	10
外国	9 000	10 000	300	30

从上例可看出，外国生产汽车和粮食所用的时间都少于本国，即生产率高于本国。换言之，外国在这两种产品的生产上都有绝对优势，但各国都有自己的比较优势。本国生产一辆汽车的机会成本为 20 吨粮食，外国生产一辆汽车的机会成本为 30 吨粮食，本国生产汽车的机会成本低于外国，在生产汽车上有比较优势。本国生产 1 吨粮食的机会成本为 0.05 辆汽车，外国生产 1 吨粮食的机会成本为 0.033 辆汽车，外国生产粮食的机会成本低于本国，在生产粮食上有比较优势。

由于两国各有比较优势，所以，本国专门生产汽车，外国专门生产粮食，然后双方交换，都可以获益，即在资源和生产可能性约束不变的情况下所消费的两种物品都可以增加，或在一种物品的消费不减少时，另一种物品的消费量增加。在上例中，如果没有贸易，本国 1 辆汽车可以换 20 吨粮食，如果与外国贸易，1 辆汽车可以换 30 吨粮食。本国把全部资源 1 亿小时劳动用于生产汽车可生产 1 万辆，留下 5 000 辆自己消费（汽车的消费量没有减少），用其余 5 000 辆与外国进行贸易，可换得 15 万吨粮食（粮食的消费量增加了）。也可留下 6 000 辆汽车自己消费，其余 4 000 辆汽车与外国进行贸易，换得 12 万吨粮食，两种物品的消费都增加了。同样，如果没有贸易，外国 1 吨粮食可以换 0.033 辆汽车。如果与本国贸易，1 吨粮食可以换 0.05 辆汽车。外国把全部资源 1.8 亿小时劳动用于生产粮食 60 万吨，留下 30 万吨自己消费，用其余的 30 万吨粮食换得 1.5 万辆汽车。也可以自己消费 40 万吨粮食，其余 20 万吨粮食换得 1 万辆汽车，两种物品的消费都增加了。如表 19-2 所示。

表 19-2　贸易后情况表

国别	汽车/辆	粮食/万吨
本国	5 000	15
外国	15 000	30

上述例子说明，各国在生产某种物品上都有比较优势，各自生产有比较优势的东西进行交换，对各国都有利。这正是自由贸易的理论基础，也是在整个经济发展中国际贸易有利于共同繁荣的秘密。

【专栏一】欧盟的形成与比较优势

当今欧盟的形成与李嘉图的比较优势原理不无关系。从 2002 年 1 月 1 日起，欧元成为欧洲 12 个国家的流通货币，从而取代了德国马克、法国法郎、意大利里拉、荷兰盾等 12 种货币。为什么欧元能一统欧洲？要知道在 20 世纪的前 40 年，欧洲是世界战争的策源地。欧元之所以能成为一种世界性的货币，根本的动因有两个。

（1）经济的比较优势使战后欧洲各国经济形成了互补的结构：法国生产欧洲需要的粮食和时装、荷兰生产欧洲需要的鲜花和奶制品、德国生产欧洲需要的机械设备和汽车、瑞士生产欧洲需要的手表和巧克力。各国在经济共同体都找到了自己合适的位置，它们都发挥着自己的比较优势,生产出物美价廉的产品。互补的经济结构要求统一的货币。

(2) 文化的比较优势使各国的文化产生共容性和妥协性,这是欧元存在的文化基础。欧洲各国的文化是多样性的,但有共同的本质:善于合作和妥协,在合作和妥协中成长。没有文化的合作和妥协,很难想象会有一种统一的欧元出现。

4. 要素禀赋理论

20世纪初,新古典经济学家赫克歇尔(Eli. Heckscher)和俄林(Bertil Ohlin)进一步指出了产生国际贸易的另一重要原因——要素禀赋(Factor Endowments)。要素禀赋说又称赫克歇尔-俄林模型。他们认为,各国要素的相对稀缺程度和不同产品生产中所用要素的比例差异导致了国际分工和国际贸易。产品生产需要多种生产要素的投入,如劳动、土地、资本等。这些要素按一定比例投入生产;不同的产品要素投入的比例各不相同。正是由于这种要素投入比例的不同,才导致了产品之间相对优势的存在。

例如,假设两个国家甲国与乙国,都生产粮食和汽车,由于生产技术等原因,生产粮食需要的劳动多而资本少,生产汽车需要的资本多而劳动少。甲国资本丰富而劳动缺乏,资本价格低而劳动价格高;乙国资本缺乏而劳动丰富,资本价格高而劳动价格低,因此,甲国生产汽车成本低,价格也低;乙国生产粮食成本低,价格也低。这样,由于要素禀赋与价格的不同,两个国家的分工就是甲国生产汽车而乙国生产粮食。两国进行贸易,甲国得到低价粮食,乙国得到低价汽车,都从贸易中获益。

这个例子得出的一般结论是:任何一个国家都应该生产并出口自己资源丰富的要素的产品,并进口自己资源缺乏的要素的产品。由此得出的推论是:资本丰富的国家应生产并出口资本密集型产品,进口劳动密集型产品;劳动丰富的国家应生产并出口劳动密集型产品,进口资本密集型产品。各国生产自己要素禀赋多的产品也就是生产自己有比较优胜的产品。比较优势说与要素禀赋说在本质上是一致的。要素禀赋说明了一国比较优势的原因。

5. 新贸易理论

前面分析的是不同国家不同行业之间的商品的贸易,如汽车交换粮食。不同行业产品之间的贸易称为行业之间的贸易,它是有各国在不同行业所具有的相对优势所决定的。然而,20世纪60年代以后国际贸易出现的新特征是同一行业内部同类产品的贸易量大大增加,如美国既出口汽车又进口汽车。这种贸易称为行业内部的贸易。其特点在于:在同一行业内不同国家所提供的产品虽有差异但可以相互替代。面对这种情况,传统的比较优势理论和要素禀赋说都无法对此作出令人信服的解释,于是就产生了新贸易理论。新贸易理论用需求的多样性与规模经济解释国际贸易的好处。

各国消费者的偏好是多样性的,对同一产品,如汽车,不同的人偏好不同,有的美国人就喜欢日本汽车,反之也一样。这样,虽然美国出口汽车,也同时有必要进口一部分日本的汽车以满足一部分美国人的需要。此外,在一些垄断竞争的行业,规模经济限制了行业只能生产有限种类的产品,而无法生产所有种类的产品。因为要生产所有种类的产品,每一种类产品的生产就只能是小规模的。为追求规模经济,各国都只选择有限种类的产品生产。这样,各国不生产的那些种类的产品可靠进口获得。这是需求的多样性与规模经济导致行业内部贸易最主要的原因。随着人们收入和生活水平的提高,需求会越来越多样化;随着技术进步,规模经济也会越来越重要。可以根据新贸易理论预期,行业内部贸易还会不断扩大。

二、贸易条件

本国商品与外国商品相交换的比率称贸易条件。贸易条件产生于两国之间的机会成本差别。机会成本的差别越大,贸易条件变动的区间就越大。贸易双方的国内机会成本构成贸易条件变动的上下限。在表 19-1 中,贸易条件就是指本国小汽车与外国粮食的交换比率。粮食的贸易条件处于每吨 0.033 辆至 0.05 辆汽车之间。对于本国来说,粮食的进口价格不能高于每吨 0.05 辆汽车,否则本国不买;对于外国来说,粮食的出口价格不能低于每吨 0.033 辆汽车,否则外国不卖。至于贸易条件稳定在机会成本区间的哪一点上,则取决于交易双方对某种商品的需求,上例中,如果本国对进口粮食的需求强烈,粮食的价格会向 0.05 辆汽车攀升,反之,粮食的价格将向 0.033 辆汽车跌落。

在现实生活中,两国贸易不是一种商品而是许多商品。因此贸易条件通常用一国在一定时期内(一般是一年)的出口商品价格指数与进口商品价格指数之间的比率来表示。即:

$$贸易条件指数 = 出口价格指数/进口价格指数 \times 100$$

一般选择一个基准年,将该年的进出口价格指数均定为 100,然后再以该年为基础,得出所要计算年份的进出口价格指数,并代入公式。根据这个公式计算出来的数值如果大于 100,即对外贸易中交换比价上升,以相同数量的出口商品换回的进口商品比以前多了,这表明贸易条件改善了;反之则是恶化了。例如,以 2011 年为基准年,如果某国的出口价格指数在 2012 年下降了 10%,为 90,进口价格指数上升了 20%,为 120,则其 2012 年的贸易条件指数为:$(90/120) \times 100 = 75$,与 2011 年的贸易条件指数 100 相比,贸易条件恶化了 25%。

三、贸易政策

1. 自由主义和保护主义

贸易政策就是国家干预进出口贸易的方法和制度的总称。贸易政策一般区分为自由主义和保护主义两种类型。自由主义的贸易政策就是国家对进出口贸易不予干预,听凭自由市场的自发调节。其基本理论依据是比较优势说。

保护主义的贸易政策就是指鼓励出口限制进口的政策。保护主义分为关税保护和非关税保护两大类。关税保护就是对进口商品征税,以提高进口商品的国内价格,抑制本国对进口商品的需求。依税率的高低,关税又区分为禁止性关税和非禁止性关税。禁止性关税就是指税率高到足以使外国商品不能进口的关税,非禁止性关税是指虽提高进口商品的价格但国内仍有需求的关税。总之,关税是一种最古老、最常用的保护措施,其保护作用透明度比较高,并且不能完全阻挡外来竞争。

非关税保护包括对进口实施配额限制、对出口商品给予补贴和外汇管制等,也称为非关税壁垒。非关税壁垒的保护具有隐蔽性、灵活性和歧视性。

无论从理论和现实来看,自由贸易都有利于各国共同繁荣,但为什么各国还以各种形式实行保护主义的贸易政策呢?

西方关于贸易保护的理论主要代表有李斯特的保护贸易论、凯恩斯的超贸易保护论和普莱维什保护贸易新论。李斯特是 19 世纪德国经济学家,当时的德国经济落后于英国、法国,产业革命刚刚开始,其民族工业受到了来自英法的商品的威胁。李斯特正是顺应了当时德国经济发展的要求,提出反对自由贸易,倡导保护关税政策,以保护本国市场,促进国内生产力的发展。李斯特认为工业部门是一个国家中最重要的部门,工业的繁荣可以带动农业生产力水平的提升,因而保护的对象是工业而非农业,同时并非所有的工业部门都需要保护,只有那些具有发展前途的幼稚工业才需要保护。李斯特把关税视为最主要的保护手段,认为对于不同的行业,保护程度也应不同,而且保护也不能是无限期的,保护的最终目的是在一定期限的保护下扶持幼稚工业迅速成长,在撤掉保护后有能力与其他国家竞争。李斯特的理论对发展中国家贸易政策的制定起到了一定的积极作用。

超贸易保护论产生于20世纪30年代大危机之后。主要代表人物是英国著名经济学家凯恩斯。当时的资本主义世界商品严重过剩,企业破产倒闭,工人大量失业,市场成为制约经济发展的重要因素,于是主张保护国内市场,扩展国外市场的超贸易保护论应运而生。凯恩斯主张国家干预对外贸易,设置贸易壁垒阻挡外国商品进口,并采取积极措施鼓励出口,解决国内经济衰退和失业问题。凯恩斯的贸易理论尽管在大危机后的一段时间内得到了西方许多国家的青睐,但也成了国际贸易摩擦愈演愈烈的重要根源。

保护贸易新论的代表人物是阿根廷的经济学家普莱维什,他的理论主要代表了发展中国家的利益。他把国际经济体系分为中心国(发达国家)和外围国(广大发展中国家)两大阵营,中心国由于在资金、技术方面有优势,因而在国际分工和贸易中占据主导地位,而外围国则由于劳动力效率低下,资本缺乏,技术落后,产品附加价值低,贸易条件不断恶化,所以在国际经济关系中处于被动地位。如果在这种国际经济关系格局中推行自由贸易,发展中国家将无法改变产业结构低下和贫穷落后的局面,世界南北差距将不断扩大。因此,发展中国家可以通过适度的保护性贸易措施来控制进口数量,以保护本国民族工业的发展,更快地实现工业化。保护贸易新论反映了发展中国家发展经济,改善不平等贸易的要求。

2. 保护主义的作用和代价

西方经济学一般在非禁止性关税的形式上分析保护主义的作用和代价,并认为关于关税的结论也适用于非关税壁垒。根据比较利益原则,外国商品之所以能进口,是因为该商品的国际价格低于国内价格,或国际边际成本低于国内边际成本。对进口商品课以非禁止性关税会提高进口商品在本国的国际价格,其影响有:一是减少消费者剩余;二是增加国内生产,一些企业得以用较高的边际成本生产与进口货相同的商品;三是政府增加了关税收入。前两种影响是关税的代价,消费者剩余的减少和生产效率下降。而第三种影响是将消费者剩余转移给政府,是对关税代价的抵消。不过,西方经济学家普遍认为,政府的关税收入不能完全抵消关税的代价,如图19-1所示。图19-1描述的是某商品如电视机市场的供求关系,有如下结论:

(1)如果没有国际贸易,该国的电视机价格为P_0,产量为Q_0。如果有自由的国际贸易,且国外生产电视机有比较优势,即电视机的国际价格P_W低于国内价格P_0,该国的电视机消费量为Q_4=国内生产的Q_1+进口的(Q_4-Q_1)。自由贸易使本国的电视机消费量上升(Q_4-Q_1),但也使本国的电视机生产业衰退,由Q_0降至Q_1。

(2)假定本国对进口电视机课以关税T。国际供给曲线将由P_W上升至P_{W+T}。本国电视机需求量由Q_4降至Q_3。Q_3=本国生产的Q_2+进口(Q_3-Q_2)。本国的电视机产量由Q_1上升至Q_2。与此同时,边际成本上升,三角形A代表关税的效率损失。国内消费者以较高的价格P_{W+T}少购买电视机(Q_4-Q_3),三角形B代表消费者剩余的减少。方形阴影面积代表政府的关税收入。

总之,贸易保护主义政策虽然保护了国内低效率,牺牲了消费者剩余,但却能增加就业,增加本国产出。因此没有哪一个西方国家不实行保护主义的政策,甚至地还表现为对别国要求自由主义,自己搞保护主义。

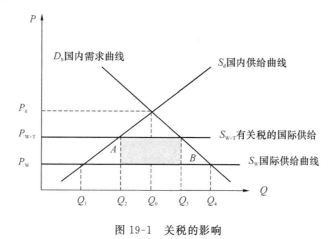

图 19-1 关税的影响

3. 世界贸易组织

为了减少贸易保护,促进自由贸易,以利各国经济发展和社会福利提高,各国寻求建立一个世界性组织——世界贸易组织。

世界贸易组织(WTO)的前身是关税与贸易总协定(GATT)。关税与贸易总协定于1947年10月30日在美国的首倡下,由23个国家在日内瓦签订,并于1948年正式生效。它的建立有三个目标:一是为国际贸易关系提供一个框架;二是为消除贸易壁垒提供一个框架,并促进消除贸易壁垒;三是要提供一套防止缔约国采取单方面行动的规则。作为一个临时性的贸易组织机构,关税与贸易总协定在它近50年的历史中在推动贸易自由化,促进世界经济的良性发展,解决贸易摩擦和冲突等方面发挥了重要作用。它的覆盖面越来越广:从1948年1月1日的23个缔约国已发展到1994年12月的125个缔约国,其涉及的国际贸易总额占全世界贸易的90%以上;它经历了八轮多边关税和贸易谈判,大量削减了各国的关税,对减少贸易差别待遇,促进世界贸易发展具有举足轻重的意义。

关税与贸易总协定的主要原则包括:①非歧视原则。每一个缔约国给予任何一个国家的优惠、特权和豁免权应当无条件的扩及所有缔约国,即不应当对某些缔约国歧视,同时要求缔约国应平等对待国内产品与进口产品,进口产品不应在进口国国内市场上受到歧视。②最惠国待遇原则。缔约方一方现在和将来给予第三方的优惠和豁免必须同时给予其他各缔约方。③国民待遇原则。出口商品征收完税进入其他国家后,应与同类的国内产品享受同样的税收、管理等。④互惠原则。要求一个国家在得到另一个的减让优惠时也要提供对等的减让优惠作为回报。⑤透明度原则。除了少数特定的场合,禁止使用对贸易的直接控制,尤其是数量限制。⑥关税保护原则。各缔约国只能通过关税对其国内工业实行保护,而不能采取其他非关税措施。这几项原则的要求是相通的,其中也包括一些例外:如规定缔约国在遭受严重的国际收支问题时,可以采用进口数量限制等。

虽然关税与贸易总协定对世界经济做出了很大贡献,但由于它不是正式的国际组织,其法律并不健全,总协定的有些规则缺乏法律约束,而且总协定解决争端的手段主要是调解,缺乏强制性,所以往往使争端久拖不决。关税与贸易总协定存在的这些缺陷使它必然被更健全的组织所替代,世界贸易组织于1995年1月正式成立,其协定于1995年7月1日正式生效,它是一个永久性的机构,与世界银行、国际货币基金组织一起并称世界经济体系的三大支柱。

世界贸易组织具有以下特点:其一,世界贸易组织是一个正式的具有法人地位的组织机构,而原来的关贸总协定只是一个临时性的协定;其二,世界贸易组织管辖的范围明显扩大了,原来的关贸总协定只管理商品贸易,而农产品和纺织品都是例外,世界贸易组织不仅把农产品和纺织品列入管理范围,而且增加了对服务贸易、与贸易有关的知识产权和投资措施等的管理;其三,世界贸易组织权威加大了,运作机制健全了,解决争端的能力增强了;其四,世界贸易组织与世界银行和国际货币基金组织的合作更加紧密了。

在历史上,中国是关贸总协定的23个原始缔约国之一,由于种种原因,中国与关贸总协定的关系中断了40多年。20世纪80年代,中国一直以积极的态度申请恢复在关贸总协定中的地位,加入世界贸易组织。经过不懈的努力,中国于2001年加入世界贸易组织。

【专栏二】大卫·李嘉图

李嘉图是英国资产阶级古典政治经济学的主要代表之一,也是英国资产阶级古典政治经济学的完成者。李嘉图生于犹太人家庭,父亲为证券交易所经纪人。12岁到荷兰商业学校学习,14岁随父从事证券交易。1793年独立开展证券交易活动,25岁时拥有200万英镑财产,随后钻研数学、物理学。1799年读亚当·斯密《国富论》后开始研究经济问题。其研究的领域主要包括货币和价格,对税收问题也有一定的研究,参加了当时关于黄金价格和谷物法的讨论。李嘉图的主要经济学代表作是1817年完成的《政治经济学及赋税原理》,书中阐述了他的税收理论。1819年他曾被选为下院议员,极力主张议会改革,鼓吹自由贸易。李嘉图继承并发展了斯密的自由主义经济理论,他认为限制国家的活动范围、减轻税收负担是增长经济的最好办法。

大卫·李嘉图

第二节 国际金融

一、国际收支平衡表

1. 国际收支

国际收支(Balance of Payments)是一定时期内一国与他国之间经济交易的系统记录。一国国际经济交易的内容包括商品、劳务与商品、劳务之间的交换,金融资产与商品、劳务的交换以及金融资产与金融资产等的交换。狭义的国际收支是指一国在一定时期内同其他国家为清算到期的债权债务所发生的外汇收支的总和。因此,国际收支也可以表示一国在一定时期内,从国外收进的全部货币资金和向国外支付的全部货币资金的对比关系。一国国际收支的状况集中反映在一国的国际收支平衡表上。

2. 国际收支平衡表

国际收支平衡表是一定时期内(通常为一年)一国与其他国家间所发生的国际收支按项目分类统计的一览表,它集中反映了该国国际收支的具体构成和总体面貌。国际收支平衡表按照复式簿记原理编制。根据"有借必有还,借贷必相等"的记账规则,每笔经济交易都以相同金额同时记入借方和贷方。

国际收支平衡表由以下几个账户构成。

(1) 经常账户。经常账户是记录产生于国际贸易(包括有形贸易和无形贸易)外汇收支的账户,是物品和服务在国与国之间流动的财务反映。借方与贷方之差为经常账户余额。如果借方大于贷方,则为经常账户赤字;如果贷方大于借方,则为经常账户盈余。若出现赤字,一国政府可通过出售资产(即减少它对其他国家的资产占有)或借入外债(增加它对其他国家的负债)来弥补;出现盈余,盈余就会被用来购买外国资产或归还借款,减少对外负债,即有:经常账户盈余=外国资产的净增。

(2) 资本和金融账户。资本账户记录一国的国际借贷往来,包括对外直接投资和外国在本国的直接投资、证券投资和短期资本流动。资本流出国境记入借方,流入记入贷方。借方与贷方之差为资本账户余额。如果借方大于贷方,则资本账户为赤字,是外国欠本国的净债务额,资本账户赤字的国家称为债权国;如果贷方大于借方,则资本账户为盈余,是本国对外国的负债,资本账户盈余的国家称为债务国。资本账户反映了一定时期内本国与外国的债务关系。经常账户与资本账户是国际收支的主要账户。经常账户的盈余和资本账户的盈余之和,即是一个国家的国际收支顺差。国际收支的顺差(逆差)等于该国中央银行(或财政部)所拥有的国外资产的净增(净减)。它可产生于经常账户的盈余,也可产生于资本账户的盈余。

(3) 储备与相关项目。官方储备账户指本国金融当局就拥有的官方黄金和外汇储备进行买进和卖出,抵消对外汇的过量需求。政府可使用这些国际支付手段来弥补经常账户和资本账户的逆差。国际收支逆差时,官方储备就减少,顺差时官方储备就增加。储备与相关项目是平衡项目,如果上述项目总差额为"-",则该项目记"+",表示储备资产减少或官方对外负债增加;如果上述项目总差额为"+",则该项目记"-",表示储备资产增加或官方对外负债减少。这个项目借贷记录的符号与其他项目的记录符号相反,是为了达到国际收支平衡表借贷关系的最终平衡。

(4) 净差错与遗漏。在实际国际收支平衡表中借贷并不总是相等的,其原因包括统计中的重复计算和漏算、走私或资本外逃等人为因素造成的统计资料不完整等,净差错与遗漏这个账户专门记录这个借贷余额。差错和遗漏主要反映国家在统计国际收支各项数据时,由于资料来源不一或统计不准确而发生的差错。它与官方储备一起,构成平衡表中的平衡项目,依靠它们国际收支可以在账面上保持平衡。

表19-3是一张简化了的国际收支平衡表。

表19-3　某国国际收支平衡表　　　　　　　　　　　　百万元

	借方(-)	贷方(+)
经常账户		
三、商品输出		600
输入	500	
四、劳务进出口	75	100
3. 转移支付给国外	100	
从外国收入		25
经常账户余额		50
资本账户		

续 表

	借方(一)	贷方(十)
4. 到国外投资	60	
外国来本国投资		30
资本项目余额	30	
官方储备账户		
5. 黄金输出(或输入)		
6. 外汇减少(或增加)	30	
7. 对外国中央银行负债的增加(或减少)		20
官方储备余额	10	
8. 误差与遗漏	10	

3. 国际收支的平衡关系

按照复式簿记原理进行编制的国际收支平衡表本身的借贷总是相等的,因此判断国际收支平衡与否不能以国际收支平衡表中的最终平衡关系为依据,而要以国际收支平衡表中的经常账户和资本金融账户的借贷关系平衡与否为依据。如果经常账户和资本金融账户出现借方金额与贷方金额不相等,则表明该国的国际收支不平衡。其中经常账户的借贷关系不相等,又称为贸易不平衡。当借方金额大于贷方金额,余额为"一"时,称为有国际收支逆差或贸易逆差;当借方金额小于贷方金额,余额为"十"时,称为有国际收支顺差或贸易顺差。

4. 开放经济中的内外均衡

在封闭经济中的国民经济均衡分析只考虑国内充分就业与价格稳定问题,一旦实现了充分就业和物价稳定也就实现了宏观经济管理的目标。但在开放经济中,国民经济的均衡不仅要考虑对内均衡,而且要考虑对外均衡,在这里对外均衡就是指国际收支均衡。由于对外经济是国内经济的向外延伸,对内不均衡必然会影响到对外不均衡。同样对外不均衡也一定会影响到对内不均衡。因此如何同时实现对内均衡和对外均衡是开放条件下的宏观分析所要解决的理论课题。

二、汇率与汇率制度

由于国际经济交往所产生的债权债务关系,最终需要结算或清偿,而这种清偿又与国内企业间的清偿不同,它必须通过银行把本国货币换成外国货币,或者把外国货币换成本国货币来进行,这就产生了国家之间的货币汇兑、汇率决定、汇率变动、汇率制度和汇率政策等有关汇率理论的问题。汇率理论是分析开放经济条件下宏观经济运行与调节的重要基础。

1. 汇率

本国不能用自己的货币从外国购买商品,如中国要进口美国的商品,必须先将人民币换成美元,再用美元到美国购买商品。同样,中国出口商品换回美元,必须先兑换成人民币,才能在中国境内充当购买和支付手段。这个道理对美国来说也是一样,一般地,把以外币表示的能用于进行国际结算的信用凭证和支付手段,包括外国货币、以外币表示的支票、汇票、本票等各种支付凭证,以及外币有价证券称为外汇。当一国购买外国物品和服务或者在国外投资时,就要用外国的货币来进行交易活动。一国货币与另一国货币交换的比率称为汇率(exchange rate)。

汇率通常有两种表示方法：一种是直接标价法，它以外币作为标准单位，以一定数额的本币表示对单位外币交换的比率。另一种是间接标价法，它以本国货币为标准单位折算成一定数额的外国货币。例如，1美元等于8.26元人民币，对中国来说是直接标价法；而1元人民币等于0.122美元是间接标价法。对美国来说正好相反。我国现在采用直接标价法。为了分析问题的方便，我们以人民币与美元的比率为例讨论汇率，简记为￥/$。如单位美元的人民币价格上升，如由1美元值人民币8元上升至8.27元，称美元升值人民币降值，相反，如果美元的人民币价格下降，称美元降值或人民币升值。

在直接标价下，汇率直观地表现为交换一个单位的外币所需支付的本币数量，因此汇率又常常被称为外币的价格。汇率上升意味着外币升值，本币贬值，即外币变得更贵，汇率市场上外汇牌价中的数字变大；汇率下降则意味着外币贬值，本币升值，即外币变得更便宜，汇率市场上外汇牌价中的数字变小。在本章分析中所指的汇率都是以直接标价法表示的汇率。

2. 汇率的决定

自1971年美国宣布停止美元兑换黄金后，汇率或单位外币的本币价格是由外汇的供求关系决定的。对中国来说，是需要支出美元的经济活动形成对美元的需求，且美元的人民币价格越低，对美元的需求就越大，反之亦然。例如，当1美元的人民币价格由8元降至7元时，这意味着相同美国商品的人民币价格由8元降至7元，这会刺激对美国商品的进口需求，也增加美元的需求量。

相反，凡是收入美元的经济活动形成美元的供给，且美元的人民币价格越高，美元供给越大。反之亦然。仍用前例，当1美元的人民币价格由7元升至8元时，这意味着相同的中国商品在美国的价格由人民币7元升至8元。在实际生活中表现为，以前在美国卖掉1美元的中国货，回国后只换7元人民币，现在可换8元人民币。这会刺激中国商品对美国的出口，也增加中国的美元供给量。美元与人民币的汇率将均衡于美元需求等于美元供给之点，如图19-2所示。

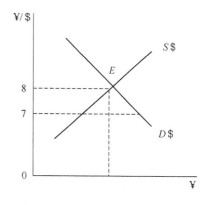

图19-2 人民币与美元的均衡汇率

图19-2显示，当$1=￥7时，对美元的需求大于美元供给，这会使美元的人民币价格上升，当$1=￥8时，有美元需求$D\$$等于美元供给$S\$$，即$D\$=S\$$，这一比率即为人民币与美元的均衡汇率。

3. 购买力平价说和资产市场说

购买力平价说是关于均衡汇率的一种解释：即均衡汇率取决于相同一揽子商品在两个国家的物价的比率。例如，按购买力平价说，$1=￥8的汇率，是因为相同一揽子商品在中国值8元人民币，而在美国值1美元。假定美国物价不变而中国物价上升10%，则美元与人民币的汇率将变为$1=￥8.8。进一步，如果依货币数量论者的意见，一国物价水平主要是由本国货币供给决定的，则由购买力平价说引伸出来的结论是，本国货币供给的增加以及由此引发的通货膨胀会导致本国货币的降值或汇率下跌。或者说，汇率是由各国的货币供给增长率的差别决定的。

但西方的经验表明，汇率波动并不完全反映物价波动。资产市场说是关于均衡汇率的另一种解释。其基本观点是，假定资本在国际市场上是完全自由流动的，则公众持有哪国的金融

资产,或不同国家的金融资产组合将取决于不同国家的利率的比较。如果美国金融资产的利率高于中国,公众就会用人民币换取美元购买美国的金融资产,使美元需求增加和美元升值。反之亦然,在外汇供求模型上,中国物价上升快于美国物价上涨和中国利率低于美国利率均表现为美元需求曲线向外移动。

三、汇率变动的效应与"J 曲线"

1. 马歇尔-勒纳条件

汇率变动会对一国的国际收支状况发生影响,一般说来,外汇汇率上浮(本币贬值)有利于出口,不利于进口;有利于劳务输出,不利于劳务输入;有利于资本流入,不利于资本流出,因此有利于改善国际收支状况。外汇汇率下降(本币升值)情况则相反,一般会恶化国际收支。如果不考虑资本流动等其他因素,假设外汇供求只由贸易收支决定,那么一国贸易收支的状况就代表一国的国际收支状况。以本币表示的经常项目差额即贸易收支余额可以表示为

$$CA = PX - eP_f M$$

其中,CA 表示贸易差额,P 表示国内价格总水平,X 表示本国出口量,e 表示汇率,P_f 表示外国价格总水平,M 表示本国的进口量。

汇率变动会改变本国出口商品和从外国进口商品的价格而影响进出口贸易数量,从而使贸易差额 CA 得以调整。假设国外价格不变,本币贬值时以本币表示的进口商品价格将上升,以本币表示的出口商品的价格虽然形式上不变,但换算成外币后的出口价格将下降。所以本币贬值的直接效果是出口商品价格下降,进口商品价格上升。

一般而言,出口商品价格下降会增加出口量,进口商品价格上升会减少进口量,但是进出口商品量增减的幅度会由于不同商品的需求弹性不同而不同。如果出口商品的需求弹性大于 1,出口商品数量的增长幅度大于出口商品的降价幅度,贸易收支就能够改善;如果出口商品的需求弹性小于 1,出口商品量的增长幅度小于出口商品降价的幅度,贸易收支就不能改善;如果出口商品的需求弹性等于零(需求曲线垂直于横轴),那么不管价格如何下降,出口量都不能增加,出口商品降价反而会减少外汇收入,从而恶化国际收支状况。

当进口商品的需求弹性大于 1 时,进口数量减少的幅度大于进口商品价格上涨的幅度,进口支出将减少,从而有利于贸易收支的改善;当进口商品的需求弹性小于 1 时,则进口商品数量减少的幅度小于进口商品价格上涨的幅度,进口支出将增加,从而不利于贸易收支的改善。

综合进出口商品两方面需求弹性的情况,可以得到一国货币贬值能够改善一国国际收支状况的"马歇尔-勒纳"条件:

$$|\eta_x + \eta_m| > 1$$

其中,η_x 为出口商品需求价格弹性,η_m 为进口商品需求价格弹性。由于 η_x,η_m 都为负值,因此取绝对值形式。

马歇尔-勒纳条件实际上是在国内外商品价格水平不变、进出口商品供给弹性无穷大的前提条件下,一国货币贬值能够改变国际贸易状况,从而改善国际收支状况的条件。

2. "J 曲线"

用货币贬值的方法来改善国际收支状况时,其效果具有时滞效应。所谓货币贬值的时滞效应是指当一国的货币当局采取本币贬值的措施时,相关实际部门贸易量的调整不会同步进

行,调整需要一个过程。在贬值的初期,出口商品价格降低,但出口商品数量由于认识的时滞、决策的时滞、生产的时滞和交货的时滞等原因,不能立即同步增加,因此,出口收入会因价格下降而减少,表现为 ΔCA 曲线先向下降,如图 19-3 所示。经过一段时间后,汇率贬值引起的出口商品价格降低使出口量大幅度上升,国际收支状况才会逐步改善,ΔCA 曲线就掉头向上升。

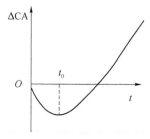

图 19-3 时滞效应——J 曲线

反映由本币贬值引起的国际收支状况变化的 ΔCA 曲线,在形状上类似英文字母 J,呈现先降后升的趋势,故被称为"J 曲线"。

【专栏三】阿尔弗雷德·马歇尔

阿尔弗雷德·马歇尔(Alfred Marshall,1842—1924 年),当代经济学的创立者,现代微观经济学体系的奠基人,剑桥学派和新古典学派的创始人,19 世纪末 20 世纪初英国乃至世界最著名的经济学家。在马歇尔的努力下,经济学从仅仅是人文科学和历史学科的一门必修课发展称为一门独立的学科,具有与物理学相似的科学性。剑桥大学在他的影响下建立了世界上第一个经济学系。1842 年,马歇尔出生于英国伦敦区一个朴实的中产阶级家庭,从小接受他那极为严厉的、期望他儿子能成为一个牧师的父亲的教育。但他违背了他父亲的意愿,去剑桥大学圣约翰学院学习数学并获得学士学位,并被选为圣约翰学院教学研究员。

他参加过英政府组织的政策咨询活动,还曾是 1890—1894 年皇家劳工委员会颇有影响的成员。1880 年,他担任英国协会第六小组的主席,正式领导了创建英国(后改为皇家)经济学会的运动。1885—1908 年任剑桥大学政治经济学教授,也是英国正统经济学界无可争辩的领袖。

阿尔弗雷德·马歇尔

他于 1890 年发表的《经济学原理》,被看作是与斯密《国富论》、李嘉图《赋税原理》齐名的划时代的著作,在盎格鲁-撒克逊世界(英语国家)替换了古典经济学体系其供给与需求的概念,以及对个人效用观念的强调,构成了现代经济学的基础。这本书在马歇尔在世时就出版了 8 次之多,成为当时最有影响的专著,多年来一直被奉为英国经济学的圣经。而他本人也被认为是英国古典经济学的继承和发展者,他的理论及其追随者被称为新古典理论和新古典学派。同时由于他及其学生,如 J. M. 凯恩斯、J. S. 尼科尔森、A. C. 庇古、D. H. 麦格雷戈等先后长期在剑桥大学任教,因此也被称为剑桥学派。阿尔弗雷德·马歇尔受到当时英国著名的哲学家、经济学家亨利·西奇威克的影响,正因为这个人对他在经济学及道德哲学方面的影响很大,马歇尔的学术兴趣逐渐由物理学转向了哲学和社会科学。于是,马歇尔的思想开始了一生中最重要的转变。曾经他把西奇威克称为自己"精神上的父母"。后来,他看到了 19 世纪中期在资本主义制度下英国出现的严重的社会不公平,他感觉到,神学、数学、物理学和伦理学都不能够给人类带来"福音",于是,他把自己的注意力转移到政治经济学上面来,把理解社会现状的希望寄托在经济学的研究上,打算从经济上来分析社会不公平的原因,他把经济学看成是增进社会福利、消灭人类贫困的科学。但他的核心仍然是在证明资本主义是一种合理的制度,它可以自动地保持均衡,因而马歇尔最终还是成了资本主义的辩护人。

马歇尔主要著作有:《对杰文斯的评论》《关于穆劳动力先生的价值论》《对外贸易的纯理论与国内价值的纯理论》《工业经济学》《伦敦贫民何所归》《政治经济学的现状:1885年2月在剑桥大学的就职演说》《统计学会杂志》《一般物价波动的补救措施》《经济学原理》等。

四、汇率政策

1. 固定汇率制和浮动汇率制

广义的汇率政策包括汇率制度的选择,以及特定汇率制度下的具体方法和组织形式等。汇率制度是一国货币当局对本国货币与外币交换时汇率确定方法的安排与规定,安排与规定的内容不同汇率制度就不同。汇率制度主要有固定汇率制度和浮动汇率制度两种。

固定汇率制就是两国货币比价基本固定,汇率的波动被控制在一定幅度之内。为了维持固定汇率,一国的货币当局必须经常运用贴现政策工具调控市场汇率,或者动用黄金外汇储备平抑市场汇率的波动。当国际收支盈余,本国货币有升值压力时,中央银行在外汇市场上用本币买进外币,维持汇率稳定。当国际收支赤字,本国货币有贬值压力时,中央银行在外汇市场上买入本币、抛出外币,维持汇率稳定。

浮动汇率制就是货币当局不规定汇率波动的幅度,汇率由外汇市场上的供给和需求共同决定,政府不承诺维持固定汇率,对外汇市场一般也不进行干预。如果国际收支盈余,也即外汇市场上外汇供给大于需求,这将使汇率下跌,本币升值,汇率下跌将使外汇供给量减少、需求量增加,最终实现国际收支平衡。相反,如果国际收支赤字,也即外汇市场上外汇供给小于需求,这将使汇率上升,本币贬值,汇率上升将使外汇供给量增加、需求量减少,最终实现国际收支平衡。

实行固定汇率与浮动汇率各有利弊。固定汇率有利于一国经济的稳定,也有利于维持国际金融体系和国际经济交往的稳定,减少国际贸易和国际投资的风险。但在一国货币自由兑换时,为了维持固定汇率,一国中央银行要有足够的外汇或黄金储备。如果不具备这一条件,必然出现外汇黑市,黑市汇率与官方汇率背离,反而不利于经济发展与外汇管理。实行浮动汇率有利于通过汇率的波动来调节经济和国际收支,尤其是当中央银行外汇与黄金储备不足时,实行浮动汇率较为有利。但浮动汇率不利于国内与国际经济的稳定,也加大了国际贸易和投资的风险。

2. 可调整的盯住美元的汇率制和有管理的浮动汇率制

现实生活中的汇率制度并不是绝对固定汇率制和绝对浮动汇率制,而是介于中间的各种情况,主要有可调整的盯住美元的汇率制和有管理的浮动汇率制。

可调整的盯住美元的汇率制是指各国货币与美元保持固定比例,而美元与黄金直接挂钩。美国中央银行在任何时候都有义务使汇率维持在某一固定水平上,称为可盯住的汇率。若汇率明显偏离了这个水平,则这种盯住的汇率可被调整。当盯住的汇率上升时,本国货币就升值了,反之则贬值。

有管理的浮动汇率制又称不清洁(dirty)汇率制度。它有两个特征:一是汇率可以随市场力量而波动;二是中央银行可以进入外汇市场干预汇率波动,使汇率接近某个目标值。当今世界普遍使用这种制度。

3. 中央银行的外汇干预

中央银行干预外汇市场的主要手段是吞吐外汇储备。外汇储备是一国中央银行持有的外币金融资产存量。外汇储备加上黄金储备称为国际储备,其基本功能是支持本币在外汇市场上的价格。

中央银行干预外汇市场的目的有两个。一是稳定汇率,如果本币升值,中央银行就购进外币以增加外币的需求,卖出本币以增加本币的供给。如果本币降值,则进行相反方向的干预。为稳定汇率而干预外汇市场的显著特征是,中央银行以投机的方式制止投机,即中央银行总是购进弱币(降值的货币)和卖出强币(升值的货币)。从长期看,这种干预不会使外汇储备减少。二是服从于国内宏观经济政策的整体目标,使本币升值或降值。假定一个国家经济尚未走出衰退却本币已经生升值,此时中央银行就有必要增加本币供给购进外币,使本币降值或不再继续升值,以增加净出口扩大需求。反之,如果出现较为严重的通货膨胀,中央银行就应收回本币吐出外币。

一般说来,本币升值使国内物价下降,净出口减少,收入再分配有利于进口部门而不利于出口部门。本币降值影响则相反。所以,中央银行对外汇市场的逆向干预的结果也就不一样。如果中央银行为了使本币降值而进行干预并能达到目的,其影响是净出口增加,国内物价上涨,外汇储备增加,收入再分配有利于出口部门而不利于进口部门。为使本币升值而进行干预的影响则相反。

4. 国际金融机构

全球性的国际金融机构主要有国际货币基金组织(IMF)和世界银行。这两个组织均产生于1944年的布雷顿森林会议。国际货币基金组织成立之初的主要任务是维护固定汇率制。固定汇率制崩溃后,该组织的主要任务变为协调成员国货币金融政策,为成员国经常账户赤字融通资金和重新安排债务等。世界银行的主要职能是向发展中国家提供项目贷款,其项目可行性论证较为严格,利率较为优惠,由政府担保还本付息。由于其资产信用可靠,可以从私人资产市场筹集资金。国际货币基金组织、世界银行和世界贸易组织是当今三大全球性国际经济组织。

【专栏四】国际货币基金组织(IMF)对危机的反应

1997年到1998年,包括马来西亚、泰国、菲律宾、韩国和印度尼西亚在内的许多亚洲国家遇到了严重的经济问题。每个国家最终都出现了货币突然贬值的问题,就像1994年到1995年墨西哥出现的问题一样。同样,对于每个国家,国际货币基金组织都进行了介入,并贷款给该国以帮助它们走出危机。对于许多国家而言,国际货币基金组织附加在这些贷款上的条件都是非常苛刻的。下面是IMF对墨西哥、印度尼西亚和韩国危机的反应。

墨西哥,1994—1995年。

症状:在过热的经济中,狂热地进口、不断缩小的外汇储备以及高通货膨胀导致了比索的崩溃。

药方:执行严厉政策,包括限制信贷和工资,以此来换取由美国牵头,由IMF和其他机构支持的贷款和担保。

结果:比索相对迅速地得到稳定,在几个月内,墨西哥重新获得了外国借款人的信任。

印度尼西亚,1997—1998年。

症状:外国债务的巨增以及股市的暴跌预示了卢比的崩溃。

药方:执行严厉政策并进行经济重组,包括终止对 busforced breakup of monopolies 的特殊对待,关闭破产的银行,收紧支出限制,以换取 IMF、美国和其他工业国家的数十亿美元的贷款。

结果:经过严重的失业、破产后,经济恢复增长。

韩国,1997—1998 年。

症状:建立在家族资本主义基础上受保护的经济、韩圆和股市在巨大的外债下陷入崩溃。

药方:执行严厉政策并进行经济重组,包括大幅削减公共支出,收紧信贷,向进口商和外国投资者开放市场、取消政府对过于臃肿企业合并的支持,以换取由 IMF 牵头的救援。

结果:经过严重的破产和失业之后,股市已经反弹,韩圆得到了稳定。

第三节　开放条件下的宏观经济政策

在开放经济中,经济的理想状态是在国内经济中实现充分就业的均衡,在国际经济中实现国际收支的平衡,即实现内部与外部的同时均衡。一国宏观经济政策的运用有两大目标,一是在内部实现充分就业、物价稳定和经济增长,二是在对外经济中保持国际收支平衡。

一、净出口与四部门经济的均衡产出

1. 四部门经济的均衡条件

一定时期的进口额是本国用自己创造的收入购买外国的物品和劳务,是本国收入流量的漏出。一定时期内的出口额是外国用其收入购买本国的物品和劳务,是外国对本国收入流量的注入。由此可作出四部门经济的收入流量循环图,如图 19-4 所示。

根据流量分析的结论,均衡产出的条件是漏出=注入。分别用 M 和 X 代表进口和出口,则四部门经济的均衡条件可表述为

$$S+T+M=I+G+X, \quad 即 \quad (S-I)+(T-G)=X-M$$

其中,$X-M$ 即出口减进口的差额称为净出口。显然,当三部门经济处于均衡状态时,如果净出口为正数,产出将上升,如果净出口为负数,产出将下降。

图 19-4 显示,$X-M$ 对产出的影响也有乘数效应。一元净出口的变动会造成均衡产出的多倍变动。

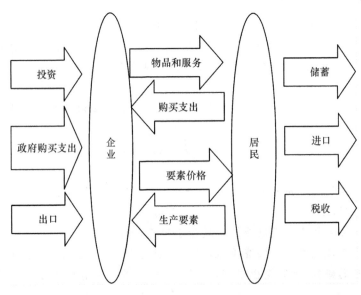

图 19-4　四部门经济收入流量循环图

2. 四部门经济的总需求

净出口是四部门经济总需求的一部分,即有:$AD=C+I+G+(X-M)$。在总供求模型中(图 19-5),净出口的增加使 AD 线向外移动,净出口的减少使 AD 线向内移动。对于一个正在遭受萧条或衰退的国家来说,扩大净出口是摆脱困境的重要出路。

3. 净出口的自动调节

在完全自由贸易和浮动汇率制度下,净出口不能无限地扩张和收缩。如果正数的净出口持续扩张,这会增加本国外汇

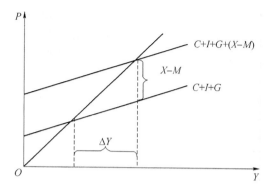

图 19-5 四部门的国民收支模型

的供给,在外汇供求模型中表现为外汇的供给曲线向外移动。外汇供给的增加是本币升值,外币降值。这会使贸易条件改善,即相同的商品在本国变得便宜,在外国变得昂贵。贸易条件的这一变化会刺激进口,抑制出口,使净出口收缩。同理可理解净出口的收缩不会永远持续下去。但是,净出口的自发调节可能与一国宏观经济目标相矛盾。可能本国经济尚未走出衰退,净出口已开始收缩,使国内经济雪上加霜。这就产生了国家干预国际贸易和外汇市场的必要性。西方经济普遍不景气的时候,也是保护主义盛行的时候。

二、开放条件下的宏观经济均衡与不均衡

1. 国际收支均衡曲线——BP 曲线的含义

$$r=\frac{\gamma}{\sigma}y+\left(r_w-\frac{n}{\sigma}\times\frac{EP_f}{P}-\frac{q}{\sigma}\right) \tag{19-1}$$

式(19-1)为国际收支均衡函数。假如国外利率 r_w 给定,汇率 e 不变,国内外价格总水平 P 和 P_f 不变,且 n,m,δ,q 等参数给定,那么国际收支均衡函数就表现了国际收支均衡时国民收入 y 和利率 r 的相互关系,从式(19-1)中可知 y 与 r 是同方向变动关系。

国际收支均衡函数的几何表达就是国际收支均衡曲线——BP 曲线,如图 19-6 所示。BP 曲线上的各点均为国际收支的均衡点。BP 曲线的斜率为正,曲线向右上方倾斜。

BP 曲线上的每一个点都代表一个能使国际收支平衡的利率与国民收入的组合,在 BP 曲线以外的任何一点,都表示国际收支处于不平衡状态,即存在着国际收支逆差或顺差。一般而言,所有在 BP 线左方的点均表示 $n_x>F$,有国际收支顺差;所有在 BP 线右方的点均表示 $n_x<F$,有国际收支逆差。

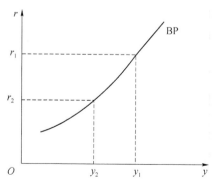

图 19-6 国际收支均衡曲线

从 BP 曲线上还可以看出,要想保持国际收支均衡,利率 r 与国民收入 y 一定要同方向变动。假设起始的均衡点在 A 点,这时国际收支是平衡的。如果国内利率提高,例如,从 r_1 提高到 r_2,就会吸引更多的国外资本流入,从而使国际收支出现盈余,此时只有通过减少净出口才能抵消资本净流入的增加,而净出口又取决于实际国

民收入,只有在实际国民收入提高的情况下才能使进口增加、经常项目出现逆差,进而抵消资本和金融项目的盈余,使国际收支重新恢复平衡。同样,利率下降所引起的资本和金融项目的逆差必须由实际国民收入下降所引起的经常项目顺差来抵消,才能保持国际收支平衡。由此可见,要保持国际收支平衡,利率与国民收入一定要同方向变动。

2. 开放经济中的 IS 曲线

在开放经济中,也就是在包括四部门的经济中,国民收入的恒等式为

$$y=c+i+g+n_x$$

在开放经济条件下,支出行为方程中除了消费函数和投资函数外,还包括净出口函数。

将净出口函数代入收入恒等式 $y=c+i+g+n_x$ 中,有:

$$y=c+i+g+n_x=\alpha+\beta(y-t)+(e-dr)+g+\left(q-\gamma y+n\frac{EP_f}{P}\right)$$

由上式可知,净出口的变动会改变 IS 曲线的位置,给定其他条件不变,净出口的增加会使 IS 曲线向右移动;净出口的减少会使 IS 曲线向左移动。因此在其他条件不变时,外汇汇率提高会使 IS 曲线向右移动,外汇汇率下降会使 IS 曲线向左移动。

3. IS-LM-BP 模型

将 BP 曲线引入 IS-LM 模型,即在产品市场和货币市场同时均衡条件下加入国际收支均衡的条件,便可以形成开放条件下的宏观经济模型,这一模型被称为 IS-LM-BP 模型。

IS-LM-BP 模型中的经济均衡要同时满足:

产品市场的均衡条件为　　　$I(r)+G+n_x=S+T$

货币市场的均衡条件为　　　$M/P=L_1(y)+L_2(r)$

劳动市场均衡条件为　　　　$f(N)=W/P,\quad W=\overline{W}$

国际收支均衡条件为　　　　$n_x=F(r)$

以上四个条件共同决定 y,r 和 e 的水平。

在以纵坐标表示利率、横坐标表示国民收入的坐标系中,IS-LM-BP 模型可以用三条曲线,即 IS 曲线、LM 曲线和 BP 曲线来表示,如图 19-7 所示。当 IS 曲线、LM 曲线和 BP 曲线恰好交于一点时,便会有唯一的一组利率 r_0、实际国民收入 y_0 和汇率 e_0,使得产品市场均衡、货币市场均衡及国际收支均衡同时实现。这三条曲线的共同交点是唯一的一个三重均衡点。

在图 19-7 中,IS 曲线、LM 曲线和 BP 曲线相交于 E 点,表示经济同时达到了内外均衡。所谓开放条件下的宏观经济均衡是指国内经济与国际收支同时达到了充分就业均衡。如图 19-8 所示,y_f 为充分就业的收入水平,r_0 为均衡利率,IS 曲线和 LM 曲线的交点位于充分就业的收入水平 y_f 之上,是实现了充分就业的国内均衡。由于 BP 曲线正好通过 IS 曲线和 LM 曲线的交点,因而国际收支也处于平衡状态,这是开放条件下理想的经济均衡。

在现实经济中理想的均衡状态很少出现,开放条件下经常出现的宏观经济不均衡主要有以下几种情况。

(1) 国内经济和国际收支都不均衡的状况。在图 19-8 中,除了 E 点以及 BP 线上各点,其他的点都是国内经济和国际收支都不均衡的点。例如,A 点。

(2) 国内外经济均衡,但不是充分就业的理想均衡。图 19-8 中的 E 点就是非充分就业的国内外经济均衡点。

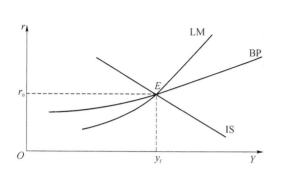
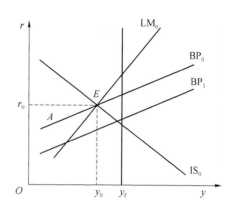

图 19-7 开放条件下理想的宏观经济均衡　　　图 19-8 国内外均衡与不均衡

（3）国内经济为非充分就业均衡，国际收支不均衡。例如，在图 19-8 中，当国际收支均衡曲线为 BP_1、国内均衡点为 E 时，有国际收支顺差。

（4）国内经济充分就业均衡，国际收支不均衡。当 IS 和 LM 曲线的交点落在 y_f 线上，而 BP 线不穿过这一交点的情况就是国内经济充分就业均衡、国际收支不均衡的状况。

以上的各种不均衡情况均需要进行宏观经济调控，以达到理想的均衡状态，在本章中主要研究对国际收支不均衡的调整。

对国际收支不均衡的宏观经济调控主要有直接行政干预和间接运用经济杠杆调控两类手段。直接行政干预主要包括：外汇管制、多重汇率、关税及非关税壁、数量限制乃至国家外贸垄断等手段。这些方法可以严格控制进出口数量和资本流出入数量，因此很容易保持国际收支的平衡，但以上手段的运用是以牺牲自由贸易和国际经济合作所能带来的利益为代价的，同时也不符合市场经济运行的基本规则，因此这些方法的运用越来越受到限制。现今的各国政府对国际收支的调节更多地是运用经济手段，他们一方面运用财政政策、货币政策和汇率政策的政策工具进行调控，另一方面各国之间经常进行政策措施的协调配合以达到充分就业均衡和国际收支平衡的目标。下面将进一步分析在不同情况下各种政策工具运用的不同效果。

三、内部均衡与外部均衡的政策选择

西方各国政府在"二战"之后相当长的一段时间里，仅仅使用总需求政策一种方式来干预经济，也就是通过财政政策和货币政策来实现需求管理，结果逐渐形成了一个宏观经济政策的两难困境，即仅仅使用总需求政策不可能既改善国内需求水平，又改善国际收支状况。

从图 19-9 中可以看到在固定汇率制下政府在宏观经济管理中的两难困境。图 19-9(a)是政府采用扩张性货币政策的经济效果，由图中可知，扩张的货币政策会导致 LM 曲线右移，结果在新的均衡点上国民收入因总需求上升而增加，而利率下降又促使资本外流和总支出增加，最终导致国际收支逆差，新的均衡点 E_1 处于 BP 曲线右下方。图 19-9(b)则反映了扩张性财政政策的影响，扩张性财政政策导致总支出和国民收入增加，而贸易收支会恶化，最终也将出现国际收支逆差，新均衡点 E_1 处于 BP 曲线右方。紧缩性经济政策的影响刚好相反。

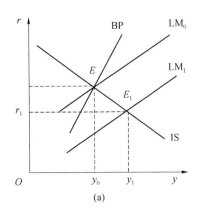
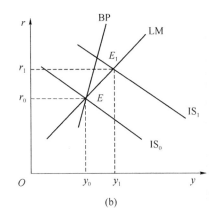

图 19-9 宏观经政策的两难困境

这样,在国内经济处于高失业的状态下,若采取扩张性货币政策和财政政策刺激总需求并增加就业,就会导致国际收支逆差。如果此时的国际收支状况刚好处于盈余状态,扩张政策将使国际收支趋于平衡,但如果国际收支已经出现了逆差,那么扩张政策就将进一步恶化国际收支状况。而当国内经济处于高通货膨胀状态下时,采取紧缩性政策抑制总需求增长缓解通胀压力,同时就会导致国际收支顺差。如果最初的国际收支为逆差,那么紧缩政策刚好有利于国际收支的调整,但如果国际收支已经是顺差,则紧缩政策将进一步恶化国际收支的不平衡状态。由于仅靠总需求政策一种工具不可能令人满意地同时达到内外平衡两个经济目标,所以,必须针对不同的经济目标选择适当的政策工具。

蒙代尔和弗莱明在对需求政策两难困境进行深入研究时发现,货币政策和财政政策对国内平衡和国外平衡有相对不同的影响,其主要差异在于较松的货币政策趋向于降低利率,而较松的财政政策则趋向于提高利率。这种差异意味着确实有两种政策工具可供选择,将其搭配使用可以解决总需求政策解决不了的问题。蒙代尔和弗莱明在此种分析的基础上形成了一种分配法则,即根据财政政策和货币政策的不同作用,将稳定国内经济的任务分配给财政政策,使国内经济在没有过度通货膨胀的情况下达到充分就业,而将稳定国际收支的任务分配给货币政策。

具体的政策搭配方法是,当高失业与国际收支逆差同时存在时,配合使用扩张的财政政策和紧缩的货币政策;在高通货膨胀与国际收支顺差共存的情况下,可以采取紧缩的财政政策和扩张的货币政策相配合的方法;如果通货紧缩和国际收支顺差并存,那么扩张性的财政政策和扩张性的货币政策并用效果会更好。

下面我们以一些具体情况为例进一步说明宏观经济政策的选择和搭配。

1. 固定汇率制下国际收支逆差的调整

前面的分析表明,在固定汇率制下由于汇率不变、BP线的位置固定不变,因此经常会出现国际收支顺差或逆差。当国内均衡点位于BP线右下方时,存在着国际收支逆差。在图 19-10 中,初始国内均衡点为 A 点,位于 BP 线右下方,有汇率下降的潜在压力,这时政府当然可以宣布货币贬值,使 BP 线向下移到与 A 点相交的位置来调整逆差。但在通常情况下,政府并不愿意使用货币贬值的剧烈手段来平衡逆差,那么,首先可以考虑采取紧缩的货币政策减少货币供给,使 LM 曲线由 LM_0 移动到 LM_1,LM_1,IS_0 和 BP 三条曲线交于 B 点实现三重均衡。由此可见,单纯运用紧缩性货币政策就可以消除国际收支逆差。如果国内最初存在着通货膨胀,紧缩性货币政策还可以同时降低通货膨胀率。单纯的紧缩性货币政策最大的缺点是导致总产量或实际国民收入下降,如果国内经济已处于衰退状态,单纯的紧缩性货币政策就会在消除国际收支逆差的同时加深国内的经济衰退。在这种情况下可以考虑采取扩张性的财政政策来配合紧缩的货币政策。因为当同时采取紧缩性货币政策和扩张性财政政策时,一方面 LM 曲线会向左移,例如,移动到 LM_2 的位置;另一方面 IS 曲线会向右移,当移动到 IS_1 的位置时,三重均衡将在 C 点实现,这时国际收支逆差会被消除,经济衰退也会由于总产量的增加而得到克服。

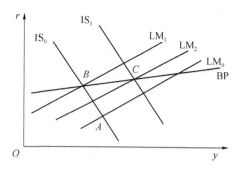

图 19-10 固定汇率制下国际收支逆差的调整

2. 固定汇率制下国际收支顺差的调整

在图 19-11 中,IS_0 线与 LM_0 线的交点 A 最初位于 BP 曲线的左边,存在国际收支顺差。假定政府并不希望本币升值,同时迫于贸易伙伴国的压力又必须消除国际收支顺差以帮助其贸易伙伴国纠正国际收支逆差。在这种情况下可以采取扩张性的货币政策来增加货币供给使 LM 曲线向右移动到 LM_1 的位置,在 B 点实现三重均衡。

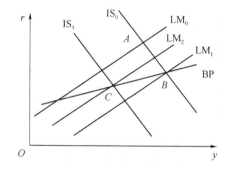

图 19-11 固定汇率制下国际收支顺差的调整

如果经济恰好处于衰退状态,单纯采用扩张性货币政策就是一最佳选择,既可以克服经济衰退,又可以在本币不升值的情况下消除国际收支顺差,改善与伙伴国的经济关系。如果国内正处在严重通货膨胀状态,采取单纯的扩张性货币政策就会因增大总需求而加剧通货膨胀。这时,政府可以采用紧缩性财政政策来弥补单纯扩张性货币政策的不足。紧缩性的财政政策会在 LM 曲线向右移的同时使 IS 曲线向左移动到 IS_1,其结果是 IS_1、LM_2 和 BP 线在 C 点实现三重均衡,这样既消除了国际收支顺差,又没有加剧通货膨胀。

3. 浮动汇率制下国际收支顺差的调整

在图 19-12 中,初始国内经济均衡点 A 点位于 BP_0 线左上方,存在国际收支顺差,在外汇市场有外汇的过剩供给。也就是说,向外输出商品和劳务或实物资产和金融资产所获得的外汇量,超过从外国购买商品、劳务和资产需要支付的外汇量,因而造成了外汇的过剩供给。在浮动汇率制度下,外汇的过剩供给将导致本币升值,外汇汇率下降,本国商品相对于外国商品更加昂贵,净出口就会减少。一方面,净出口的减少会使 IS 曲线向左移动;另一方面,汇率下降会使 BP 曲线向左移动,当 IS 曲线从 IS_0 移动到 IS_1 而 BP 曲线从 BP_0 移动到 BP_1 时,IS_1、LM 和 BP_1 相交于 B 点,同时实现了内部均衡和外部均衡。

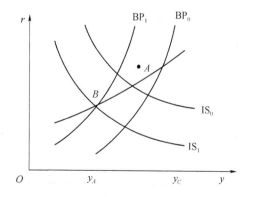

图 19-12 浮动汇率制下国际收支顺差的调整

这里应该指出的是,国际收支顺差的调整是在市场机制的作用下,通过 BP 曲线和 IS 曲线的移动实现的。在浮动汇率制度下,中央银行不必为平衡国际收支而改变本国货币供给量,因此 LM 曲线不会发生移动。

4. 浮动汇率制下国际收支逆差及失业的调整

在图 19-13 中,国内经济均衡点的初始位置是 IS_0 与 LM_0 的交点 A,该均衡点位于 BP_0 曲线右下方,所以是一种存在国际收支逆差的外部不均衡状态;同时 A 点又位于 y_f 线的左边,说明这又是一个低于充分就业的均衡,在国内经济中存在失业问题。

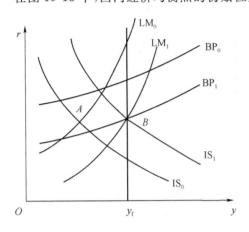

图 19-13 浮动汇率制下国际收支均衡与充分就业均衡的调整

在浮动汇率制下,国际收支逆差的存在会使本币贬值、外汇汇率升值,BP 线向右移动,同时外汇汇率升值又会使净出口额增加,IS 曲线向右移动。由于在浮动汇率制下货币政策的效果要比在固定汇率制下明显,政府可以采用扩张性货币政策使 LM 曲线向右移动。最后当 IS_1,LM_1 和 BP_1 在 B 点上相交时就可以实现国际收支和国内经济在充分就业水平上的同时均衡。

在浮动汇率制下实行财政政策的效应是很复杂的,任何一种财政政策都有可能产生双重的作用。例如,当政府采用扩张性财政政策来解决国内失业和外部均衡问题时,一方面,国内总需求会扩大,国民收入水平上升,进口增加,贸易出现逆差,本国货币贬值。另一方面,随着国内总需求的上升、市场的利率提高,又会引起国外资本的流入使本国货币出现升值压力。本币的这两种走势是完全冲突的,很难判断哪一种走势会占优势。因此,在浮动汇率制下,运用货币政策和汇率政策来达到对内和对外的同时均衡要比使用财政政策更能得到理想的结果。

本 章 小 结

1. 如果一国生产某种产品的机会成本低于另一国家,则这个国家在生产这种产品时就有比较优势。比较优势的存在正是国际贸易的基础。规模经济和需求差异也是发生国际贸易的重要原因。

2. 记录一国在一定时期(通常为一年)内外汇收支的统计报表称为国际收支平衡表,是一国与他国之间所进行的一切经济交易的财务反应。

3. 一国货币与另一国货币交换的比率称为汇率。凡是收入外汇的经济活动形成外汇的供给,凡是需要支出外汇的经济活动形成对外汇的需求。

4. 净出口是四部门经济总需求的一部分。在完全自由贸易和浮动汇率制度下,净出口的自动调节使得净出口不能无限地扩张和收缩。

5. 贸易政策就是国家干预进出口贸易的方法和制度的总称。

6. 仅仅达到内部均衡时,国民收入与利率仍然是不稳定的,只有达到内部和外部双重均衡时,国民收入和利率才处于相对稳定的状态。

关键概念

绝对优势　比较优势　要素禀赋说　贸易条件　固定汇率制　浮动汇率制　名义汇率　马歇尔-勒纳条件　内部均衡　外部均衡　BP曲线

【思考与练习】

一、单选题

1. 绝对优势理论是（　　）提出来的。
   A. 亚当斯密　　　　　　　　B. 大卫·李嘉图
   C. 马歇尔　　　　　　　　　D. 赫克歇尔和俄林
2. 比较优势理论是（　　）提出来的。
   A. 亚当斯密　　　　　　　　B. 大卫·李嘉图
   C. 马歇尔　　　　　　　　　D. 赫克歇尔和俄林
3. 国际收支平衡表示（　　）。
   A. 收集一笔资金帮助政府弥补财政赤字
   B. 一笔交易如果记入借方,就不能再记入贷方
   C. 一定时期内一国与他国之间的经济交易的系统记录
   D. 一定时期内一国与他国之间的货币资金对比关系

二、简答题

1. 如果人民币升值,对下列每一个群体的人来说有利还是不利？为什么？
   (1) 持有中国政府债券的荷兰养老基金会。
   (2) 中国制造业。
   (3) 计划到中国旅游的澳大利亚旅游者。
   (4) 一家想购买外国资产的中国企业。
2. 一罐饮料在美国的价格为 0.75 美元,在中国为 6 元人民币。如果购买力平价说成立,人民币—美元的汇率是多少？如果货币扩张引起中国物价翻了一番,以至饮料价格上升到 12 元人民币,人民币—美元的汇率会发生什么变动？

三、计算题

美国和俄罗斯都只生产熊皮帽和小麦。国内的价格如下表所示：

	俄罗斯（卢布）	美国（美元）	
熊皮帽	10	7	每顶帽子
小麦	15	10	每千克

(1) 哪个国家在生产熊皮帽方面具有绝对优势？哪个国家在生产小麦方面具有绝对优势？
(2) 哪个国家在生产熊皮帽方面具有相对优势？哪个国家在生产小麦方面具有相对优势？

参考答案

第1章

一、单选题

1. D 2. C 3. C 4. B 5. C 6. B 7. B 8. B 9. B 10. C

二、简答题

1. 答：研究消费者的消费行为问题属于微观经济学现象，研究社会消费问题属于宏观经济学现象。

2. 答：人在经济生活中总是受个人利益或利己的动机所驱使，总能认真地对各种可能的抉择权进行比较，以便找出一个能使他耗费给定的代价取得最大限度的利益的所谓最优方案。在日常生活中，人们花费一定金钱买进消费品时总力求消费品提供最大效用，厂商经营总求利润最大，要素出售者生产要素则力求收益最大。总之，人们无论从事何种经济活动，都力求能带来最大利益，带来最大限度满足。一切头脑正常的人，即所谓有理性的人都会这样行动，不可能有所谓"非理性"或"反理性"的行为。然而，理性行为不一定是自私自利的，更不一定是损人利己的。因为如果人们不把自私自利和损人利己作为自己行为所追求的目标，而把助人为乐看作是自己行为准则的话，则自私自利和损人利己就不会成为他们的理性行为。当然，在自私自利或损人利己主义者看来，自私自利和损人利己行为就是理性行为。可见，如果我们说，理性行为不应该是自私自利或损人利己的行为，这种说法实际已经是规范性的而不是实证性的了。

3. 答：均衡原本是物理学中的名词。它表示，当一物体同时受到来自几个方向的不同外力作用时，若合力为零，则该物体将处于静止或匀速直线运动状态，这种状态就是均衡。英国经济学家马歇尔把这一概念引入经济学中，指经济中各种对立的、变动着的力量处于一种力量相当、相对静止、不再变动的境界。这种均衡一旦形成后，如果有另外的力量使它离开原来的均衡位置，会有其他力量使它恢复到均衡，即衡定的均衡。均衡可以分为局部均衡和一般均衡。

第2章

一、单选题

1. B 2. B 3. C 4. A 5. B

二、简答题

1. 否。因为没有支付能力。

2. 因为供给增加有限，需求增加较快。影响需求的因素有价格、收入、预期等；影响供给的因素有成本、预期、政府政策等。

3. 通过宣传改变偏好，适当提价等。

三、作图分析题

（1）如图1所示，新技术使得荔枝的供给增加，供给曲线右移，均衡价格下降、均衡数量增加。

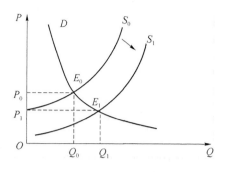

图 1 　供给的增加

（2）如图 2 所示，有利的气候使得荔枝的供给增加，供给曲线右移，均衡价格下降、均衡数量增加。

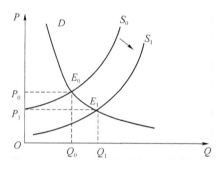

图 2 　供给的增加

（3）如图 3 所示，价格下降的预期使得荔枝的供给减少，供给曲线左移，均衡价格上升、均衡数量减少。

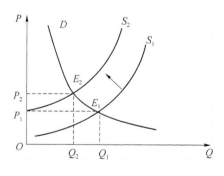

图 3 　供给的减少

四、计算题

解：（1）由供给＝需求，得 $-50+3P=100-2P$，得均衡价格 $P=30$，代入市场供给函数 $Q_s=-50+3P$ 或需求函数 $Q_d=100-2P$，得均衡产量 $Q=40$。

（2）由供给＝新的需求，得 $-50+3P=150-2P$，得均衡价格 $P=40$，代入市场供给函数 $Q_s=-50+3P$ 或市场需求函数 $Q_d=150-2P$，得均衡产量 $Q=70$。

第 3 章

一、单选题

1. B 2. A 3. A 4. D 5. C

二、简答题

1. 对农产品,应采取提价的办法;对电视机、录像机这类高档消费品则应采取降价的办法。根据需求的价格弹性与销售总收入之间的关系,我们知道,对需求富于弹性的商品来说,其销售总收入与价格成反方向变动,即它随价格的提高而减少,随价格的降低而增加;而需求缺乏弹性的商品来说,其销售总收入与价格成正方向变动,即它随价格的提高而增加,随价格的降低而减少。所以,为了提高生产者的收入,对农产品这类需求缺乏弹性的必需品应该采取提价办法,而对于电视机、录像机这类需求富于弹性的高级奢侈品应该采取降价的办法。

2. 运输价格应该降低。因为大量运输的需求的价格弹性约为 1.6,即其需求富于弹性。而根据需求的价格弹性与销售者收入之间的关系,我们知道,若某种商品或劳务的需求是富于弹性的(缺乏弹性的),则降低价格将为销售者带来较多的(较少的)收入,而提高价格会使销售者的收入较前减少(增加)。因此,这里为了增加富于弹性的大量运输的收入,应当降低运输价格。

3. "谷贱伤农"是指农产品获得丰收不仅不能使得农民从中获益,反而还会因农产品价格下降而导致收入降低。这是由于农产品缺乏需求弹性所致。

三、计算题

1. $Q=1480$ $TR_2=1480\times 0.8=1184$ $TR_1=1000$ 所以 $\Delta TR=184$

2. (a) 由于 $E_d=(\Delta Q/Q)/(\Delta P/P)=Q_d/P$,故 $Q_d=E_d \cdot P=-1.2\times 3\%=-3.6\%$,即价格提高 3% 将导致需求减少 3.6%。

   (b) 由于 $E_x=(\Delta Q/Q)/(\Delta Y/Y)=Q_Y/Y$,故 $Q_Y=E_Y \cdot Y=3.0\times 2\%=6.0\%$,即收入提高 2% 将导致需求减少 6.0%。

   (c) 由 $P=8\%, Y=10\%$ 及 $Q=800$,得
   $$Q'=(Q_d+Q_Y+1)\cdot Q=(E_d \cdot P+E_Y \cdot Y+1)\cdot Q$$
   $$=(-1.2\times 8\%+3.0\times 10\%+1)\times 800$$
   $$=963.2 \text{ 万辆}$$

3. 假设汽油价格上涨 ΔP 才能使其消费量减少 10%,则由点价格弹性公式
$E_d=-0.15=(\Delta Q/Q)/(\Delta P/P)=-10\%/(\Delta P/1.20)=(-1/10)/(\Delta P/1.20)$
得 $\Delta P=(1/10)\times 1.20\div 0.15=8/10=0.8$ 美元

第 4 章

一、单选题

1. C 2. A 3. B 4. A 5. A

二、简答题

1. 答:钻石于人的用处确实远不如水,所以人们从水的消费中所得的总效用远远大于人们从钻石的使用中所得的总效用。但是,商品的需求价格不是由总效用而是由商品的边际效

用的大小来决定。虽然人们从水的消费中所得的总效用很大,但是,由于世界上水的数量很大,因此,水的边际效用很小,人们只愿付非常低的价格。相反,钻石的用途虽远不及水大,但世界上钻石数量极少,因此,其边际效用很高,价格昂贵。

2. 答:无差异曲线的特征:(1)曲线的斜率为负;(2)在同一坐标平面上的任何两条无差异曲线不能相交;(3)无差异曲线凸向原点;(4)同一坐标平面上有无数条无差异曲线,离原点越远的无差异曲线代表的效用水平越高。

3. 答:从几何意义上讲,由于商品的边际替代率就是无差异曲线斜率的绝对值,所以,边际替代率递减规律决定了无差异曲线的斜率的绝对值是递减的,即无差异曲线是凸向原点的。

三、计算题

1. 解:设肯德基为 X,衬衫为 Y,则 $\mathrm{MRS}_{XY}=P_X/P_Y=20/80=1/4$
2. 解:根据预算方程和序数论均衡条件得联立方程:
$$\begin{cases} 2X+5Y=270 \\ \mathrm{MRS}_{XY}=\mathrm{d}Y/\mathrm{d}X=-20/Y=-P_X/P_Y=-2/5 \end{cases}$$

解之得: $X=10 \quad Y=50$

第 5 章

一、单选题

1. C 2. C 3. B 4. D 5. A 6. A

二、简答题

1. 如图1所示,图中有一条等产量线 Q 和三条等成本线 AB、$A'B'$ 和 $A''B''$。唯一的等产量线 Q 代表既定的产量。三条等成本线具有相同的斜率(即表示两要素的价格是既定的),但代表三个不同的成本量,其中,等成本线 AB 代表的成本大于等成本线 $A'B'$,等成本线 $A'B'$ 代表的成本大于等成本线 $A''B''$。唯一的等产量线 Q 与其中一条等成本线 $A'B'$ 相切于 E 点,这就是生产的均衡点或最优要素组合点。它表示:在既定的产量条件下,生产者应该选择 E 点的要素组合 (OK_1,OL_1),才能实现最小的成本。

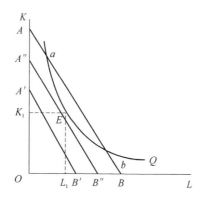

图 1　既定产量条件下成本最小的要素组合

2. 等产量线是表示在其他条件不变情况下,为保持一定产量所投入的两种生产要素之间各种可能性组合。与无差异的曲线相比较,相同点:(1)在有效的区域内,等产量线的斜率为负;(2)等产量线凸向原点;(3)两条等产量线绝不相交;不同点:(1)无差异曲线反映的是消费者的相同效用,而等产量线则是反映生产者相同产量;(2)等产量线不能像无差异曲线那样,将两端无限延长则与坐标轴无限接近,而是到一定限度则向两坐标轴上方翘起,这表明任何两种生产要素都不能完全替代,只能在一定的范围内互相替代。

3. 该人参加计算机学习班的机会成本应该包括他为了参加学习所放弃的打工收入和学习所需的费用。但应该注意生活费不应包括在学习费用中,因为他不参加学习班也需要这笔生活费用(假定他无论是学习还是打工,生活费用都一样)。因此,机会成本就是 $2\,000+2\,000+200=4\,200$ 元。

4. U形的 MC 曲线分别与 U形的 AC 曲线相交于 AC 曲线的最低点,与 U形的 AVC 曲线相交于 AVC 曲线的最低点。在 AC 曲线的下降段,MC 曲线低于 AC 曲线;在 AC 曲线的上升段,MC 曲线高于 AC 曲线。相类似的,在 AVC 曲线的下降段,MC 曲线低于 AVC 曲线;在 AVC 曲线的上升段,MC 曲线高于 AVC 曲线。此外,对于产量变化的反映,边际成本 MC 要比平均成本 AC 和平均可变成本 AVC 敏感的多。即不管是下降还是上升,MC 曲线的变动都快于 AC 曲线和 AVC 曲线。

三、计算题

1. (1)填表如下:

可变要素的数量	可变要素的总产量	可变要素的平均产量	可变要素的边际产量
1	2	2	0
2	12	6	10
3	24	8	2
4	48	12	24
5	60	12	12
6	66	11	6
7	70	10	4
8	70	35/4	0
9	63	7	−7

(2) 该生产函数表现出边际报酬递减。是从第 5 个单位的可变要素投入量开始,此时,平均产量开始大于边际产量。

2. (1) 已知 $TC=Q^3-10Q^2+17Q+66$
$TVC=Q^3-10Q^2+17Q$ $TFC=66$
(2) $AC=TC/Q=Q^2-10Q+17+(66/Q)$
$AVC=(TVC/Q)=Q^2-10Q+17$
$AFC=(TFC/Q)=(66/Q)$
$MC=TC'=TVC'=3Q^2-20Q+17$

第 6 章

一、单选题

1. B 2. D 3. B 4. D 5. C 6. D 7. D 8. B 9. A 10. A

二、简答题

1. 答:由于完全竞争市场的特点决定了单个厂商面对的是一条具有完全价格弹性的水平需求曲线。平均收益与价格在任何市场条件下均相等,即 $AR=TR/Q=P \cdot Q/Q=P$。边际收益 $MR=P=AR$ 只有在完全竞争市场条件下才能成立,因为在完全竞争市场中,厂商是价格的接受者,产品价格是常数,$MR=dTR/dQ=dP \cdot Q/dQ=P \cdot dQ/dQ=P$。所以,完全竞争厂商的需求曲线、平均收益曲线和边际收益曲线是重叠。

2. 答:厂商的供给曲线是指在不同的销售价格水平上,厂商愿意生产和销售的产量变动曲线。它表示的是短期内厂商最有利润可图(或亏损最小)的产量水平与产品价格之间的关系。随着市场价格的变动,厂商为使利润最大,必将遵循 $MR=MC$ 定理,使自己产品的边际成本恰好等于市场价格,即均衡的产量点总在边际成本曲线上变动。因此,完全竞争厂商的短期供给曲线即为该厂商边际成本曲线停止营业点以上($P>AVC$)的那部分线段。参见教材图 6-8。

3. 答:完全竞争行业的短期供给曲线为所有厂商的短期供给曲线之叠加,即由所有厂商的停止营业点以上部分的 MC 线段在水平方向相加而成。它表示相对于各种价格水平来说,行业内所有厂商将提供的产量之总和。为简化起见,假设市场由两个厂商组成,则行业的供给曲线 $S=\sum MC_n=MC_1+MC_2$。参见教材图 6-9。

三、计算题

1. 解:(1)$LMC=dLTC/dQ=3Q^2-120Q+1\,500$

当 $LMC=P=MR$ 时,利润极大。

故,$3Q^2-120Q+1\,500=975$,得 $Q_1=5$(舍);$Q_2=35$

$$LAC=LTC/Q=Q^2-60Q+1\,500=35^2+60 \times 35+1\,500=625$$

$$\pi=TR-TC=P \cdot Q-AC \cdot Q=975 \times 35-625 \times 35=12\,250$$

(2) 行业长期均衡时,LAC 最小,当 $LAC'=0$,且 $LAC''>0$ 时,有最小值。

$$(Q^2-60Q+1\,500)'=2Q-60=0,得,Q=30,LAC''=2>0$$

当 $Q=30$ 时,$P=LAC_{min}=30^2-60 \times 30+1\,500=600$

(3) 图形略。

(4) 若市场需求曲线是 $P=9\,600-2Q$,又知长期均衡价格 $P=600$,则,

$$行业产量\ Q=(9\,600-P)/2=(9\,600-600)/2=4\,500$$

$$厂商人数\ N=行业产量/厂商产量=4\,500/30=150\ 家$$

2. 解:(1) $P=MR=55$

短期均衡时 $SMC=0.3Q^2-4Q+15=MR=55$

$0.3Q^2-4Q-40=0$ 所以 $Q=20$ 或 $Q=-20/3$(舍去)

$$利润=PQ-STC=55 \times 20-(0.1 \times 8\,000-2 \times 400+15 \times 20+10)=790$$

(2) 厂商停产时,$P=AVC$ 最低点。

$AVC=SVC/Q=(0.1Q^3-2Q^2+15Q)/Q=0.1Q^2-2Q+15$

AVC 最低点时,$AVC'=0.2Q-2=0$ 所以 $Q=10$ 此时 $AVC=P=5$

(3) 短期供给函数为 $P=MC=0.3Q^2-4Q+15$(取 $P>5$ 一段)

3. 解:(1)单个厂商总收益 $TR=PQ=600Q$,边际收益 $MR=TR'(Q)=600$

单个厂商边际成本 $MC=3Q^2-40Q+200$

实现利润最大化的条件为 MR＝MC,即 $600=3Q^2-40Q+200$,

解得 $Q=20$ 或 $Q=-20/3$(舍去)

对应的平均成本 LAC＝LTC/Q＝$Q^2-20Q+200=20\times20-20\times20+200=200$

利润＝TR－TC＝$600\times20-(20^3-20\times20^2+200\times20)=8\ 000$

(2) 完全竞争行业处于长期均衡时利润为 0,现在还有利润存在,因此没有实现长期均衡。

(3) 行业处于长期均衡时价格为长期平均成本的最小值。

LAC＝LTC/Q＝$Q^2-20Q+200$,LAC 对 Q 求导为 0 时,LAC 出现极值,

即 $LAC'(Q)=2Q-20=0$,$Q=10$ 实现长期均衡,此时每个厂商的产量为 10,

平均成本 LAC＝$10^2-20\times10+200=100$

利润＝(P－LAC)×Q＝(100－100)×10＝0

(4) (1)中厂商的产量为 20,高于长期均衡时的产量,因此,厂商处于规模不经济状态。

四、论述题

答：在亏损但持续运营的情况下,厂商当时的价格处于平均可变成本与平均总成本之间,即 AVC＜P＜AC,此时企业虽然亏损,但是仍然会选择继续生产。因为假如厂商停止生产经营,但仍需支出固定成本。在短期内选择继续生产,这时产品的全部销售收入除收回全部可变成本外,还可以补偿一部分固定成本,从而可以避免更大的损失,因此生产比不生产要强。

第 7 章

一、单选题

1. D 2. C 3. B 4. C 5. A

二、简答题

1. "价格歧视"也叫差别定价,是指企业为了获得更大的利润,把同一产品按购买者不同而规定的不同价格,一部分购买者所支付的价格高于另一部分购买者所支付的价格。

实行"价格歧视"是为了获得较多的利润。如果按较高的价格能把商品卖出去,生产者就可以多赚一些钱。因此生产者将尽量把商品价格卖得高些。但是如果把商品价格定得太高了,又会赶走许多支付能力较低的消费者,从而导致生产者利润的减少。如何采取一种两全齐美的方法,既以较高的商品价格赚得富人的钱,又以较低的价格把穷人的钱也赚过来。这就是生产者所要达到的目的,也是"价格歧视"产生的根本动因。青壮年是能挣钱的社会群体,而退休工人的收入通常就低得多。以较高的价格赚得了青壮年这个社会群体的钱,再以较低的价格向退休工人提供服务。航空公司以正常票价向公差人士提供服务,同时用低得多的机票价格让"可去可不去"的旅客也花钱进入旅游市场,这就是价格歧视现象共同的经济学伦理。当然,"价格歧视"也有更好听的说法和理由。如在中国,"尊老爱幼"是中华民族的传统美德。在美国,"尊老爱幼"被标榜为体现他们文明社会的温馨。

"价格歧视"的前提是市场分割。市场分割包括边界分割、距离分割和身份分割。如果生产者不能分割市场,就只能实行一个价格。如果生产者能够分割市场,区别顾客,而且要分割得不同市场具有明显不同的支付能力。这样企业就可以对不同的群体实行不同的商品价格,尽最大的可能实现企业较高的商业利润。

大学生要放假要回家,如果中国铁路总公司坚持价格无歧视,取消学生票半价,结果可想而之。

2. 垄断竞争厂商的需求曲线:垄断竞争厂商的需求曲线有两条:一条是主观需求曲线 d;另一条是实际需求曲线 D。厂商主观需求曲线是一条表示厂商变动价格,而其他厂商价格保持不变时,厂商的销售量随它的价格变动而变动的需求曲线。厂商的主观需求曲线要比完全垄断厂商的需求曲线平坦得多,比较接近于完全竞争厂商的需求曲线;厂商实际需求曲线是一条表示厂商变动价格时,其他厂商也对价格作同样变动,厂商的销售量随价格变动而变动的需求曲线,弹性较小。

垄断竞争厂商的短期均衡的条件是 MR=MC;D=d;上述两交点位于同一垂线上。均衡状态取决于 P 与 AC 的比较。当 $P>AC$ 时,有超额利润存在,厂商追求利润极大化;当 $P=AC$ 时,厂商盈亏相抵,只能得到正常利润;当 $AC>P>AVC$ 时,厂商有亏损存在,只能得到一部分正常利润,力求亏损最小。如图 1 所示。

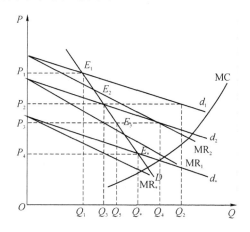

图 1 垄断竞争厂商的短期均衡

垄断竞争厂商的长期均衡的条件是 MR=SMC=LMC;在 $D=d$ 的交点上,$d=LAC$。均衡状态只有一种情况,即厂商收支相抵,每个厂商都只能得到正常利润。如图 2 所示。

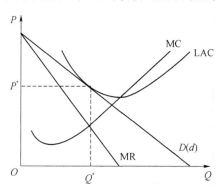

图 2 垄断竞争厂商的长期均衡

3. 参加卡特尔的各厂商之所以会结成一个卡特尔,就是因为它们愿意根据整个行业的产品的需求状况和各厂商的成本状况,按利润最大化原则确定产品价格和全行业的产销量。在这种情况下,价格和产量决定就与独占行业一样。为使行业利润最大,各厂商协商一致决定,根据全行业产品需求曲线所产生的边际收益曲线和全行业的边际成本曲线相交来决定全行业产量和价格,然后再由行业边际收益与各厂商的边际成本相等来瓜分产量,出售产品。由于各厂商成本情况不一样,势必造成各厂商产量不相等,并且由于是按卡特尔统一价格出售产品,因此,有些厂商会盈利多些,有些厂商会盈利少些,甚至发生亏损。为防止供过于求情况发生时各厂商削价竞争带来的损失,盈利多的厂商会根据协议让出一部分利润给盈利小的或亏损的厂商。

三、计算题

1. $TR = P \cdot Q = 10Q - 3Q_2$,则 $MR = 10 - 6Q$,由 $TC = Q_2 + 2Q$,得,$MC = 2Q + 2$

当 $MR = MC$ 时,垄断企业利润最大,即 $10 - 6Q = 2Q + 2$,得,$Q = 1$

$P = 10 - 3 \times 1 = 7$;

$$\pi = TR - TC = 7 \times 1 - 12 - 2 \times 1 = 4$$

2. 根据利润最大化原则 $MR = MC$,$MR = 9\,400 - 8Q$,$MC = 3\,000$,得 $Q = 800$,$P = 6\,200$,

$$\pi = TR - TC = 2\,556\,000$$

第 8 章

一、单选题

1. B 2. A 3. A 4. C 5. D 6. A

二、计算题

1. 答:(1) 如果两厂商同时做出极大化极小的低风险决策,大家都会力求避免做出 L 决策,而都在 H 决策中选择,选择结果将出现一个左上的均衡(30,30)。

(2) 如果 A 先开始行动并力求使利润最大,则会选择 H 中的 50,B 厂商如果在 A 厂商行动的基础上做出选择,则会选择 L 决策,结果将出现一个(50,35)的均衡。如果 B 先开始行动,结果会出现(40,60)的均衡。事实上,这两个结果都是纳什均衡。

2. 答:(1) 用囚徒困境的博弈表示如下表所示:

		北方航空公司	
		合作	竞争
新华航空公司	合作	500 000,500 000	0,900 000
	竞争	900 000,0	60 000,60 000

(2) 如果新华航空公司选择竞争,则北方航空公司也会选择竞争(60 000>0);若新华航空公司选择合作,北方航空公司仍会选择竞争(900 000>500 000)。若北方航空公司选择竞争,新华航空公司也将选择竞争(60 000>0);若北方航空公司选择合作,新华航空公司仍会选择竞争(900 000>0)。由于双方总偏好竞争,故均衡结果为两家公司都选择竞争性策略,每一家公司所获利润均为 600 000 元。

三、论述题

1. 答:在校园的人行道交叉路口,无须红绿灯。现在两人分别骑车从东西方向和南北方向通过路口。若同时往前冲,必定相撞,各自支付为(-2,-2);若同时停下,都不能按时前进,支付为(0,0);若一人前进一人停下,支付为(2,0)或(0,2)。相应的策略和支付矩阵如下表所示。

		乙	
		前进	停下
甲	前进	-2,-2	2,0
	停下	0,2	0,0

2. 答:(1)有两个纳什均衡,即(啤酒,白酒)、(白酒,啤酒),都是纳什均衡而不是占优策略均衡。

(2)显然,(白酒,啤酒)是最佳均衡,此时双方均获得其最大收益。若均衡解为(啤酒,白酒),则存在帕累托改善的可能。方法是双方沟通,共同做出理性选择,也可由一方向另一方支付报酬。福利由 800+900 变为 900+1 000,增量为 200。

(3)如将(啤酒,白酒)支付改为(1 000,1 100),则(啤酒,白酒)就成为占优策略均衡。比如将(啤酒,白酒)支付改为(800,500),将(白酒,啤酒)支付改为(900,500),则该博弈就不存在任何占优策略均衡或纳什均衡。

第 9 章

一、单选题

1. D 2. D 3. B 4. C 5. C

二、简答题

1. 答:劳动供给曲线主要反映了人们在劳动与闲暇之间选择的情况。人们在劳动与闲暇之间的选择实际上受两种效应的支配,即替代效应和收入效应。工资率提高到底是刺激人们增加劳动时数还是促使人们减少劳动时数,取决于由此产生的替代效应和收入效应的共同作用。当替代效应占主要地位时,工资率的提高将使人们增加劳动量,这表现为劳动供给曲线斜率为正;当收入效应占主要地位时,工资率提高将促使人们减少劳动的供给量,这表现为劳动供给曲线斜率为负。若两种效应相互抵消,则劳动时数不变,这就是劳动供给曲线不是单调递增而有可能向后弯曲的原因。

2. 答:资源所有者的资本供给问题可归结为如何将既定收入在消费和储蓄之间进行分配。资源所有者进行储蓄是为了将来能够得到更多的收入,从而有可能在将来进行更多的消费。所以,既定收入如何在消费和储蓄之间分配问题,又可以看成是在现在消费和未来消费之间的选择。利率越高,资源所有者放弃现在消费而增加未来消费(即储蓄),从而使供给曲线向右上方倾斜。

第 10 章

一、单选题

1. B 2. D 3. D 4. B 5. B 6. B 7. D

二、计算题

1. 解:(1)社会对共用品需求函数:$P=300-2Q$

因为每单位产品的边际成本是 120,所以供给曲线是一条高度为 120 的水平的直线。该社会公用品最优数量为社会对共用品总需求与总供给的均衡数量。

当 $300-2Q=120$ 时,$Q=90$,故该物品的社会最优产出水平是 90。

(2) 如果由私人生产,则 A 的产量一定满足 $P=MC$,即 $100-Q_A=120$,$Q_A=-20$

B 的产量 $200-Q_B=120$,$Q_B=80$。总产量 $Q=Q_A+Q_B=-20+80=60$

2. 解:(1) 牧场净收益最大的养牛数由 $P=MC$ 给出。$C=5X^2+3\,000$　　$P=1\,000$　　$MC=10X$

即　　　　　　　　　　　$10X=1\,000$　　$X=100$

(2) 每户农民分摊的成本是 $(5X^2+3\,000)/5=X^2+600$　　于是养牛数是 $1\,000=2X$

$X=500$,引起的问题是牧场因放牧过渡,数年后一片荒芜。

3. 解:这里路灯属公共产品,每人愿为增加的每一盏路灯支付 2 美元,10 人共 20 美元,这可看成是对路灯的需求或边际收益,而装灯的边际成本函数为 $MC=2X$,令 $MR=MC$,即 $20=2X$,解得 $X=10$(盏),此即路灯最优安装只数。

三、简答题

1. 答:市场经济的缺陷主要表现在:第一,市场经济活动经常受到经济波动的(失业和通货膨胀)影响,使稀缺资源不能得到充分利用;第二,市场不能提供公共物品;第三,市场中垄断因素的存在,阻碍了生产要素的自由流动,降低了资源配置的效率;第四,市场本身无法正当地解决外差因素给经济带来的各种影响;第五,信息不完全也会阻碍市场经济有效运转;第六,市场经济中的价格机制无法兼顾社会的非市场目标,缩小贫富差别。市场经济的这些缺陷表明,利用价格的自动调节并不能使社会经济资源的运用达到最优状态,因而不得不由政府活动加以补救。

2. 答:与私人物品相对照,公共物品具有两个显著的特点:第一,公共物品的消费和使用上具有非排他性。非排他性是指,在不付费的情况下,想享用商品的消费者很难或者不可能被排除在消费群体之外。第二,公共物品的生产和消费上,还具有非竞争性。从生产方面来说,商品的非竞争性指的是,在给定的生产水平下,向一个额外消费者提供商品的边际成本为零。

3. 答:从一般的意义来说,垄断的确对市场经济的有效运行是一种危害。

第一,浪费经济资源。与完全竞争相比,垄断厂商不会把生产扩大到成本最低之点。在完全竞争条件下,厂商必然将生产进行到长期平均成本最低时才达到长期均衡,也就是生产效率可发挥到最大限度,而垄断厂商的长期均衡则产生于长期边际成本等于边际收益之时。这决不是长期平均成本最低之时。结果,生产效率没有得到最大发挥,资源没有最好地利用,产量少了,价格提高了,资源配置效率不高。第二,社会福利损失。由于价格较高,因此垄断价格下的消费者与完全竞争下的消费者相比,损失了消费者剩余。

4. 答:外部经济可以看成是积极的外部影响。积极外部影响的例子很多,如种花人家使周围邻居都享受到了芳香和美丽;美味餐馆传出的香味也使过路人感到舒服;科学家的发明为全人类造福;诸如此类,都是一个经济主体活动给他人带来的利益,而自己并没有获得这种利益。外部不经济可以看成是消极的外部影响。消极的外部影响例子很多。例如,奔驰的汽车排出废气,发出噪声,引起交通阻塞;一个游泳池里的人太多了,每一个人都会成为他人的障碍。

5. 答:解决外部不经济对社会影响的措施之一是实行政府干预。政府可以通过税收和补贴两种方法来抵消消极外部影响对社会的影响。对产生消极外部影响的厂商征课税金或罚款,使它向政府支付由于污染等导致的社会成本增加的部分,把厂商造成的外在成本内部化,促使它们消灭或减少消极的外部影响。必要的时候,政府也可采用行政或法律手段,要求厂商限期整治。这类政策虽然在一定程度上能够解决消极外部影响的问题,但是,这类政策不能完全杜绝消极的外部影响,而且它的实施需要相当大的机会成本。内部化的合并也是解决外部性的一种途径。如甲企业的生产污染了乙企业的环境,给乙企业带来了损失,若能把两个企业合并成一个企业,则合并后的企业为了自身利益就自然会考虑污染造成的损失,把生产定在边际成本等于边际收益的水平上。因为这时本来污染给乙企业造成的损失(社会成本)现在成了自己的损失,即社会成本内部化为私人成本的一部分了。

第 11 章

一、选择题

1. C 2. A

二、简答题

1. 答:萨伊定律的核心思想是"供给创造其自身的需求"。这一结论隐含的假定是,经济循环流程可以自动地处于充分就业的均衡状态。它包含三个要点:一是产品生产本身能创造自己的需求;二是由于市场经济的自我调节作用,不可能产生遍及国民经济所有部门的普遍性生产过剩,而只能在国民经济的个别部门出现供求失衡的现象,而即使出现也是暂时的;三是货币仅仅是流通的媒介,商品的买和卖不会脱节。

根据萨伊定律,在一个完全自由的市场经济中,由于供给会创造自己的需求,因而不会出现需求不足的现象,也就是企业生产的产品和劳务全部都能销售出去。企业没有必要解雇工人,这样也就保证了充分就业,社会的总需求始终等于总供给。

2. 答:凯恩斯认为,失业产生的根本原因是有效需求不足。有效需求主要由消费需求和投资需求构成,消费需求和投资需求的不足又源于三大基本心理规律:边际消费倾向递减规律、资本边际效率递减规律及流动偏好规律。这三大基本心理规律是不易改变的,要增加有效需求就只能依靠政府的作用,通过扩大有效需求以实现充分就业。

凯恩斯从劳动市场(图 11-4)、资金市场(图 11-5)和货币数量论三个角度剖析有效需求不足导致经济社会总需求与总供给不均衡,导致经济衰退,需要政府实施财政政策和货币政策调控宏观经济以实现充分就业。

第 12 章

一、单选题

1. C 2. A 3. C 4. D 5. D

二、简答题

1. 如果甲乙两国合并成一个国家,对 GDP 总和会有影响。因为甲乙两国未合并成一个国家时,双方可能有贸易往来,但这种贸易只会影响甲国或乙国的 GDP,对两国 GDP 总和不会有影响。举例说,甲国向乙国出口 10 台机器,价值 10 万美元,乙国向甲国出口 800 套服装,价值 8 万美元,从甲国看,计入 GDP 的有净出口 2 万美元,计入乙的 GDP 有净出口 -2 万美元;从两国 GDP 总和看,计入 GDP 的价值为零。如果这两国合并成一个国家,两国贸易变成两地区间的贸易。甲地区出售出乙地区 10 台机器;从收入看,甲地区增加 10 万美元;从支出看,乙地区增加 10 万美元。相反,乙地区出售给甲地区 800 套服装,从收入看,乙地区增加 8 万美元;从支出看,甲地区增加 8 万美元。由于甲乙两地是一个国家,因此,该国共收入 18 万美元,而投资加消费的支出也是18万美元,因此,无论从收入还是从支出看,计入GDP的价值都是18万美元。

2. 一方面,虽然购买债券和股票对购买者而言可以称为一种"投资",但经济学上规定的投资与我们通常意义上的投资不一样。经济学上的投资是指增加或更换资本资产的支出,具体而言分为固定资产投资和存货投资。固定资产投资包括新厂房,新设备,新商业用房和新住宅的增加,存货投资是指存货价值的增加。投资是一定时期内增加到资本存量中的资本流量。计算GDP时,采用的是总投资而不是净投资。另一方面,国民收入核算的是运用生产要素所生产的全部最终产品的市场价值。购买债券和股票的资金,在购买时还没有用于生产,不能产生最终产品,更谈不上价值,但是购买股票和债券时支付的佣金和未来可能产生的股息和利息,应归国民收入的核算。因为前者是经纪人的劳务支出,而后者则是资金利用后的增值。

三、计算题

1. (1) NDP＝GDP－折旧＝4 800－(800－300)＝4 300

(2) NX＝GDP－I－C－G＝4 800－800－3 000－960＝40

(3) T－TR＝G＋BS＝960＋30＝990

(4) DPI＝4 300－990＝3310

(5) 个人储蓄＝3 310－3 000＝310

2. (1) S＝DPI－C＝4 100－3 800＝300

(2) I＝S＋(T－G)＋(M－X)＝300－200＋100＝200

(3) G＝GDP－C－I－NX＝5 000－3 800－200－(－100)＝1100

3. a. 项链为最终产品,价值40万美元。

b. 开矿阶段生产10万美元,银器制造阶段生产30万美元,即40－10＝30万美元,两个阶段共增值40万美元。

c. 在生产活动中,所获工资共计:7.5＋5＝12.5万美元,在生产活动中,所获利润共计:(10－7.5)＋(40－10－5)＝27.5万美元

用收入法计得的GDP为:12.5＋27.5＝40万美元,可见,用最终产品法,增值法和收入法计算的GDP是相同的。

第13章

一、单选题

1. C 2. C 3. C 4. B 5. C

二、简答题

1. 消费倾向就是消费支出和收入的关系,又称消费函数。消费支出和收入的关系可以从两个方面加以考察,一是考察消费支出变动量和收入变动量关系,这就是边际消费倾向(MPC＝$\Delta C/\Delta Y$ 或 MPC＝dC/dY),二是考察一定收入水平上消费支出量和该收入量的关系,这就是平均消费倾向(APC＝C/Y)。边际消费倾向总大于零而小于1,因为一般来说,消费者增加收入后,即不会分文消费不增加(即 MPC＝$\Delta C/\Delta Y$＝0),也不会把增加的收入全用于增加消费,一般情况是一部分用于增加消费,另一部分用于增加储蓄,即 ΔY＝ΔC＋ΔS,因此,$\Delta C/\Delta Y$＋$\Delta S/\Delta Y$＝1,所以,$\Delta C/\Delta Y$＝1－$\Delta S/\Delta Y$。只要 $\Delta S/\Delta Y$ 不等于1或0,则 0＜$\Delta C/\Delta Y$＜1。可

是,平均消费倾向就不一定总是大于零而小于1。当人们收入很低甚至是零时,也必须消费,那么借钱也要消费,这时,平均消费倾向就会大于1。

2. 根据凯恩斯的消费理论,随着收入的增加,消费也会增加,但消费的增加不及收入增加的多,存在边际消费倾向递减规律。富者收入水平高,边际消费倾向低,而贫者收入水平低,边际消费倾向高。如果将一部分国民收入从富者转给贫者,则会增加整个社会的消费倾向,从而提高整个社会的总消费支出水平。通过消费增长,将会提高总收入水平。

3. 总支出由消费支出、投资支出、政府购买支出和净出口四部分组成。

税收并不直接影响总支出,它是通过改变人们的可支配收入,从而影响消费支出,再影响总支出。税收的变化与总支出的变化是反方向的。当税收增加(税率上升或税基增加)时,导致人们可支配收入减少,从而消费减少,总支出也减少。总支出的减少量数倍于税收增加量,反之亦然。

政府购买支出直接影响总支出,两者的变化是同方向的。总支出的变化量也数倍于政府购买变化量,这个倍数就是政府购买乘数。

政府转移支付对总支出的营销方式类似于税收,时间接影响总支出,也是通过改变人们的可支配收入,从而影响消费支出及总支出。但于税收不同的是政府转移支付的变化是与总支出同方向变化的,这两个量之间有一定的倍数关系,但倍数小于政府购买乘数。

上述三个变量都是政府可以控制的变量,控制这些变量的政策成为财政政策。政府可以通过财政政策来调控经济运行。

三、计算题

1. (1) $y=c+I=100+0.8y+50$

$$0.2y=150$$

$$y=750, c=100+0.8\times 750=700, s=750-700=50$$

(2) $IU=800-750=50$

(3) $y=c+I=100+0.8y+100$

$$0.2y=200$$

$$y'=1\,000, \Delta y=1\,000-750=250$$

(4) $y=c+I=100+0.9y+50$

$$0.1y=150$$

$$y=1\,500, s=-100+0.1\times 1\,500=50,$$

$$y=c+I=100+0.9y+100$$

$$0.1y=200$$

$$y'=2\,000, \Delta y=2\,000-1\,500=500$$

(5) 乘数变大,由 5 变为 10。

2. (1) 均衡收入

$y=(100+50+200+0.8\times 62.5-0.8\times 250)/(1-0.8)=1\,000$

(2) $b=0.8$

投资乘数$=1/(1-b)=5$,政府支出乘数$=5$

税收乘数$=-b/(1-b)=-4$,转移支付乘数$=b/(1-b)=4$,平衡预算乘数$=1$

(3) $y'=1\,200$,$\Delta y=1\,200-1\,000=200$

① $\Delta g=\Delta y/k=200/5=40$,

② $\Delta T=200/(-4)=-50$,

③ 从平衡预算乘数等于1可知,同时增加政府购买200和税收200就能实现充分就业。$\Delta g=\Delta T=200$

第14章

一、单选题

1. B 2. B 3. C 4. D 5. B 6. A

二、判断题

1. × 2. × 3. × 4. × 5. √ 6. × 7. ×

三、计算题

1. 答:向右移动300

2. 答:$y=3\,075$,$r=4.3$

3. 答:(1) 由$Y=C+I+G$,可知IS曲线为:$Y=0.8(1-0.25)Y+900-50r+800$,化简可得:$Y=4\,250-125r$,此即为IS曲线。

(2) 由货币供给与货币需求相等,即可得LM曲线:$500=0.25Y-62.5r$,化简可得:$Y=2\,000+250r$,此即为LM曲线。

(3) 当商品市场和货币市场同时均衡时,IS曲线和LM曲线相交于一点,该点上收入和利率可以通过求解IS和LM联立方程:

$$\begin{cases} Y=4\,250-125r \\ Y=2\,000+250r \end{cases}$$

得均衡利率$r=6$,和均衡收入$y=3\,500$

四、简答题

1. 答:凯恩斯指出,货币需求是利率的减函数,即利率下降时货币需求会增加,然而当利率下降到一定程度或者说临界程度时,即债券价格上升到足够高度时,人们购买生息的债券会面临亏损的极大风险,这时,人们估计,如此高的债券价格只会下降,不会再上升,于是他们就不肯再买债券,而宁肯保留货币在手中。在这样情况下,货币供给的增加就不能使利率再向下降低,因为人们手中即使有多余的货币,再也不肯去买债券,从而不会使债券价格再上升,即利率不会再下跌。在这种情况下,就说经济正处于"流动性陷阱"之中。这时实行扩张货币政策对利率和投资从而对就业和产出就不会有效果。

2. 答:如果把IS曲线和LM曲线结合在一起,就可得到产品市场和货币市场同时均衡时利息率与均衡国民收入之间的关系,这就是IS-LM模型。

产品市场和货币市场在同一收入水平和利率水平上同时达到均衡时均衡利息率与均衡国民收入的值,可以通过求解IS,LM曲线的联立方程而得。

3. 答:按照IS-LM模型的解释,当产品市场和货币市场同时达到均衡时,其均衡点正好处于IS曲线和LM曲线的交点上。任何偏离IS曲线和LM曲线交点的利息率和国民收入的组合,都不能达到产品市场和货币市场的同时均衡。

在实际中,若出现国民收入与利息率的组合在 IS 曲线的左下方,有 $I>S$,即存在对产品的超额需求;在 IS 曲线的右上方,有 $S>I$,即存在对产品的超额供给。若出现国民收入与利息率的组合点在 LM 曲线的左上方,有 $M>L$,即存在货币的超额供给;在 LM 曲线的右下方,有 $L>M$,即存在货币的超额需求。

当实际经济中出现以上失衡状态时,市场经济本身的力量将使失衡向均衡状况调整,直至恢复到均衡。$I>S$ 时,国民收入会增加;$I<S$ 时,国民收入会减少;$L>M$ 时,利息率会上升;$L<M$ 时,利息率会下降,调整结果会使两个市场同时达到均衡。

第 15 章

一、单选题

1. D 2. A 3. D 4. B 5. A 6. A

二、判断题

1. × 2. × 3. √ 4. × 5. √

三、计算题

1. 答:(1) $Y_s = Y_d$

因为 $500 = 600 - 5P$

所以 $P = 2$,$Y = 500$

可得供求均衡点为 $(500, 2)$。

(2) $Y_s = Y_{d_1}$

因为 $500 = 1.1 \times (600 - 5P)$

可得 $P = 2.9$

所以供求均衡点为 $(500, 2.9)$。

2. 答:(1) 已知 $P = 80 - 2y/3$　①

$y = y_f = 60$　②

解①,②得:$P = 40$

(2) 如果总需求函数变动为 $P = 100 - 2y/3$,而价格保持不变,即 $P = 40$,此时总需求为:$40 = 100 - 2y/3$,

$y = 90$

此时将产生过剩需求:$90 - 60 = 30$

四、简答题

1. 答:宏观经济学中的总需求曲线向下倾斜(AD 曲线)的经济解释是:物价水平的下降导致实际货币余额 M/P 的增加,货币市场出现过度供给。过度供给导致货币持有者对"债券"需求量的增加。债券价格的上升意味着利息率的下降,利息率的下降又导致投资需求量的增加,即总需求增加,投资需求的变化通过乘数的作用产出成倍增加。这一过程描述为凯恩斯效应,因而 AD 曲线向下倾斜。

2. 答:(1) 降低工资会使总供给曲线向右移动,因为工资较低时,对于任一给定的价格水平,厂商愿意提供更多的产品(产品价格既定,工资低即成本低,从而利润高)。

(2) 降低工资就是降低人们收入并进而降低消费需求,从而会使总需求曲线左移。

3. 答:导致总供给曲线移动的主要因素有以下几点:

(1) 自然的和人为的灾祸。总供给曲线最急剧的变动产生于天灾人祸,它会极大地减少经济的总供给,即使得总供给曲线向左上方移动。

(2) 技术变动。技术变动通常是正向,即技术水平倾向提高,所以技术变动的影响一般使得总供给曲线向右移动。

(3) 工资率等要素价格的变动。当工资下降时,对于任一给定的价格总水平,厂商愿意供给更多的产品,因而降低工资将使总供给曲线向右下方移动;反之,工资上升,总供给曲线向左上方移动。

第 16 章

一、单选题

1. C　2. A　3. A　4. C　5. C

二、判断题

1. ×　2. √　3. √　4. ×　5. ×

三、计算题

1. 解:1985 年的通货膨胀率为 π_{1985}

$\pi_{1985} = (P_{1985} - P_{1984})/P_{1984} \times 100\% = (111.5 - 107.9)/107.9 \times 100\% = 3.34\%$

同样:$\pi_{1986} = (114.5 - 111.5)/111.5 \times 100\% = 2.69\%$

如果预期通货膨胀率 π_t^e 为前两年的平均值,即:

$\pi_{1987}^e = (\pi_{t-1} + \pi_{t-2})/2 = (\pi_{1986} + \pi_{1985})/2 = (3.34\% + 2.69\%)/2 = 3.015\%$

按照名义利率、实际利率与预期通货膨胀率之间的关系,我们有:

实际利率$_{1987}$ = 名义利率$_{1987}$ - π_{1987}^e = 6% - 3.015% = 2.985%

2. 解:(1) 就业人数加失业人数为劳动力数,故劳动力人数为:1.2+0.1=1.3 亿人

(2) 劳动力占可工作年龄人口数的百分比为劳动力参与率,故劳动参与率为 1.3/1.9=68.4%。

(3) 失业率为:0.1/1.9=5.26%

四、问答题

1. 答:一是再分配效应:固定收入者吃亏,浮动收入者得利;债务人得利,债权人吃亏;实际财富持有者得利,货币财富持有者受损;国家得利,居民受损。二是产出效应:分为三种情况,随着通货膨胀的出现,产出增加;成本推动通货膨胀引致失业;超级通货膨胀导致经济崩溃。

2. 答:短期菲利浦斯曲线表示在预期的通货膨胀率低于实际的通货膨胀率的短期中,失业率和通货膨胀率之间仍然存在着替换关系,其政策含义是在短期中引起通货膨胀率上升的扩张性财政与货币政策是可以起到减少失业的作用的,换句话说,调节总需求的宏观经济政策在短期是有效的。长期菲利浦斯曲线是指从长期来看,工人将根据实际发生的情况不断调整

自己的预期,工人预期的通货膨胀率与实际的通货膨胀率一致的,这时工人会要求改变名义工资,以使实际工资不变,失业率与通货膨胀率不再存在替代关系,在长期中,经济社会能够实现充分就业,经济社会的失业率将处在自然失业率的水平,政府应用扩张性政策不但不能降低失业率,还会使通货膨胀不断上升。

3. 答:需求拉动的通货膨胀是指总需求超过总供给所引起的一般价格水平的持续显著的上涨。需求拉动的通货膨胀理论把通货膨胀解释为"过多的货币追求过少的商品",参见图 16-2。

第 17 章

一、单选题

1. A 2. A 3. C 4. C 5. D

二、简答题

略。

三、分析与计算题

1. (1) 由 IS 曲线 $Y=950-50R$ 和 LM 曲线 $Y=500+25R$ 联立求解 $950-50R=500+25R$ 解得均衡利率为 $R=6$,将 $R=6$ 代入 $Y=950-50R$ 得均衡收入 $Y=650$,将 $R=6$ 代入 $I=140-10R$ 得投资为 $I=80$。

(2) 对于①和②而言,其 IS 曲线都会发生变化。首先看①,由 $Y=C+I+G$ 知 IS 曲线将为 $Y=40+0.8(Y-T)+140-10R+80$,化简得: $Y=1\,100-50R$,与 LM 曲线联立得方程组 $Y=1\,100-50R$ 和 $Y=500+25R$ 解得均衡利率为 $R=8$,均衡收入为 $Y=700$。同理,求②: $Y=C+I+G=40+0.8(Y-T)+140-10R+80$,化简得 IS 曲线为 $Y=950-25R$,与 LM 曲线 $Y=500+25R$ 联立可解得均衡利率 $R=9$,均衡收入 $Y=725$。

(3) 当政府支出从 50 增加到 80 时,收入增加之所以不同,这是因为在 LM 斜率一定的情况下,财政政策效果受 IS 曲线斜率的影响。在(1)这种情况下,IS 曲线斜率绝对值小,IS 曲线比较平坦,其投资需求对利率变动比较敏感,因此当 IS 曲线由于支出增加而向右移动使利率上升时,引起的投资下降也较大,从而国民收入水平提高较少。在(2)这种情况下,则正好于(1)情况相反,IS 线比较陡峭,投资对利率不十分敏感,因此当 IS 曲线由于支出增加而右移使利率上升时,引起的投资下降较少,从而国民收入水平提高较多。

2. (1) 根据两部门经济中,$Y=C+I$,$C=100+0.8Y$,$I=150$,得 IS 曲线方程为 $Y=100+0.8Y$,$I=150$,得 IS 曲线方程为: $Y=100+0.8Y+150$,化简得: $Y=1\,250$ 由 $L=0.2Y-4R$,$M=200$ 和 $L=M$ 得 LM 曲线方程为: $0.2Y-4R=200$,化简得: $Y=20R+1\,000$。

(2) 将(1)中的 LM: $Y=20R+1000$ 与 IS: $Y=1\,250$ 方程联立解得均衡收入 $Y=1\,250$,均衡利率 $R=12.5$,均衡时,消费 $C=100+0.8Y=100+0.8\times1\,250+1\,100$,投资 $I=150$。

(3) 若 $M'=220$,则 LM 变为 LM': $0.2Y-4R=220$,化简得: $Y=20R+1\,100$,与 IS: $Y=1\,250$ 联立得均衡收入 $Y=1\,250$,均衡利率 7.5,投资 $I=150$,消费 $C=100+0.8\times1\,250=1\,100$

(4) IS 曲线垂直,即投资的利率敏感系数为零,所以当货币供给增加时利率下降时,投资不受影响,均衡收入保持不变。

四、论述题

略。

五、作图分析题

1. 略。

2. 如果社会已是充分就业，为了保护充分就业水平的国民收入不变，增加私人部门的投资，可采用扩大货币供给和增加税收的货币政策和财政政策的组合。前者可使 LM 向右移动，导致利率 r 下降，以增加私人部门对利率具有敏感性的投资支出和国民收入。为了保持总需求水平不变，抵消国民收入增加超过潜在国民收入的状况，政府应配合以增加税收的紧缩性的财政政策，因为当增加税收时，人们可支配收入会减少，从而消费支出相应减少，这使 IS 曲线左移，使总需求下降，从而使国民收入水平下降。政府税收增加的幅度以国民收入正好回到潜在的国民收入为限。图形略。

第 18 章

一、单选题

1. B   2. D   3. B   4. A   5. B

二、判断题

1. ×   2. ×   3. √   4. √   5. ×   6. √

三、计算题

1. 答：

(1) 经济均衡增长时，$sf(k)=nk$，将 $s=0.3$，$n=3\%$ 代入得：

$0.3(2k-0.5k^2)=0.03k$

所以 $20k-5k^2=k$ 得 $k=3.8$

(2) 按黄金分割率要求，对每个人的资本量的选择应使得资本的边际产品等于劳动的增长率，即 $f(k)=n$ 于是有 $2-k=0.03$，得 $k=1.97$

2. (思路)本题主要考察引致投资对乘数作用的影响。

答：A. (1) 乘数 $R=1/(1-0.6)=2.5$

(2) $\Delta y=250\times 2.5=625$ 亿元

(3) $y=2.5\times(600+900)=3\,750$ 亿元

B. (1) $R'=1/(1-0.6-0.2)=5$

(2) $\Delta y=250\times 5=1\,250$ 亿元

(3) $y=5\times(600+900)=7\,500$ 亿元

(4) 引致投资增大了乘数，使得投资的变化对收入发生了更大的作用，并且提高了收入的均衡水平。

四、简答题

1. 答：由于乘数和加速数的结合，经济中将自发地形成周期性的波动，它由扩张过程和收缩过程所组成。但是，即便依靠经济本身的力量，经济波动也有一定的界限。

经济波动的上限，是指产量或收入无论怎样增加都不会超过一条界限，它取决于社会已经

达到的技术水平和一切资源可以被利用的程度。在既定的技术条件下,如果社会上一切可被利用的生产资源已经充分利用,经济的扩张就会遇到不可逾越的障碍,产量停止增加,投资也就停止增加,甚至减少,这就是经济波动的上限。

经济波动的下限,是指产量或收入无论怎样收缩都不会再下降的一条界限,它取决于总投资的特点和加速作用的局限性。因为总投资降到最小时,即本期厂商不购买任何机器设备,总投资等于零,它不可能小于零。这就构成了衰退的下限。又因为从加速数原理来看,它只能在没有生产能力剩余的情况下才起作用。如果厂商因经济收缩而开工不足,企业有过剩的生产能力,则加速数原理就不起作用了。此时,只有乘数作用,经济收缩到一定程度后就会停止收缩,一旦收入不再下降,乘数作用又会使收入逐渐回升。这就是经济波动的下限。

2. 答:乘数—加速数模型的基本思想是:由于外部因素(如新发明的出现)使投资增加,从而通过乘数作用,使国民收入成倍地增加。人们会购买更多商品,整个社会物品销量增加。这时通过加速数的作用使投资进一步增加,国民收入也再一次增加。如此循环,国民收入不断扩大,经济将处于扩张阶段。

然而,社会资源是有限的。当经济达到顶峰,社会资源全部被利用,产出不能再增加时,销量也不再扩大,根据加速数原理,投资将变为零,国民收入下降,销量进一步下降,反过来又使投资进一步收缩,国民收入持续减少。这样,经济将处于衰退阶段。

衰退一直持续到经济周期谷底,这时,由于在衰退期长期进行负投资,生产设备逐年减少,仍在营业的一部分企业感到有必要更新设备。这样,随着企业投资增加,产出又开始增加,通过加速数作用又一次使经济进入扩张阶段。于是,一轮新的经济周期又开始了。

第 19 章

一、单选题

1. A   2. B   3. C

二、简答题

1. 答:(1)有利。(2)不利。(3)不利。(4)不利。原因略。

2. 答:当饮料在中国价格为 6 元时,人民币—美元汇率为 8;当价格上涨到 12 元时,人民币—美元汇率为 16。

三、计算题

答:(1)俄罗斯在生产熊皮帽方面具有绝对优势,美国在生产小麦方面具有绝对优势。

(2)美国在生产熊皮帽方面具有相对优势,在生产小麦方面也具有相对优势。

参考文献

[1] 李晓西.宏观经济学案例.北京:中国人民大学出版社,2012.
[2] 高鸿业.西方经济学(上下册).5版.北京:中国人民大学出版社,2010.
[3] 李德荃.微观、宏观经济学案例分析.北京:经济科学出版社,2010.
[4] (美)曼昆.经济学原理.北京:北京大学出版社,2009.
[5] 特维德.逃不开的经济周期.董裕平,译.北京:中信出版社,2008.
[6] 梁小民.西方经济学基础教程.2版.北京:北京大学出版社,2008.
[7] (美)萨缪尔森·诺德豪斯.经济学.18版.萧琛,主译.北京:人民邮电出版社,2008.
[8] B.R.格里高利.经济学精要.6版.北京:电子工业出版社,2006.
[9] 李慧凤,李锡玲,等.经济学原理.北京:北京邮电大学出版社,2007.
[10] 许军.国际经济学教程.北京:科学出版社,2006.
[11] 盛晓白,黄建康.微观经济学新编.北京:北京大学出版社,2002.
[12] (美)斯蒂格利茨.经济学习题集.北京:中国人民大学出版社,1999.
[13] (美)曼斯菲尔德.微观经济学.9版.北京:中国人民大学出版社,1999.
[14] (美)斯蒂格利茨.经济学小品和案例.北京:中国人民大学出版社,1998.